D1719819

Dietrich Bonhoeffer, Predigten 1925 – 1945 · Band II

DIETRICH BONHOEFFER

PREDIGTEN - AUSLEGUNGEN - MEDITATIONEN 1925–1945

Herausgegeben von Otto Dudzus

Zweiter Band
1935–1945

CHR. KAISER VERLAG MÜNCHEN

CIP-Kurztitelaufnahme der Deutschen Bibliothek

Bonhoeffer, Dietrich:
Predigten – Auslegungen – Meditationen:
1925–1945 / Dietrich Bonhoeffer.
Hrsg. von Otto Dudzus. – München: Kaiser
NE: Bonhoeffer, Dietrich:[Sammlung]
Bd. II. 1935–1945. – 1985

ISBN 3-459-01584-5
NE: GT

Umschlag: Reinhard Liedtke.
Gesamtherstellung:
Breklumer Druckerei Manfred Siegel.
Printed in Germany.

Inhalt

V. PREDIGERSEMINAR FINKENWALDE UND SAMMELVIKARIAT: MAI 1935–MÄRZ 1940

VI. ERSTE KRIEGSJAHRE: DEZEMBER 1939 – JUNI 1942

Noch einige Hinweise:
Die Überschriften sind zum Teil bereits von Eberhard Bethge in den »Gesammelten Schriften« Band IV und V, in allen übrigen Fällen vom Herausgeber für diese Edition formuliert worden. Die Titelabkürzungen bei Hinweisen auf Schriften Dietrich Bonhoeffers entsprechen der allgemein üblich gewordenen Form; z.B. E = Ethik, GL = Gemeinsames Leben, GS = Gesammelte Schriften, N = Nachfolge, WEN = Widerstand und Ergebung, Neuausgabe, und Biographie = Eberhard Bethge, Dietrich Bonhoeffer. Theologe, Christ, Zeitgenosse.
Schließlich muß die Verwendung verschiedener Klammern im Textverlauf erklärt werden.

(...) stammen von Bonhoeffers Hand

⟨...⟩ umschließen eine von Bonhoeffer gestrichene Textpassage, an deren Kenntnis doch manchem Leser liegen mag.

[...] umschließen Einfügungen des Herausgebers.

Vorwort

Dieser Band bringt zum Abschluß, was im ersten begonnen war: eine geschlossene Darbietung sämtlicher Predigten, Andachten, Meditationen und Schriftauslegungen Bonhoeffers in einer an den Originalen neu überprüften authentischen Textgestalt. Er umfaßt die Jahre 1935 bis 1945. Inhaltlich unterscheidet er sich nicht unwesentlich von dem voraufgegangenen. Schon dadurch, daß er nur zum geringeren Teil Predigten bringt, die der erste Band ausschließlich beinhaltete. Seit Bonhoeffer die Leitung des Predigerseminars übernahm, hatte er nur noch selten Gelegenheit zu predigen; wenn, dann nur vor den Kandidaten des Seminars und der kleinen Bekennenden Gemeinde Finkenwalde, die zusammen mit den Kandidaten in der Seminarkapelle ihre Gottesdienste hielt. Die Adressaten dieser Predigten waren gleichbleibend oder jedenfalls gleichartig. Das bestimmte ihren Horizont und ihre Tendenz. Diesen Predigten zuzuordnen sind die zahlreichen Entwürfe, die im Zuge der homiletischen Arbeit des Seminars entstanden. Wöchentlich hatte ein Kandidat eine voll ausgearbeitete Predigt vorzutragen. Bonhoeffer bot dann jeweils als Abschluß der Besprechung einen eigenen ausführlichen Entwurf zu dem betreffenden Text. Die wenigsten davon sind im Original erhalten. Aber auch die Nachschriften geben in der Regel ein zuverlässiges Bild. Hier bot es sich an, aus der homiletischen Vorlesung, die Bonhoeffer jedes Semester hielt, einige der wichtigsten Passagen zu bringen.[1] Der Leser gewinnt so Gelegenheit, Bewährung homoletischer Grundsätze an gehaltenen Predigten oder auch umgekehrt die Qualität von gehaltenen Predigten an homiletischen Grundsätzen zu überprüfen. Einen breiten Raum nehmen in diesem Band Bibelarbeiten und Meditationen ein. Die Bibelarbeiten wurden mit einer

1. Siehe Bd. I, 62–68.

Ausnahme vor ehemaligen Kandidaten gehalten, die Bonhoeffer ein halbes Jahr nach Entlassung aus dem Seminar zu einer mehrtägigen Freizeit einzuladen pflegte. Alle diese Arbeiten lassen die starke seelsorgerliche Ausrichtung erkennen, die auch heute, fast 50 Jahre danach, noch als beispielhaft gelten darf.

Ein besonderes Genus Bonhoeffer'scher Schriftauslegung sind die Predigtmeditationen und die in etwa vergleichbaren »Theologischen Briefe« zu den christlichen Hauptfesten. Hier handelt es sich um Auftragsarbeiten. Auf die als Predigthilfe gedachten Meditationen ließ Bonhoeffer sich nur zögernd ein. Er befürchtete in ihnen eine Verführung der Prediger zur Unselbständigkeit. Unvergleichbar mit ihnen sind die Meditationen zum 119. Psalm. Sie bieten ein seltenes Beispiel für Bonhoeffers Meditieren und Beten über einem gehörten Wort, nur für sich selbst niedergeschrieben, für niemandes Augen und Ohren sonst bestimmt. Wenn man weiß, daß diese Meditationen in zeitlicher und inhaltlicher Parallelität zu Arbeiten an der Ethik entstanden, sind sie ein unschätzbares Dokument nicht nur zu einer vertieften Kenntnis von Bonhoeffers Biographie, sondern darüber hinaus für die Art, wie in schwierigsten Situationen notvolle Entscheidungen angenommen, verarbeitet und beantwortet werden konnten.

Den Abschluß dieses Bandes bilden die wenigen Auslegungen aus dem Tegeler Gefängnis, die jede für sich eine Kostbarkeit darstellen. Die »Gebete für Mitgefangene«, die »Traupredigt« für Eberhard und Renate Bethge, die »Gedanken zum Tauftag« haben längst einen solchen Bekanntheitsgrad gewonnen, daß sich jedes Wort darüber erübrigt.

V. PREDIGERSEMINAR FINKENWALDE UND SAMMELVIKARIAT

Mai 1935–März 1940

1. *Predigten und Andachten*

Schrei der Seele nach Gott

Psalm 42
Exaudi, 2. Juni 1935[1]

Wie der Hirsch schreit nach frischem Wasser, so schreit meine Seele, Gott, zu dir.

Hast du in einer kalten Herbstnacht im Walde einmal das durchdringende Schreien eines Hirsches gehört? Der ganze Wald erschauert unter dem Schrei des Verlangens. So schreit hier eine menschliche Seele, nicht nach einem irdischen Gut, sondern nach Gott. Ein Frommer, dem Gott ferne gerückt ist, verlangt nach dem Gott des Heils und der Gnade. Er kennt den Gott, zu dem er schreit. Er ist nicht der Sucher nach dem unbekannten Gott, der nie etwas finden wird. Er hat Gottes Hilfe und Nähe einst erfahren. Darum braucht er nicht ins Leere zu rufen. Er ruft seinen Gott an. Wir können Gott nur recht suchen, wenn er sich uns schon offenbart hat, wenn wir schon einmal gefunden haben.
Herr Gott, erwecke in meiner Seele das große Verlangen nach dir. Du kennst mich und ich kenne dich. Hilf mir, dich suchen und finden. Amen.

Hilf Helfer, hilf in Angst und Not,
erbarm dich mein, du treuer Gott!
Ich bin ja doch dein liebes Kind
trotz Teufel, Welt und aller Sünd

1. In der Kirche zu Zingst/Ostsee gehalten. Vgl. hierzu auch den anschließend an die Predigt abgedruckten Brief von Gerhard Vibrans.

Meine Seele dürstet nach Gott, nach dem lebendigen Gott. Wann werde ich dahin kommen, daß ich Gottes Angesicht schaue?

Durst nach Gott. Wir kennen den leiblichen Durst, wenn kein Wasser da ist. Wir kennen den Durst der Leidenschaft nach Glück und Leben. Kennen wir auch den Durst der Seele nach Gott? Ein Gott, der nur ein Gedanke oder ein Ideal ist, kann diesen Durst niemals stillen. Nach dem lebendigen Gott, dem Gott und Ursprung alles wahren Lebens, dürstet unsere Seele. Wann wird er unseren Durst stillen? Wenn wir dahin kommen, daß wir sein Angesicht schauen. Gottes Angesicht schauen, das ist das Ziel alles Lebens und das ewige Leben. Wir sehen es in Jesus Christus, dem Gekreuzigten. Haben wir es hier gefunden, dann dürsten wir danach, es in aller Klarheit in Ewigkeit zu schauen. Jesus spricht: »Wen da dürstet, der komme zu mir und trinke« (Joh. 7, 37).
Herr, uns verlangt, dich zu schauen von Angesicht zu Angesicht. Amen.

Süßes Licht, süßes Licht,
Sonne, die durch Wolken bricht!
O wann werd ich dahin kommen,
daß ich dort mit allen Frommen
schau dein holdes Angesicht!

Meine Tränen sind meine Speise Tag und Nacht, weil man täglich zu mir sagt: Wo ist nun dein Gott?

Wo ist dein Gott? so fragt man uns unruhig, zweifelnd oder höhnisch. Tod, Sünde, Not und Krieg, auch Tapferkeit, Macht und Ehre - das sieht man. Aber wo ist dein Gott? Der Tränen, die darüber fließen, daß wir Gott noch nicht sehen, daß wir ihn unsern Brüdern nicht beweisen können, braucht sich keiner zu schämen. Es sind Tränen, die um Gottes willen geweint werden und die er zählt (Psalm 56, 9).

Wo ist dein Gott? Was können wir antworten als auf den Mann zeigen, der sich in Leben, Sterben und Auferstehen als Gottes echter Sohn erwies, Jesus Christus? Er ist im Tode unser Leben, in Sünde unsere Vergebung, in Not unser Helfer, in Krieg unser Friede. »Auf diesen Menschen sollst du zeigen und sprechen: das ist Gott« (Luther).
Herr Jesus, wenn ich angefochten bin, weil ich Gott und seine Macht und Liebe nicht sehen kann in dieser Welt, so laß mich fest auf dich blicken, denn du bist mein Herr und mein Gott. Amen.

Such, wer da will, ein ander Ziel,
die Seligkeit zu finden;
mein Herz allein bedacht soll sein,
auf Christum sich zu gründen;
sein Wort ist wahr, sein Werk sind klar,
sein heilger Mund hat Kraft und Grund,
all Feind zu überwinden.

Wenn ich denn des innewerde, so schütte ich mein Herz aus bei mir selbst; denn ich wollte gerne hingehen mit dem Haufen und mit ihnen wallen zum Hause Gottes mit Frohlocken und Danken unter dem Haufen derer, die da feiern.

Ich bin allein. Da ist keiner, dem ich mein Herz ausschütten kann. So tue ich es vor mir selbst und vor dem Gott, zu dem ich schreie. Es ist gut, sein Herz auszuschütten in der Einsamkeit und den Kummer nicht in sich hineinzufressen. Aber je einsamer ich bin, desto größer wird in mir das Verlangen nach der Gemeinschaft mit anderen Christen, nach gemeinsamem Gottesdienst, gemeinsamem Beten und Singen, Loben, Danken und Feiern. Ich sehne mich wieder nach der Kirche. Ich erinnere mich an sie und die Liebe zu ihr wird groß in mir. Wer nach Gott ruft, ruft nach Jesus Christus. Wer nach Jesus Christus ruft, ruft nach der Kirche.
Gott, Heiliger Geist, schenke mir Brüder, mit denen ich im

Glauben und Gebet Gemeinschaft habe, mit denen ich alles tragen kann, was mir auferlegt ist. Führe mich zurück in deine Kirche, zu deinem Wort und zum Heiligen Abendmahl. Amen.

Herz und Herz vereint zusammen
sucht in Gottes Herzen Ruh.
Lasset eure Liebesflammen
lodern auf den Heiland zu.
Er das Haupt, wir seine Glieder,
er das Licht und wir der Schein,
er der Meister, wir die Brüder,
er ist unser, wir sind sein.

Was betrübst du dich, meine Seele, und bist so unruhig in mir? Harre auf Gott! Denn ich werde ihm noch danken, daß er mir hilft mit seinem Angesicht.

Betrübnis und Unruhe währen nur eine kurze Zeit. Sie sollen mein Herz nicht gefangen nehmen. Sprich auch du zu deiner Seele, laß es ihr nicht zu, daß sie sich quält und Sorgen macht. Sag zu ihr: Harre auf Gott! Harre nicht von einem Tag zum anderen auf mehr Not, mehr Unheil. Harre auch nicht auf plötzliche glückliche Wendungen aller Dinge, sondern harre auf Gott! Sein Angesicht, das ist Jesus Christus, wird mir gewiß helfen, und ich werde ihm gewiß dafür danken. Ist Jesus bei dir, dann kannst du nur noch danken. Dreieiniger Gott, mache mein Herz fest und gründe es allein auf dich und deine Hilfe. Dann ist mir geholfen und ich will dir in Ewigkeit danken. Amen.

Warum sollt ich mich denn grämen?
Hab ich doch Christum noch,
wer will mir den nehmen?
Wer will mir den Himmel rauben,
den mir schon Gottes Sohn
beigelegt im Glauben?

Mein Gott, betrübt ist meine Seele in mir; darum gedenke ich an dich im Lande am Jordan und Hermonim, auf dem kleinen Berge.

Warum dieser Rückfall? Muß denn auf Trost immer wieder Traurigkeit folgen? Das ist das menschliche Herz, das sich nicht trösten lassen will, das von einer Betrübnis in die andere fällt und nur durch Gott festgehalten werden kann. Fern vom Tempel in Jerusalem, fern von der Kirche und der Gemeinschaft der Gläubigen bleibt die Sehnsucht ungestillt und wach. Die Gedanken gehen zu der geistlichen Heimat, in der Friede und Freude sein wird und das Herz bei Gott einkehrt. Wann werde ich sie wiedersehen?
Vater, wenn du mich in die Fremde schickst, dann erhalte mir die heilsame Sehnsucht nach meiner geistlichen Heimat, und richte meine Gedanken auf die ewige Heimat, in der du uns trösten wirst. Amen.

Jerusalem, du hochgebaute Stadt,
wollt Gott, ich wär in dir!
Mein sehnlich Herz so groß Verlangen hat
und ist nicht mehr bei mir;
weit über Berg und Tale,
weit über blaches Feld
schwingt es sich über alle
und eilt aus dieser Welt.

Deine Fluten rauschen daher, daß hier eine Tiefe und da eine Tiefe brausen; alle deine Wasserwogen und Wellen gehen über mich.

Fluten, Tiefen, Wogen und Wellen – hörst du, wie das Meer der Welt hier über den Frommen hereinbricht? Es will ihn verschlingen. Er ist wie ein Ertrinkender, der keinen Grund mehr findet und dessen Kräfte versagen. So kann die Welt Macht über uns gewinnen. Kennen wir aber auch den, dem

Wind und Meer gehorsam sind (Matth. 8, 23–27), der zu seiner Zeit aufsteht und das Meer bedroht, und es wird ganz stille?
Herr Jesus Christus, laß mich nicht versinken! Sprich dein starkes Wort und errette mich! Du allein kannst es. Amen.

Einst in meiner letzten Not
laß mich nicht versinken.
Soll ich von dem bitter'n Tod
Well auf Welle trinken,
reiche mir dann liebentbrannt,
Herr, Herr, deine Glaubenshand!
Christ Kyrie, komm zu uns auf See!

Der Herr hat des Tages verheißen seine Güte, und des Nachts singe ich ihm und bete zu dem Gott meines Lebens.

Tag und Nacht, wie endlos lang und trostlos sind sie, wenn wir ohne Gott sind. Aber wie fröhlich wird der böseste Tag, wenn ich Gottes Güte darin festhalte und glaube, wenn ich weiß, daß denen, die Gott lieben, alle Dinge zum Besten dienen müssen. Und wie still und erlösend wird die tiefste Nacht, wenn ich in ihr zu Gott singe und bete, zu dem Gott, der nicht meinen Tod, sondern mein Leben will, zu dem Gott meines Lebens. Gottes Verheißungen gelten und erfüllen Tag und Nacht, Woche um Woche, Jahr um Jahr. Wenn ich sie nur ergreife!
Gott, Heiliger Geist, mache alle deine Verheißungen wahr an mir. Ich bin bereit Tag und Nacht. Erfülle du mich ganz. Amen.

Sollt ich meinem Gott nicht singen?
Sollt ich ihm nicht dankbar sein?
Denn ich seh in allen Dingen,
wie so gut er's mit mir mein'.
Ist's doch nichts als lauter Lieben,
das sein treues Herze regt,

das ohn' Ende hebt und trägt,
die in seinem Dienst sich üben.
Alles Ding währt seine Zeit,
Gottes Lieb in Ewigkeit.

Ich sage zu Gott, meinem Fels: Warum hast du mein vergessen? Warum muß ich so traurig gehen, wenn mein Feind mich drängt?

Warum hast du mein vergessen? Jedem Christen kommt einmal diese Frage über die Lippen, wenn alles gegen ihn steht, wenn ihm alle irdische Hoffnung zerbricht, wenn er sich in dem Lauf der großen Weltereignisse gänzlich verloren fühlt, wenn alle Lebensziele scheitern und alles sinnlos scheint. Dann aber kommt es darauf an, an wen er diese Frage richtet. Nicht an ein dunkles Schicksal, sondern an den Gott, der mein Fels ist und bleibt, der ewige Grund, auf dem mein Leben ruht. Ich gerate in Zweifel, Gott bleibt fest wie ein Fels. Ich schwanke, Gott steht unerschütterlich. Ich werde untreu. Gott bleibt treu. Gott mein Fels.
Herr, mein Gott, sei mir ein fester Grund, auf den ich in dieser und in jener Zeit bauen kann. Amen.

Laß mich dein sein und bleiben,
du treuer Gott und Herr,
von dir laß mich nichts treiben,
halt mich bei deiner Lehr.
Herr, laß mich nur nicht wanken,
gib mir Beständigkeit;
dafür will ich dir danken
in alle Ewigkeit.

Es ist wie ein Mord in meinen Gebeinen, daß mich mein Feinde schmähen, wenn sie täglich zu mir sagen: Wo ist nun dein Gott?

Schmach dulden und zum Gespött werden um des Glaubens willen, das ist eine Auszeichnung der Frommen seit Jahrtausenden. Es tut Leib und Seele weh, wenn kein Tag vergeht, ohne daß der Name Gottes angezweifelt und gelästert wird. Wo ist nun dein Gott? Ich bekenne ihn vor der Welt und vor allen Feinden Gottes, wenn ich in tiefster Not an Gottes Güte, in Schuld an die Vergebung, im Tod an das Leben, in der Niederlage an den Sieg, in der Verlassenheit an Gottes gnädige Gegenwart glaube. Wer Gott im Kreuze Jesu Christi gefunden hat, weiß, wie wunderlich sich Gott in dieser Welt verbirgt und wie er gerade dort am nächsten ist, wo wir ihn am fernsten glauben. Wer Gott im Kreuz gefunden hat, der vergibt auch allen seinen Feinden, weil Gott ihm vergeben hat.
Gott, verlaß mich nicht, wenn ich Schmach leiden muß. Vergib allen Gottlosen, wie du mir vergeben hast. Und bringe uns alle endlich durch das Kreuz deines lieben Sohnes zu dir. Amen.

> Herr, unser Gott, laß nicht zuschanden werden
> die, so in ihren Nöten und Beschwerden
> bei Tag und Nacht auf deine Güte hoffen
> und zu dir rufen.

Was betrübst du dich, meine Seele, und bist so unruhig in mir? Harre auf Gott! denn ich werde ihm noch danken, daß er meines Angesichts Hilfe und mein Gott ist.

So laß nun allen Kummer fahren und warte! Gott weiß die Stunde der Hilfe und die wird kommen, so wahr Gott Gott ist. Er wird deines Angesichts Hilfe sein. Denn er kennt dich und hat dich geliebt, ehe er dich schuf. Er will dich nicht fallen lassen. Du bist in seinen Händen. Zuletzt wirst du für alles, was dir widerfuhr, nur danken können, denn du hast gelernt, daß der allmächtige Gott dein Gott ist. Dein Heil heißt Jesus Christus.

Dreieiniger Gott, ich danke dir, daß du mich erwählt und geliebt hast. Ich danke dir für alle Wege, die du mich führst. Ich danke dir, daß du mein Gott bist. Amen.

Weicht, ihr Trauergeister,
denn mein Freudenmeister,
Jesus, tritt herein.
Denen, die Gott lieben,
muß auch ihr Betrüben
lauter Freude sein.
Duld ich schon
hier Spott und Hohn,
dennoch bleibst du auch im Leide,
Jesu, meine Freude.

Nachbemerkung

Was sich in und um diesen Gottesdienst abgespielt hat, vergegenwärtigt ein Brief von G. Vibrans an seinen Vater und seine Schwester vom 2. 6. 1935: »Heute hat nun Bonhoeffer eine wunderbare Predigt gehalten, d.h. es war ein rechter Bekenntnisgottesdienst oder noch besser Bittgottesdienst. Vorher, am Freitag nach dem Essen, hatte ein großer Kampf getobt, ob wir als Gast des B.d.M.-Pfarrers [Bund der Mitte] die Kanzel ‚mißbrauchen' dürften ... Zwischen Himmelfahrt und Pfingsten ist nun kein guter Gottesdienstbesuch, *wir* stellten ein wesentliches Kontingent. Trotzdem war der Eindruck groß. Die Predigt über den Psalm 42 war ganz wunderbar; die Leute (wir selbstverständlich) haben alle zugehört. Als die berühmten 19 hessischen Pfarrer usw. kamen [Abkündigung der verhafteten Pfarrer und Fürbitteaufforderung], kam eine Bewegung in die Kirche. Eine Frau vor mir schüttelte den Kopf, anderer bemächtigte sich so eine Erregung, daß sie ihr Taschentuch hervor holten ... Daß dann noch im Schlußgebet ausdrücklich für Pfarrer im Konzentrationslager und im Gefängnis gebetet wurde, machte sicherlich einen tiefen Eindruck. Welche Gefühle mag der arme B.d.M.-Pfarrer gehabt haben, der das alles miterlebte. Die Gemeinde kann ja doch nun fragen: Warum sagst *Du* uns nichts davon? Und die Gegenseite wird mobilmachen und sagen: Wie konntest Du diese Landesverräter auf deine Kanzel lassen? ...« (aus: ibk-Rundbrief 16, März 1984,4 f).

Kirchenerneuerung unter Anklage und Freispruch

5. Sonntag nach Trinitatis, 21. Juli 1935[1]

Sacharja 3, 1–5: Und mir ward gezeigt der Hohepriester Josua, stehend vor dem Engel des Herrn; und der Satan stand zu seiner Rechten, daß er ihm widerstünde. Und der Herr sprach zu dem Satan: Der Herr schelte dich, du Satan! ja, der Herr schelte dich, der Jerusalem erwählt hat! Ist dieser nicht ein Brand, der aus dem Feuer errettet ist? Und Josua hatte unreine Kleider an und stand vor dem Engel, welcher antwortete und sprach zu denen, die vor ihm standen: Tut die unreinen Kleider von ihm! Und er sprach zu ihm: Siehe, ich habe deine Sünde von dir genommen und habe dich mit Feierkleidern angezogen. Und er sprach: Setzt einen reinen Hut auf sein Haupt! Und sie setzten einen reinen Hut auf sein Haupt und zogen ihm Kleider an, und der Engel des Herrn stand da.

– »Und mir ward gezeigt« – Wem etwas gezeigt wird, der bekommt etwas zu sehen mit seinen Augen. Der Prophet hat Augen. Seht euch all die alten Prophetenbilder an, die zu einer Zeit gemalt wurden, als man noch etwas verstand von der Bibel. Auf die Augen kommt's an. Die Augen machen den Propheten.

Es ist ein dunkles Rätsel über uns, daß wir in göttlichen Dingen keine Augen haben. Auf die Ohren kommt es bei uns an. Das Hören macht den Christen und den Glaubenden. »Nur die Decke vor den Augen / kann nicht taugen, / seine Klarheit kann nicht ein ... / Denn das ist die größte Plage / wenn

1. Gehalten in der Notkirche des Finkenwalder Predigerseminars, s. Biographie, 490.

am Tage, / man das Licht nicht sehen kann.«[2] Das sind wir: *Sagen* können wir's wohl, verkündigen, schreien, daß einem die Ohren davon gellen. Und hören können wir's täglich in unserer verfallenen Welt, über unser von der Sünde zerfressenes Leben es uns sagen lassen: Es ist eine neue Welt, es ist ein neues Leben – so höre doch! Aber sehen können wir es nicht. Denn »die Decke vor den Augen kann nicht taugen«. Tod sehen wir und langsame Verwesung und Zersetzung. Krankheit und Leid sehen wir. Kampf und Mord und Trotz und Verzweiflung sehen wir. Und wir hören gegen all das, was wir sehen, das wunderliche Geschrei: Glaubt dem nicht, was ihr seht! Glaubt aber dem, was ihr hört! Es ist alles schon zu Ende gegangen, was ihr seht. Der Tod ist tot. Der Kampf ist geschlagen. Die Sünde ist selber zur Sünde geworden. Die Welt eurer Augen lebt nicht mehr. Werdet Menschen des Hörens, Menschen, die Ohren haben. Denn Gott redet zu euch durch eure Ohren.

»Und mir ward gezeigt«, sagt der Prophet. Abermals, wir hören nur, daß er es sagt, *Er* hat es gesehen. Nicht mit frechen, vorwitzigen Augen, die zu sehen begehren, was sie nicht sehen dürfen, sondern mit geöffneten Augen, vom Herrn geöffnet und erleuchtet, mit gehorsamen Augen. Die Decke vor den Augen ist für einen Augenblick fortgetan. Die Hülle der Welt und der Zeit fällt für einen Augenblick. Und das Auge Sacharjas sah weit und staunend auf. »Und mir ward gezeigt«, von Gott gezeigt.

»Der Hohepriester Josua.« Seltsam! Täglich konnte der Prophet ihn sehen, im Tempel, in der Gemeinde. Jeder kannte ihn, das Haupt der jüdischen Gemeinde, die aus der Verbannung zurückgekehrt war. Jeder wußte, daß er es war, der ans Werk ging, den vom Feind zerstörten Tempel, die verwüstete Gemeinde Gottes und die alten Gottesdienste wieder auf-

2. Chr. Friedr. Richter, aus dem Lied: »Hüter, wird die Nacht der Sünden ...«

zurichten. Wenn irgendeiner, so war er es, auf dessen Frömmigkeit und Gerechtigkeit, auf dessen Eifer um den Tempel Gottes, auf dessen unerschütterlichen Glauben an die Verheißung jeder Jude ehrfurchtsvoll sah und sich vor ihm beugte; auf den man alle Hoffnung setzte, der jedem ein frommes Vorbild war in jenen Tagen der Erneuerung der Kirche Gottes. »Der Hohepriester Josua«, der erwählte Mann Gottes, vor dem Volk stehend, für es opfernd und im Gebet eintretend, warnend und tröstend und aufrufend, so hatte ihn jeder schon gesehen.

»Der Hohepriester Josua, stehend vor dem Engel des Herren.« Nicht vor dem Altar, nicht vor dem Volk, sondern nun gegenüberstehend dem Engel des Herrn. Dort, wo jeder Mensch einmal stehen muß, nein, wo er eigentlich jeden Augenblick steht, ob er es weiß oder nicht; dort, wo alles Licht ist und alles ans Licht kommt; dort, wo der Mensch im Gebet täglich selbst hintritt – wie sollte dort nicht auch der Hohepriester Josua stehen? Wie sollte der fromme und heilige Priester dort nicht gerade am rechten Ort sein? Was für ein herrlicheres und verheißungsvolleres Gesicht konnte einem Propheten gezeigt werden?

»Und der Satan stand zu seiner Rechten, daß er ihm widerstünde.« Der Satan neben Josua, dem Hohenpriester! Was hat der Satan hier verloren? Wer hat ihm den Eingang erlaubt? Was hat der Satan an diesem Manne? Nicht scheu und enttäuscht und geprellt um eine kostbare Beute steht er da, sondern als der Ankläger, als der Feind, »daß er ihm widerstünde«; daß er furchtbare Dinge gegen ihn sagte; daß er ans Licht brächte, was verborgen blieb in der Welt; daß er ihn enthüllte, daß er ihn zum Sünder machte, zum Ungerechten, ihn, den Hohenpriester Josua! »Der Satan stand zu seiner Rechten.« Josua hat das Heil nicht verdient. Er ist ein Heilloser, wie alle anderen Menschen. Sein Priesterkleid hat ihn nicht zu retten vermocht. Er ist nicht der erste Priester und Papst und Pfarrer und Heilige, der mir gehört, so sagt Satan.

Der Satan hat Freude daran, den Heiligen zu verklagen. Kommt da ein armer, elender Sünder vor den Thron Gottes, so hat der Satan wenig Freude daran. Kommt da aber einer mit dem Glanz der Frömmigkeit und Gerechtigkeit, kommt da ein Kirchenmann, kommt da ein Kirchenreformer, einer, der vor der Welt ein Mann Gottes war, so fährt er herzu, so muß der Teufel dabei sein, so ist er unwiderstehlich selbst auf dem Plan. Hier ist er gerade am rechten Ort. Hier in Josua stand ja die ganze erneuerte Kirche Gottes vor dem Richterstuhl, die nach Zerstörung und Verwüstung im Glaubem an die Verheißung neu gebaute Kirche. Da muß der Teufel herzu. Der Satan neben Josua, dem Hohenpriester – ein furchtbares Gesicht.

Wird Josua sich verteidigen? Darf er etwas sagen gegen seinen Ankläger? Nein, in dieser Stunde hat kein Mensch mehr ein Wort zu sagen. Hier gibt es keine Selbstverteidigung mehr. Hier reden nur zwei – an ihrem Reden hängt das Urteil – Satan und der ewige Fürsprecher Christus. Josua muß stumm bleiben. Aber Christus, der Herr, redet.

»Und der Herr sprach zu dem Satan: Der Herr schelte dich, du Satan. Ja, der Herr schelte dich, der Jerusalem erwählt hat. Ist dieser nicht ein Brand, der aus dem Feuer gerettet ist?« Christus verteidigt Josua, seinen Hohenpriester. Der Herr schelte dich, Satan. Weißt du nicht, daß du an diesem Mann kein Recht hast? Kennst du die Regeln deines Spieles so schlecht, daß du dich an diesem Hohenpriester vergreifst? Der Satan wird gescholten. Seltsam – nicht wahr? – *den Satan zu schelten!* Wie soll der Satan das begreifen, der doch nichts anderes will, als von Gott gescholten sein? Der Herr schelte dich, du Satan. Auch deine Satanei hat ihre Grenzen, die du respektieren solltest. Hier ist Gottes Hoherpriester. Die Finger weg, Satan, hier ist Gottes Eigentum, »der Jerusalem erwählt hat«. Jerusalem ist erwählt! Es soll neu errichtet werden, der Tempel und die Mauern und die Gottesdienste. Dieses Jerusalem, in dem Josua der Hohepriester ist, ist

Gottes Stadt und Kirche, aller Untreue, aller Schwäche, aller Sünde zum Trotz. Wo Gott erwählt hat, da hat der Satan kein Recht. Wo Gott sich zu einer Kirche bekennt, da darf der Satan aller Sünde dieser Kirche zum Trotz nicht mehr anklagen. Gottes Erwählung ist stärker als die Anklage des Teufels. Der Herr schelte dich, der Jerusalem *erwählt hat.* »Ist dieser nicht ein Holzscheit, das aus dem Feuer errettet ist?« Herausgerissen aus dem Brand, aus dem Feuer, daß es nicht mitverbrenne? Herausgerissen und errettet, von Gott lieb und heilig gehalten, nicht der Verdammung anheimgegeben? Wo Gott von einem Menschen sagt »errettet«, da hat der Satan sein Recht verloren. »Erwählt«, »errettet« sagt der Herr, als Josua, sein Hoherpriester, vom Satan angeklagt wird.

Aber: *»Josua hatte unreine Kleider an und stand vor dem Engel.«* Der Hohepriester in unreinen Kleidern. Den der Prophet täglich in den weißen, glänzenden Kleidern und in dem heiligen Schmuck seines Amtes im Tempel vor dem Volk sah, er steht mit befleckten, unreinen Kleidern vor Gott. Was ist das für ein furchtbares Bild? Ist Josua, der Hohepriester, ein verborgener, heimlicher Sünder? Ist er einer von jenen, die ihr heiliges Kleid zur Decke ihrer Schande und Bosheit tragen? Ist er ein Heuchler und Schauspieler? Ist er in all seiner Frömmigkeit selbst verwerflich geworden und nun bringt es das Gesicht des Propheten an den Tag? Josua, der Hohepriester vor dem Engel des Herrn, der Satan ihm zur Seite, um ihn anzuklagen, der Herr für ihn eintretend – »aber Josua hatte unreine und befleckte Kleider an«.

Hat der Satan nicht recht mit seiner Anklage? Hat er nicht ein Recht an diesem Mann, der da in unreinem Kleide steht? Was nützt es, wenn der Herr den Satan schilt? Wenn er sagt »erwählt«, »errettet«? Josua hatte unreine Kleider an. Die Erwählung ist verloren. Die Errettung hat nichts geholfen. Der Satan hat seine Freude und zeigt auf sein Werk: Sieh da, die unreinen Kleider! Und Josua, der Hohepriester, steht vor Gott in unreinen Kleidern und darf kein Wort sagen. Eine furchtbare Botschaft, die der Prophet seiner Gemeinde und dem Hohenpriester Josua selbst durch sein Gesicht bringen mußte. Wenn Josua unreine Kleider anhatte an jenem Tage, wer sollte dann bestehen können? Wer sollte dann hoffen dürfen, in reinen Kleidern vor Gott hinzutreten? Wenn Josua unreine Kleider hat, so hat ja die ganze Gemeinde selbst unreine Kleider. Dann ist es ja mit aller Treue, mit allem Glauben, mit allem Bekenntnis vor der Welt nichts. Dann ist ja auch diese heilige Stadt, diese gereinigte Kirche nichts. Dann ist alle Heiligkeit vor Gott nur wie ein unreines Kleid.

»Josua hatte unreine Kleider an.« Nein, nicht weil er ein heimlicher Heuchler war, weil er verwerflich wurde hinter der Decke seiner Frömmigkeit. *Josua hatte unreine Kleider, weil er vor Gott stand.* Weil vor Gott alle unsere Heiligkeit, Frömmigkeit und Gerechtigkeit, all unsere Arbeit an der Kirche, an dem Bau der Stadt, die Gott erwählt hat, ist wie ein unreines Kleid. Wer will es denn wagen zu sagen, aus welcherlei verschiedenen und unreinen Fäden das Kleid gewirkt ist, das wir uns und unserer Kirche zu arbeiten am Werk sind? Wieviel menschlich fatale Unklarheiten dabei im Spiel sind? Wie oft uns gerade in unserem kirchlichen Verhalten unser Fleisch und Blut einen bösen Streich spielen? Kurz, wir verstehen schon, es gibt keinen Grund zu glauben, daß wir mit reinen Kleidern da stehen würden, wo Josua, der Hohepriester, mit unreinen Kleidern steht. Wo bleibt angesichts solchen Bildes die Hoffnung?

Allein dort, wo sie für Josua stand. Er hatte nichts zu sagen, kein Wort der Verteidigung. Er trug unreine Kleider. Er hatte sein Recht verloren. Seine Hoffnung ist der Gott, der ihn vertritt, der für ihn eintritt, der den Satan schilt und verwirft. Seine Hoffnung ist der Gott, [der] den Unreinen rein macht, Christus. Gott spricht zum zweiten Mal. Er selbst muß nun reden und sein Wort ist Tat: »Tut die unreinen Kleider von

ihm.« Reißt sie ab von ihm. Gott will seinen Hohenpriester, den Brand, den er aus dem Feuer gerettet, nicht so vor sich sehen. Josua soll rein sein. Das ist Gottes Machtwort. Gott will es so, der Jerusalem erwählt hat. Und Gott allein kann es tun. »Tut die unreinen Kleider von ihm«, dieses Werk des Satans, diese Erinnerung an seine Macht und Gewalt und List. Josua soll rein vor Gott stehen. Etwa weil er im Grunde doch rein war? Weil die Anklage des Satans ihn nicht treffen konnte? Nein, nur aus einem einzigen Grunde:
»Siehe, ich habe die Sünde von dir genommen.« Das ist das rettende Wort. Das ist das schöpferische Wort. Das ist Gnade und Vergebung. »Ich habe die Sünde von dir genommen.« *Ich* habe sie genommen. *Gott* hat es getan. *Er* hat sie getragen und wir sind frei. Er tritt für uns ein und trägt uns wie Freigesprochene. »Siehe, ich habe deine Sünde von dir genommen.« Josua soll rein sein, frei sein. Josua soll nicht gerichtet werden. Josua soll leben. Von diesem Wort lebt Josua, von dem Wort der Vergebung. Er hat unreine Kleider. »Tut die unreinen Kleider von ihm«, sagt Gott, der Allmächtige. »Siehe, ich habe deine Sünde von dir genommen«, sagt Gott, der Gnädige. Wo Gott die Sünde und Unreinheit von uns nimmt, da ist Vergebung und neues Leben.
»Ich habe dich mit Feierkleidern angezogen.« Was ist dies Feierkleid? Es ist das Wort der Vergebung, das die Sünde und Unreinheit zudeckt. Es ist die Gnade, mit der bekleidet wir vor Gott treten können. Das Wort Gottes selbst, uns gegeben, uns gesagt, ist das rechte und einzige Feierkleid.
»Und er sprach: Setzt einen reinen Hut auf sein Haupt! Und sie setzten einen reinen Hut auf sein Haupt und zogen ihm Kleider an und der Engel des Herrn stand da.« Das ist die sichtbare Beglaubigung, das Siegel, das Gott unter sein Wort setzt, das Kleid der neuen Heiligung und Gerechtigkeit. Das ist das Ja Gottes zu Jerusalem, das er erwählt, zu seinem Hohenpriester, den er errettet hat. Jerusalem ist gereinigt von seiner Sünde. Josua ist geheiligt zu neuem Dienst. Nicht aus

der eigenen Heiligkeit und Gerechtigkeit, sondern aus der Tat Gottes, der seine Kirche, die er erwählt hat, täglich reinigt und heiligt, der [an] seine[r] Erwählung [fest]hält aller Unreinheit zum Trotz. »Und der Engel des Herrn stand da.« Der Satan ist verschwunden. Der Engel des Herrn behält das Feld und tritt schützend zu Josua, dem Hohenpriester. Dieses Bild und diese Geschichte des Josua ist das Bild und die Geschichte unserer Kirche. Merken wir uns diese drei Bilder: »Ich sah Josua, den Hohenpriester, stehend vor dem Engel des Herrn und der Satan stand zu seiner Rechten.« Die Kirche, in jedem Augenblick und in der letzten Zeit, stehend vor Gott und der Satan verklagt sie. – »Josua hatte unreine Kleider [an].« Die Kirche, unsere Bekennende Kirche, steht in unreinen Kleidern vor Gott. – »Tut die unreinen Kleider von ihm.« »Ich habe ihr Feierkleider angezogen.« Gott, sprich so auch zu uns und zu dieser Gemeinde. Dieses Wort ist unser Leben. Mach uns recht fertig, vor dir in reinen Kleidern zu stehen. Amen.

Über das Vergeben

Vorletzter Sonntag des Kirchenjahres, 17. November 1935

Matthäus 18, 21–35: Da trat Petrus zu ihm und sprach: Herr, wie oft muß ich denn meinem Bruder, der an mir sündigt, vergeben? Ist's genug siebenmal? Jesus sprach zu ihm: Ich sage dir: Nicht siebenmal, sondern siebzigmal siebenmal. Darum ist das Himmelreich gleich einem König, der mit seinen Knechten rechnen wollte. Und als er anfing zu rechnen, kam ihm einer vor, der war ihm zehntausend Pfund schuldig. Da er's nun nicht hatte, zu bezahlen, hieß der Herr verkaufen ihn und sein Weib und seine Kinder und alles, was er hatte, und bezahlen. Da fiel der Knecht nieder und betete ihn an und sprach: Herr, habe Geduld mit mir; ich will dir's alles bezahlen. Da jammerte den Herrn des Knechtes, und er ließ ihn los, und die Schuld erließ er ihm auch. Da ging derselbe Knecht hinaus und fand einen seiner Mitknechte, der war ihm hundert Groschen schuldig; und er griff ihn an und würgte ihn und sprach: Bezahle mir, was du mir schuldig bist! Da fiel sein Mitknecht nieder und bat ihn und sprach: Habe Geduld mit mir; ich will dir's alles bezahlen. Er wollte aber nicht, sondern ging hin und warf ihn ins Gefängnis, bis daß er bezahlte, was er schuldig war. Da aber seine Mitknechte solches sahen, wurden sie sehr betrübt und kamen und brachten vor ihren Herrn alles, was sich begeben hatte. Da forderte ihn sein Herr vor sich und sprach zu ihm: Du Schalksknecht, alle diese Schuld habe ich dir erlassen, dieweil du mich batest; solltest du denn dich nicht auch erbarmen über deinen Mitknecht, wie ich mich über dich erbarmt habe? Und sein Herr ward zornig und überantwortete ihn den Peinigern, bis daß er bezahlte alles, was er ihm schuldig war. Also wird euch mein himmlischer Vater auch tun, so ihr nicht vergebet von eurem Herzen, ein jeglicher seinem Bruder seine Fehler.

Wir wollen uns zu Beginn dieser Predigt einmal ganz still und ehrlich fragen, ob wir einen Menschen wissen aus unserem Umkreis, aus unserer Familie, unter unseren Freunden, dem wir ein Unrecht, das er uns angetan hat, nicht vergeben haben; einen Menschen, von dem wir uns einmal im Zorn getrennt haben. Oder vielleicht auch nicht in offenem Zorn, sondern in stiller Bitterkeit mit dem Gedanken: Das kann ich nicht mehr vertragen. Mit diesem Menschen kann ich keine Gemeinschaft mehr haben.
Oder sollten wir wirklich so unachtsam sein, daß wir sagen, wir wüßten keinen? Sind uns die anderen Menschen so

gleichgültig, daß wir gar nicht eigentlich wissen, ob wir mit ihnen in Frieden oder in Unfrieden sind? Ob nicht einmal einer nach dem anderen aufstehen wird und uns verklagen: Von mir bist du im Unfrieden geschieden; mich hast du nicht ertragen können; mit mir hast du die Gemeinschaft zerbrochen; ich war dir unsympathisch und du wandtest dich ab von mir, ich tat dir einmal weh und da ließest du mich allein; ich kränkte einmal deine Ehre und da brachst du mit mir und ich konnte dich nicht wiederfinden. Ich habe dich oft gesucht, und du gingst mir aus dem Weg. Und es ist kein offenes Wort mehr zwischen uns gefallen. Und ich wollte nichts mehr von dir, nur deine Vergebung, und du hast mir nie vergeben können. Hier bin ich nun und klage dich an. Kennst du mich noch? Ob nicht in jener Stunde Namen vor uns lebendig werden, die wir kaum mehr kennen? Viele, viele verletzte, verstoßene arme Seelen, denen wir ihre Sünde nicht vergeben haben? Und unter diesen Menschen vielleicht ein guter Freund, ein Bruder, einer unserer Eltern?
Und es wird eine einzige große, drohende, furchtbare Stimme gegen uns werden in jener Stunde: *Du bist ein harter Mann gewesen.* All deine Freundlichkeit hilft dir nichts. Du warst hart und stolz und kalt wie Stein. Du hast dich um keinen von uns gesorgt. Wir waren dir alle gleichgültig und verhaßt. Du hast nie gewußt, was Verzeihung tut. Du hast nicht gewußt, wie wohl sie dem tut, der sie erfährt, und wie frei sie den macht, der verzeiht. Du bist immer ein harter Mann gewesen.
Wir machen es uns ja so leicht mit den anderen Menschen. Wir stumpfen uns gänzlich ab und meinen, wenn wir gegen jemand keine bösen Gedanken hegen, dann sei das ebendasselbe, als hätten wir ihm vergeben. Und wir übersehen dabei ganz, daß wir keine *guten* Gedanken über ihn haben. Und vergeben, das könnte doch heißen, lauter gute Gedanken über ihn haben, ihn *tragen,* wo wir nur können. Und das gerade umgehen wir. Wir tragen den anderen Menschen nicht,

sondern wir gehen neben ihm her und gewöhnen uns an sein Schweigen, ja, nehmen ihn gar nicht ernst. Aber aufs *Tragen gerade kommt es an.* Den anderen in allen Stücken tragen, in allen seinen schwierigen und unangenehmen Seiten. Und zu seinem Unrecht und seiner Sünde, auch gegen uns [im Manuskript: euch], schweigen. Tragen und lieben ohne Aufhören, das käme dem Vergeben nahe!

Wer so zum anderen Menschen, zu seinem Vater, seinem Freund, seiner Frau, seinem Mann, aber auch zu den fremden Menschen, allen, die uns begegnen, steht, der weiß erst, wie schwer das ist. Dem kommt es wohl manchmal über die Lippen: Nun kann ich es nicht mehr. Nun ertrage ich ihn nicht länger. Nun hat meine Kraft ein Ende. Es kann nicht immer so weiter gehen. »Herr, wie oft muß ich denn meinem Bruder, der an mir sündigt, vergeben?« Wie lange muß ich es ertragen, daß er hart gegen mich ist, mich kränkt und verletzt, daß er ohne Rücksicht und Zartheit ist, daß er mir weh tut ohne Maßen? Herr, wie oft? Es muß doch einmal ein Ende haben. Es muß doch einmal Unrecht Unrecht genannt werden. Es kann doch nicht sein, daß mein Recht dauernd vergewaltigt wird. »Ist es genug siebenmal?« Wir lächeln vielleicht über Petrus. Siebenmal, das scheint uns gering. Wie oft haben wir schon vergeben und übersehen! Wir sollten aber dennoch ganz und gar nicht lächeln. Wir haben dem Petrus gegenüber wahrhaftig keinen Anlaß dazu. Siebenmal vergeben, wirklich vergeben, das heißt, das uns angetane Unrecht ganz zum Besten kehren, Böses ganz mit Gutem vergelten, den anderen annehmen, als sei er uns immer der liebste Bruder gewesen, das ist keine Kleinigkeit. Ja, was wir so vergeben und vergessen nennen: Keine Krähe hackt der anderen ein Auge aus. Aber vergeben, aus lauter Liebe, mit der man den anderen nicht loslassen will, sondern ihn weiter tragen, das ist keine Kleinigkeit.

Es ist eine rechte Qual, dies Fragen. Wie werde ich mit diesem Menschen fertig, wie kann ich ihn ertragen? Wo fängt mein Recht ihm gegenüber an? Laßt uns nur mit dieser Frage immer zu Jesus gehen, wie Petrus es tat. Denn gingen wir zu einem anderen, fragten wir uns selbst, so bekämen wir keine oder nur schlechte Hilfe. Jesus aber hilft, nur in ganz wunderlicher Weise! Nicht siebenmal, Petrus, sondern siebzigmal siebenmal, sagt Jesus. Und er weiß, so allein hilft er ihm. *Nicht* zählen, Petrus, sondern vergeben ohne Zahl. Nicht dich quälen mit der Frage: Wie lange? Ohne Ende, Petrus, ohne Ende. Das ist vergeben. Und das ist Gnade für dich. Das allein macht dich frei.

Du zählst, einmal, zweimal, dreimal. Und immer bedrohlicher wird dir die Sache, immer quälender das Verhältnis zum Bruder. Aber merkst du denn gar nicht? So lange du noch zählst, so lange rechnest du ja immer wieder dem anderen seine alte Sünde auf. So lange hast du in Wirklichkeit noch nicht, noch nicht einmal vergeben! Werde frei, Petrus, vom Zählen. Vergeben und verzeihen kennt keine Zahl noch Ende. Du brauchst dich nicht zu bekümmern um dein eigenes Recht. Das ist bei Gott wohl aufgehoben. Du darfst vergeben ohne Ende! Vergebung ist ohne Anfang und Ende. Sie geschieht täglich und unaufhörlich, denn sie kommt von Gott. Das ist Befreiung aus allem Krampfhaften im Zusammensein mit dem Nächsten. Denn hier werden wir befreit von uns selbst. Hier dürfen wir alles eigene Recht aufgeben und dem anderen allein helfen und dienen.

Hört nur, wir brauchen gar nicht mehr empfindlich zu sein; es ist nichts damit gedient. Wir brauchen nicht auf unsere Ehre bedacht zu sein. Wir brauchen uns auch nicht zu entrüsten, wenn der andere uns immer wieder Unrecht tut. Wir brauchen nicht mehr den anderen fortgesetzt zu richten. Wir brauchen ihn *nur zu nehmen, wie er ist* und ihm alles, alles vergeben, ohne Ende, ohne Bedingung. Ist das nicht wirklich große Gnade, daß wir solchen Frieden haben dürfen mit unserem Nächsten, daß keiner und nichts unseren Frieden stören kann? Unsere Freundschaft, unsere Ehe, unsere Bru-

derschaft empfängt hier, was sie braucht, festen, dauernden Frieden durch die Vergebung.
Als Jesus das dem Petrus sagte, da hat er ihm etwas ganz Fröhliches und Herrliches sagen und schenken wollen. Daher er ihn frei machen wollen aus dem quälenden Gegeneinander der Menschen. Ihr *dürft* einander vergeben, sagt Jesus. Das ist wahrhaftig frohe Botschaft.
Aber das ist ja nun das Schlimme, daß da, wo Jesus uns eine ganz große Hilfe geben will, wo er uns etwas ganz Großes schenken will, wir sogleich sagen: Ach, wie schwer ist das, was Jesus uns da auflegt, wie unerträglich schwer! Das ist ja keine Hilfe, das ist ja eine Last. Wer soll denn das können, seinen Brüdern alles vergeben und mit ihnen tragen? Da wacht der ganze Trotz wieder auf. Nein, das will ich nicht und das kann ich nicht. Das hat der andere auch wahrhaftig nicht verdient.
Und siehe, erst wenn wir so reden, wird Jesus zornig über uns. Um Hilfe fragen dürfen wir ohne Ende. Aber uns gegen seine Hilfe wehren und sagen, das sei keine Hilfe, das will Jesus nicht. »Du kannst nicht vergeben? Du willst nicht vergeben! Das hat der andere nicht verdient? Ja, wer bist denn du, Mensch, daß du so redest?«
Und in großem Zorn erzählt nun Jesus jene furchtbare Geschichte vom Schalksknecht, von dem Mann, der Barmherzigkeit erfuhr und dennoch ein harter Mann blieb und von dem nun alle Barmherzigkeit genommen wird und über den nun Gottes furchtbares Gericht ergeht. Und indem er diese zornige Geschichte erzählt, gibt er uns die größte Hilfe, die er uns geben kann. Er zeigt uns den *Weg* zum rechten Vergeben. Den wollen wir nun verstehen.
Besinnen wir uns an einen Augenblick in unserem Leben, in dem Gott uns vor Gericht zog, in dem wir ein verlorener Mann waren? In dem es uns ans Leben ging? Gott forderte Rechenschaft von uns. Und es waren nichts als Schulden da, unermeßlich große Schulden. Unser Leben war befleckt und

unrein und schuldig vor ihm und wir hatten nichts, aber auch gar nichts aufzuweisen als Schulden und noch einmal Schulden. Besinnen wir uns, wie es uns damals zu Mute war, wie wir nichts zu hoffen hatten, wie verloren und sinnlos alles erschien? Wir konnten uns nicht mehr selbst helfen. Wir waren gänzlich allein und vor uns blieb bloß die Strafe, die gerechte Strafe. Vor ihm konnten wir nicht aufrecht stehen bleiben. Vor ihm, vor Gott dem Herrn, sanken wir auf die Kniee in unserer Verzagtheit und beteten ihn an: Herr, habe Geduld mit mir. Und allerlei Geschwätz kam über unsere Lippen, so wie hier [beim] Schalksknecht: Ich will dir alles bezahlen und wiedergutmachen. Derartiges! Und wir wußten doch genau, wir würden es nie bezahlen können. Und dann veränderte sich auf einmal alles. Gottes Angesicht trug nicht mehr die Züge des Zornes, sondern des großen Jammers und Schmerzes über uns Menschen. Und er erließ uns alle Schuld. Und uns war vergeben. Wir waren frei und die Angst war von uns genommen. Und wir waren wieder froh und konnten Gott ins Angesicht sehen und danken.

So sahen wir einmal aus, wie jener Schalksknecht. Wie vergeßlich wir doch sind! Nun gehen wir hin und packen den, der uns ein kleines Unrecht getan hat, der uns getäuscht oder verleumdet hat und sprechen zu ihm: Mache wieder gut, was du gesündigt hast! Ich kann dir niemals vergeben! Sehen wir denn nicht, daß wir viel mehr sagen sollten: Was der andere uns hier angetan hat, das ist ja nichts, gar nichts gegen das, was ich getan habe gegen Gott und auch gegen ihn? Wer hat denn uns berufen, den anderen zu verdammen, die wir selbst viel schwerer dran sind als er?

Vers 31–34. Nun ist die Gnade vertan. Nun ist die ganze alte Schuld neu da. Nun kommt der Zorn über uns. Nun sind wir verlorene Leute, weil wir die Gnade verachtet haben. Das ist die ganze Lehre: Die Sünde des anderen siehst du, aber deine eigene Sünde erkennst du nicht. In Buße erkenne die Barm-

herzigkeit Gottes über dir und nur so wirst du vergeben können.
Wie kommen wir dahin, daß wir einander alle Sünde von Herzen vergeben? Liebe Brüder, wer es einmal erfahren hat, daß Gott ihn aus einer großen Sünde gerissen und ihm vergeben hat, wem Gott einmal in solcher Stunde einen Bruder geschickt hat, dem wir unsere Sünde sagen durften, wer den Kampf kennt, den der Sünder gegen die Hilfe führt, weil er sich nicht helfen lassen will, und wer es dennoch erfuhr, daß ihn sein Bruder im Namen Gottes und im Gebet von seiner Sünde freisprach, dem vergeht alle Sucht zum Richten und zum Nachtragen. Der will nur noch eines: Mittragen an der Not des Bruders, dienen, helfen, vergeben ohne Maßen, ohne Bedingung, ohne Ende. Der kann den sündigen Bruder nicht mehr hassen, sondern er liebt ihn umso mehr und vergibt ihm alles, alles.
Herr, unser Gott, laß uns deine Barmherzigkeit erfahren, daß wir Barmherzigkeit üben ohne Ende! Amen.

Wer und was ist Babylon?

Totensonntag, 24. November 1935[1]

Offenbarung 14, 6–13: Und ich sah einen Engel fliegen mitten durch den Himmel, der hatte ein ewiges Evangelium zu verkündigen denen, die auf Erden wohnen, und allen Heiden und Geschlechtern und Sprachen und Völkern und sprach mit großer Stimme: Fürchtet Gott und gebet ihm die Ehre; denn

1. Datierung nicht sicher auszumachen. Möglicherweise wurde diese Predigt auch bereits am Totensonntag 1934 in London gehalten (25. 11. 34).

die Zeit seines Gerichts ist gekommen! Und betet an den, der gemacht hat Himmel und Erde und Meer und die Wasserbrunnen!
Und ein anderer Engel folgte nach, der sprach: Sie ist gefallen, sie ist gefallen, Babylon, die große Stadt; denn sie hat mit dem Wein ihrer Hurerei getränkt alle Heiden.
Und der dritte Engel folgte diesem nach und sprach mit großer Stimme: So jemand das Tier anbetet und sein Bild und nimmt das Malzeichen an seine Stirn oder an seine Hand, der wird von dem Wein des Zornes Gottes trinken, der lauter eingeschenkt ist in seines Zornes Kelch, und wird gequält werden mit Feuer und Schwefel vor den heiligen Engeln und vor dem Lamm; und der Rauch ihrer Qual wird aufsteigen von Ewigkeit zu Ewigkeit; und sie haben keine Ruhe Tag und Nacht, die das Tier haben angebetet und sein Bild, und so jemand hat das Malzeichen seines Namens angenommen. Hier ist Geduld der Heiligen; hier sind, die da halten die Gebote Gottes und den Glauben an Jesus.
Und ich hörte eine Stimme vom Himmel zu mir sagen: Schreibe: Selig sind die Toten, die in dem Herrn sterben von nun an. Ja, der Geist spricht, daß sie ruhen von ihrer Arbeit; denn ihre Werke folgen ihnen nach.

»Und ich sah«. Der Vorhang zerreißt und Johannes bekommt zu sehen, worüber für unser Auge ein dichter Schleier liegt, die Welt nach dem Tode. So viel ist sogleich klar: Diese Welt ist alles andere als tot. Sie ist in höchstem Maße lebendig, voller Handlung, voller Gesichte, voller Worte, voller Qual und voller Seligkeit. Die Welt nach dem Tode ist Leben in höchstem Maße. Nicht ein Nichts, ein Verlöschen erwartet uns, wenn wir die Augen zutun, sondern einem ungeahnten Geschehen gehen wir entgegen. Keiner tröste sich mit dem falschen Trost: Es ist doch bald alles aus. Vielmehr lasse er sich sagen: Es fängt bald alles an, es wird nun bald ganz ernst, ganz kritisch mit dir.

Bereit werden für den Schritt in jene andere Welt, dazu will uns unser Text helfen. ***Wie lernen wir Christen, wie lernt die Gemeinde Christi das Sterben?*** Das ist die Frage, und die Antwort gibt der Text. Es ist eine dreifache Freudenbotschaft, die uns heute aus jener Welt als Trost am Totensonntag und als Hilfe zum Sterben verkündigt wird.
»Und ich sah einen Engel fliegen mitten durch den Himmel, der hatte ein ewiges Evangelium zu verkündigen.« Wo solche Gesichte, wo die Engel Gottes gesehen werden, da sind wir nicht mehr bei uns. Da ist der Himmel aufgetan und die neue Welt. Mitten durch den Himmel fliegt der Engel mit dem ***ewigen Evangelium.*** Das gehört also in die Mitte des Himmels, wie es in die Mitte der Erde gehört, das ewige Evangelium. Das ist ein großer Trost für alle Gläubigen: ***Das Evangelium bleibt doch. Es ist ein ewiges Evangelium,*** unser Evangelium, wie wir [es] Sonntag für Sonntag hören und predigen, das Evangelium, das wir in unseren Bibeln bei uns haben, morgens und abends lesen, das unserem Leben einmal eine neue Wendung gegeben, als wir es zum erstenmal recht verstanden. Hier verspottet und angegriffen und in den Schmutz gezogen, und doch hier verborgen und heimlich geliebt und bekannt von Märtyrern aller Zeiten, von Bekennern und unzähligen Herzen. Das Evangelium bleibt ewig. Wir brauchen uns also gar nicht zu fürchten und darum zu sorgen, ob es auch so aussieht, als ginge das Evangelium heute unter. Was sind zehn Jahre oder auch mehr, die wir erleben und übersehen? Das Evangelium ist ewig und bleibt dennoch. Es bleibt als die eine und einzige wahre Verkündigung von Gott [und seiner Herrschaft] über alle Welt.
Und ob tausende von Religionen und Ansichten und Meinungen und Weltanschauungen in der Welt sind, und ob es die schönsten Weltanschauungen seien und ob sie den Menschen das Herz bewegen und rühren, sie scheitern alle am Tod. Sie müssen alle zerbrechen, weil sie nicht wahr sind. Es bleibt nur das Evangelium. Und ehe das Ende kommt, wird

es allen Völkern, Geschlechtern und Sprachen verkündigt sein über die ganze Erde. Ob es hier auch scheint, es gebe viele Wege, [so] gilt doch nur ein Weg für alle Menschen auf dem Erdboden: das Evangelium.
Und seine Sprache ist so einfach, daß sie jeder verstehen muß: »Fürchtet Gott und gebt ihm die Ehre; denn die Zeit des Gerichtes ist gekommen. Und betet den an, der gemacht hat Himmel und Erde und Meer und die Wasserbrunnen.« Das ist das erste Gebot, das ganze Evangelium. »Fürchtet Gott« statt der vielen Dinge, die ihr fürchtet. Fürchtet nicht den kommenden Tag. Fürchtet nicht die anderen Menschen. Fürchtet nicht Gewalt und Macht, auch nicht [wenn sie] euch Besitz und Leben rauben kann. Fürchtet nicht die Großen in der Welt. Fürchtet euch auch nicht vor euch selbst. Fürchtet auch nicht die Sünde [unsichere Lesart]. An all dieser Furcht werdet ihr sterben. Von all dieser Furcht seid ihr frei. Sie ist für euch nicht da. Fürchtet aber Gott und ihn allein. Denn er hat Macht über alle Mächte dieser Welt. Vor ihm muß sich die ganze Welt fürchten. Er hat Macht, uns das Leben zu geben oder uns zu verderben. Alles andere ist Spiel, Gott allein ist Ernst, ganz Ernst. Fürchtet Gottes Ernst und »gebt ihm die Ehre«. Er will sie haben als der Schöpfer der Welt, als unser Schöpfer. Er will sie haben als der Versöhner, der Frieden gemacht hat in Christus zwischen Gott und Mensch. Er will sie haben als der Erlöser, der uns am Ende frei machen will von allen Sünden und aller Last. Gebt ihm die Ehre und seinem heiligen Evangelium, »denn die Zeit seines Gerichtes ist gekommen«. Und dies Gericht ist das Evangelium selbst. Das ewige Evangelium ist der Richter über alle Menschen.
Wonach wird Gott an jenem Tag des Gerichtes, dem wir entgegengehen, fragen? Gott wird uns im Gericht nur nach dem einen fragen: Habt ihr dem Evangelium geglaubt und gehorcht? Er wird nicht fragen, ob wir Deutsche waren oder Juden, ob wir Nationalsozialisten waren oder nicht, auch

nicht, ob wir zur Bekennenden Kirche gehört haben oder nicht, ob wir groß und einflußreich und erfolgreich waren, ob wir ein Lebenswerk aufzuweisen haben, ob wir geehrt waren von den Menschen oder gering und unwichtig und erfolglos und verkannt. Gott wird alle Menschen einmal danach fragen, ob sie vor dem Evangelium sich getrauen können zu bestehen. Das Evangelium allein wird unser Richter sein. Am Evangelium werden sich die Geister scheiden in Ewigkeit. Wenn wir das wissen und doch sehen, wie das Evangelium unter uns mißachtet wird, dieses in der Welt *und in der Kirche*, dann kann uns ganz angst werden. Das wollen wir uns also von dem ersten Bild, das Johannes sah, merken: *Ein ewiges Evangelium, die ewige Verkündigung an alle Völker, das ewige Gericht über den Menschen.* Ein ewiges Evangelium, das ist der einzige und bleibende Trost für die Gemeinde der Gläubigen. Das ist Freudenbotschaft für alle, die noch sterben müssen.

»Und ein anderer Engel folgte nach und sprach: Sie ist gefallen, sie ist gefallen, Babylon, die große Stadt, denn sie hat mit dem Wein ihrer Hurerei getränkt alle Heiden.« Das sah Johannes. Und er sah doch auch das andere, nämlich daß Babylon noch groß war, mächtig und kraftstrotzend; daß Babylon noch unüberwindlich dastand in der Welt und alle Menschen vor ihr zitterten und niederfielen. Babylon, die Feindin Gottes, die Stadt, die nicht aufhört, ihren Turm bis in den Himmel zu bauen. Babylon, die gegen Christus, den gekreuzigten Herrn auf eigene Macht trotzt, die mit ihren glänzenden und verführerischen Lastern die Menschen berauscht, wie die Dirne ihren Buhlen berauscht mit schwerem Wein, die die Menschen umnebelt und verwirrt und umbuhlt mit allerlei Gepränge und gottlosem Prunk. Babylon, das die Menschen lieben, umschwärmen, dem sie besinnungslos in die Netze laufen. Babylon, das von seinen Untertanen nichts anderes verlangt als blinde Liebe und Rausch, das ihnen reichlich, verschwenderisch gibt, wonach den Menschen das

Herz und die wilde Begierde steht. Wer wollte es wagen, von diesem Babylon zu sagen, es sei nicht ewig, es werde einen tiefen Fall tun? [... zwei unleserliche Worte] *Mit welcher Bangigkeit muß die christliche Gemeinde*, die nicht Bürger dieser Stadt sein kann und will, die am Rande, außerhalb dieser Stadt wohnen und leiden muß, auf jene Stadt sehen! Mit wie viel Gebeten muß sie für sie eintreten, mit wie viel Gebet ihren Fall herbeigesehnt haben! Wer ist Babylon? War es Rom? Wo ist es heute? Wir wagen es heute noch nicht zu sagen. Nicht aus Furcht vor den Menschen! Sondern die Gemeinde weiß es noch nicht. Aber sie sieht furchtbare Dinge und Enthüllungen herannahen.
Und nun die Stimme vom Himmel, die Freudenbotschaft für die Gemeinde der Gläubigen: »Sie ist gefallen, sie ist gefallen, Babylon, die Große!« Es ist schon alles vollendet. Das Gericht ist schon ergangen von Gott her. Babylon ist schon gerichtet. Babylon kann nicht bestehen, weil es vor Gott nicht bestehen kann. Darum: Fürchtet euch nicht vor Babylon. Es kann euch nichts anhaben. Es ist schon gerichtet. Es ist, als wäre [da nur noch] Staub und Rauch und Trümmer. Darum nehmt es nicht mehr so blutig ernst. Verzehrt euch nicht in eurem Haß oder in eurem Eifer. Es ist ja alles nur so vorläufig, so vorläufig. *Es ist ja gar nicht mehr wichtig. Ganz andere Dinge sind aber wichtig.* Bleibt fest im Glauben. Haltet fest an Christus. Haltet euch unberührt von Babylon, bleibt nüchtern und laßt euch nicht die Furcht übermannen. Haltet euch an die Stimme Gottes, des Allmächtigen, der spricht: »Sie ist gefallen, Babylon, die Große.« Das allein ist wichtig. Das allein führt zum Leben. Wer aber Babylon verfällt, der ist dem Tode und Gericht verfallen. Babylon ist gefallen, freue dich, Gemeinde der Gläubigen! Das ist die zweite Freudenbotschaft für die Gemeinde, die ins Sterben muß.
»Und der dritte Engel folgte diesem nach und sprach mit großer Stimme: So jemand das Tier anbetet [und sein Bild

und nimmt das Malzeichen an seine Stirn oder an seine Hand, der wird von dem Wein des Zorns Gottes trinken ...«] Das Tier ist der Herr Babylons, der Mensch der Lästerung, der Überhebung und der Gewalt. Und das ist das Furchtbare: Das Tier hat nicht genug daran, daß ihm die Menschen dienen, sondern es will, daß sie sich mit seinem Zeichen bezeichnen an Stirn und Hand, daß sie ihm sichtbar gehören mit Kopf und Tat. Das Tier will Bekenner! Wie die Christen sich bezeichnen mit dem Zeichen des Kreuzes, so will das Tier, daß die mit dem Malzeichen der Gotteslästerung gezeichnet seien, die ihm gehören. Und sie beten das Tier an und sagen: Wer ist größer und mächtiger als dies Tier? Wer will ihm widerstehen? Wer ist gewaltiger und göttlicher? Und sie alle beten es an, die nicht geschrieben sind im Buche des Lebens, deren Namen vor Gott und dem Christus nicht erwählt und gefällig sind, deren Namen eine Lästerung Gottes sind.
»Der wird von dem Wein des Zorns Gottes trinken [, der lauter eingeschenkt ist in seines Zornes Kelch. Und wird gequält werden mit Feuer und Schwefel vor den heiligen Engeln und vor dem Lamm; und der Rauch ihrer Qual wird aufsteigen von Ewigkeit zu Ewigkeit; und sie haben keine Ruhe Tag und Nacht, die das Tier haben angebetet und sein Bild, und so jemand hat das Malzeichen seines Namens angenommen«] Ein brennender ungemischter Wein ist der Zorn Gottes, den der Mensch bis ins Innerste seines Gebeins zu spüren bekommt. Unaussprechlich furchtbar die Dinge, die nun genannt werden. Es ist nichts hinzuzufügen. Wie soll uns auch solche Botschaft Grund zur Freude sein? »Gequält mit Feuer und Schwefel vor den heiligen Engeln und vor dem Lamm.« Sie werden den Christus, den sie leugneten, sehen müssen in ihrer Qual. »Der Rauch ihrer Qual wird aufsteigen von Ewigkeit zu Ewigkeit.« »Keine Ruhe Tag und Nacht.« Laßt uns angesichts solcher Worte ja nicht laut werden, sondern ganz stille. Und in uns gehen und sprechen:

Gott, sei mir Sünder gnädig und schenke uns allen dein Heil! Gott, dir allein gebührt die Ehre. Du allein bist gerecht. Du hast uns Ruhe geschaffen vor unseren Feinden. Ja, du allein bist unser Trost und unsere Freude!
Nein, wir wollen angesichts der furchtbaren Gerichte Gottes über die Welt in kein sektiererisches Triumphgeheul ausbrechen, sondern bitten: Gott, gib Geduld deinen Heiligen in aller unserer Ungeduld. Gib Gehorsam deiner Gemeinde, dein Gebot der Liebe zu halten, in allem unseren Ungehorsam. Gib Glauben an Jesus, in allem Unglauben. Und wenn du dann kommst und zu uns trittst und uns forderst, vor dir zu stehen, dann sprich auch zu uns: »Hier ist Geduld der Heiligen. Hier sind, die da halten die Gebote Gottes und den Glauben an Jesum.« Gott, es ist alles deine Gnade.
Werden wir es nun begreifen, daß angesichts dieser Gerichte Gottes, dieser Versuchung, in Haß und Ungeduld und Unglauben zu fallen, daß es heute eine Gnade ist zu sterben, weggenommen zu werden? Wer von uns weiß denn, ob er durchhält? Wer weiß denn, wie er in der Stunde der letzten Probe stehen wird? Darum: »Selig sind die Toten, die in dem Herrn sterben von nun an.« »Selig sind die Toten«, das müssen wir verstehen. Nicht aus Müdigkeit, aus Unlust, sondern aus der Furcht, nicht Glauben zu halten und in der Freude, Glauben gehalten zu haben. »Selig sind die Toten«, »von nun an«. Von solchen Zeiten an, wo die Macht Babylons und des Tieres übergroß wird. Aber nicht alle Toten sind selig, sondern »die in dem Herrn sterben«, die das Sterben rechtzeitig gelernt haben, die Glauben gehalten haben, die sich an Jesus hielten bis zur letzten Stunde, ob unter den Leiden des offenen Martyriums, ob im Martyrium einer stillen Einsamkeit. Die Verheißung der Seligkeit des Todes, der Auferstehung gibt es nur für die Gemeinde Jesu Christi. Sie gehört ihr. Und wer sie sonst für sich in Anspruch nimmt, fällt Gott in den Arm. *»Selig sind die Toten, die in dem Herrn sterben.«* In Christus sterben: Daß uns das geschenkt werde, daß unsere

letzte Stunde nicht eine schwache Stunde sei, daß wir als Bekenner Christi sterben, ob alt oder jung, ob schnell oder nach langem Leiden, ob gefaßt und gepackt von dem Herrn Babylons oder ob still und sanft, das ist heute unser Gebet, daß nur unser letztes Wort sei: Christus.

»Ja, der Geist spricht, daß sie ruhen von ihrer Arbeit; denn ihre Werke folgen ihnen nach.« Und dann wird Ruhe sein von unserer Arbeit, das heißt von der Mühsal und den Sünden und den Anfechtungen, unter denen wir heute stehen. Keine Furcht mehr, schwach zu werden, keine Furcht vor der Sünde und vor der Gewalt Babylons. Dann wird Ruhe sein, weil wir Christus als den Herrn erkennen und sehen werden. »Denn ihre Werke folgen ihnen nach.« *Sie bahnen uns nicht* den Weg zu Jesus, das tut der Glaube. *Aber sie folgen nach,* die Werke, die in Gott, in Christus getan sind, für die er uns bereitet hat von Anbeginn der Welt. Wir kennen sie hier nicht. Sie sind verborgen. Es sind die Werke, von denen die linke Hand nicht weiß, was die rechte tut. Aber sie werden bei uns sein, weil sie zu uns gehören als das ewige Geschenk Gottes.

Herr, lehre du deine Gemeinde zu sterben, durch dein Evangelium. Gib uns Kraft durchzuhalten, bis du rufst. Wir wollen gern dein ewiges Evangelium schauen! Amen.

Trauerfeier für Frau Julie Bonhoeffer[1]

15. Januar 1936

Psalm 90: Herr, Gott, du bist unsre Zuflucht für und für. Ehe denn die Berge wurden und die Erde und die Welt geschaffen wurden, bist du, Gott, von Ewigkeit zu Ewigkeit, der du die Menschen lässest sterben und sprichst: Kommt wieder, Menschenkinder! Denn tausend Jahre sind vor dir wie der Tag, der gestern vergangen ist, und wie eine Nachtwache. Du lässest sie dahinfahren wie einen Strom; sie sind wie ein Schlaf, gleichwie ein Gras, das doch bald welk wird, das da frühe blüht und bald welk wird und des Abends abgehauen wird und verdorrt. Das macht dein Zorn, daß wir so vergehen, und dein Grimm, daß wir so plötzlich dahin müssen. Denn unsere Missetaten stellst du vor dich, unsere unerkannte Sünde ins Licht vor deinem Angesicht. Darum fahren alle unsere Tage dahin durch deinen Zorn; wir bringen unsere Jahre zu wie ein Geschwätz. Unser Leben währet siebzig Jahre, und wenn's hoch kommt, so sind's achtzig Jahre, und wenn's köstlich gewesen ist, so ist es Mühe und Arbeit gewesen; denn es fähret schnell dahin, als flögen wir davon. Wer glaubt aber, daß du so sehr zürnest, und wer fürchtet sich vor solchem deinem Grimm? Lehre uns bedenken, daß wir sterben müssen, auf daß wir klug werden. Herr, kehre dich doch wieder zu uns und sei deinen Knechten gnädig! Fülle uns frühe mit deiner Gnade, so wollen wir rühmen und fröhlich sein unser Leben lang. Erfreue uns nun wieder, nachdem du uns solange plagest, nachdem wir so lange Unglück leiden. Zeige deinen Knechten deine Werke und deine Ehre ihren Kindern. Und der Herr, unser Gott, sei uns freundlich und fördere das Werk

1. In der Friedhofskapelle Berlin-Halensee.

unsrer Hände bei uns. Ja, das Werk unsrer Hände wollest du fördern!

In großer Dankbarkeit stehen wir heute am Grab unserer guten entschlafenen Großmutter. Gottes Hand ist freundlich über uns gewesen, daß er sie bis heute unter uns gelassen hat. Wir können uns unser eigenes Leben nicht mehr denken ohne das ihre. Sie gehört ganz zu uns und sie wird immer ganz zu uns gehören. Und Gottes Hand ist auch freundlich über ihr gewesen bis zuletzt. Er hat sie nicht allein sein lassen. Er hat sie Kinder, Enkel und Urenkel sehen lassen. Er hat sie noch mitten in ihrer letzten schweren Krankheit für ein paar Tage fröhlich und gesund sein lassen, daß sie den Heiligen Abend noch einmal mit dem ganzen großen Haus feiern konnte, wie in all den Jahren zuvor. In großer Klarheit und Liebe hat sie bis zuletzt an all dem teilnehmen können, was jeden von uns persönlich oder beruflich bewegte. Sie hat nach allen gefragt, die ihr nahestanden, und für jeden gute und liebe Gedanken und Wünsche gehabt. Gott hat ihr auch gegeben, in Klarheit zu sehen, wie es um sie stand, und er hat ihr die Kraft dazu gegeben, sich darein zu schicken. Und wenn wir heute traurig werden wollen, daß sie nicht mehr bei uns ist, so sollen wir doch darüber niemals vergessen, wie dankbar wir sein müssen.
»Herr, Gott, du bist unsre Zuflucht für und für.« In einem so langen Leben wie dem ihren gibt es Stunden, in denen man dies besonders lernen muß, daß man eine Zuflucht braucht. Früh hat sie ihren Vater verloren, zwei Söhne hat sie als Kinder hergeben müssen, im Krieg fielen drei Enkelsöhne; im Alter wurde es stiller um sie, als der Großvater starb, als ihre Geschwister heimgingen, als zuletzt noch wenige Jahre vor ihrem Tod unser guter Onkel Otto, ihr ältester Sohn, von uns ging. Gott hat oft sichtbar in ihr Leben eingegriffen; da hat sie es immer wieder lernen müssen, was sie von Kind auf gewußt hat: »Herr, Gott, du bist unsre Zuflucht für und für.

Ehe denn die Berge wurden und die Erde und die Welt geschaffen wurden, bist du, Gott, von Ewigkeit zu Ewigkeit.« Daran hat sie sich auch in ihrer Krankheit gehalten. Sich in den Willen Gottes schicken; tragen, was einem auferlegt ist; beherrscht und klar das Gegebene, das Wirkliche ins Auge fassen; tun, was nötig und geboten ist; schweigend und ohne Klage mit sich abmachen, worin einem ein anderer nicht helfen kann, und in alledem sich eine große innere Fröhlichkeit und kraftvolle Lebensbejahung bewahren – so hat sie ihr Leben aufgefaßt und geführt, so ist sie gestorben, und so haben wir sie geliebt.

»Der du die Menschen lässest sterben und sprichst: Kommt wieder, Menschenkinder.« Sie hat dies Wiederkommen sehen dürfen in drei Generationen, und das war ihre größte Freude im Leben. Für ihre Kinder, Enkel und Urenkel war sie immer da, sie hatte immer und für alles Zeit, Ruhe und Rat. Und obwohl sie ganz mit jedem einzelnen mitlebte, so kam doch ihr Urteil und ihr Rat immer aus einem weiten Abstand von den Dingen, aus einem unvergleichlichen Wissen um alles Menschliche und aus einer großen Liebe. Und während sie so die Generationen kommen und wachsen sah, wurde sie selbst bereit zum Gehen. In aller Erfahrung und Weisheit spürte man, daß sie von einer demütigen Erkenntnis der Grenzen alles menschlichen Wissens, Urteilens und Lebens getragen war. »Tausend Jahre sind vor dir wie der Tag, der gestern vergangen ist, und wie eine Nachtwache.« »Unser Leben währet siebzig Jahre, und wenn's hoch kommt, so sind's achtzig Jahre, und wenn's köstlich gewesen ist, so ist es Mühe und Arbeit gewesen.« 93 Jahre alt ist sie geworden, und sie hat uns das Erbe einer anderen Zeit vermittelt. Mit ihr versinkt uns eine Welt, die wir alle irgendwie in uns tragen und in uns tragen wollen. Die Unbeugsamkeit des Rechtes, das freie Wort des freien Mannes, die Verbindlichkeit eines einmal gegebenen Wortes, die Klarheit und Nüchternheit der Rede, die Redlichkeit und Einfachheit im persönlichen und öffentlichen Leben – daran hing ihr ganzes Herz. Darin lebte sie. Sie hat es in ihrem Leben erfahren, daß es Mühe und Arbeit macht, diese Ziele wahr zu machen im eigenen Leben. Sie hat diese Arbeit und Mühe nicht gescheut. Sie konnte es nicht ertragen, wo sie diese Ziele mißachtet sah, wo sie das Recht eines Menschen vergewaltigt sah. Darum waren ihre letzten Jahre getrübt durch das große Leid, das sie trug über das Schicksal der Juden in unserem Volk, an dem sie mittrug und mitlitt[2]. Sie stammte aus einer andern Zeit, aus einer andern geistigen Welt – und diese Welt sinkt *nicht* mit ihr ins Grab. Dieses Erbe, für das wir ihr danken, verpflichtet.

Aber nicht nur ihr Leben, sondern gerade auch ihr Tod soll uns zur Lehre werden. Herr, »lehre uns bedenken, daß wir sterben müssen, auf daß wir klug werden«. Auch solches sinnerfüllte, bewußte Leben steht unter dem Todesgesetz, das auf allem Menschlichen lastet. Auch wir müssen einmal gehen, mit all unseren Idealen, Zielen und unserer Arbeit. Klug werden, das heißt von seiner Grenze, von seinem Ende wissen, aber viel mehr noch von dem Jenseits dieser Grenze wissen, von dem Gott, der ist von Ewigkeit zu Ewigkeit, in dessen Hände wir fallen, ob wir wollen oder nicht, in dessen Händen sie jetzt aufgehoben ist in Ewigkeit. Was sollen wir über solchem erfüllten und reichen Leben noch sagen? Wir rufen den Gott an, der unsere Zuflucht ist, zu dem wir fliehen können in aller Not und Traurigkeit; Jesus Christus, in dem alle Wahrheit, alle Gerechtigkeit, alle Freiheit und alle Liebe ist. Wir rufen den Gott an, der allen Haß, alle Lieblosigkeit, alle Unruhe überwunden hat durch seine unüberwindliche Liebe am Kreuz Jesu Christi. Wir bitten, daß sie schauen dürfe in Ewigkeit, was hier verhüllt und verborgen bleibt unter Sünde und Tod, daß sie in Frieden und Klarheit schauen dürfe das ewige Angesicht Gottes in Jesus Christus.

2. Ein anwesender Vetter, der einen hohen Staatsposten innehatte, verweigerte wegen dieser Worte nach der Trauerfeier Bonhoeffer den Handschlag.

Der Anfang, das Ende, o Herr, sie sind dein,
Die Spanne dazwischen, das Leben war mein;
Und irrt' ich im Dunkeln und fand mich nicht aus –
Bei dir, Herr, ist Klarheit, und Licht ist dein Haus.[3]

Und nun wollen wir nicht mehr traurig sein. Das war nicht ihr Sinn. Sie wollte nie einen Menschen traurig machen. Wir müssen zurück an unsere Arbeit und an unser Tagewerk. So hat sie es gewußt und gemeint. Sie liebte über alles die Tat und das Tagewerk. Darum wollen wir gestärkt von ihrem Grab fortgehen. Gestärkt durch ihr Bild, ihr Leben und Sterben, gestärkt aber viel mehr durch den Glauben an den Gott, der ihre und unsere Zuflucht ist für und für, gestärkt durch Jesus Christus. »Und der Herr, unser Gott, sei uns freundlich und fördere das Werk unsrer Hände bei uns; ja das Werk unsrer Hände wolle er fördern!« Amen.

Dankbar in allen Dingen

Traupredigt für Hilde und Albrecht Schönherr, 15. April 1936[1]

1. Thessalonicher 5, 16–18: Seid allezeit fröhlich. Betet ohne Unterlaß, seid dankbar in allen Dingen; denn das ist der Wille Gottes in Christo Jesu an euch.

Dies sei unsere Bitte für euch und dafür, daß ihr gehorsam zu diesem Willen »Ja« sagen wollt.

3. Inschrift auf dem Grabe Fritz Reuters.

1. In der Kirche von Falkensee bei Berlin-Spandau.

Ihr wollt jetzt auf eigenen Füßen wandeln. Ihr wißt, es bleibt heute ja alles ungewiß in der Zukunft und am morgigen Tag. Aber es muß und soll ganz gewiß sein, daß wir uns in einem solchen Augenblick eins wissen mit dem Willen Gottes an uns. Das genügt uns, und das hilft uns durch alles Ungewisse hindurch.

Also, mit dem Willen Gottes jetzt euch eins zu machen, dazu seid ihr hier. Ihr wollt in kurzem sagen, daß ihr füreinander leben wollt, euch einander treu sein wollt, bis der Tod euch scheidet. Daß zwei Menschen ihr Leben gemeinsam führen wollen, das geht ja nur, wenn aus zwei Willen »einer« wird. Das geht nicht so zu, daß wir unseren eigenen Willen suchen oder den des anderen. Die einzige Gewißheit, daß euer Wille *ein* Wille werde, liegt nicht an euch, sondern am Willen Gottes. Die einzige Gewißheit für die Festigkeit eurer Ehe liegt nicht bei euch, eurer Liebe, euren Vorsätzen, sondern sie liegt bei Jesus Christus. Da ganz allein liegt die Gewißheit. Dort sucht sie! Dort könnt und sollt und werdet ihr eins sein. Und darum müssen wir gerade an solchem Tage, wo die Gedanken ganz um persönliche Dinge kreisen wollen, müssen wir euch sagen: Trachtet am ersten nach dem Reiche Gottes, dann wir euch solches alles zufallen (Matth 6, 33). Durch ihn wird euch das andere alles mitgeschenkt werden. Trachtet zuerst nach dem Reiche Gottes!

Und Gott sei Dank, daß er uns seinen Willen nicht verbirgt, sondern offenbar werden läßt. Den Willen Jesu Christi an euch läßt er uns offenbar werden in dem Wort, das ihr zuerst gehört habt: »Seid allezeit fröhlich . . .«

Ihr werdet fröhlich sein in einer Freude, die ihr einander macht und aneinander habt. Es gibt im Leben nichts, das die Fröhlichkeit größer machen könnte, als mit einem Menschen zusammen zu sein, den man liebt, mit dem man sich eins weiß. Man ist fröhlich, auch fröhlich in den äußeren Sorgen, weil man den anderen hat. Aber es heißt nicht: Seid heute fröhlich und morgen und immer wieder einmal fröh-

lich, sondern es heißt: Seid *alle*zeit fröhlich. Also nicht nur, wenn ihr sie voneinander nehmen könnt, sondern auch da, wo sie euch einmal versagt wird, wo die äußeren Schwierigkeiten euch bedrängen und bedrücken.
Wie kann man das sagen, ohne zu übertreiben? Man kann es nur sagen und sein, wenn man den ganzen Grund seiner Fröhlichkeit aus Gott, aus seinem Willen hernimmt. Seid allezeit fröhlich, denn ihr seid von Gott erlöst, frei geworden von allen Sorgen und Ängsten um die Zukunft und frei geworden von euch selbst. Erlöst seid ihr. Und darum seid ihr allezeit fröhlich! Denn nun seid ihr allezeit mit Gott und Gott ist mit euch. Wißt, daß ihr erlöste Menschen seid und seid fröhlich!
Albrecht, sei ein fröhlicher Pfarrer! Wer sich eins weiß mit Jesus Christus, weiß, daß er erlöst ist. Und wer darum auch so aussieht, der wird seiner Gemeinde eine große Hilfe sein. Die Menschen werden zu ihm kommen, ihm Last auflegen, daß er sie trage. Also sei allezeit fröhlich in deinem Amt. Und dir, liebe Hilde, sage ich dazu: Hilf deinem Mann, allezeit fröhlich zu sein. Es ist ein Dienst, den du deinem Mann und der Gemeinde tust. Hilf ihm durch dein Gebet und durch deine Treue. Hilf dadurch, daß du dir deine Arbeit, deine Zeit so einteilst, daß du mit ihm fröhlich sein kannst. Dann werdet ihr verstehen, was Paulus sagt: Alles ist euer, ihr aber seid Christi (1. Kor 3, 22–23)!
Solche Fröhlichkeit aber kommt nur durch Gebet ohne Unterlaß. Es ist kein christliches Haus, wo nicht gebetet wird ohne Unterlaß. Du, Albrecht, hast in den letzten Jahren mit viel Mühe gelernt, was dies Beten ohne Unterlaß etwa heißen kann, und du hast entdeckt, daß es so viel helfen kann, und du wirst es noch mehr entdecken in deinem künftigen Leben. Und du, liebe Hilde, denke daran, daß dein Mann dies heilige Amt führen soll; und daß er das nur recht kann, wenn du ihm hilfst und wenn du Ehrfurcht hast vor diesem Amt und vor diesem Beten ohne Unterlaß.

Betet miteinander jeden Tag, morgens, mittags, abends um Festigkeit eurer Ehe, um Bestand und um Vergebung eurer Sünden. Und vergebt euch alle Tage selbst in diesem Gebet gegenseitig eure Sünden. Eine Ehe der Vergebung sollt ihr führen. Betet miteinander treu darum und betet füreinander.
Dir, liebe Hilde, möchte ich noch besonders sagen: Es gibt in der Geschichte manches, wo die Frau Menschen zurückgewonnen hat für das Evangelium durch die Fürbitte. Und ich möchte es dir ganz besonders ans Herz legen, daß du Fürbitte tust für deinen Mann, deine Familie, alle, die in dein Haus kommen und alle, mit denen du in Berührung kommst.
Und seid dankbar in allen Dingen. Richtig beten könnt ihr nur, wenn ihr dankbar seid in allen Dingen; wenn ihr einmal in der Stunde des Todes sagen könnt wie Chrysostomus[2]: »Gott sei Dank für alles!« Seid dankbar nicht nur für euer Glück, sondern auch für alles Rätselhafte in eurem Leben, für Krankheit, Leiden und Verfolgung um des Evangeliums willen. »Seid dankbar in allen Dingen!« Seid es heute für all das, was ihr bis zu dieser Stunde empfangen habt. Seid dankbar, daß ihr einander habt. Und vor allem seid dankbar, daß ihr das Wort und den Willen Gottes noch habt bis ans Ende. Seid dankbar, daß ihr einmal am Ende eures Lebens fröhlich sagen könnt: Ja, Gott sei Dank für alles!
Und nun geht hin in großer Freude und Gewißheit, eins geworden, die Augen erhoben zum Kreuz Jesu Christi, allezeit fröhlich, ohne Unterlaß betend. Amen.

2. Chrysostomus, Johannes, Kirchenvater, 354–407

Liebe als Gebot Christi

Traupredigt für Annemarie und Bernhard Riemer, 18. Juli 1936[1]

Johannes 13, 34: Ein neu Gebot gebe ich euch, daß ihr euch untereinander liebet, wie ich euch geliebt habe, auf daß auch ihr einander liebhabet.

Die Liebe als Gebot Jesu Christi ist etwas anderes als die Liebe, die aus dem menschlichen Herzen kommt. Wir dürfen heute auch für diese menschliche Liebe danken. Das ist der Sinn der kirchlichen Trauung, daß euch heute das göttliche Ja zu eurer menschlichen Liebe zueinander verkündigt wird. Gott will die Ordnung der Ehe und segnet die Liebe von Mann und Frau zueinander. Das sollen wir nicht verachten oder für eine geringe Sache ansehen. Es ist etwas unbegreiflich Großes, daß der Schöpfer so zu seinen Geschöpfen Ja sagt, daß er so in ihren Willen einwilligt. Es ist die Güte des Schöpfers, für die wir danken dürfen.
Aber wir wissen auch, daß alles, was aus unserem Herzen kommt, unter einem doppelten Fluch steht: Es ist unbeständig und es ist vergiftet mit Selbstsucht. Dieser Fluch steht auch über den größten und schönsten Wünschen und Vorsätzen unseres Herzens. Durch Unbeständigkeit und Selbstsucht aber wird die Liebe in ihr Gegenteil verkehrt. Sie gerät unter die Macht der Sünde.
Aus dieser Not läßt Gott uns helfen. Er will, daß unsere Liebe ewig, selbstlos und treu sei. »Ein neu Gebot gebe ich euch«, sagt Jesus. Das heißt, wer ihn kennt, der fängt ein neues Leben mit seinem Nächsten an, ein Leben nach dem

1. In Magdeburg.

Gebot Jesu. Jesus spricht zu seinen Jüngern, zu solchen, [die] ihm und seinem Willen folgen wollen. Wie heißt dieses neue Gebot? »Daß ihr euch untereinander liebet, wie ich euch geliebt habe.« Eure Liebe zueinander soll sein wie die Liebe Jesu Christi zu euch. Das ist allerdings etwas Neues. Die Liebe Jesu Christi zu uns – was ist das? Ist sie uns nur ein Wort oder haben wir sie erfahren? Nur wer sie erfahren hat, kann den anderen mit dieser Liebe wieder lieben. Jesu Liebe, das ist die Liebe, die aus der Ewigkeit kommt und auf die Ewigkeit zielt. Sie hängt nicht an zeitlichen Dingen, sondern sie umfaßt uns, weil wir ewig sein sollen. Sie läßt sich durch nichts hindern. Sie ist Gottes ewige Treue zu uns. Habt ihr die erfahren? Jesu Liebe, das ist die Liebe, die keinen Schmerz, keinen Verzicht, kein Leiden scheut, wenn es dem anderen hilft. Es ist die Liebe, mit der er uns allein um unsertwillen geliebt hat [und] daher auf Erden den Spott und Haß der Menschen auf sich geladen hat und am Kreuz starb. Jesu Liebe ist Liebe, die das Kreuz auf sich nimmt. Habt ihr die erfahren? Jesu Liebe, das ist die Liebe, die uns gilt, so wie wir sind. Wie eine Mutter ihr Kind liebt, so wie es ist, und es je mehr liebt, je größere Not es ihr bereitet, weil sie weiß, daß es ihre Liebe braucht, so ist die Liebe Jesu zu uns. Er nimmt uns an, wie wir sind. Jesu Liebe, das ist die Liebe, die uns alle Sünden vergibt; die uns unzählige Male verschont mit gerechten Strafen, die unzählige Male unsere Sünden bedeckt und Gnade vor Recht ergehen läßt. Jesu Liebe, das ist die Liebe, die täglich für uns betet und eintritt. Jesu Liebe, das ist die ewige Liebe Gottes, des Vaters, zu uns. Haben wir sie nicht oft erfahren?

»Daß ihr euch untereinander liebet, wie ich euch geliebt habe, auf daß auch ihr einander liebhabet.« Wollt ihr eure Ehe mit Jesus Christus als seine Nachfolger führen, so liebt einander mit dieser göttlichen Liebe. Liebt einander so, daß ihr in Ewigkeit bei Gott miteinander sein könnt, ohne einander zu verklagen. Denkt daran, daß eure Gemeinschaft für die

Ewigkeit Gottes berufen ist. Liebt einander so, daß einer um des anderen willen keinen Verzicht, kein Leiden scheut, wenn nur dem anderen damit gedient ist. Nehmet einander auf, wie ihr seid. Rechnet euch eure Fehler nicht vor und denkt daran, daß Gott euch annahm, wie ihr wart. Liebt einander so, daß ihr euch täglich eure Schuld vergebt. Ohne Vergebung könnt ihr nicht als Christen zusammen leben (Vaterunser, 5. Bitte!). Liebt einander so, daß ihr füreinander betet. Liebt einander nicht nur als Mann und Frau, sondern als Christen. So wird eure Gemeinschaft nicht mit dieser Zeit vergehen, sondern in Ewigkeit bleiben. Amen.

Das innere Leben der deutschen evangelischen Kirche

Vortrag über das Kirchenlied in der Vortragsreihe der Bekennenden Kirche zur Olympiade in Berlin, 5. August 1936[1]

[Erstellt von Eberhard Bethge gemäß einer Nachschrift]

Die alten Christen sangen noch, als sie den Löwen vorgeworfen wurden. Franz von Assisi sang so laut, noch in seiner Todesstunde, daß die Brüder sagten, es zieme sich nicht für einen Heiligen, so laut singend zu sterben. In der Offenbarung Johannes singen die Überwinder am gläsernen Meer das Lied des Mose und das Lied des Lammes (Offb 15, 2f.).

1. In der überfüllten Apostel-Paulus-Kirche und anschließend in der gleichfalls bis zum letzten Platz gefüllten Zwölf-Apostel-Kirche, beide in Berlin-Schöneberg. Vgl. GS II, 276–281.

I.

1542 stehen die Türken vor den Toren des Reiches. Die frommen Männer der Reformation warten auf den Jüngsten Tag. Da dichtet Luther ein Kinderlied: »Erhalt uns, Herr, bei deinem Wort.«
Warum ein Kinderlied? Hier liegt das Geheimnis des reformatorischen Glaubens beschlossen: Betet, denn es ist keine Hoffnung in den Waffen, sondern im Gebet! Gott ist nicht mit den stärkeren Bataillonen, sondern mit dem kleinen Haufen der betenden und wachenden Gemeinde. Gottes Kraft ist in den Schwachen mächtig. So singen die Kinder im Kampf gegen den Antichristen: »Erhalt uns, Herr, bei deinem Wort und steure deiner Feinde Mord, die Jesum Christum, deinen Sohn, wollen stürzen von deinem Thron.« Kinder rufen, daß sie beim Wort des Vaters bleiben wollen. Dies Wort soll Recht und Gewalt haben. Dies Wort erhält die Christenheit.
Der Papst ist eins geworden mit den Türken. Das Haupt der Kirche hält es mit dem gottlosen Heidentum. Die wahre Kirche Christi soll ausgerottet, Jesus vom Thron gestürzt werden. Darum: »Beweis dein Macht, Herr Jesu Christ, der du Herr aller Herren bist; beschirm dein arme Christenheit, daß sie dich lob in Ewigkeit«. Was ist die Macht Christi? Es ist die heimliche, verborgene Macht des Leidens und des Kreuzes. Nichts anderes als dies Kreuz hat der Herr seiner Gemeinde in der Welt verheißen. Mitten im Kreuz erhält er die Seinen. »Erhalt uns Herr bei deinem Wort«. Dies Wort ist das Kreuz!
Um ein Drittes bitten die Kinder: »Gott, heil'ger Geist, du Tröster wert, gib dein'm Volk ein'rlei Sinn auf Erd; steh bei uns in der letzten Not, g'leit uns ins Leben aus dem Tod.« Unter dem Wort und dem Kreuz steht die Kirche Christi, die der Heilige Geist gerufen hat. Der Heilige Geist, der sie gesammelt hat, leitet sie auch vom Tode zum Leben. Doctrina

est coelum, vita est terra! Auch das christlichste Leben hat keine Macht gegen den Teufel. Es ist selbst noch Erde. Aber das Evangelium hat die Macht. Das ist Rettung. Dies begreifen auch die Kinder.
Luthers Lieder sind durch ein Doppeltes charakterisiert. Sie sind ohne Ausnahme Lieder des Wortes und sie besingen eigentlich nicht besondere Situationen der Gemeinde als solche. Eine Ausnahme hiervon ist nur das Lied, in dem Luther den Märtyrertod der ersten Blutzeugen des Protestantismus besingt (»Ein neues Lied wir heben an« auf Joh. Esch und Heinr. Voes 1523).

II.

Hundert Jahre später, am Ausgang des Dreißigjährigen Krieges, lebt in der Kirche mitten in den Erschütterungen jener Tage immer noch die Frage nach der Wahrheit des Evangeliums. Es ist die Zeit der Orthodoxie, welche vielen so schwer verständlich ist. Hier gilt jedoch: Haben wir die Wahrheit, so haben wir alles; mit ihr ist Gott. Mit der Orthodoxie ist ein Zeichen für uns aufgerichtet: An der Wahrheitsfrage entscheidet sich alles.
In dieser Zeit entstehen Paul Gerhardts Lieder. Solche Gemeindelieder werden der Gemeinde nur in Zeiten starker Lebendigkeit geschenkt. Paul Gerhardt betet: »Schleuß zu die Jammerpforten und laß an allen Orten auf so viel Blutvergießen die Freudenströme fließen« (Strophe 10 aus »Nun laßt uns gehn und treten«). Sein persönliches Leben war von Leid gezeichnet. Aber er wurde der große Prediger des Trostes und der Freude seiner Zeit.
Es hat sich jedoch etwas verändert. Paul Gerhardts Lieder zeugen nicht mehr von den großen Glaubenskämpfen der ersten Christenheit und der Reformation. Luther sang von Anfechtung und Kampf – Paul Gerhardt singt »Gib dich zu-

frieden und sei stille«; Luther »Es streit für uns der rechte Mann« – Paul Gerhardt »Ach Hüter unsres Lebens, fürwahr, es ist vergebens«. Luther sang: »Verleih uns Frieden gnädiglich« – Paul Gerhardt: »Befiehl du deine Wege«. Luther besang die Christusfeste mit Worten der Heiligen Schrift – Paul Gerhardt gibt der christlichen Erfahrung Ausdruck: »Warum sollt ich mich denn grämen«? Mit einer dieser Strophen auf den Lippen ist er gestorben. Dies ist jedenfalls deutlich kein Kinderlied.

Bei Paul Gerhardt liegt der Akzent darauf, daß ich Christum habe; auf ihn kann ich mein Vertrauen setzen. Der Kampf tobt nicht mehr zwischen Himmel und Hölle, ich selbst bin der Kampfplatz. Es ist nicht mehr so sehr die strahlende Freude des Evangeliums; sondern jedes Trostwort ist noch gezeichnet von dem Leid und den Tränen, die dem Lied vorangingen. Die Reformatoren erwarteten das Hereinbrechen des Jünsten Tages – bei Paul Gerhardt ist davon keine Rede mehr. Bei Luther heißt es: »Steh bei uns in der letzten Not, g'leit uns ins Leben aus dem Tod« – bei Paul Gerhardt jedoch: »Du bist mein, weil ich dich fasse und dich nicht, o mein Licht, aus dem Herzen lasse« (letzte Strophe von »Warum sollt ich mich denn grämen«). Es ist kein unechtes Wort darin; und doch ist es nicht mehr die Stimme der Reformation; der Kirche, die um Tod und Teufel kämpft und der Wiederkunft ihres Herrn gewiß ist.

III.

Wieder hundert Jahre später singen Zinzendorf und Christian Fürchtegott Gellert. Beide sind sie fromme Männer, jedoch weich bis zur Rührseligkeit. Beide sind nun der offiziellen Kirche entfremdet; Zinzendorf gründet mit 12 Jahren den Senfkornorden. Beiden ist das eigene Herz der Maßstab ihrer Frömmigkeit. Zinzendorf sagt wieder und wieder: »Es

ist mir so ...« anstelle des »Es steht geschrieben!«. Beide sind sie aus demselben Quell gespeist, obwohl sie als die schärfsten Antipoden in ihrer Zeit erscheinen: Zinzendorf der Pietist – Gellert der Sänger der Aufklärung. Beide haben den gleichen Gegner: die Orthodoxie. Der Pietist sucht das fromme Leben, der Aufklärer das vernünftige.
Zinzendorf singt: »Herz und Herz vereint zusammen sucht in Gottes Herzen Ruh.« Die Gemeinschaft der frommen Herzen, heißt es nun; sie sucht Gott. Wer aber hat sie gestiftet? War es der Heilige Geist? War es die fromme Menschlichkeit? Ist die gesuchte Ruhe in Gott die Ruhe der Sündenvergebung oder ist sie ein seliges Ausruhen in frommen Gefühlen? »Lasset eure Liebesflammen lodern auf den Heiland zu« – sind die Liebesflammen das reine Feuer des Heiligen Geistes, welcher Gott liebt im Dienst am Nächsten, oder sind sie schwärmerischer Minnedienst, hart am Rande der Sprache des Fleisches?[2] Es kann nicht in Zweifel gezogen werden, daß für Zinzendorf das ganze Evangelium Jesus allein gewesen ist. Er berief sich dafür auf Martin Luther. Aber er hatte damit sowohl recht wie unrecht.
Die Aufklärung dichtet Luthers Lieder um. Der Mensch ist das Maß aller Frömmigkeit geworden, nicht mehr die Schrift. Christus wird kaum noch genannt. Gellert redet und singt von der Weisheit und von dem Allmächtigen. Ist das noch der dreieinige Gott?

IV.

Noch einmal hundert Jahre später. Das Neunzehnte Jahrhundert bringt eine Fülle von Wiederentdeckungen. Neu er-

2. Nach der Lektüre der Zinzendorf-Lieder bei der Vorbereitung des Vortrages: »Am Ende war ich schwer niedergeschlagen. Was für ein modriger Untergrund dieser Frömmigkeit. ... Es graut einen vor den Folgen des finitum capax infeniti. Es muß die reine und wahrhaftige Luft des Wortes in uns sein. ... Aber bloß mit den Augen weg vom Menschen« (GS II, 278).

wacht ein Konfessionalismus, eine Erweckungsbewegung, ein kirchlicher Aktivismus und ein bewußter Individualismus. Das Leben flutet jedoch neben der Kirche einher. Was ist jetzt das Leben der Kirche?
Wir beobachten es an einem Lied des kirchlichen Aktivismus, an dem Lied von Spitta »O komm, du Geist der Wahrheit«. Vieles ist gesagt, vieles aber auch nicht. 1. Vom Bekenntnis ist die Rede, aber wenig von seinem Inhalt. Wichtiger erscheint, daß bekannt wird, als was bekannt wird. 2. Es wird nicht von der Kirche geredet, sondern von den vielen einzelnen Bekennern. 3. Von der Verheißung wird nicht so gesprochen, als ob sie der Kirche gegeben ist, sondern so, als ob sie den trotzigen Bekennern gehört. So scheint es, als hätte das Bekennen als Aktivismus irgendwelche Verheißung. 4. Es klingt, als sollten wir mit unserem Bekenntnis die Feinde der Kirche zu Fall bringen. Vielleicht, daß hier zu wenig der Ton des Zitterns und Erschreckens vor dem Gericht Gottes noch gehört worden ist.
Dazu ein Lied der individuellen innerlichen Frömmigkeit: »So nimm denn meine Hände und führe mich.« Wer singt hier? Nicht die Gemeinde, sondern die einzelne Seele, die ihren Frieden sucht. Wo, bei wem sucht sie den Frieden? Man erfährt es nicht. »Du« wird gesagt. Der Name Gottes oder erst recht der Jesu kommt nicht vor. Es wäre schon zu hart und zu objektiv für dieses Lied. »Ich mag allein nicht gehen, nicht einen Schritt«: »ich mag nicht« ist etwas anderes als »ich kann nicht«; es bedeutet: ich bin zu müde, zu traurig – ich will gänzlich still sein. Das ist Friede: nur noch geführt werden! Wo bleibt der harte Friede Gottes, der nirgend anderswo geschlossen werden konnte als in einem Tod, dem Tode des Sohnes? Der Friede, der verborgen und heimlich bleibt unter sehr viel Unruhe, weil er am Kreuz geschlossen wurde? Wo ist noch eine Erinnerung an die Erkenntnis der Reformation, daß Friede allein in der Vergebung der Sünde besteht? Sollte hier nicht eine Stille begehrt sein, die der

Herr selbst nicht empfing? Wird hier nicht vorweggenommen, was erst die neue Erde bringen wird?
Beide Lieder entspringen derselben Wurzel. Sie manifestieren erwachtes religiöses Leben. Aber dies religiöse Leben geht neben der Kirche einher. Es ist fromme Poesie, aber nicht gepredigtes Wort. Die Frage ist gestellt: wird dieser Glaube des 19. Jahrhunderts bestehen, wenn einmal die großen Anfechtungen über die Kirche kommen? Die Anfechtungen sind gekommen. Die Antwort wird im Kirchenkampf gegeben.
Nach vierhundert Jahren Protestantismus dringt der Geist der Reformation wieder durch. Die Mächte, die die Kirche bedrohen, sind übermächtig. Nun lernen wir wieder: das Gebet muß es tun, auch das Gebet der Kinder. So lernt die Bekennende Kirche wieder beten. Und die Anfänge neuer Lieder sind auch da (Heinrich Vogel). Noch wissen wir nicht, was Gott mit seiner Bekennenden Kirche vorhat. Der Blick zurück ist uns nicht mehr erlaubt, es sei denn der eine auf das Kreuz Christi. Kein Blick in die Zukunft steht uns offen, es sei denn der eine auf den Jüngsten Tag. So sind wir wieder frei gemacht zu loben und zu singen!

Judas

Judica, 14. März 1937

Matthäus 26, 45b–50: Siehe, die Stunde ist hier, daß des Menschen Sohn in der Sünder Hände überantwortet wird. Stehet auf, laßt uns gehen! Siehe, er ist da, der mich verrät. Und als er noch redete, siehe, da kam Judas, der Zwölf einer, und mit ihm eine große Schar, mit Schwertern und mit Stangen, von den Hohenpriestern und Ältesten des Volks. Und der Verräter hatte ihnen ein Zeichen gegeben und gesagt: Welchen ich küssen werde, der ist's; den greifet. Und alsbald trat er zu Jesu und sprach: Gegrüßet seist du, Rabbi! und küßte ihn. Jesus aber sprach zu ihm: Mein Freund, warum bist du gekommen? Da traten sie hinzu und legten die Hände an Jesum und griffen ihn.

Ein Geheimnis hatte Jesus seinen Jüngern bis zum letzten Abendmahl verborgen. Zwar hatte er sie nicht im Unklaren gelassen über seinen Leidensweg. Zwar hatte er ihnen dreimal bezeugt, daß des Menschen Sohn überantwortet werden muß in die Hände der Sünder. Aber das tiefste Geheimnis hatte er ihnen noch nicht offenbart. Erst in der Stunde letzter Gemeinschaft beim heiligen Abendmahl konnte er es ihnen sagen: Des Menschen Sohn wird überantwortet in die Hände der Sünder – durch Verrat. »Einer unter euch wird mich verraten.«
Die Feinde allein können keine Macht über ihn gewinnen. Es gehört ein Freund dazu, ein nächster Freund, der ihn preisgibt; ein Jünger, der ihn verrät. Nicht von außen geschieht das Furchtbarste, sondern von innen. Der Weg Jesu nach Golgatha nimmt seinen Anfang mit Jüngerverrat. Die einen schlafen jenen unbegreiflichen Schlaf in Gethsemane. Einer verrät ihn. Zum Schluß »verließen ihn alle Jünger und flohen«.
Die Nacht von Gethsemane vollendet sich. *»Siehe, die Stunde ist hier«* – jene Stunde, die Jesus vorhergesagt hatte, von der die Jünger seit langem wußten und vor deren Eintreten sie bebten; jene Stunde, auf die sich Jesus so ganz bereitet und für die die Jünger so ganz und gar unbereitet waren, die Stunde, die nun mit keinem Mittel der Welt mehr hinauszuschieben war. – »Siehe, die Stunde ist hier, daß des Menschen Sohn in der Sünder Hände überantwortet wird.«

»Überantwortet« sagt Jesus. Das heißt, es ist nicht die Welt, die über ihn Macht gewinnt, sondern jetzt wird Jesus von den Seinen selbst ausgeliefert, preisgegeben, aufgegeben. Der Schutz wird ihm aufgesagt. Man will sich nicht weiter mit ihm belasten: Laßt ihn den anderen. Das ist es, Jesus wird weggeworfen, die schützenden Hände der Freunde sinken. Mögen nun die Hände der Sünder mit ihm tun, was sie wollen. Mögen sie ihn antasten, deren unheilige Hände ihn nie berühren durften. Mögen sie mit ihm spielen, ihn [ver]spotten und schlagen. Wir können nichts mehr daran ändern. Das heißt Jesus überantworten: Nicht mehr für ihn eintreten, ihn dem Spott und der Macht der Öffentlichkeit preisgeben, die Welt mit ihm umgehen lassen nach ihrem Mutwillen, nicht mehr zu ihm stehen. Jesus wird von den Seinen der Welt ausgeliefert. Das ist sein Tod.
Jesus weiß, was ihm bevorsteht. In Festigkeit und Entschlossenheit ruft er seine Jünger auf: »Stehet auf, laßt uns gehen.« Oftmals hatten die drohenden Feinde vor ihm zurückweichen müssen. Er war frei durch ihre Mitte hindurchgeschritten, ihre Hände sanken. Damals war seine Stunde noch nicht gekommen. Jetzt ist die Stunde hier. Jetzt geht er ihr in freiem Entschluß entgegen. Und damit kein Zweifel mehr sei, damit es unzweideutig klar sei, daß die Stunde da ist, in der er überantwortet wird, sagt er: »Siehe, er ist da, der mich verrät.« Kein Blick fällt auf die große Schar, die heranzieht, auf die Schwerter und Stangen der Feinde. Die hätten keine Macht! Jesu Blick trifft allein den, der diese Stunde der Finsternis heraufgeführt hat. Auch seine Jünger sollen wissen, wo der Feind steht. Einen Augenblick liegt alles, liegt Heils- und Weltgeschichte in den Händen des einen – des Verräters. »Siehe, er ist da, der mich verrät« – und in der Nacht erkennen die Jünger schaudernd in ihm – Judas, den Jünger, den Bruder, den Freund. Schaudernd – denn als Jesus am Abend derselben Nacht zu ihnen gesagt hatte: »Einer von euch wird mich verraten«, hatte keiner gewagt, den andern zu be-

schuldigen. Keiner konnte diese Tat dem andern zutrauen. Darum mußte ein jeder fragen: »Herr, bin ich's?« Bin ich's? Eher noch war das eigene Herz solcher Tat fähig als der andere, der Bruder.
»Und als er noch redete, siehe, da kam Judas, der Zwölf einer, und mit ihm eine große Schar, mit Schwertern und mit Stangen.« Jetzt sehen wir nur noch zwei, um die es hier geht. Die Jünger und die Häscher treten zurück, sie beide tun ihr Werk schlecht. Nur zwei tun ihr Werk so, wie sie es tun mußten, Jesus und Judas.
Wer ist Judas? Das ist die Frage. Es ist eine der ganz alten und grüblerischen Fragen der Christenheit. Halten wir uns zunächst an das, was der Evangelist uns selbst dazu sagt: »Judas, der Zwölf einer.« Ob wir etwas spüren von dem Grauen, mit dem der Evangelist dieses kleine Satzteilchen geschrieben hat? Judas, der Zwölf einer – was war hier mehr zu sagen? Und war hiermit nicht auch wirklich alles gesagt? Das ganze dunkle Geheimnis des Judas und zugleich das tiefste Entsetzen vor seiner Tat? Judas, der Zwölf einer, das heißt doch: Es war unmöglich, daß dies geschah, es war ganz unmöglich, und es geschah doch. Nein, hier ist nichts mehr zu erklären und zu verstehen. Es ist ganz und gar unerklärlich, unbegreiflich, es bleibt ganz und gar Rätsel – und doch geschah die Tat. »Judas, der Zwölf einer«, das heißt ja nicht nur: Er war einer, der Tag und Nacht um Jesus war, einer, der Jesus nachgefolgt war, der es sich etwas hatte kosten lassen, der alles verlassen hatte, um mit Jesus zu sein, ein Bruder, ein Freund, ein Vertrauter des Petrus, des Johannes, des Herrn selbst. Es hieß ja noch etwas viel Unbegreiflicheres: Jesus selbst hatte Judas berufen und erwählt! Das ist das eigentliche Geheimnis. Denn Jesus wußte, wer ihn verraten würde, von Anfang an. Bei Johannes sagt Jesus: »Habe ich nicht euch Zwölf erwählt, und euer einer ist der Teufel?« [Joh. 6,70] »Judas, der Zwölf einer« – dabei muß ja nun der Leser nicht nur auf Judas, sondern viel mehr in großer Be-

stürzung auf den Herren schauen, der ihn erwählte. Und die er erwählte, die hat er geliebt. Er hat ihnen Anteil gegeben an seinem ganzen Leben, an dem Geheimnis seiner Person. Er hat sie in gleicher Weise ausgesandt zur Predigt des Evangeliums. Er hat ihnen die Vollmacht der Teufelaustreibung und Heilung gegeben – und Judas war mitten unter ihnen. Nirgends eine Andeutung davon, daß Jesus den Judas im Geheimen gehaßt hätte. Nein, Judas schien durch sein Amt, den Beutel der Jünger zu verwalten, noch ausgezeichnet vor den andern [Joh. 12,6]. Zwar sagt Johannes einmal, Judas sei ein Dieb gewesen. Aber sollte das nicht nur eine dunkle Andeutung dafür sein, daß Judas ein Dieb war an Jesus, daß er Jesus stahl, was ihm nicht zukam und es der Welt preisgab? Und sind nicht auch die dreißig Silberlinge nur ein Zeichen dafür, wie gemein und gering die Gabe der Welt ist für den, der die Gabe Jesu kennt? Und doch wußte Jesus von Anfang an, wer ihn verraten würde! Johannes weiß noch von einem überaus geheimnisvollen Zeichen der Verbundenheit Jesu mit Judas zu berichten. In der Nacht des Abendmahls reicht Jesus dem Judas einen eingetauchten Bissen, und mit diesem Zeichen höchster Gemeinschaft fährt der Satan in Judas. Darauf spricht Jesus halb bittend, halb befehlend zu Judas: »Was du tust, das tue bald.« Kein anderer begriff, was hier vorging. Es blieb alles zwischen Jesus und Judas [Joh. 13,26–30].

Judas, der Zwölf einer, von Jesus erwählt, von Jesus in seine Gemeinschaft gezogen, geliebt – heißt dies, daß Jesus auch seinem Verräter seine ganze Liebe zeigen und erweisen will? Heißt es, daß er auch wissen soll, daß es an Jesus im Grunde gar nichts zu verraten gibt? Heißt es auch dies, daß Jesus in tiefer Liebe den Willen Gottes liebt, der sich in seinem Leidensweg vollzieht; daß er auch den liebt, durch dessen Verrat der Weg frei wird, ja, der nun Jesu Geschick für einen Augenblick in seiner Hand trägt? Heißt es, daß er ihn liebt als den Vollstrecker des göttlichen Willens und doch weiß: We-

he dem, durch welchen es geschieht? Es ist ein großes, unerforschliches Geheimnis – »Judas, der Zwölf einer.«
Aber es ist ja auch ein Geheimnis von der Seite des Judas her. Was will Judas bei Jesus? Es muß dieses sein, daß der Böse vom Unschuldigen, vom Reinen nicht loskommt. Er haßt ihn, und indem er doch nicht von ihm lassen kann, liebt er ihn eben auch mit der dunklen, leidenschaftlichen Liebe, mit der auch der Böse, der Teufel, noch um seinen Ursprung in Gott, im Reinen weiß. Der Böse will der Jünger des Guten sein. Der Böse ist der leidenschaftlichste Jünger des Guten – bis er ihn verrät. Der Böse weiß, daß er Gott dienen muß, und liebt Gott um seiner Macht willen, die er selbst nicht hat, und hat doch nur den einen Drang, über Gott Macht zu gewinnen. So ist er der Jünger und muß seinen Herrn doch verraten. Jesus erwählt den Judas, Judas kann nicht von Jesus lassen. Jesus und Judas gehören zusammen von Anfang an. Keiner läßt den andern los.
Und nun sehen wir dies in der Geschichte selbst: Jesus und Judas verbunden durch einen Kuß. Hört das Ungeheuerliche: »Und der Verräter hatte ihnen ein Zeichen gegeben und gesagt: Welchen ich küssen werde, der ist's; den greifet. Und alsbald trat er zu Jesu und sprach: Gegrüßet seist du, Rabbi! und küßte ihn. Jesus aber sprach zu ihm: Mein Freund, warum bist du gekommen? Da traten sie hinzu und legten die Hände an Jesum und griffen ihn.« Und *»Judas, verrätst du des Menschen Sohn durch einen Kuß?«* Noch einmal packt uns die Frage: Wer ist Judas, der des Menschen Sohn mit einem Kuß verrät? Es ist gewiß oberflächlich zu sagen, der Kuß sei eben die übliche Begrüßungsform gewesen. Dieser Kuß war mehr als das! Dieser Kuß war die Vollendung des Weges des Judas, der tiefste Ausdruck für die Gemeinschaft und für die abgrundtiefe Trennung zwischen Jesus und Judas.
»Mein Freund, warum bist du gekommen?« Hört ihr, wie Jesus den Judas noch liebt, wie er ihn noch in dieser Stunde

seinen Freund nennt? Jesus will den Judas noch jetzt nicht loslassen. Er läßt sich von ihm küssen. Er stößt ihn nicht zurück. Nein, Judas muß ihn küssen. Seine Gemeinschaft mit Jesus muß sich vollenden. »Warum bist du gekommen?« Jesus weiß es wohl, warum Judas gekommen ist, und dennoch: »Warum bist du gekommen?« Und: »Judas, verrätst du des Menschen Sohn mit einem Kuß?« Ein letzter Ausdruck der Jüngertreue, vereint mit Verrat. Ein letztes Zeichen der leidenschaftlichen Liebe, gepaart mit dem viel leidenschaftlicheren Haß. Ein letzter Genuß an einer unterwürfigen Geste, im Bewußtsein der Übermacht des davongetragenen Sieges über Jesus. Ein bis ins Tiefste hinein entzweites Tun, dieser Judaskuß! Von *Christus nicht lassen können und ihn doch preisgeben.* »Judas, verrätst du des Menschen Sohn mit einem Kuß?«
Wer ist Judas? Sollten wir hier nicht auch des Namens gedenken, den er trug? »Judas«, steht er nicht hier für das im Tiefsten entzweite Volk, aus dem Jesus stammte, für das erwählte Volk, das die Verheißung des Messias empfangen hatte und ihn doch verwarf? Für das Volk Juda, das den Messias liebte und doch so nicht lieben konnte? »Judas« – sein Name heißt verdeutscht »Dank«. War dieser Kuß nicht der Jesus dargebrachte Dank des entzweiten Volkes des Jüngers und doch zugleich die ewige Absage? Wer ist Judas, wer ist der Verräter? Sollten wir angesichts dieser Frage etwas anders tun können, als mit den Jüngern sprechen: Herr, bin ich's, bin ich's?
»Da traten sie hinzu und legten die Hände an Jesum und griffen ihn.« »Ich bin's, ich sollte büßen an Händen und an Füßen, gebunden in der Höll'. Die Geißel und die Banden, und was du ausgestanden, das hat verdienet meine Seel'.«[1]
Laßt uns noch das letzte Ende ansehen! Zu derselben Stunde, als Jesus Christus sein Erlösungsleiden am Kreuz in Gol-

1. Aus Paul Gerhardts Passionslied: »O Welt, sich hier dein Leben«.

gatha vollbringt, ist Judas hingegangen und hat sich erhängt, hat sich in fruchtloser Reue selbst verdammt. Furchtbare Gemeinschaft!
Die Christenheit hat in Judas immer wieder das dunkle Geheimnis der göttlichen Verwerfung und ewigen Verdammung gesehen. Sie hat mit Schrecken den Ernst und das Gericht Gottes an dem Verräter erkannt und bezeugt. Sie hat aber gerade darum nie mit Stolz und Überheblichkeit auf ihn gesehen, sondern sie hat in Zittern und Erkenntnis der eigenen übergroßen Sünde gesungen: O du armer Judas, was hast du getan? So wollen auch wir heute nichts anderes sagen als dies: O du armer Judas, was hast du getan? Und wollen Zuflucht nehmen zu dem, der um unserer aller Sünde willen am Kreuz gehangen und uns die Erlösung vollbracht hat, und wollen beten:

O hilf, Christe, Gottes Sohn
Durch dein bitter Leiden,
Daß wir dir stets untertan
All' Untugend meiden.
Deinen Tod und sein' Ursach'
Fruchtbarlich bedenken,
Dafür, wiewohl arm und schwach,
Dir Dankopfer schenken.[Michael Weisse, 1531]

Amen.

Recht und Art der Rache Gottes

8. nach Trinitatis, 11. Juli 1937

Psalm 58: Ein gülden Kleinod Davids, vorzusingen, daß er nicht umkäme. Seid ihr denn stumm, daß ihr nicht reden wollt, was recht ist, und richten nach Gebühr die Menschenkinder? Ihr alle urteilt unrecht im Lande und geht stracks durch, mit euren Händen zu freveln. Die Gottlosen sind verkehrt von Mutterschoß an; die Lügner irren von Mutterleib an. Ihr Gift ist gleichwie das Gift einer Schlange, wie eine taube Otter, die ihr Ohr zustopft, daß sie nicht höre die Stimme des Zauberers, des Beschwörers, der wohl beschwören kann.

Gott, zerbrich ihre Zähne in ihrem Maul; zerstoße, Herr, das Gebiß der jungen Löwen! Sie werden zergehen wie Wasser, das dahinfließt. Sie zielen mit ihren Pfeilen; aber dieselben zerbrechen. Sie vergehen, wie eine Schnecke zerfließt; wie eine unzeitige Geburt eines Weibes sehen sie die Sonne nicht. Ehe eure Töpfe im Dornfeuer warm sind, wird sie ein Zorn frisch wegreißen. Der Gerechte wird sich freuen, wenn er solche Rache sieht, und wird seine Füße baden in des Gottlosen Blut, daß die Leute werden sagen: Der Gerechte wird ja seiner Frucht genießen; es ist ja noch Gott Richter auf Erden.

Ist dieser furchtbare Rachepsalm unser Gebet? Dürfen wir denn so beten? Darauf heißt die Antwort zunächst ganz klar: Nein, wir, wir dürfen gewiß nicht so beten! Wir tragen ja an aller Feindschaft, die uns begegnet und uns in Not führt, selbst viel eigene Schuld. Wir müssen ja bekennen, daß es Gottes gerechte Strafe ist, die uns sündige Menschen trifft und demütigt. Auch in diesen Notzeiten der Kirche müssen wir doch erkennen, daß Gott selbst im Zorn seine Hand gegen uns erhoben hat, um an uns unsere Sünde heimzusuchen, all unsere geistliche Trägheit, unseren offenen oder stillen Ungehorsam, unsere tiefe Zuchtlosigkeit im täglichen Leben unter seinem Wort. Oder wollten wir leugnen, daß jede persönliche Sünde, auch die verborgenste, Gottes Zorn über seine Gemeinde herabziehen muß? Wie aber sollten denn wir, die wir selbst schuldig sind und Gottes Zorn verdienten, Gottes Rache über unsere Feinde herbeirufen, ohne daß diese Rache viel mehr uns selbst treffen müßte? Nein, wir, wir können diesen Psalm nicht beten. Nicht weil wir zu gut dafür wären, – welch ein oberflächlicher Gedanke, welch ein unbegreiflicher Hochmut! –, sondern weil wir zu sündig, zu böse dafür sind!

Nur wer selbst ganz ohne Schuld ist, kann so beten. Dieser Rachepsalm ist das Gebet des Unschuldigen. »Ein gülden Kleinod Davids, vorzusingen, daß er nicht umkäme.« David ist es, der diesen Psalm betet. David selbst ist nicht unschuldig. Aber es hat Gott gefallen, sich in David den zu bereiten, der Sohn Davids genannt werden wird, Jesus Christus. Darum darf David nicht umkommen, weil von ihm der Christus kommen soll. Niemals hätte David für sich so beten können gegen seine Feinde, um sein eigenes Leben zu erhalten. Wir wissen, daß David alle persönlichen Schmähungen demütig ertragen hat. Aber in David ist Christus, ist damit die Kirche Gottes. Darum sind seine Feinde die Feinde Jesu Christi und seiner heiligen Kirche. Darum darf David nicht umkommen vor seinen Feinden. So betet in David die Unschuld Christi selbst diesen Psalm mit, und mit Christus die ganze heilige Kirche. Nein, nicht wir Sünder beten diesen Rachegesang, die Unschuld selbst und allein betet ihn. Die Unschuld Christi tritt vor die Welt und klagt an. Nicht wir klagen an, Christus klagt an. Und wenn Christus die Sünde verklagt, sind wir dann nicht selbst alsbald mitten unter den Angeklagten? »Seid ihr denn stumm, daß ihr nicht reden wollt, was recht ist, und richten nach Gebühr die Menschenkinder?« Eine

böse Zeit, wenn die Welt stumm das Unrecht geschehen läßt. Wenn die Bedrückung der Armen und Elenden laut zum Himmel schreit und die Richter und Herren der Erde schweigen dazu. Wenn die verfolgte Gemeinde in höchster Not Gott um Hilfe und die Menschen um Gerechtigkeit anruft, und kein Mund tut sich auf Erden auf, ihr Recht zu schaffen. »Seid ihr denn stumm, daß ihr nicht reden wollt, was recht ist, und richten nach Gebühr die Menschenkinder?« Menschenkinder sind es, denen Unrecht geschieht. Muß denn das in solchen Zeiten immer vergessen sein? Hört ihr es: Menschenkinder, die Geschöpfe Gottes sind wie ihr, die Schmerz und Elend empfinden wir ihr, die ihr ihnen Gewalt tut; die ihr Glück und ihre Hoffnungen haben wir ihr; die ihre Ehre und ihre Schmach fühlen wie ihr; Menschenkinder, die Sünder sind wie ihr und die Gottes Barmherzigkeit brauchen wir ihr; eure Brüder! »Seid ihr denn stumm?« O nein, sie sind nicht stumm, man hört ihre Stimme auf Erden wohl. Aber es ist ein unbarmherziges, ein parteiisches Wort, das sie sprechen. Es richtet nicht nach dem Recht, sondern nach dem Ansehen der Person.
»Nein, ihr alle entscheidet ungerecht auf Erden, und eure Hände schaffen der Gewalt freie Bahn.« Wenn der Mund der Herren der Welt zum Unrecht schweigt, dann richten alsbald die Hände böse Gewalttat an. Furchtbar ist diese Sprache der Menschenhände, wo kein Recht ist. Da entsteht die Not und der Schmerz des Leibes, da sehnt sich die verfolgte, gefangene, geschlagene Gemeinde nach Erlösung von diesem Leibe. Laßt mich in Gottes Hände fallen, aber nicht in der Menschen Hände! [siehe 2. Sam. 24, 14] Hören wir es noch? Christus spricht hier! Er erfuhr das ungerechte Gericht, er fiel in der Menschen Hände. Die Unschuld verklagt die ungerechte Welt. Uns Sündern aber widerfährt nur der gerechte Zorn Gottes.
Aber es kann ja nicht anders sein. Es ist ja nicht so, daß es hier um einzelne Verfehlungen geht, die überall vorkommen.

Nein, hier enthüllt sich das Geheimnis der Gottlosigkeit selbst: »Die Gottlosen sind verkehrt von Mutterschoß an; die Lügner irren von Mutterleib an.« In diese Tiefe des Bösen sieht nur die vollkommene Unschuld. Wir möchten allzu gern glauben, es sei hier doch noch etwas zu ändern, zu bessern, und zahllose Wege versuchen wir, um hier oder dort etwas zu erreichen. Das bringt uns in große Unruhe und immer neue Bestürzung und Empörung, wenn immer wieder schweres Unrecht geschieht. Die Unschuld allein weiß, daß hier alles so gehen muß, wie es geht. Sie weiß um das dunkle Rätsel, daß der Satan schon im Mutterschoß die Seinen ergriffen hat und nun rasend antreibt. Nun müssen sie sein Werk tun. Welt bleibt Welt, Satan bleibt Satan. In diesem Abgrunde der Erkenntnis gewinnt die Unschuld zugleich die vollkommene Ruhe. Es muß so sein und es wird nicht anders.

»Ihr Gift ist wie das Gift einer Schlange, wie eine taube Otter, die ihr Ohr zustopft, daß sie nicht höre die Stimme des Zauberers, des Beschwörers, der wohl beschwören kann.« Im Orient kennt man die Zauberer, die Schlangen mit ihrer Stimme bändigen, daß sie gehorchen müssen. Eine taube Schlange aber hört diese Stimme nicht und fährt auf den Zauberer los. Wie solche tauben Schlangen sind die Gottlosen, die die Stimme des Beschwörers, der wohl beschwören kann, nicht hören können. Gott selbst ist der Beschwörer, der wohl beschwören kann. Sein Wort der Gnade ist es, mit dem er unser Herz bezaubert und beschwört. Mit den süßen Worten seiner Liebe lockt er uns, überredet er uns, bezwingt er unser Herz, daß wir wie gebannt auf ihn hören und ihm gehorsam sein müssen. Es bleibt aber das große Rätsel, daß es solche gibt, die hören, und solche, die taube Ohren haben und ihre Ohren zustopfen, daß sie nicht hören können. Wir wissen es ja von uns selbst, daß es Zeiten gibt, in denen unsere Ohren taub sind. Es sind die Zeiten, in denen wir in wissentlichem Ungehorsam unser Herz gegen Gottes Willen verstocken und Sünde auf Sünde häufen, bis wir schließlich gar nicht mehr hören können. Dann ist Satan unser mächtig geworden. So verhärtet Satan das Herz derer, die ihm dienen müssen im Kampf gegen Gottes Reich und Wort. Sie können nicht mehr hören, nicht mehr gehorchen. Weil aber ihr Ohr taub ist gegen die Gnade Gottes, darum ist auch ihr Mund stumm für das Recht Gottes. Das sind die Feinde Gottes und seiner Gemeinde, wie sie David, wie sie Christus, wie sie die Kirche erkennt.

Diese Erkenntnis führt ins Gebet. Wenn dies der Feind ist, dann helfen keine menschlichen Künste mehr dazu, zum Frieden zu kommen. Dann hilft keine menschliche Kraft mehr, diese Feinde zu überwinden. Gottes Name muß angerufen werden. Und nun beginnen in unserem Psalm jene furchtbaren Gebetswünsche, vor denen uns graut, die wir nur mit Zittern und tiefem inneren Widerstand nachsprechen, wenn wir sie lesen. Gott wird angerufen zur Rache über die Feinde. »Gott, zerbrich ihre Zähne in ihrem Maul; zerstoße, Herr, das Gebiß der jungen Löwen.« Vor allem wollen wir hier dies lernen: Im Angesicht der Feinde Gottes und seiner Kirche können wir nur beten. Unser eigner Mut, und sei er noch so groß, all unsere Tapferkeit muß vor diesem Feinde zerbrechen. Wir haben es mit dem Angriff des Satans zu tun. Da muß die Sache in die Hand nehmen, der allein Gewalt hat über den Satan, Gott selbst. Es wäre viel, wenn wir dies lernten, daß wir ernstlich zu Gott beten müssen in solcher Not.

Und dann das andere: Wer Gott die Rache befiehlt, der verzichtet damit auf jede eigne Rache. Wer sich selbst rächen will, der ahnt noch nicht, mit wem er es zu tun hat; der will seine Sache noch selbst in die Hand nehmen. Wer aber Gott allein die Rache anheimgibt, der ist bereit geworden, selbst zu leiden und zu dulden ohne Rache, ohne einen Gedanken an eigne Rache, ohne Haß und ohne Widerspruch. Der ist sanftmütig, friedfertig, der liebt seine Feinde. Ihm ist Gottes

Sache wichtiger geworden als seine Leiden. Er weiß, Gott wird den Sieg behalten. »Mein ist die Rache, spricht der Herr, ich will vergelten« [5. Mose 32,35]. Und er wird vergelten! Aber wir sind frei von Rache und Vergeltung. Nur wer ganz frei ist von eignen Rachewünschen und von Haß und wer ganz gewiß nicht sein Gebet wieder dazu benutzt, um eigne Rachegelüste zu befriedigen, der kann in der Reinheit des Herzens beten: »Gott, zerbrich ihre Zähne in ihrem Maul, zerstoße, Herr, das Gebiß der jungen Löwen.« Das heißt ja: Gott, deine Sache allein ist es, die hier Schaden leiden soll, deine Ehre wird geschändet. Gott, nun tritt du herein und vernichte deinen Feind. Übe deine Gewalt, laß deinen gerechten Zorn entbrennen. Gott läßt sich nicht spotten. Er wird furchtbar Gericht halten über seine Feinde. Und ob wir erschrecken vor dem grauenhaften Wunsche des Psalms, Gottes Gewalt wird noch viel grauenhafter sein für den, den sie trifft. Und ob wir erschrecken vor Menschenfäusten, wie viel mehr müssen wir erschrecken vor Gottes Fäusten, die den Gottlosen zerschlagen um seines Reiches, seines Namens, seiner Ehre willen. Der Herr der Welt richtet sein Reich auf. Sein ist die Rache über seine Feinde.

Nun bricht David in einen unermeßlichen Jubel aus. Ganz gewiß ist er der Erhörung des Gebets. In sich überstürzenden Bildern sieht er schon jetzt mitten in Kampf, Not und Leiden den Untergang der Gottlosen. »Sie werden vergehen, wie Wasser, das dahinfließt«. Schnell und plötzlich wird es ein Ende mit ihnen nehmen. Wie sich Wasser schnell verläuft, so werden sie nicht mehr da sein. »Sie zielen mit ihren Pfeilen, aber dieselben zerbrechen.« Noch schwirren die todbringenden Pfeile, aber sie können keinen Schaden mehr tun, sie sind machtlos. »Sie vergehen, wie eine Schnecke zerfließt.« So voll Verachtung spricht David nun von seinen Feinden. Wie man eine Schnecke zertritt, so wird es sein, wenn Gott die Gewaltigen und Großen dieser Erde zertreten wird. »Wie eine unzeitige Geburt eines Weibes sehen sie die Sonne nicht.« So schnell wird es mit ihnen aus sein. So werden sie im Dunkeln und in der Vergessenheit bleiben, und keiner wird nach ihnen fragen. »Ehe eure Töpfe warm werden im Dornfeuer, wird sie eine Zornesglut wegreißen.« Gottes Zorn wird die Pläne seiner Feinde nicht zur Reife kommen lassen. Vorzeitig werden die Gottlosen weggerissen mit Gewalt. Sie bringen nichts zu Ende, das ist Gottes Rache. Schnell wird sie kommen, schneller als wir geahnt haben.

»Der Gerechte wird sich freuen, wenn er solche Rache sieht und wird seine Füße baden in des Gottlosen Blut.« Noch einmal schaudern wir zurück vor diesem Psalm. Ist dieses Ende nicht wirklich ganz unmöglich für uns als Christen zu beten? Liebe Gemeinde, wenn wir hier noch ausweichen, haben wir nichts von allem verstanden. Es geht ganz allein um Gott und seine Gerechtigkeit. Der Gottlose muß sterben, damit Gottes Gerechtigkeit siege. Es geht hier nicht mehr um menschliche Freundschaft und menschliches Mitleid. Es geht allein darum, daß Gott den Sieg behält. Wer vor dieser Freude über die Rache Gottes und über das Blut des Gottlosen zurückschreckt, der weiß noch nicht, was am Kreuze Christi geschah. Gottes gerechte Rache über den Gottlosen ist ja schon über uns gekommen. Das Blut des Gottlosen ist ja schon geflossen. Gottes Todesurteil über die gottlosen Menschen ist gesprochen. Gottes Gerechtigkeit ist erfüllt. Das ist geschehen im Kreuze Jesu Christi.

Jesus Christus starb, von Gottes Zorn und Rache getroffen, den Tod des Gottlosen. Sein Blut ist das Blut, das Gottes Gerechtigkeit forderte für die Übertretung seiner Gebote. Gottes Rache ist vollstreckt, furchtbarer als es selbst der Psalm weiß, mitten auf der Erde. Christus, der Unschuldige, starb den Tod des Gottlosen, damit wir nicht sterben müssen. Nun stehen wir als die Gottlosen unter seinem Kreuze und nun löst sich ein schwer begreifliches Rätsel: Jesus Christus, der Unschuldige betet in der Stunde, in der Gottes Rache an dem Gottlosen auf Erden, in der unser Psalm sich erfüllt: Vater vergib ihnen, denn sie wissen nicht, was sie tun [Luk. 23,34]. Er, der die Rache trug, er allein durfte um Vergebung für die Gottlosen bitten. Denn er allein hat uns frei gemacht von Gottes Zorn und Rache, er hat seinen Feinden die Vergebung gebracht und keiner vor ihm durfte so beten. Er allein darf es. Sehen wir ihn an, den Gekreuzigten, so erkennen wir Gottes wahrhaftigen und lebendigen Zorn über uns Gottlose und im selben Augenblick die Befreiung von diesem Zorn, und wir hören: »Vater vergib ihnen, denn sie wissen nicht, was sie tun.«

»Der Gerechte wird sich freuen, wenn er solche Rache sieht und wird seine Füße baden in des Gottlosen Blut.« Ist das nicht wahrhaftige Gottesfreude? Ist das nicht Freude der Gerechten, daß Gottes Gerechtigkeit triumphiert am Kreuze, Freude über den Sieg Christi? Gottes Rache ist erloschen und das Blut des Gottlosen, in dem wir uns baden, gibt uns teil am Siege Gottes. Das Blut des Gottlosen ist unsere Erlösung geworden, es macht uns rein von aller Sünde. Das ist das Wunder.

So ersteht mitten aus dem Psalm der Rache das Bild des blutigen Heilands, der für die Gottlosen starb, von Gottes Rache geschlagen uns zum Heil. Keiner ist hier ausgeschlossen. Christus hat die ganze Rache Gottes für alle getragen. Wer zu ihm kommt, wer sich zu ihm hält, den wird Gottes Zorn und Rache nicht mehr treffen, der ist im Schutze der Gerechtigkeit Christi, wer er auch sei. Wer aber nicht kommen will, wer sich vor dem Kreuze Christi nicht niederwerfen will als Gottloser, wer dem Kreuze Christi trotzt, über den wird Gottes Zornesgericht kommen, Gottes Rache, wie sie über Christus gekommen ist, aber nicht zum Leben, sondern zum ewigen Tode.

»Die Leute werden sagen: Der Gerechte wird ja seine Frucht noch genießen.« Nicht Glück oder Macht oder Ehre dieser Welt ist die Frucht des Gerechten. Sie ist nichts anderes als

die Gemeinschaft des Kreuzes Jesu Christi, die Erlösung vom Zorne Gottes. »Es ist ja noch Gott Richter auf Erden.« Wo ist Gottes Gericht über die Gottlosen auf Erden? Nicht in sichtbarem Unglück, Mißerfolg oder Schande vor dieser Welt, sondern allein im Kreuze Jesu Christi. Ist uns das nicht genug? Sehen wir nicht in diesem Kreuz alle Feinde Gottes schon gefallen und gerichtet? Was soll all unsere Unruhe, die noch mehr sehen will als dieses Gericht Gottes? Darum, wenn wir irre werden wollen an Gottes Gerechtigkeit auf Erden, so laßt uns auf das Kreuz Christi sehen: Hier ist Gericht, hier ist Begnadigung.
Was wir aber einst sehen sollen am Jüngsten Tage, die Errettung der Gerechten und die Verdammnis der Gottlosen, das verdeckt uns heute noch der Gekreuzigte in seiner Liebe. Wir könnten es auf dieser Erde nicht ertragen. Aber wir dürfen gewiß sein, daß alles zur Freude der Gerechten dienen wird. Es ist ja der Sieg und der Triumph Christi, der dort offenbar wird in Errettung und Gericht. Bis zu jenem Tage aber wird der Satan weiter die Feinde gegen Christus und seine Gemeinde antreiben, mit Unrecht, Gewalttat und Lüge. Mitten in diesem Toben betet Christus diesen Psalm stellvertretend für uns. Er klagt die Gottlosen an, er ruft Gottes Rache und Gerechtigkeit über sie herbei und er gibt sich selbst allen Gottlosen zugute mit seinem unschuldigen Leiden am Kreuze.
Und nun beten wir diesen Psalm mit, in demütigem Dank, daß uns Errettung geschenkt ist vom Zorn durch das Kreuz Christi. In der inbrünstigen Bitte, Gott wolle alle unsere Feinde unter das Kreuz Christi bringen und ihnen Gnade schenken. In brennendem Verlangen, der Tag möchte bald kommen, an dem Christus sichtbar über alle seine Feinde triumphiert und sein Reich aufrichtet. So haben wir diesen Psalm beten gelernt. Amen.

Andachten zu den Herrnhuter Losungen für die Zeit zwischen Weihnachten und Neujahr

Vorbemerkung: Nach der staatspolizeilischen Schließung des Predigerseminars Finkenwalde Ende September 1937 und aus der ganzen Ungewißheit heraus, wie nicht nur die Arbeit mit den Kandidaten, sondern überhaupt die der bekennenden Kirche weitergehen soll, schrieb Bonhoeffer seinen ehemaligen Kandidaten im Rundbrief vom 20. Dezember 1937: »Die Jahresbilanz ist diesmal ziemlich klar und eindeutig. 27 aus Eurem Kreise haben im Gefängnis gesessen, bei manchen waren es mehrere Monate; einige sitzen bis zur Stunde und haben den ganzen Advent im Gefängnis zugebracht. Von den übrigen wird nicht ein einziger sein, der nicht von den immer ungeduldiger werdenden Angriffen der antichristlichen Gewalten etwas in seiner Arbeit und in seinem persönlichen Leben erfahren hätte. Was wir uns nun zum Weihnachtsfest selbst und zum Jahresschluß sagen wollen, möchte ich für uns alle kurz zu sagen versuchen im Anschluß an die Losungen der letzten Jahreswoche« (GS II, 524 f).

Heiligabend, 24. Dezember 1937

Die Krippe – rechter Ort für eine Beichte

Psalm 41, 5: Herr, sei mir gnädig, heile meine Seele; denn ich habe an dir gesündigt.

Das ist ein Beichttext. Die Krippe des ins Fleisch gekommenen Sohnes Gottes ist der rechte Ort für unsere Beichte. Der unser Fleisch und Blut trug, kennt unser Herz. Wir sind alle verwundet und zerrissen von unserer vielfachen Sünde. Wo anders sollen wir die Gnade suchen für alle Untreue, allen Kleinglauben, alles Versagen als in der Niedrigkeit Gottes in der Krippe? Wo anders wollten wir Heilung für unsere

Seele, für unser Leben suchen als bei dem, der uns zum Heil erschienen ist? Möchte doch keiner in die Weihnachtstage gehen, ohne trotz aller Arbeit und Unruhe die Zeit gesucht zu haben, unserem Herrn Jesus die Beichte abzulegen. So wird er uns seiner Niedrigkeit und seiner Unschuld zugleich teilhaftig machen.
Wer allein ist und die Gnade der brüderlichen Gemeinschaft und Stärkung entbehren muß, dem wolle Gott um so herrlicher die wahrhaftige Bruderschaft offenbaren. Wo wir auch seien, wir sprechen in einem Geist, wie wir es oft am selben Abendmahlstisch getan haben: Heile meine Seele; denn ich habe an dir gesündigt. So werden wir am Heiligen Abend aufs neue für die große Gnade Gottes, unseres Heilandes, dankbar werden.

1. Christtag, 25. Dezember 1937

Lange Wartezeit

Maleachi 3, 1: Siehe, ich will meinen Engel senden, der vor mir her den Weg bereiten soll und bald wird kommen zu seinem Tempel der Herr, den ihr suchet; und der Engel des Bundes, des ihr begehret.

Daß uns heute dieser Adventstext begegnet, lehrt uns, daß auch die Erfüllung aller Verheißung und aller rechten Erwartung erst ihren Anfang genommen hat. Auch die Erfüllungszeit ist eine lange Wartezeit. Gott sei Dank dafür – sagen wir im Blick auf unsere Sünde. Möchte das Warten bald ein Ende nehmen und die Zeit verkürzt werden – bitten wir im Blick

auf das Kreuz, das auf der Christenheit in aller Welt liegt. Möchte das Werk des Boten bald getan sein, der kommt, um uns bereit zu machen, vor Christus zu stehen.
Möchte Christus kommen zu seinem Tempel, zu seiner Kirche in der Stunde, da sie bereit ist und auf ihn wartet wie die geschmückte Braut auf den Bräutigam. Das göttliche »bald« wolle sich zur Stunde der Barmherzigkeit erfüllen.

2. Christtag, 26. Dezember 1937

Gottes Erde ist voller Früchte

Psalm 104, 13f: Du feuchtest die Berge von oben her; du machst das Land voller Früchte, die du schaffest; du lässest Gras wachsen für das Vieh und Saat zu Nutz den Menschen.

Der uns den Heiland geschenkt hat, will auch für unser leibliches Wohl sorgen, so lange wir auf dieser Erde sind. Es ist ja seine Erde. Seinen Zwecken muß sie dienen. Der Vater wird seinen lieben Kindern in Christo geben, was sie bedürfen.
Wer seinen Glauben auf Christus gesetzt hat, der darf nicht sorgen für den kommenden Tag. Mitten im kalten Winter sollen wir Gottes Erde schon voller Früchte, Gras und Saat sehen. Sollte uns das zu schwer sein, die wir in der tiefen Nacht das ewige Licht hereingehen sahen? Die wir von dem Blümlein wissen, das mitten in der Winternacht entsproß? »Es ist ein Ros' entsprungen.« Durch Gottes Macht und Liebe ist der himmlische Frühling schon angebrochen – »mitten im kalten Winter wohl zu der halben Nacht«.

27. Dezember 1937

Nicht weniger als Totenauferweckung

Hesekiel 16, 6: Ich ging vor dir vorüber und sah dich in deinem Blute liegen und sprach zu dir, da du so in deinem Blute lagest: Du sollst leben!«

Haben wir die Größe des Wunders, das an uns geschah, auch recht verstanden? Es geschah Totenauferweckung.
Wir lagen in unserem Blut, getroffen und niedergestreckt von unserer eigenen Sünde. Wir konnten uns nicht wieder erheben. Da erbarmte sich Gott und sprach das Machtwort seiner Liebe: Du sollst leben! Da standen wir auf, von Gottes Gnade gehalten und gestärkt. Du sollst leben!
Gott hat ein neues Leben in uns angefangen. Er befiehlt uns nun, daß wir dieses Leben auch wirklich leben, das Leben aus seiner Gnade und Hilfe. Laßt uns diesem Befehl Gottes nicht ungehorsam sein. Gott will nicht tote Christen, sondern Christen, die ihrem Herrn leben. Hören wir dieses Wort nicht, so ist Weihnachten an uns vorübergegangen.

28. Dezember 1937

Der Feind in der Hand Gottes

Sacharja 2, 12: So spricht der Herr: Wer euch antastet, der tastet seinen Augapfel an.

Wie die unschuldigen Kinder zu Bethlehem, deren die Kirche heute gedenkt, die ersten waren, die um Jesu willen ihr Leben lassen mußten, so hat zu allen Zeiten die Gemeinde Jesu um ihres Herren willen Verfolgung und Tod erlitten. Aber derselbe Herr, um dessentwillen wir Schande, Haß und Gefängnis erleiden, hat verheißen, uns zu behüten wie seinen Augapfel. Nicht wir schützen ihn mit unserem Opfer, sondern er schützt uns. Er tritt für uns ein - das ist die Weihnachtsbotschaft.
Wer uns antastet um Christi willen, mit dem wird unser Herr selbst handeln. Nichts kann uns widerfahren, wenn wir um Christi willen Unrecht leiden. So wollen wir die, die uns Unrecht tun, seiner Hand allein - seiner richtenden und seiner barmherzigen Hand - überlassen.
Das lehrt der Mord der Kinder von Bethlehem, daß Christus nicht in der Hand seiner Feinde, sondern daß der Feind in der Hand Gottes ist.

29. Dezember 1937

Die Geburt des Vertrauens

Psalm 25, 10: Die Wege des Herrn sind eitel Güte und Wahrheit denen, die seinen Bund und seine Zeugnisse halten.

Könnt ihr, die ihr in diesem Jahre Hartes erfahren habt, heute aus ganzem Herzen sprechen, »die Wege des Herrn sind eitel Güte und Wahrheit«? Wißt ihr, daß Gott euch gut war, als er euch Not und Gefangenschaft schickte? Hat Gott sich euch als der Wahre und Treue zu erkennen gegeben, als er euch so viel nahm?
Es kann keiner zu Gottes Wegen Ja sagen, der zu seinen Verheißungen und Geboten Nein sagt. Die Einigung mit dem Willen Gottes geschieht in der täglichen Unterwerfung unter sein Wort. Es mag uns etwas als ein geringer Ungehorsam erscheinen und doch nimmt er uns den Dank und den Lobpreis für Gottes Wege aus dem Herzen. Unter dem Joch Christi zu gehen ist schmerzhaft und schwer, wenn wir es widerwillig tun. Es ist leicht und sanft, wenn Gott uns zu Weihnachten das Herz dazu bezwungen und abgewonnen hat.

30. Dezember 1937

Die entrollte Siegesfahne

Psalm 20, 6: Wir rühmen, daß du uns hilfst, und im Namen unseres Gottes werfen wir Panier auf.

Es sind uns in der vergangenen Notzeit der Kirche manche Angebote menschlicher Hilfe gemacht worden. Sie haben uns, gerade wenn sie gut gemeint waren, nur in Versuchung gebracht. Wie soll denn auch der beste menschliche Wille der Kirche im Kampf mit dem Teufel helfen?
Wir haben Weihnachten gefeiert. Jesus ist geboren. Er ist unser Helfer. Er allein. Hier ist Gottes Hilfe für Menschen in Versuchung und Not. Ist uns diese Hilfe nicht genug? Wollen wir ungeduldig werden?
Laßt uns allen Versuchungen mit dem freudigen Bekenntnis begegnen: Wir rühmen, daß du uns hilfst. Wir entfalten unsere Fahne zum Kampf. Auf ihr steht: Jesus, der Helfer.

Silvester, 31. Dezember 1937

Durch die Jahre hindurch Verkündiger seiner Kraft

Psalm 71, 18: Verlaß mich nicht, Gott, im Alter, wenn ich grau werde, bis ich deinen Arm verkündige Kindeskindern und deine Kraft allen, die noch kommen sollen.

Mit Verwunderung stehen wir am Ende des Jahres. Seit langem haben wir uns daran gewöhnt, nicht mit langen Zeitabschnitten zu rechnen. Wir können und sollen es auch nicht. Gehorsam zu lernen an jedem neuen Tag ist uns genug.
Aber die Zeit schreitet voran und unser Text spricht heute zu uns vom Altwerden. Es ist also trotz allem gut, auch dies einmal ins Auge zu fassen, daß vielleicht noch eine lange Lebenszeit vor uns liegt; daß der Jüngste Tag vielleicht nicht morgen oder übermorgen kommt. »Noch soll man Häuser, Äcker und Weinberge kaufen in diesem Lande« (Jer. 32, 15). Vielleicht werden wir also über dieser Kampfzeit der Kirche noch grau werden und neue Geschlechter werden neue Lasten auf ihren Schultern tragen.
Darum bitten wir Gott, vor dem tausend Jahre sind wie ein Tag, um die Gnade, er wolle uns durch die Jahre hindurch Verkündiger seiner Kraft sein lassen. Jahre und Geschlechter vergehen, aber Gottes Wort vergeht nicht. Wir sind doch nur ein Glied in der Kette.
Doch die bange und freudige Frage bleibt: Welches Geschlecht wird den letzten Tag erleben? Amen, ja komme bald, Herr Jesu!

3. Sonntag nach Epiphanias, 23. Januar 1938[1]

Wie aus Feinden Freunde werden

Römer 12, 16c–21: Haltet euch nicht selbst für klug. Vergeltet niemand Böses mit Bösem. Fleißiget euch der Ehrbarkeit gegen jedermann. Ist es möglich, soviel an euch ist, so habt mit allen Menschen Frieden. Rächet euch selber nicht, meine Liebsten, sondern gebet Raum dem Zorn [Gottes]; denn es steht geschrieben: »Die Rache ist mein; ich will vergelten, spricht der Herr.« So nun deinen Feind hungert, so speise ihn; dürstet ihn, so tränke ihn. Wenn du das tust, so wirst du feurige Kohlen auf sein Haupt sammeln. Laß dich nicht das Böse überwinden, sondern überwinde das Böse mit Gutem.

»Mir ist Erbarmung widerfahren« – haben wir gesungen. So singt die ganze christliche Gemeinde an jedem neuen Tage. »Mir ist Erbarmung widerfahren«, als ich mein Herz noch vor Gott verschloß; als ich auf dem eigenen Weg meiner Sünden ging; als ich meine Sünde mehr liebte als Gott; als ich durch meine Sünde in Jammer und Elend kam; als ich mich verirrt hatte und nicht zurückfand. Da traf mich Gottes Wort. Da hörte ich: Gott liebt mich. Da fand mich Jesus. Er war bei mir, er ganz allein. Er tröstete mich und vergab mir alle meine Sünden und rechnete mir das Böse nicht zu. »Mir ist Erbarmung widerfahren.«
Als ich Gott feind war um seiner Gebote willen, da handelte er an mir wie an einem Freund. Als ich ihm Böses tat, tat Gott mir nur Gutes. Er rechnete mir mein Böses nicht auf. Er suchte mich unermüdlich und ohne Erbitterung. Er litt mit mir. Er starb für mich. Es war ihm nichts zu schwer für

1. Gehalten im Sammelvikariat Groß-Schlönwitz.

mich. Da hatte er mich überwunden. Gott hatte seinen Feind gewonnen. Der Vater hat sein Kind wiedergefunden. Ist es nicht das, was wir meinen, wenn wir dieses Lied singen? Zwar begreife ich es nicht, warum Gott mich so liebt, warum ich ihm so teuer war. Zwar kann ich es nicht fassen, daß er mein Herz durch sein Lieben überwinden konnte und wollte, aber nun kann ich sagen: »Mir ist Erbarmung widerfahren.«

Aber eben weil ich hier nichts begreife und verstehe, darum heißt es in unserem Text: »Haltet euch nicht selbst für klug.« Das heißt, ihr mögt sonst ganz gescheite, tüchtige Leute sein in eurem Geschäft, in eurer Arbeit, aber von einem wißt ihr von Natur aus nie genügend, in einem seid ihr so töricht und närrisch wie ein unmündiges Kind, nämlich in den göttlichen Dingen der Barmherzigkeit. Oder vielmehr, wie aus einem Feind ein Freund wird, wie ein Feind Gottes überwunden wird.

Unser heutiger Text spricht von dem *Verhalten des Christen gegen seine Feinde*. Oder: *Wie der Christ seine Feinde »überwindet«*. Diese Frage wird im Leben des Einzelnen und einer christlichen Gemeinde immer wieder von großer Wichtigkeit. Und eben hier sind wir so ganz und gar unverständig, haben wir von uns aus so ganz und gar verkehrte Gedanken, daß unser Text damit beginnt: »Haltet euch nicht selbst für klug.« Das ist wohl zuallererst eine *Erinnerung* daran, wie unbegreiflich unserer Klugheit Gottes Weg mit uns war. Daß Gott uns suchte, uns vergab, daß er um unsertwillen seinen Sohn opferte, daß er uns darin das Herz abgewann und bekehrte, das ist unserer Klugheit allerdings fremd und unzugänglich. Damit ist uns also gesagt: Wenn ihr einem Feind begegnet, *denkt zuerst an eure eigene Feindschaft gegen Gott und an Gottes Barmherzigkeit gegen euch.*

»Haltet euch nicht selbst für klug.« Das ist sodann eine wichtige Erinnerung an den Anfang unseres Menschengeschlechtes. Der Teufel versprach Adam und Eva Klugheit. Klug wie Gott wollte er sie machen. Sie sollten wissen, was gut und böse ist. Sie sollten damit zu Richtern über Gut und Böse gemacht werden. Seit Adam sich vom Teufel die Klugheit schenken ließ, meinen alle Menschen, daß sie in allen göttlichen Dingen etwas wüßten und mitzureden hätten. Sie meinen [im Manuskript: meinten], sie wüßten nun, wie man mit Gott und mit Menschen umgehen müßte. Mit Hilfe ihrer Klugheit würden sie nun wohl eine gute Welt aufbauen. Aber was geschah? Der erste Sohn Adams und Evas war Kain, der Mörder seines Bruders. Der erste Mensch, der von Menschen auf dieser Erde geboren wurde, war ein Brudermörder. Da ging die Saat des Bösen auf. Das war die Frucht der Klugheit der ersten Menschen! Gibt uns das zu denken? »Haltet euch nicht selbst für klug«, auf daß ihr nicht zu Mördern eurer Brüder werdet. Glaubt nicht, selbst zu wissen, wie man mit Menschen, wie man mit Feinden umgeht, oder was gut und böse ist. Sonst fressen sich die Menschen untereinander auf.

»Haltet euch nicht selbst für klug«, sondern seht auf Gottes Wege zu den Menschen, zu seinen Feinden. Jenen Weg, den die Schrift selbst einen törichten Weg nennt, den Weg der Liebe Gottes zu seinen Feinden, die er ihnen erweist bis zum Kreuz. Das Kreuz Jesu Christi zu erkennen als die unüberwindliche Liebe Gottes zu allen Menschen, zu uns ebenso wie zu unseren Feinden, das ist die beste Klugheit. Oder meinen wir, Gott liebt uns mehr als unsere Feinde? Meinen wir, gerade wir seien die Lieblingskinder Gottes? Dächten wir so, dann stünden wir tief im Pharisäertum drin, dann hätten wir aufgehört, Christen zu sein. Liebt Gott unsere Feinde etwa weniger, für die er doch ebenso gekommen ist, gelitten hat, gestorben [ist] wie für uns? Das Kreuz ist keines Menschen Privatbesitz, sondern es gehört allen Menschen, es gilt allen Menschen. *Gott liebt unsere Feinde,* das sagt uns das Kreuz. Er leidet um sie, er hat Not und Schmerzen um sie, er hat für sie seinen lieben Sohn gegeben. Darauf kommt alles an, daß wir bei jedem Feind, dem wir begegnen, sogleich denken: Den liebt Gott, für den hat Gott alles gegeben. »Darum haltet euch nicht selbst für klug.« Das hieß für unsere Stellung zu unseren Feinden *zuerst:* Denk daran, daß du auch Gottes Feind warst und daß dir Erbarmung widerfahren ist ohne Verdienst und Würdigkeit. Es hieß *zweitens:* Denk daran, daß Gott auch *für deinen Feind am Kreuz hing* und *ihn liebt wie dich.*

Darum: »Vergeltet niemand Böses mit Bösem. Fleißiget euch der Ehrbarkeit gegen jedermann. Ist es möglich, soviel an euch ist, so habt mit allen Menschen Frieden.« Also einmal ganz deutlich: Da ist irgendeiner, ein Nachbar oder ein anderer, der fortgesetzt böse Dinge von mir sagt, der mich schmäht, der mir offenes Unrecht tut, der mich quält und plagt, wo er nur kann. Wenn wir ihn nur sehen, steigt uns das Blut in den Kopf. Ein furchtbar drohender Zorn erfüllt uns. Das ist der Feind, der so etwas bei uns bewirkt. Aber nun gilt es, auf der Hut zu sein. Nun gilt es, ganz schnell sich zu erinnern: *Mir ist Erbarmung widerfahren,* nicht von Menschen, nein, *von Gott* selbst. Und: *Für ihn* starb Jesus Christus. Und auf einmal wird alles anders. Wir hören nun: *Vergeltet nicht Böses* mit Bösem. Erhebe deine Hand nicht zum Schlag. Öffne deinen Mund nicht im Zorn, sondern sei stille. Was kann denn der dir schaden, der dir Böses antut? Nicht dir schadet es, aber ihm schadet es. Unrecht leiden schadet keinem Christen. Aber Unrecht tun schadet. Nur eins will ja der Böse bei dir erreichen, nämlich daß du auch böse wirst. Aber damit hätte er ja gesiegt. Darum vergilt nicht Böses mit Bösem. Du schadest damit nicht ihm, sondern dir selbst. Nicht du bist in Gefahr, wenn dir Böses geschieht. Aber der andere ist in Gefahr, der dir Böses tut und er kommt darin um, wenn du ihm nicht hilfst. Darum um des anderen willen und um deiner Verantwortung für ihn: Vergilt nicht Böses mit Bösem. Hat Gott denn dir je so vergolten?

»Fleißiget euch der Ehrbarkeit gegen *jedermann* ... Habt *mit allen* Menschen Frieden.« Gegen jedermann, mit allen Menschen – es gibt keine Ausnahmen. Nicht nur gegen die *Ehrbaren ehrbar sein,* sondern gerade auch gegen die Unehrbaren. Nicht nur gegen die *Friedfertigen friedfertig sein,* sondern gerade gegen die, die uns nicht in Frieden leben lassen wollen. Das andere können die Heiden auch. Aber Jesus Christus starb nicht für die Ehrbaren und für die Friedfertigen, sondern gerade für die Sünder und Feinde, für die Unehrbaren, die Hasser, die Totschläger. Unser Herz steht immer danach, nur unter den Freunden, unter den Gerechten und Ehrbaren zu bleiben. Aber Jesus Christus war mitten unter seinen Feinden. Gerade dort wollte er sein. Dort sollen wir auch sein. Das unterscheidet uns von allen anderen Lehren und Religionen. Da wollen die Frommen unter sich sein. Christus aber will, daß wir mitten unter unseren Feinden seien, wie er war. Mitten unter seinen Feinden starb er den Tod der Liebe Gottes und betete: Vater, vergib ihnen, denn sie wissen nicht, was sie tun (Luk. 23, 34). Unter den Feinden will Christus seinen Sieg erringen. Darum zieht eucht nicht zurück, sondert euch nicht ab, sondern »sinnt auf Gutes« gegen jedermann. Schafft Frieden, soviel an euch ist, mit allen Menschen[2].

»Soviel an euch ist« – Nicht ihr habt es in der Hand, wenn man euch den Frieden nicht läßt, wenn man euch schmäht und verfolgt. Aber »soviel an euch ist«, das heißt, ihr sollt niemals die Quelle des Streites sein. Euer Herz soll immer des Friedens voll sein. Heißt das, daß wir auch das Wort Gottes [ver]schweigen sollen um des lieben Friedens [willen]? Niemals! Aber gibt es denn ein friedevolleres Wort und Werk als die Predigt von dem Frieden, den Gott mit seiner Welt, mit seinen Menschen gemacht hat? »Soviel an euch ist«: Eines ist nicht an euch, nämlich Gottes Wort zu ver-

2. Vgl. zu diesem Abschnitt den Anfang von »Gemeinsames Leben«, 9f.

schweigen. Aber es ist an euch, es zum Frieden zu sagen, zum Frieden der Menschen mit Gott zu sagen, mitten in einer zerrissenen, entzweiten Menschen[welt]. Jesus machte Frieden mit uns, als wir Feinde waren. Er hat auch Frieden geschaffen [im Manuskript: geschafft] mit all unseren Feinden am Kreuz. Diesen Frieden laßt uns bezeugen vor jedermann!
»Rächet euch selber nicht.« Wer die Rache in eigene Hand nimmt, der macht sich zum Richter der Welt und der Menschen. Und die Rache, die er üben wollte, wird auf sein eigenes Haupt kommen. Wer Rache üben will, der nimmt das Leben seines Feindes in seine eigene Hand und vergißt, daß Gott bereits seine Hand auf diesen Menschen gelegt hat, indem er für ihn starb am Kreuz. Wer Rache sucht an einem Menschen, der macht den Tod Christi zunichte, der macht sich schuldig am Blut der Versöhnung. Christus starb für mich und für meinen Feind, uns beiden zum Heil. Suche ich Rache, so verachte ich dies Heil des anderen. Dem anderen mag es nicht schaden, aber ich sage mich eben damit von dem Sterben Christi los.
Es ist ein schweres Opfer, daß Christus von uns fordert, unsere Rache fahren zu lassen, vielleicht das schwerste. Denn des Menschen ganzes natürliches Wesen schreit nach Rache gegen die Feinde. Die Lust der Rache geht unserem menschlichen Blut über jede andere Lust. Aber wir wissen es, wir können uns nicht mehr rächen. Steht da der Feind vor meinen Augen und überfällt mich die Sucht, endlich einmal Rache üben zu können, dann steht alsbald Jesus Christus hinter meinem Feind und bittet: Erhebe deine Hand nicht. Laß mir die Rache, ich will sie üben.
»Gebt Raum dem Zorn [Gottes]. [Denn es steht geschrieben: Die Rache ist mein; ich will] vergelten, spricht der Herr.« Ein furchtbares Wort! Können wir es hören und wissen, was es heißt, daß Gott Rache übt, ohne alsbald zu bitten: Nein, übe du keine Rache, nein, auch meinem Feinde

kann und will ich es nicht wünschen, daß er in Gottes zornige Hände fällt? Aber Gott spricht: »Die Rache ist mein, ich will vergelten.« Gott will und muß Rache üben über die Bösen. Aber – Wunder über Wunder – Gott hat schon Rache geübt in unbegreiflicher Weise, nicht an uns, die wir seine Feinde waren und noch täglich gegen ihn sündigen, nicht an unseren Feinden, sondern an sich selbst, an seinem lieben Sohn. An ihm suchte er alle unsere Sünde heim und strafte sie. Ihn verstieß er in die Hölle der Verzweiflung und Gottverlassenheit. Und in derselben Stunde betet Jesus: Vater, vergib ihnen ... [Luk. 23,34] Das ist Gottes Rache, daß er sich selbst Schmerz und Leid zufügt, aber uns verschont und annimmt. Das ist Gottes Rache, daß er selbst dies Leiden trägt und seinen Feinden vergibt. Klingt es nicht in uns nach: Haltet euch nicht selbst für klug? Gottes Wege zu euch [sind] zu wunderbar und [zu] hoch, zu barmherzig und liebevoll.

Ist es nun noch erstaunlich, daß es gleich nach diesem Wort von dieser Rache Gottes heißt: »So nun deinen Feind hungert, [so speise ihn; dürstet ihn, so tränke ihn. Wenn du das tust, so wirst du] feurige Kohlen auf sein Haupt sammeln.« Gott gab für den Feind sein Leben, sein alles. Nun gib auch du ihm, was du hast: Brot, wenn ihn hungert; Wasser, wenn ihn dürstet; Hilfe, wenn er schwach ist, Segen, Barmherzigkeit, Feindesliebe. Ist er dessen wert? Ja, wer wäre denn der Liebe wert, wer bedürfte denn unserer Liebe mehr als der, der haßt? Wer ist denn ärmer als er? Wer ist hilfsbedürftiger, wer ist liebebedürftiger als dein Feind? Hast du so deinen Feind schon einmal angesehen? Als den, der im Grunde bettelarm vor dir steht und dich bittet, ohne es selbst aussprechen zu können: Hilf mir, schenk mir das eine, was mir noch helfen kann aus meinem Haß, schenk mir Liebe, die Liebe Gottes, die Liebe des gekreuzigten Heilandes. Alles Drohen und Fäustezeigen kommt ja aus dieser Armut, ist im Grunde ein Betteln um Liebe Gottes, um Frieden, um Brüderlich-

keit. Du weist den ärmsten der Armen von deiner Tür, wenn du deinen Feind von dir weist.
»Feurige Kohlen«. Kohlen brennen und schmerzen, wenn sie uns berühren. Auch die Liebe kann brennen und schmerzen. Sie lehrt uns erkennen, wie bettelarm wir sind. Es ist der brennende Schmerz der Buße, der sich bei dem einstellt, der trotz Haß und Drohung nur Liebe, nichts als Liebe findet. Gott hat diesen Schmerz uns kennen gelehrt. Als wir ihn empfanden, war die Stunde der Umkehr da.
Nun bist du am Ziel: »Laß dich das Böse nicht überwinden, *sondern überwinde das Böse mit Gutem«*. So tat es Christus an uns. Er ließ sich durch unser Böses nicht irremachen, nicht überwinden. Er *überwand unser Böses* mit Gutem.
Noch einmal: Wie geschieht [das]? Nicht dadurch, daß wir dem Bösen des anderen Nahrung geben an unserem Bösen, dem Haß des anderen an unserem Haß. Sondern dadurch, daß das Böse immer ins Leere stößt und nichts findet, woran es sich entzünden kann. Wie überwinden wir das Böse? Indem wir es vergeben ohne Ende. Wie geschieht das? Indem wir den Feind [im Manuskript: ihn] sehen als den, der er in Wahrheit ist, als den, für den Christus starb, den Christus liebt. Wie wird die Gemeinde den Sieg über ihre Feinde erringen? Indem sie die Liebe Christi über die Feinde siegen läßt. Amen.

Schätze des Leidens

9. März 1938[1]

Römer 5, 1–5: Nun wir denn sind gerecht geworden durch den Glauben, so haben wir Frieden mit Gott durch unsern Herrn Jesus Christus, durch welchen wir auch den Zugang haben im Glauben zu dieser Gnade, darin wir stehen, und rühmen uns der Hoffnung der zukünftigen Herrlichkeit, die Gott geben soll. Nicht allein aber das, sondern wir rühmen uns auch der Trübsale, dieweil wir wissen, daß Trübsal Geduld bringt; Geduld aber bringt Erfahrung; Erfahrung aber bringt Hoffnung; Hoffnung aber läßt nicht zuschanden werden. Denn die Liebe Gottes ist ausgegossen in unser Herz durch den Heiligen Geist, welcher uns gegeben ist.

»Wir haben Frieden mit Gott.« So ist unser Kampf mit Gott nun also zum Ende gekommen. Unser widerspenstiges Herz hat sich also in Gottes Willen gefügt. Unsere eigenen Wünsche sind still geworden. Gottes ist der Sieg, und unser Fleisch und Blut, das Gott haßt, ist zerschlagen und muß schweigen.

»Nun wir denn sind gerecht geworden durch den Glauben, so haben wir Frieden mit Gott.« Gott hat recht behalten. Er allein. Wir sprechen mit dem Lied, das wir eben gesungen haben: »Du bist gerecht, es gehe wie es geh.«[2] Gott ist gerecht, ob wir seine Wege verstehen oder nicht; Gott ist gerecht, ob er uns straft und züchtigt oder ob er uns begnadigt. Gott ist gerecht, wir sind die Übertreter. Wir sehen es nicht, aber unser Glaube muß es bekennen: Gott ist allein gerecht.

1. Abendgottesdienst an einem Wochentag.
2. Aus dem Abendlied von Joachim Neander: »Der Tag ist hin, mein Jesu, bei mir bleibe« (Vers 2).

Wer so im Glauben Gott allein recht über sich gibt, der ist vor Gott in die rechte Stellung gekommen; der ist vor Gott recht fertig geworden, um vor ihm bestehen zu können. Der ist gerecht geworden im Glauben an Gottes Gerechtigkeit. Der hat Frieden mit Gott gefunden.
»Wir haben Frieden mit Gott durch unsern Herrn Jesus Christus.« So ist nun auch Gottes Kampf gegen uns zu Ende gebracht. Gott haßte den Willen, der sich ihm nicht beugen wollte. Unzählige Male rief er, mahnte, bat und drohte er, bis sein Zorn über uns keine Geduld mehr kannte. Da holte er aus zum Schlage gegen uns, da schlug er zu und traf. Er traf den einzig Unschuldigen auf der ganzen Erde. Es war sein lieber Sohn, unser Herr Jesus Christus. Jesus Christus starb für uns am Kreuz, vom Zorn Gottes geschlagen. Gott selbst hatte ihn dazu gesandt. Da war Gottes Zorn gestillt, als sein Sohn sich seinem Willen und Recht beugte bis zum Tod. Wunderbares Geheimnis - Gott hatte Frieden gemacht mit uns durch Jesus Christus.
»Wir haben Frieden mit Gott.« Unter dem Kreuz ist Friede. Hier ist Ergebung in Gottes Willen, hier ist Ende unseres eigenen Willens. Hier ist Ruhe und Stille in Gott, hier ist Friede des Gewissens in der Vergebung aller unserer Sünden. Hier unter dem Kreuz ist der »Zugang zu der Gnade, in der wir stehen«, ist der tägliche Zugang zum Frieden mit Gott. Hier ist der einzige Weg, den es auf der Welt gibt, um Frieden mit Gott zu finden. In Jesus Christus allein ist Gottes Zorn gestillt, sind wir überwunden in den Willen Gottes hinein. Darum ist das Kreuz Jesu Christi für seine Gemeinde ewiger Grund der Freude und Hoffnung der kommenden Herrlichkeit Gottes. »Wir rühmen uns der Hoffnung der zukünftigen Herrlichkeit.« Hier im Kreuz ist Gottes Recht und Sieg auf Erden angebrochen. Hier wird er einst aller Welt offenbar werden. Der Friede, den wir hier empfangen, wird ein ewiger, herrlicher Friede im Reich Gottes werden.

Aber während wir hier am liebsten abbrechen würden, erfüllt von der höchsten Seligkeit, die Menschen auf dieser Erde zuteil werden kann, nämlich erfüllt von der Erkenntnis Gottes in Jesus Christus, von dem Frieden Gottes im Kreuz, läßt uns die Schrift hier noch nicht los. »Nicht aber das allein –« heißt es jetzt. Es ist also doch noch nicht alles gesagt. Was bliebe denn noch zu sagen, nachdem vom Kreuz Jesu Christi, vom Frieden Gottes in Jesus Christus gesprochen ist? Ja, liebe Gemeinde, es ist noch ein Wort zu sagen, nämlich ein Wort von dir, ein Wort von deinem Leben unter dem Kreuz, ein Wort davon, wie Gott dein Leben in dem Frieden Gottes erproben will, damit der Friede nicht nur ein Wort sei, sondern eine Wirklichkeit. Es bleibt noch ein Wort zu sagen, daß du noch eine Weile auf dieser Erde leben wirst und wie du den Frieden bewahrst.

Darum heißt es: »Nicht allein aber das, sondern wir rühmen uns auch der Trübsale.« Ob wir den Frieden Gottes wirklich gefunden haben, wird sich daran erproben, wie wir zu den Trübsalen, die über uns kommen, stehen. Es gibt viele Christen, die wohl ihre Kniee beugen vor dem Kreuz Jesu Christi, die sich aber gegen jede Trübsal in ihrem eigenen Leben nur zur Wehr setzen und sträuben. Sie glauben das Kreuz Christi zu lieben, aber das Kreuz in ihrem eigenen Leben hassen sie. So hassen sie in Wahrheit auch das Kreuz Jesu Christi. Sie sind in Wahrheit Verächter des Kreuzes, die selbst mit allen Mitteln dem Kreuz zu entfliehen suchen. Wer es von sich weiß, daß er Leiden und Trübsal in seinem Leben nur als etwas Feindliches, Böses ansieht, der kann daran erkennen, daß er den Frieden mit Gott noch gar nicht gefunden hat. Er hat im Grunde nur den Frieden mit der Welt gesucht und hat vielleicht gemeint, mit dem Kreuz Jesu Christi am besten mit sich selbst und mit all seinen Fragen fertig zu werden, also einen inneren Seelenfrieden zu finden. Er hat also das Kreuz gebraucht, aber nicht geliebt. Er hat den Frieden nur um seiner selbst willen gesucht. Wenn aber Trübsal

kommt, dann ist dieser Friede schnell dahin. Es war kein Friede mit Gott; denn er haßte die Trübsal, die Gott schickt.
Wer also die Trübsal, wer Verzicht, Not, Verleumdung, Gefangenschaft in seinem Leben nur haßt, der mag sonst vom Kreuz mit noch so großen Worten reden, er haßt das Kreuz Jesu und hat keinen Frieden mit Gott. Wer aber das Kreuz Jesu Christi liebt, wer in ihm den Frieden gefunden hat, der fängt an, auch die Trübsal in seinem Leben zu lieben, und zuletzt wird er mit der Schrift sprechen können: »Wir rühmen uns auch der Trübsale.«
Unsere Kirche hat in den letzten Jahren manche Trübsal erlitten. Zerstörung ihrer Ordnung, Einbruch einer falschen Verkündigung, viel Feindschaft, böse Worte und Verleumdungen, Gefangenschaft und Not aller Art bis zu dieser Stunde, und niemand weiß, welche Trübsale der Kirche noch bevorstehen. Aber haben wir in alledem auch begriffen, daß Gott uns selbst damit auf die Probe stellen wollte und will, daß in all dem nur eine Frage wichtig war, nämlich ob wir Frieden mit Gott haben oder ob wir bisher in einem ganz weltlichen Frieden gelebt haben? Wieviel Murren und Sichsträuben, wieviel Widerspruch und Haß gegen die Trübsal ist da bei uns aufgedeckt worden! Wieviel Verleugnen, Sichbeiseite-Stellen, wieviel Furcht, wenn das Kreuz Jesu auch nur ein klein wenig unser persönliches Leben zu beschatten anfing! Wie oft meinten wir, wir könnten unsern Frieden mit Gott wohl bewahren und doch dem Leiden, dem Verzicht, der Gehässigkeit, der Gefährdung unserer Existenz aus dem Wege gehen! Ja, was am schlimmsten ist, mußten wir nicht von christlichen Brüdern immer wieder hören, daß sie das Leiden der Brüder verachteten – und das allein darum, weil ihr eigenes Gewissen ihnen keine Ruhe ließ?
Aber Gott wird keinen in sein Reich nehmen, dessen Glauben er nicht in der Trübsal als echt erprobt hat. »Wir *müssen* durch viele Trübsale in das Reich Gottes eingehen,« [Apg.

14,22] Darum sollen wir lernen, unsere Trübsale lieb zu gewinnen, ehe es zu spät ist, ja, uns ihrer zu freuen und zu rühmen.

Wie soll das zugehen? »Wir wissen, daß Trübsal Geduld bringt, Geduld aber bringt Erfahrung, Erfahrung aber bringt Hoffnung. Hoffnung aber läßt nicht zuschanden werden.« So lehrt uns Gottes Wort die Trübsale erst recht ansehen und verstehen. Die Trübsale, die uns in unserm Leben so hart und widerwärtig erscheinen, sind in Wahrheit voll der größten Schätze, die ein Christ finden kann. Sie ist wie die Muschel, in der die Perle liegt. Sie ist wie ein tiefer Schacht, in dem man eines nach dem andern findet, je tiefer man hineinsteigt: Erst Erz, dann Silber, zuletzt Gold. Trübsal bringt zuerst Geduld, dann Erfahrung, dann Hoffnung. Wer der Trübsal aus dem Wege geht, der verwirft mit ihr Gottes größte Geschenke für die Seinen.

»Trübsal bringt Geduld.« Geduld heißt wörtlich übersetzt: Darunter bleiben, die Last nicht abwerfen, sondern tragen. Viel zu wenig wissen wir heute in der Kirche von dem eigentümlichen Segen des Tragens. Tragen, nicht abschütteln, tragen, aber auch nicht zusammenbrechen, tragen, wie Christus das Kreuz trug, darunter bleiben und dort unten Christus finden. Legt Gott eine Last auf, so beugt der Geduldige sein Haupt und glaubt, es sei gut für ihn, gedemütigt zu werden. *Darunter* bleiben! Aber darunter ***bleiben!*** Fest bleiben, stark bleiben heißt es ja nun auch. Nicht schwächliches Nachgeben, Weichen, keine Leidensseligkeit, sondern unter der Last als einer Gnade Gottes erstarken, den Frieden Gottes unerschütterlich bewahren. Gottes Friede ist bei den Geduldigen.

»Geduld bringt Erfahrung.« Ein Christenleben besteht nicht in Worten, sondern in Erfahrung. Niemand ist Christ ohne Erfahrung. Nicht von Lebenserfahrung ist hier die Rede, sondern von der Erfahrung Gottes. Aber auch nicht von allerlei Gotteserlebnissen wird hier gesprochen, sondern

von der Erfahrung, die in der Bewährung des Glaubens und des Friedens Gottes liegt, von der Erfahrung des Kreuzes Jesu Christi. Erfahren sind nur die Geduldigen. Die Ungeduldigen erfahren nichts. Wem Gott solche Erfahrung schenken will – einem Einzelnen oder einer Kirche –, dem schickt er viel Anfechtung, Unruhe und Angst. Der muß täglich und stündlich um den Frieden Gottes schreien. Die Erfahrung, von der hier die Rede ist, führt uns in die Tiefe der Hölle und in den Rachen des Todes und in den Abgrund der Schuld und in die Nacht des Unglaubens. Aber in dem allem will Gott seinen Frieden nicht von uns nehmen. In dem allem erfahren wir von Tag zu Tag mehr die Kraft und den Sieg Gottes, den Friedensschluß am Kreuze Christi.
Darum bringt Erfahrung Hoffnung. Denn jede überstandene Anfechtung ist ja schon das Vorspiel der letzten Überwindung. Jede besiegte Welle bringt uns dem ersehnten Land näher. Darum wächst mit der Erfahrung die Hoffnung und in der Erfahrung der Trübsal ist der Widerschein der ewigen Herrlichkeit schon zu ahnen.
»Hoffnung aber läßt nicht zuschanden werden.« Wo noch Hoffnung ist, da ist kein Unterliegen. Da mag noch allerlei Schwachheit, viel Geschrei und Jammer, viel ängstliches Rufen sein, aber da ist doch der Sieg schon ergriffen. Das ist das Geheimnis des Leidens in der Kirche und im christlichen Leben, daß gerade das Tor, an dem geschrieben steht: Laßt alle Hoffnung fahren!, daß gerade das Tor des Leides, des Verlierens, des Sterbens für uns zu dem Tor der großen Hoffnung auf Gott, zu dem Tor des Ruhmes und der Herrlichkeit werden soll. »Hoffnung läßt nicht zuschanden werden.« Haben wir in der Kirche und für unsere Kirche noch diese große Hoffnung auf Gott selbst? Dann ist alles gewonnen. Haben wir sie nicht mehr? Dann ist alles verloren.
»Trübsal bringt Geduld, Geduld bringt Erfahrung, Erfahrung bringt Hoffnung, Hoffnung läßt nicht zuschanden werden« – das aber alles nur für den, der den Frieden Gottes

in Jesus Christus gefunden hat und bewahrt und von dem es nun heißt: »Denn die Liebe Gottes ist ausgegossen in unser Herz durch den Heiligen Geist, der uns gegeben ist.« Wer von Gott geliebt ist und wer darum Gott allein und über alle Dinge liebt, der allein darf so sprechen. Nein, die Stufenreihe von der Trübsal zur Hoffnung ist keine irdische Selbstverständlichkeit. Luther hat gesagt, es könnte ja auch anders heißen, nämlich: Trübsal bringt Ungeduld, Ungeduld bringt Verstockung, Verstockung bringt Verzweiflung, Verzweiflung aber läßt ganz zuschanden werden. Ja, so muß es heißen, wenn uns der Friede Gottes verloren geht, wenn uns ein irdischer Friede mit der Welt lieber ist als der Friede mit Gott, wenn wir die Sicherheiten unseres Lebens mehr lieben als Gott. Dann muß uns die Trübsal zum Verderben gereichen.

Aber die Liebe Gottes ist ausgegossen in unser Herz. Wem es Gott durch den Heiligen Geist schenkt, daß das Unbegreifliche in ihm geschieht, nämlich daß er anfängt, Gott zu lieben um Gottes willen, nicht um irdischer Güter und Gaben willen, auch nicht um des Friedens willen, sondern wirklich ganz allein um Gottes willen; wem die Liebe Gottes im Kreuze Jesu Christi widerfahren ist, daß er anfängt, Gott zu lieben um Jesu Christi willen; wer durch den Heiligen Geist dahin geführt wird, nichts mehr zu begehren, als in Ewigkeit an Gottes Liebe teilzuhaben, sonst aber nichts, gar nichts – der spricht aus dieser Liebe Gottes, und mit ihm die ganze Gemeinde Jesu Christi: Wir haben Frieden mit Gott. Wir rühmen uns der Trübsale. Die Liebe Gottes ist ausgegossen in unser Herz. Amen.

Glauben lernen

Konfirmation in Kieckow, 9. April 1938

Markus 9, 24: Ich glaube, lieber Herr, hilf meinem Unglauben.

Liebe Konfirmanden! Das ist ein sehr nüchternes Wort. Es ist aber gut, daß wir uns von Anfang an daran gewöhnen, über unseren Glauben keine großen Worte zu machen. Er ist auch nicht danach. Gerade weil heute alles darauf ankommt, daß wir *wirklich* Glauben halten, vergeht uns alle Lust zu großen Worten. Ob wir glauben oder nicht, das wird sich zeigen, täglich zeigen; mit Beteuerungen ist da gar nichts geholfen. Ihr wißt ja aus der Passionsgeschichte, wie Petrus zu Jesus sagt: »Und wenn ich mit dir sterben müßte, so will ich dich doch nicht verleugnen!« Und die Antwort Jesu: »Ehe der Hahn zweimal kräht, wirst du mich dreimal verleugnen.« Und die Geschichte endet: »Und Petrus ging hinaus und weinte bitterlich« [Matth. 26,34f; 75]. Er hatte seinen Herrn verleugnet. Große Beteuerungen, und mögen sie noch so aufrichtig, noch so ernst sein, sind immer der Verleugnung am nächsten. Davor möge euch und uns alle Gott bewahren.

Dieser Konfirmationstag ist ein wichtiger Tag für euch und für uns alle. Es ist nichts Geringes, daß ihr euch heute vor dem allwissenden Gott und vor den Ohren der christlichen Gemeinde zum christlichen Glauben bekennt. Ihr sollt euer Leben lang mit Freude an diesen Tag zurückdenken. Aber eben darum ermahne ich euch heute zur vollen christlichen Nüchternheit. Ihr sollt und dürft an diesem Tage nichts sagen und tun, woran ihr später nur mit Bitterkeit und Reue zurückdenken müßt, weil ihr in einer Stunde innerer Bewegung mehr gesagt und gelobt habt, als ein Mensch je sagen kann und darf. Euer Glaube ist noch schwach und unerprobt

und ganz im Anfang. Darum, wenn ihr nachher das Bekenntnis eures Glaubens sprecht[1], so verlaßt euch nicht auf euch selbst und auf all eure guten Vorsätze und auf die Stärke eures Glaubens, sondern verlaßt euch allein auf den, zu dem ihr euch bekennt, auf Gott den Vater, auf Jesus Christus und auf den Heiligen Geist und betet in eurem Herzen: »Ich glaube, lieber Herr, hilf meinem Unglauben.« Wer von uns Erwachsenen wollte und müßte nicht so mitbeten?
Die Konfirmation ist ein ernster Tag. Aber nicht wahr, ihr wißt, daß es noch leicht ist, seinen Glauben zu bekennen in der Kirche, in der Gemeinschaft der Christen, eurer Eltern, Geschwister und Paten, in der ungestörten Feier eines Gottesdienstes. Und wir wollen dankbar sein, daß Gott uns diese Stunde gemeinsamen Bekennens in der Kirche schenkt. Aber ganz ernst, ganz wirklich wird das alles eben doch erst nach der Konfirmation, wenn der Alltag wieder da ist, das tägliche Leben mit all seinen Entscheidungen. Da wird es sich dann zeigen, ob auch der heutige Tag ernst war. Ihr habt einen Glauben nicht ein- für allemal. Euer Glaube, den ihr heute bekennt von ganzem Herzen, der will morgen und übermorgen, ja er will täglich neu gewonnen sein. Glauben empfangen wir von Gott immer nur so viel, wie wir für den gegenwärtigen Tag gerade brauchen. Der Glaube ist das *tägliche* Brot, das Gott uns gibt. Ihr kennt die Geschichte vom Manna. Das empfingen die Kinder Israel täglich in der Wüste. Wollten sie es aber aufbewahren auf den nächsten Tag, so war es verfault [2. Mose 16,13–21]. So ist es mit allen Gaben Gottes. So ist es auch mit dem Glauben. Entweder wir empfangen ihn täglich neu oder er wird faul. Ein Tag ist lang genug, um Glauben zu bewahren. Es ist an jedem Morgen ein neuer Kampf, durch allen Unglauben, durch allen Kleinglauben, durch alle Unklarheit und Verworrenheit, durch alle Furchtsamkeit und Ungewißheit zum Glauben hindurchzu-

1. Siehe Konfirmationsfrage GS III, 368.

stoßen und ihn Gott abzuringen. Es wird an jedem Morgen eures Lebens dasselbe Gebet stehen: »Ich glaube, lieber Herr, hilf meinem Unglauben.«

»Ich glaube.« Wenn euch die christliche Gemeinde mit dem heutigen Tag als selbständige Glieder der Kirche anerkennt, so erwartet sie, daß ihr anfangt zu verstehen, daß euer Glaube eure eigene, allereigenste Entscheidung sein muß. Aus dem »Wir glauben« muß nun immer mehr das »Ich glaube« werden.

Der Glaube *ist* eine Entscheidung. Darum kommen wir nicht herum. »Ihr könnt nicht zwei Herren dienen« [Matth. 6,24]. Ihr dient von nun an Gott allein oder ihr dient Gott überhaupt nicht. Ihr habt nun nur noch *einen* Herrn, das ist der Herr der Welt, das ist der Erlöser der Welt, das ist der Neuschöpfer der Welt. Ihm zu dienen ist eure höchste Ehre. Zu diesem Ja zu Gott gehört aber ein ebenso klares Nein. Euer Ja zu Gott fordert euer Nein zu allem Unrecht, zu allem Bösen, zu aller Lüge, zu aller Bedrückung und Vergewaltigung der Schwachen und Armen, zu aller Gottlosigkeit und Verhöhnung des Heiligen. Euer Ja zu Gott fordert ein tapferes Nein zu allem, was euch je daran hindern will, Gott allein zu dienen und sei es euer Beruf, euer Besitz, euer Haus, eure Ehre vor der Welt. Glaube heißt Entscheidung. Aber *eure* eigenste Entscheidung! Kein Mensch kann sie euch abnehmen. Sie muß aus der Einsamkeit, aus dem Alleinsein des Herzens mit Gott herkommen. Sie wird aus heißen Kämpfen gegen den Feind in eurer eigenen Brust geboren werden. Noch seid ihr umgeben von einer Gemeinde; von Häusern, die euch tragen; von Eltern, die für euch beten; von Menschen, die euch helfen, wo sie können. Gott sei Dank dafür! Aber Gott wird euch in die Einsamkeit führen, mehr und mehr. Er will euch vorbereiten für die großen Stunden und Entscheidungen eures Lebens, in denen euch kein Mensch zur Seite stehen kann, in denen nur eines gilt:

Ich glaube, ja ich selbst, ich kann nicht anders. Lieber Herr, hilf meinem Unglauben.
Liebe Konfirmanden, die Kirche erwartet darum von euch, daß ihr mündig werdet im Umgang mit Gottes Wort und im Gebet. Euer heutiger Glaube ist ein Anfang, kein Abschluß. Ihr müßt erst in die Schrift hinein und ins Gebet hinein, ihr ganz allein. Und ihr müßt lernen, euch mit der Waffe des Wortes Gottes zu schlagen, wo es not tut. Christliche Gemeinschaft ist eine der größten Gaben, die Gott uns gibt. Aber Gott *kann* uns dieses Geschenk auch nehmen, wenn es ihm gefällt, wie er es vielen unserer Brüder heute schon genommen hat. Dann stehen und fallen wir mit unserem eigensten Glauben. Einmal aber wird jeder von uns in dies Alleinsein gestellt werden, auch wenn er ihm sein Leben lang aus dem Weg gegangen ist, in der Stunde des Todes und des Jüngsten Gerichts. Dann wird Gott dich nicht fragen: Haben deine Eltern geglaubt? Sondern: Hast *du* geglaubt? Gott gebe, daß wir in der einsamsten Stunde unseres Lebens noch beten können: Ich glaube, lieber Herr, hilf meinem Unglauben. Dann werden wir selig sein.
»Ich glaube, *lieber Herr*...« Es ist im Leben nicht immer leicht, »Lieber Herr« zu sagen. Aber das muß der Glaube lernen. Wer möchte nicht manchmal sagen: Ich glaube, harter Herr, strenger Herr, furchtbarer Herr. Ich unterwerfe mich dir, ich will schweigen und gehorchen. Aber »lieber Herr« sagen zu lernen, das ist ein neuer schwerer Kampf. Und doch haben wir erst dann Gott den Vater Jesu Christi gefunden, wenn wir so sprechen gelernt haben.
Euer Glaube wird in schwere Versuchungen geführt werden. Auch Jesus Christus wurde versucht, mehr als wir alle. Es werden zuerst Versuchungen an euch herankommen, Gottes Geboten nicht mehr zu gehorchen. Mit großer Gewalt werden sie euch bestürmen. Schön und verlockend, unschuldig und mit dem Schein des Lichtes wird der Satan, der Luzifer, der Lichtträger zu euch kommen. Er wird euch Gottes Ge-

bot verdunkeln und in Zweifel ziehen. Er wird euch die Freude an dem Wege Gottes rauben wollen. Und hat der Böse uns erst zum Wanken gebracht, dann wird er uns unsern ganzen Glauben aus dem Herzen reißen, ihn zertreten und wegwerfen. Das werden schwere Stunden sein in eurem Leben, in denen ihr des Wortes Gottes überdrüssig werden wollt, in denen alles revoltiert, in denen kein Gebet mehr über die Lippen will, das Herz nicht mehr hören will. Das muß alles so kommen, so gewiß euer Glaube lebendig ist. Das muß alles kommen, damit euer Glaube geprüft und gestärkt wird, damit ihr immer größeren Aufgaben und Kämpfen gewachsen seid. Gott arbeitet an uns durch die Versuchungen. Er treibt niemals sein Spiel mit euch, verlaßt euch darauf. Sondern der Vater will das Herz seiner Kinder festmachen. Darum kommt das alles über euch. Und wenn die Versuchung noch so verwirrend ist, wenn unser Widerstand schon ganz zusammenzubrechen droht, ja und wenn selbst die Niederlage schon da ist, dann dürfen wir und sollen wir mit dem letzten Rest unseres Glaubens rufen: Ich glaube, lieber Herr, hilf meinem Unglauben. »Lieber Herr«: Es ist ja der Vater, der uns so prüft und stärkt. »Lieber Herr«: Es ist ja Jesus Christus, der alle Versuchungen erlitten hat wie wir, doch ohne Sünde, uns zum Vorbild und zur Hilfe. »Lieber Herr«: Es ist ja der Heilige Geist, der uns im Kampf heiligen will.

Euer Glaube wird geprüft werden durch Leid. Ihr wißt noch nicht viel davon. Aber Gott schickt seinen Kindern das Leid gerade dann, wenn sie es am nötigsten brauchen, wenn sie allzu sicher werden auf dieser Erde. Da tritt ein großer Schmerz, ein schwerer Verzicht in unser Leben, ein großer Verlust, Krankheit, Tod. Unser Unglaube bäumt sich auf. Warum fordert Gott das von mir? Warum hat Gott das zugelassen? Warum, ja warum? Das ist die große Frage des Unglaubens, die unseren Glauben ersticken will. Keiner kommt um diese Not herum. Es ist alles so rätselhaft, so dunkel. In

dieser Stunde der Gottverlassenheit dürfen und sollen wir sprechen. Ich glaube, *lieber* Herr, hilf meinem Unglauben. Ja, »lieber Herr« auch im Dunkeln, auch im Zweifel, auch in der Gottverlassenheit. Lieber Herr, du bist ja doch mein lieber Vater, der alle Dinge zu meinem Besten dienen läßt. Lieber Herr Jesus Christus, du hast ja selbst gerufen: mein Gott, warum hast du mich verlassen? [Matth. 27,46]Du wolltest sein, wo ich bin. Nun bist du bei mir. Nun weiß ich, daß du auch in der Stunde meiner Not mich nicht verläßest. Ich glaube, lieber Herr, hilf meinem Unglauben.
Nicht nur Versuchung und Leiden, sondern vor allem Kampf wird euch euer Glaube bringen. Konfirmanden sind heute wie junge Soldaten, die in den Krieg ziehen, in den Krieg Jesu Christi gegen die Götter dieser Welt. Dieser Krieg fordert den Einsatz des ganzen Lebens. Sollte Gott, unser Herr, dieses Einsatzes nicht wert sein? Der Kampf ist schon im Gange und ihr sollt jetzt mit einrücken. Abgötterei und Menschenfurcht stehen allenthalben gegen uns. Aber glaubt nicht, daß hier irgend etwas mit großen Worten geschafft sei. Es ist ein Kampf mit Zittern und Zagen; denn der schwerste Feind steht ja nicht uns gegenüber, sondern in uns selbst. Ihr dürft es wissen, daß gerade die, die mitten in diesem Kampf standen und stehen, es am allertiefsten erfahren haben: Ich glaube, lieber Herr (ja, lieber Herr!), hilf meinem *Unglauben.* Und wenn wir trotz aller Versuchung doch nicht fliehen, sondern stehen und kämpfen, so ist das nicht unser starker Glaube und unser Kampfesmut, unsere Tapferkeit, sondern es ist ganz allein dies, daß wir ja nicht mehr fliehen können, weil Gott uns festhält, daß wir von ihm nicht mehr loskommen. Gott führt den Kampf in uns und gegen uns und durch uns.
»Hilf meinem Unglauben.« Gott erhört unser Gebet. Er hat mitten in Versuchung, in Leiden und Kampf eine Freistatt des Friedens geschaffen. Das ist sein Heiliges Abendmahl. Hier ist Vergebung der Sünde, hier ist Überwindung des To-

des, hier ist Sieg und Friede. Nicht wir haben ihn erfochten. Gott selbst hat es getan durch Jesus Christus. Sein ist die Gerechtigkeit, sein ist das Leben, sein ist der Friede. Wir sind in der Unruhe und bei Gott ist Ruhe. Wir sind im Streit, bei Gott ist Sieg. Ihr seid zum Abendmahl berufen. Kommt und empfangt im Glauben Vergebung, Leben und Frieden. Es bleibt euch zuletzt in der Welt doch nur dieses: Gottes Wort und Sakrament. Amen.

Ist der König nicht bei dir?

Beichtansprache, Sonnabend vor dem 2. Advent, 3. Dezember 1938[1]

Micha 4, 9: Warum schriest du denn jetzt so laut? Ist der König nicht bei dir?

Wir wollen uns zum Abendmahlsgang vorbereiten. Vor dem Abendmahl steht die Buße. Keiner kann recht ins Reich der Gnade eintreten, der nicht durch das hauende Schwert der Buße hindurchgegangen ist. Vor dem Mahl des Friedens steht das Schreien des menschlichen Herzens aus Sündenangst und Todesfurcht. Wir kommen nicht um die ernste und gründliche Buße herum. Aber die Buße ist eine gefährliche Sache. Man kann darin umkommen. Wie kommen wir durch das hauende Schwert hindurch zum Reich der Gnade und des Lebens? Dazu will uns unser Text helfen. *Er warnt uns vor der Buße ohne Jesus. Er ruft uns zur Buße mit Jesus.*

»Warum schreiest du denn jetzt so laut? Ist der König nicht bei dir?« So spricht Gott, der Herr. Er hört ein Geschrei auf

1. Gehalten im Sammelvikariat Groß-Schlönwitz.

Erden; es kommt von seiner Gemeinde. Es ist ein Geschrei um Hilfe, um Rettung, nicht nur in den äußeren Nöten, die die Gemeinde betroffen haben, sondern auch um Rettung aus den Sünden, aus der Übermacht des Teufels, aus der Verdammnis durch das Gesetz, ein Schreien um Gerechtigkeit, Heiligung, Sieg und Überwindung. Ist das nicht ein rechtes Schreien der Gemeinde? Und doch – wie seltsam – hat Gott kein Gefallen daran. »Warum schreiest du denn jetzt so laut? Ist der König nicht bei dir?« Es ist das Schreien der Buße ohne Jesus, das Gott hört und doch nicht hören will. Denn es ist ein Schreien, eine Buße gegen Gott. Euer Herz schreit, als hätte Gott euch nicht längst geholfen. Euer Herz schreit, als wäret ihr verlassen. »Ist der König nicht bei dir?« Nicht alles Schreien gegen die eigene Sünde und Schwachheit gefällt Gott.

Ihr wollt Buße tun. Ihr stellt euch unter Gottes heilige Gebote. Ihr fangt an, euch Vorwürfe zu machen, ja, ihr empört euch gegen die Gewalt der Sünde, die ihr in eurem bisherigen Leben wiederum habt erfahren müssen. Nun kommen die schweren Selbstanklagen, die Auflehnung gegen das tägliche Versagen. Unsere Trägheit zum Gebet, zum Gottesdienst, unsere Leichtfertigkeit im Umgang mit Gottes Namen, die Sünden unserer Meditations- und Gebetszeit, unser verkehrtes Wesen gegen unsere Eltern, Lehrer und Oberen, unsere mörderischen und ehebrecherischen Gedanken, unsere unwahrhaftigen und verleumderischen Worte, unser Herz, das tief voll Vergehungen steckt – das alles klagt uns furchtbar an und kränkt uns tief. Warum werden wir so gar nicht mit uns fertig? Warum werden wir so gar nicht mit der Sünde fertig? Sind wir denn überhaupt noch Christen? Sind wir denn bekehrt? Glauben wir überhaupt? Und nun folgt wiederum einer der zahllosen Anläufe und Anfänge, die wir in unserem Leben schon hinter uns haben. Diesmal muß es gelingen. Es darf nicht so weitergehen. Gott wird helfen, von heute, von morgen an. Das kann ein lautes Schreien des Herzens um neues Leben, um Gerechtigkeit und Heiligkeit sein. Und doch hat Gott an dieser Buße kein Gefallen. Denn es ist eine Buße aus dem eigenen trotzigen und verzagten Herzen, aus Stolz und Verzweiflung, aus Unzufriedenheit und neuen Vorsätzen.

Aber: »Ist denn der König nicht bei dir?« Du willst Buße tun und suchst Hilfe von weither und vergißt, daß der König bei dir ist, daß dir ja längst geholfen ist. Du tust Buße ohne Jesus. Diese Buße aber kann dich nur tiefer in Sünde und Not hineintreiben. Dem neuen Anfang wird neues Versagen folgen und dein Schreien wird noch lauter und noch gottloser [unsichere Lesart] werden. Darum hüte dich vor der Buße ohne Jesus!

Tue Buße mit Jesus! »Ist denn der König nicht bei dir?« Ja, er ist bei dir und mit ihm alle Hilfe, nach der du verlangst. Er hat sie dir gebracht. Schrei nicht so, als sei die Hilfe fern. Sie ist ganz nah, zum Greifen nah. Der König ist bei dir und hat dir alles gebracht und geschenkt, den Frieden und die Gerechtigkeit und die Reinheit und die Wahrheit, das Evangelium! Er hat dir zu all dem ein unermeßlich großes Geschenk gemacht, das du bisher meist verachtet hast. Er hat dir den Bruder geschenkt, der dir in der Not deiner Sünde helfen und dir vergeben kann in seinem Namen. Gott kannte deine Sünde und dein Verlangen. Er hat es längst erfüllt. Nun sieh Jesus Christus, deinen König, der bei dir ist, an und alles, was er dir gibt. Nun sieh Gottes Handeln und Barmherzigkeit an dir an und schrei nicht mehr, als wäre der König nicht bei dir!

Und nun tu Buße. Jetzt kannst du dich nicht mehr im Stolz empören gegen deine eigene Sünde. Jetzt wirst du nicht mehr aus eigenem Entschluß den neuen Anfang setzen wollen, dem tiefere Rückfälle folgen müssen. Jetzt erkennst du deine Sünde in Demut und ganz still als deine eigene große Schuld, für die dein König gebüßt hat und um derentwillen er jetzt bei dir ist. Jetzt gibst du alle deine Sünde, wirklich alle und mit ihr dein ganzes Herz dem hin, der allein mit dir und mit deiner Sünde fertig wird. Du willst wissen, wie es endlich anders wird mit dir? Wie du endlich mit dir selbst und deiner Sünde fertig wirst? Anders kann es mit dir nur werden, wenn du heute erkennst, daß dein König ja bei dir ist. Fertig mit dir und [deiner Sünde] wird keiner als dein König Jesus Christus. Ihm wollen wir sie bringen. Er nimmt sie uns ganz und gar ab und er schenkt den neuen Anfang, den er selbst mit dir gemacht hat, als er zu dir kam. Das war der neue Anfang. Er ist längst gemacht. Glaube nur, er ist schon längst mit dir auf dem Weg zu seinem Königreich. Amen.

Die vielen Ausreden

Beichtansprache (Skizze, undatiert)

Sprüche 28, 13: Wer seine Missetat leugnet, dem wird es nicht gelingen; wer sie aber bekennt und läßt, der wird Barmherzigkeit erlangen.

Beichtvorbereitung zu unserer letzten gemeinsamen Beichte. Wir denken dabei an die letzten Monate und an unser Leben in der Gemeinschaft der Brüder.
»Gelingen«. Was denn? Meine Wünsche, Vorstellung über meinen Christenstand; mein persönliches christliches Leben im Gehorsam gegen Gottes Wort. Es gibt nur *einen* Weg, daß es gelinge bei Gott und Menschen: *Unsere Sünde nicht leugnen, sondern bekennen.* Ist es bis heute nicht gelungen, es ist *noch Zeit genug,* daß es gelinge, nämlich wenn du vor Gott auf die Kniee gehst und ihm alle deine Sünde bekennst.
Sünde leugnen: auf verschiedene Weise:

1. *Sie auf die anderen abschieben.* Den anderen belasten, um selbst von der Schuld frei zu werden. Zum Verkläger der Brüder werden. Das ist *Betrug und Mord zugleich!*
2. Sie *auf mein Wesen, Eigenart,* Veranlagung schieben. »Ich bin nicht danach.« »Es liegt mir nicht.« »Ich brauche etwas anderes.« Das ist feige Ausflucht vor der Verantwortung, die Gott mir aufgelegt hat. Zum Verkläger des Schöpfers [werden].
3. Alles verharmlosen. »Kameradschaftliche Lösung« aller dieser Fragen und Sünden. Nichtachtung des Bruders, des gemeinsamen Stehens unter dem Wort, dem Gebet, der Andacht.

Warum leugnen wir unsere Sünde?
1. *Aus Angst,* daß ich als Christ mich so geschlagen geben soll. Daß ich alle Schuld auf mich nehmen soll.
2. *Aus Angst vor Gott.* daß ich es mit Gott zu tun kriege und mit der Frage nach seiner Barmherzigkeit.
3. *Aus Angst vor den Folgen:* Wenn ich meine Sünde erkenne, so müßte ich ja mit ihr brechen und das hat sichtbare Folgen. Die Menschen werden es merken. Ich muß zu Menschen hingehen und sie um Verzeihung bitten. Ich muß ja nun endlich anfangen, den Kampf gegen mich selbst und die Sünde in mir aufzunehmen, aller Ruhe und Bequemlichkeit zum Trotz. Ich muß vielleicht den Gang zur Beichte wagen. Darum leugne ich. Aber: Es wird mir auch nicht gelingen, ich tue, was ich wolle.
Bekennen und Lassen der Sünde: »Dem wird es gelingen.« Wie geschieht das?
1. Erkennen, daß ich selbst an allem schuld bin. Nicht die Umstände, nicht die anderen, nicht meine Anlagen müssen anders werden, sondern *ich selbst.* Sonst ist mir nicht geholfen. Ich habe die Andacht mißachtet, die Gebetszeit nicht genutzt, die Brüder nicht geachtet, nicht für sie gebetet, sie nicht um Rat und Hilfe gebeten. *Ich selbst!*

2. *Hingehen zum Bruder* und ihn um Verzeihung bitten, daß nichts zwischen uns ist, was uns trennt. Matth. 5.
3. Die *Beichte.* Letzte Ermahnung. Kannst du anders nicht mehr zum Sünder werden, so werde es in der Beichte. Und es wird dir gelingen.
Und *lassen.* Der Haß gegen die Sünde wächst mit der Liebe zu Gott. Ein neues Leben anfangen mit Gottes Hilfe. Unsere Gemeinschaft war rechte christliche Gemeinschaft und Bruderschaft, wenn wir zusammen als Sünder in gegenseitiger Vergebung einen neuen Anfang gewinnen. Der neue Anfang führt in die Ewigkeit.

Zur Siegesfeier geladen

Abendmahlsfeier am Totensonntag, 26. November 1939[1]

1. Korinther 15, 55: Der Tod ist verschlungen in den Sieg. Tod, wo ist dein Stachel? Hölle, wo ist dein Sieg?

»Es [im Manuskript: Das ...] war ein wunderlicher Krieg, / da Tod und Leben rungen; / Das Leben behielt den Sieg, / es hat den Tod verschlungen« [Im Manuskript bezwungen. Aus Luthers Osterlied »Christ lag in Todesbanden«].
Zu einer *Siegesfeier* seid ihr geladen, zu der Feier des größten Sieges, der in der Welt errungen wurde, des Sieges Jesu Christi über den Tod. *Brot und Wein,* Leib und Blut unseres Herrn Jesu Christi sind die *Siegeszeichen.* Denn in ihnen ist Jesus heute lebendig gegenwärtig, derselbe, der vor fast 2000 Jahren ans Kreuz geschlagen und ins Grab gelegt wurde. Jesus stand auf vom Tod, er sprengte die Grabesfelsen.

1. Gehalten im Sammelvikariat Wendisch-Tychor (Sigurdshof).

Jesus blieb Sieger. Ihr aber sollt heute die *Zeichen seines Sieges empfangen.* Und wenn ihr nachher das gesegnete Brot und den gesegneten Kelch empfangt, so sollt ihr dabei wissen: *So gewiß* ich dieses Brot esse, diesen Wein trinke, *so gewiß* ist Jesus Christus Sieger geblieben über den Tod, so gewiß ist es der lebendige Herr, der mir begegnet.

Wir sprechen in unserem Leben nicht gern von Siegen. Es ist ein zu großes Wort für uns. Wir haben in unserem Leben zu viel Niederlagen erlitten. Zu viele schwache Stunden, zu viel grobe Sünde haben uns den Sieg immer wieder zunichte gemacht. Aber, nicht wahr, *der Geist in uns sehnt sich* nach diesem Wort, nach endlichem Sieg über die Sünde, über die bange Todesfurcht in unserem Leben. Und nun sagt uns Gottes Wort auch nichts von *unserem* Sieg. Es verspricht uns nicht, daß von nun an *wir* siegen werden über Sünde und Tod. Aber es spricht mit aller Macht davon, daß einer diesen Sieg errungen hat und daß dieser, wenn wir ihn zum Herrn haben, auch über uns den Sieg erringen wird. Nicht wir siegen, aber Jesus siegt.

Das verkündigen und glauben wir heute *gegen alles, was wir um uns herum sehen,* gegen die Gräber unserer Lieben, gegen die sterbende Natur draußen, gegen den Tod, den der Krieg wieder über uns bringt. Wir sehen die Herrschaft des Todes, aber wir verkündigen und glauben den Sieg Jesu Christi über den Tod. Der Tod ist verschlungen in den Sieg. Jesus ist Sieger. Auferstehung der Toten und ewiges Leben.

Es ist wie ein *triumphierendes Spottlied* über Tod und Sünde, das die heilige Schrift hier singt: »Tod, wo ist dein Stachel? Hölle, wo ist dein Sieg?« Da blähen sich Tod und Sünde auf, jagen den Menschen Angst ein, als seien sie noch die Herren der Welt. Aber es ist nur Schein. Sie haben ihre Macht längst verloren. Jesus hat sie ihnen genommen. Seitdem braucht kein Mensch mehr, der mit Jesus ist, diese finsteren Herren zu fürchten. Der Stachel des Todes, das, womit der Tod uns weh tut, die Sünde, hat keine Gewalt mehr. Die Hölle vermag nichts mehr gegen uns, die wir mit Jesus sind. Sie sind ohnmächtig, sie wüten noch wie ein böser Hund an der Kette, aber sie können uns nichts anhaben; denn Jesus hält sie fest. Er ist der Sieger geblieben.

Aber, so fragen wir, wenn das so ist, ***warum sieht es in unserem Leben dann so ganz anders aus,*** warum sieht man so wenig von diesem Sieg? Warum herrschen Sünde und Tod so schrecklich über uns? Ja, eben diese Frage ist Gottes Frage an euch: Das alles habe ich für euch getan, und ihr lebt, als sei nichts geschehen! Ihr unterwerft euch der Sünde und der Todesfurcht, als könnten sie euch noch knechten! Warum ist so wenig Sieg in eurem Leben? Weil ihr es nicht glauben wollt, daß Jesus der Sieger ist über Tod und Sünde, über euer Leben. Euer *Unglaube* trägt euch eure Niederlagen ein. Nun aber wird euch heute noch einmal der Sieg Jesu verkündigt im Heiligen Abendmahl, der Sieg über Sünde und Tod auch für dich, wer du auch seist. Fasse es im Glauben, Jesus wird dir heute noch einmal alle deine schweren und vielfachen Sünden vergeben. Er wird dich ganz rein und unschuldig machen. Und von nun an brauchst du nicht mehr zu sündigen, braucht die Sünde nicht mehr über dich zu herrschen. Jesus wird über dich herrschen und er ist stärker als jede Versuchung. Jesus wird in der Stunde der Anfechtung und der Todesfurcht über dich siegen und du wirst bekennen: Jesus ist Sieger geworden über meine Sünde, über meinen Tod. So oft du von diesem Glauben läßt, wirst du versinken und unterliegen, sündigen und sterben müssen. So oft du diesen Glauben ergreifst, wird Jesus den Sieg behalten.

Am Totensonntag werden wir an den Gräbern unserer Lieben gefragt: Worauf willst du einmal sterben? *Glauben* wir an die *Macht des Todes* und der Sünde oder glauben wir an die *Macht Jesu Christi?* Eins von beidem gibt es nur. Als ein Gottesmann des vorigen Jahrhunderts, der in seinem Leben oft den Sieg Jesu Christi gepredigt und wunderbare Dinge in seinem Namen getan hatte, in großer Qual und Not auf dem Sterbebett lag, da beugte sich sein Sohn an sein Ohr und schrie dem Sterbenden zu: Vater, es wird gesiegt[2]. Wenn über uns dunkle Stunden und wenn die dunkelste Stunde kommt, dann wollen [wir] die Stimme Jesu Christi hören, die uns ins Ohr ruft: Es wird gesiegt. Der Tod ist verschlungen in den Sieg. Sei getrost. Und Gott gebe, daß wir dann sprechen können: Ich glaube die Vergebung der Sünden, Auferstehung des Fleisches und ein ewiges Leben. In diesem Glauben wollen [wir] leben und sterben. Dazu hilft uns das Heilige Abendmahl. Amen.

2. *Predigtentwürfe*

a) Originale

Ort der Untreue als Ort großer Zukunft

Zum Himmelfahrtsfest, 1935

Apostelgeschichte 1, 1–11: Die erste Rede habe ich getan, lieber Theophilus, von alle dem, das Jesus anfing, beides, zu tun und zu lehren, bis an den Tag, da er aufgenommen ward, nachdem er den Aposteln, welche er hatte erwählt, durch den Heiligen Geist Befehl getan hatte, welchen er sich nach sei-

2. Johann Christoph Blumhardt, Vater und Sohn. Im Manuskript folgende Satzstellung: Als ein Gottesmann des vorigen Jahrhunderts auf dem Sterbebett lag, der in seinem Leben oft den Sieg Jesu Christi gepredigt hatte und wunderbare Dinge in seinem Namen getan hatte, als er in großer Qual und Not lag, der beugte sich ...

nem Leiden lebendig erzeigt hatte durch mancherlei Erweisungen, und ließ sich sehen unter ihnen vierzig Tage lang und redete mit ihnen vom Reich Gottes. Und als er sie versammelt hatte, befahl er ihnen, daß sie nicht von Jerusalem wichen, sondern warteten auf die Verheißung des Vaters, welche ihr habt gehört [sprach er] von mir; denn Johannes hat mit Wasser getauft, ihr aber sollt mit dem Heiligen Geist getauft werden nicht lange nach diesen Tagen. Die aber, so zusammengekommen waren, fragten ihn und sprachen: Herr, wirst du auf diese Zeit wieder aufrichten das Reich Israel? Er sprach aber zu ihnen: Es gebührt euch nicht, zu wissen Zeit oder Stunde, welche der Vater seiner Macht vorbehalten hat; sondern ihr werdet die Kraft des Heiligen Geistes empfangen, welcher auf euch kommen wird, und werdet meine Zeugen sein zu Jerusalem und in ganz Judäa und Samarien und bis an das Ende der Erde. Und da er solches gesagt, ward er aufgehoben zusehends, und eine Wolke nahm ihn auf vor ihren Augen weg. Und als sie ihm nachsahen, wie er gen Himmel fuhr, siehe, da standen bei ihnen zwei Männer in weißen Kleidern, welche auch sagten: Ihr Männer von Galiäa, was stehet ihr und sehet gen Himmel? Dieser Jesus, welcher von euch ist aufgenommen gen Himmel, wird kommen, wie ihr ihn gesehen habt gen Himmel fahren.

1. Eine seltsame Unruhe, Ungeduld, ein Brodeln liegt über den Tagen nach der Auferstehung. Der Gekreuzigte war wieder unter seinen Jüngern, er tat sich kund durch allerlei Zeichen und in allerlei Gaben. Er gab sich ihnen zu erkennen, verhüllte sich wieder und war ihnen doch jeden Augenblick nahe. Auferstehung! rief es den Jüngern von allen Seiten entgegen. Auferstehung umhüllte sie. Und unter dem heimlichen Aufjauchzen blieb die leise Bangigkeit: Ja, Auferstehung war geschehen, Ostern war da. Aber wo soll das alles hinaus? Wohin führt das noch? Was wird geschehen? Was ist das Ende von dem allem? Um auf diese Frage Ant-

wort zu geben, erschien ihnen Jesus »vierzig Tage lang und redete mit ihnen vom Reich Gottes« (V. 3).
2. Das Reich Gottes, das mußte ja das Ende sein. Mit jedem Ereignis in der Geschichte Jesu hatte sich das Reich näher auf die Erde herabgesenkt. Und doch war es noch nicht ganz da. Jesus lebte, seine Jünger sahen ihn. Aber die Welt, die Menschen hatten noch nichts vernommen. Sie hatten daran noch keinen Teil. Das Letzte also war noch nicht geschehen. Der Auferstandene bereitete seine Jünger darauf vor.
3. Darum befahl er ihnen, daß sie nicht von Jerusalem wichen. Dieser Befehl war nötig. In Jerusalem war das Unheilvolle geschehen, in Jerusalem war Jesus gekreuzigt. Wie begreiflich, daß die Jünger von diesem Jerusalem weichen wollten. Aber Jesus bindet sie an Jerusalem. Die Kirche Gottes, die schuldig geworden war am Blute des Sohnes Gottes, die Kirche der Untreue, des Verrates und der Verleugnung sollte der Ort der Verheißung werden. Laßt diese Kirche nicht im Stich, sondern betet um die Verheißung! Wartet auf das Letzte, auf das Kommen des Heiligen Geistes, daß die Kirche neu werde, gerecht und geheiligt durch die Treue Gottes.
4. Jetzt erfaßt die Jünger ein ungeheures Verlangen. Sie wollen in Jerusalem warten auf die Dinge, die da kommen sollen. Aber wird die neue Kirche denn auch wieder die sichtbare Herrlichkeit des Tempels Gottes haben? Werden dann alle erkennen müssen, daß hier in dieser Herrlichkeit Kirche gewißlich Gottes Reich ist? »Herr, wirst du auf diese Zeit wieder aufrichten das Reich Israel?« Wie nah liegt uns diese Frage: Wird Gottes Treue sich auch sichtbar in Kraft und Herrlichkeit bekunden?
5. Jesus wehrt diese Frage nicht ab, nur das Ungestüm, die Begehrlichkeit, die Neugier in ihr. »Es gebührt euch nicht, zu wissen Zeit oder Stunde, welche der Vater seiner Macht vorbehalten hat.« Die Zeit der Herrlichkeit also kommt auch über Jerusalem und über die Kirche, über das Volk Israel.

Aber bis sie kommt, bleibt den Jüngern nur ein einziges untrügliches Zeichen über das Reich Gottes, nämlich daß Zeugen da sind, die es verkündigen und Jünger da sind, die es glauben. »Ihr werdet die Kraft des Heiligen Geistes empfangen und werdet meine Zeugen sein zu Jerusalem und in ganz Judäa und Samarien und bis an das Ende der Erde.« Nichts sonst, dies ist das Zeichen, daß die Erfüllung da ist. Das Zeugnis von Christus wird gehen über Jerusalem hinaus bis an der Welt Ende. Wo ist das Reich, wo wird es sichtbar? Wo das Zeugnis in der Kraft des Heiligen Geistes da ist und der Glaube. Das ist die Antwort Jesu auf der Jünger Frage.

6. Nun ist das Letzte gesagt. Der Blick weitet sich von der kleinen Schar der Apostel über das Ende der Welt. Die Enden der Erde warten jetzt auf die Botschaft von Christus. Und sie wird zu ihnen dringen. Christus wird Herr sein über die Erde, die sein Werk und sein Eigentum ist, die ihn verworfen hat und von der er erstanden ist. Christus wird regieren durch sein Wort bis an das Ende der Erde. Das ist das Letzte, was Jesus seinen Jüngern sagt. Wie zur Beglaubigung dieses Wortes geschieht es nun, daß Jesus erhoben wird über die ganze Erde, aufgehoben zum Himmel, bis ihn schnell die Wolke dem nachblickenden Auge verhüllt.

7. Nun hat er den Himmel eingenommen. Nun ist er zur Rechten Gottes erhöht über Raum und Zeit. Nun ist er der Allmächtige und Allgegenwärtige, der sein Reich kommen lassen will. Nun hat er alle Gewalt im Himmel und auf Erden. Er ist König geworden über die Erde. Nun erreicht ihn kein leibliches Auge mehr, er ist in die Unsichtbarkeit der Herrlichkeit Gottes eingegangen. Nun sollen wir auch nicht mehr nach sichtbaren Beglaubigungen verlangen. Wissen wir denn, ob wir nicht sehend an seiner Gestalt vorübergingen? Es bleibt sein Wort, nichts als sein Wort, bis zu der Stunde, da er wiederkommt, sein Zeugnis.

8. Darauf sehet! « Was steht ihr und sehet gen Himmel? « Ihr seht ihn nicht mehr. Blickt nicht in das Vergangene! Sucht

Christus nicht in der Vergangenheit, ihr seht nichts als Wolken und Dunst! Ihr werdet ihn nicht sehen, bis er wiederkommt. Darum wartet und haltet euch an das Zeugnis, das bis an der Welt Ende geht, an das Wort, in dem Christus König ist! Wartet auf sein Kommen und laßt euch bewahren auf seinen Tag durch sein königliches Wort!
9. »Als er uns nah war, war er uns fern; nun er uns fern ist, ist er uns nah« (Luther). Als Christus zum Himmel fuhr, wurde er König über die ganze Erde. Als Christus zum Himmel fuhr, senkte sich das Reich Gottes tiefer auf die Erde herab. Nun wird er bald kommen in Sichtbarkeit und Herrlichkeit. Er wird sein Reich aufrichten auf Erden. Dann ist das Ende da.

»Herr Jesu, Gnadensonne . . .«

Zu Epiphanias, 1936

Jesaja 60, 1–6: Mache dich auf, werde licht! denn dein Licht kommt, und die Herrlichkeit des Herrn geht auf über dir. Denn siehe, Finsternis bedeckt das Erdreich und Dunkel die Völker; aber über dir geht auf der Herr, und seine Herrlichkeit erscheint über dir. Und die Heiden werden in deinem Lichte wandeln und die Könige im Glanz, der über dir aufgeht. Hebe deine Augen auf und siehe umher: diese alle versammelt kommen zu dir. Deine Söhne werden von ferne kommen und deine Töchter auf dem Arme hergetragen werden. Dann wirst du deine Lust sehen und ausbrechen, und dein Herz wird sich wundern und ausbreiten, wenn sich die Menge am Meer zu dir bekehrt und die Macht der Heiden zu dir kommt. Denn die Menge der Kamele wird dich bedecken, die jungen Kamele aus Midian und Epha. Sie werden aus Saba alle kommen, Gold und Weihrauch bringen und des Herrn Lob verkündigen.

1. Vom Sieg des Lichtes über die Finsternis sprechen alle Völker, Religionen und Menschen gern. Das ist heidnische Weisheit und Hoffnung. Es ist ja auch ein naturnotwendiges Geschehen, wie die Sonne über die Nacht siegt. Die Schrift redet aber nicht von einem »Naturlicht«, sondern von dem »Gnadenlicht« - und das ist etwas ganz anderes. »Mache dich auf, werde licht.« - Hat es einen Sinn, einem Menschen das zu befehlen? Wie kann einer licht werden auf Befehl?

Nein, es hat nur Sinn, wenn der so spricht, der Wunder tun kann. »Dein Licht kommt« - was denn für ein Licht? Nicht ein Licht, das von selbst wie die Sonne der Nacht folgt, nicht ein natürliches Licht, sondern ein ganz anderes Licht; es heißt »Herrlichkeit des Herrn«, es heißt Erlösung, Gnade, Vergebung, es heißt Jesus Christus, es heißt Stall in Bethlehem, Sünder- und Armenheiland, Leiden, Kreuz, Sterben Jesu Christi. Darum »dein« Licht. - Was heißt das sonst?

Licht, das dir gilt, gehört, hilft - Licht Gottes in Jesus Christus. - Es *kommt*, du hast es nicht in dir, du weißt und ahnst von dir aus nichts davon, es *kommt* und geht auf über dir als des Herrn Herrlichkeit von Gott her. Seltsame Herrlichkeit, seltsames Licht - das Krippe und Kreuz heißt, Licht, das für die natürlichen Augen gerade aussieht wie tiefste Nacht.

Aber gerade dieses Licht allein ist Licht, dem gegenüber die aufgehende Sonne und der Sieg des Guten in der Welt tiefste Finsternis ist. *»Werde licht«* - das befiehlt der, der es allein licht und hell in uns werden läßt. Aber was heißt »licht und hell« in uns? Es heißt nicht, daß das Gute in uns über das Böse in uns siegt, daß wir endlich doch Befriedigung über diesen Sieg gewinnen, sondern es heißt, Christus geht [in] dir auf, Christus lebt in dir, Christus zieht ein »vom Stall und von der Krippe« - d.h. ganz in der Verborgenheit, in großer Schwachheit wird es hell in dir durch Vergebung und Heiligung; wird es hell in uns allen, die wir ihm gehören, in der ganzen Gemeinde. Werde licht = leuchte, nicht in deiner

sieghaften Kraft, sondern verkündige Christus in Worten und Taten; denn er ist zu dir gekommen.
2. Vers 2: »Siehe« – in diesem Licht erkennst [du], daß alle Welt finster ist, nicht nur in Krieg und Not, sondern auch in ihren glänzendsten Leistungen. Von Jesus Christus, dem Licht her, ist das alles Finsternis. Ein großer Anstoß: alle Völker, die ganze Erde ist Nacht trotz Sonne und Idealen und Werten. Aber über dir, Zion, der Gemeinde, dir, dem Gläubigen, geht auf die Herrlichkeit des Herrn, das Licht Gottes, Jesus Christus.
3. Aber sei getrost, betrübe dich nicht über die Finsternis der Erde. Es wird hell werden, durch dich hell. Zu deinem Licht werden sie kommen. Völker und Könige, Mächte im Reiche der Finsternis, sie werden das Licht der Krippe sehen. Heiden sind gekommen, Könige haben sich gebeugt.
4. Was nun folgt, ist für den Propheten ein einziges großes Geschehen, in dem wir mitten darin stehen. Es erstreckt sich vom Kommen Jesu bis zum Ende der Welt. »Hebe deine Augen auf und siehe umher.« – Nur du siehst, was sonst keiner sehen kann; du siehst es, weil du das Licht siehst, weil du Jesus Christus siehst. Darum ist es auch *wahr*, was du im Glauben siehst, die Vollendung der Kirche Gottes auf Erden. – Ein Festzug deiner gläubigen Kinder aus Juden und Heiden zur Mutter Kirche. Von weither, wo sie sich verloren hatten in der Einsamkeit und Zerstreuung, werden sie kommen, die Töchter werden getragen werden, Männer und Frauen, Jünglinge und Jungfrauen kehren jubelnd zu ihrer Mutter heim. Wer sind diese Söhne, wer sind diese Töchter? Das Auge der Natur sieht davon wenig, aber der Glaube sieht das Licht Christi und in diesem Licht sieht er sie alle.
Sich freuen und wundern wird sich die Kirche Gottes, wenn zu ihrem Licht nun auch alle Heiden kommen werden. »Bekehren« werden sie sich und die Finsternis dahinten lassen und zum Licht kommen. Auf dieser Erde noch wird dieser Freudentag anbrechen; »Kamele werden dich bedecken«. Es

wird ein Kommen, Sich-drängen, ein Hin- und Hertragen sein zum Lichte Jesu Christi, zum Worte Gottes. Die Güter der Erde, Gold und Weihrauch, werden ihm mit Freuden dargebracht werden. – Wo ist dies Gedränge zu Gottes Wort? Es sind die Heiden der Erde. [unsichere Lesart] »Hebe deine Augen auf und siehe.« Was – wen? Das Licht, Jesus Christus, in dem das alles wahr ist und seiner Erfüllung entgegengeht.

Verklärung: Und nun zurück zum Kreuz

1936

Matthäus 17, 1–9: Und nach sechs Tagen nahm Jesus zu sich Petrus und Jakobus und Johannes, seinen Bruder, und führte sie beiseits auf einen hohen Berg. Und er ward verklärt vor ihnen, und sein Angesicht leuchtete wie die Sonne, und seine Kleider wurden weiß wie ein Licht. Und siehe, da erschienen ihnen Mose und Elia; die redeten mit ihm. Petrus aber antwortete und sprach zu Jesu: Herr, hier ist gut sein! Willst du, so wollen wir hier drei Hütten machen: dir eine, Mose eine und Elia eine. Da er noch also redete, siehe, da überschattete sie eine lichte Wolke. Und siehe, eine Stimme aus der Wolke sprach: Dies ist mein lieber Sohn, an welchem ich Wohlgefallen habe; den sollt ihr hören! Da das die Jünger hörten, fielen sie auf ihr Angesicht und erschraken sehr. Jesus aber trat zu ihnen, rührte sie an und sprach: Stehet auf und fürchtet euch nicht! Da sie aber ihre Augen aufhoben, sahen sie niemand denn Jesum allein. Und da sie vom Berge herabgingen, gebot ihnen Jesus und sprach: Ihr sollt dies Gesicht niemand sagen, bis des Menschen Sohn von den Toten auferstanden ist.

1. Bevor Jesus seine Jünger mit sich ins Leiden führt, in die Demütigung und Schande, in Verachtung, nimmt er sie zu sich und zeigt sich ihnen als den Herrn der Herrlichkeit Gottes. Bevor die Jünger mit Jesus hinab müssen in den Abgrund menschlicher Schuld, Bosheit und Hasses, führt Jesus sie hinauf auf einen hohen Berg, von dem ihnen Hilfe kommen soll. Bevor das Angesicht Jesu geschlagen und verspeit, bevor sein Kleid zerrissen und blutbefleckt sein wird, sollen die Jünger ihn sehen in seinem göttlichen Glanz. Sein Angesicht leuchtet wie das Angesicht Gottes und Licht ist sein Kleid, das er anhat [s. Psalm 104,$_2$]. Es ist eine große Gnade, daß dieselben Jünger, die in Gethsemane das Leiden Jesu miterleben sollen, ihn sehen können als den verklärten Sohn Gottes, als den Einzigen (oder: Ewigen) Gottes. So gehen die Jünger im Wissen um die Auferstehung zum Kreuz. Sie sind darin *uns ganz gleich*. In diesem Wissen sollen wir das Kreuz ertragen können.
2. Neben dem verklärten Jesus stehen Mose und Elia. Gesetz und Prophetie geben ihm die Ehre. Sie reden mit ihm. Lukas sagt: »Von seinem Ausgang, [welchen er erfüllen sollte zu Jerusalem«, Luk. 9, 31]. Was sollen sie reden als ihr Christuszeugnis wiederholen und erkennen, daß es hier wahr und wirklich geworden ist? Sie reden zusammen vom Kreuz, von den Geheimnissen Gottes. Altes und Neues Testament begegnen sich im Licht der Verklärung und reden zusammen. Die Verheißung ist nun Erfüllung. Es ist alles am Ende.
3. Dies Ende dürfen die Jünger sehen. Aber es ist Jesus, der es sie sehen läßt. Nun greifen sie selbst danach und wollen es bewahren. Sie wollen in der Welt der Verklärung bleiben, sie wollen nicht mehr zurück in die wirkliche Welt des Todes. Sie wollen in der Welt der sichtbaren Herrlichkeit Jesu, der sichtbaren Macht Jesu, der sichtbaren Erfüllung der Verheißung bleiben. Sie wollen im Schauen bleiben und nicht mehr zurück ins Glauben. So geht es uns, wenn wir von der Auferstehung hören. Wir wollen nicht mehr zurück. Wir wollen

Jesus als den sichtbar Auferstandenen, den herrlichen, verklärten Jesus, seine sichtbare Macht und Herrlichkeit. Und wir wollen nicht mehr zurück zum Kreuz, ins Glauben gegen den Augenschein, ins Leiden auf Glauben hin. »... Hier ist gut sein! ... Laßt uns Hütten bauen ...«

4. Dies wird den Jüngern versagt. Die Herrlichkeit Gottes kommt ganz nahe in der lichten Wolke der Gegenwart Gottes und die Stimme des Vaters spricht: *»Dies ist mein lieber Sohn*, den sollt ihr *hören.«* Hören sollen sie ihn. Gehorchen sollen sie ihm. Und damit sie das können, dazu ist ihnen diese Herrlichkeit gezeigt. Damit wir dem Herrn Jesus gehorchen im Leben, dazu ist die Botschaft von der Auferstehung da. Es gibt hier kein Genießen der sichtbaren Herrlichkeit, es gibt kein Verweilen. Wer den verklärten Jesus erkennt, wer Jesus als Gott erkennt, der soll ihn sogleich auch wieder als den gekreuzigten Menschen erkennen und ihn hören, ihm gehorchen. Luthers Christusvision . . . »Der gekreuzigte Herr«!

5. Da erschrecken die Jünger. Sie begreifen, worum es geht. Sie waren ja noch in der Welt. Sie konnten solche Herrlichkeit ja nicht ertragen. Sie haben sich an der Herrlichkeit Gottes versündigt. Da tritt Jesus zu ihnen [und] rührt sie an. Er ist ihr Herr. Er ist der leben[dige] Herr. Er hält sich zu ihnen. Er führt sie zurück in die Welt, in der wir und sie noch leben müssen.

6. Darum muß jetzt das eben geschaute Bild der Herrlichkeit versinken. »Und sie sahen niemand denn Jesus allein«, wie sie ihn kannten, ihren Herrn, den Menschen Jesus von Nazareth. An ihn waren sie nun gewiesen. Ihn sollen sie hören, ihm gehorchen, ihm folgen. Sie wissen um den Auferstandenen, aber sie sehen nur noch den Menschen, den leidenden, zum Kreuz gehenden [Menschen]. Ihm sollen sie glauben, ihn hören, ihm folgen. Wir sind zurückgeworfen auf den Leidensweg. Wir gehen ihn nun mit größerer Gewißheit. Wir können ihn nun im Glauben gehen, weil wir von der

Auferstehung wissen. Aber noch leben wir nicht in der Welt des Auferstandenen, sondern in der Welt des Kreuzes. Da gilt es *hören, glauben, folgen.*

7. Was damals geschah, blieb ein Geheimnis bis zum Tag der Auferstehung. Es war ein tröstliches Geheimnis für die, die mit nach Gethsemane, mit ins Leiden mußten. Aber selbst ihnen zerbrach der Glaube. Das Gesicht auf dem Berge Tabor war vergessen, als sie die Schmach Jesu auf Golgatha sahen. Der Glaube zerbrach. Aber der Tag der Auferstehung kam und ihr Glaube wurde ihnen wiedergeschenkt. Nun erkannten sie im Auferstandenen den Gekreuzigten und im Gekreuzigten den Auferstandenen. Nun erkennen wir in Gott den Menschen Jesus, den wir hören und dem wir folgen sollen. Und im Menschen Jesus den Sohn Gottes, der uns seine Herrlichkeit schauen lassen will.

»Ich weiß deine Werke«

Zum Reformationsfest, 1936

Offenbarung 2, 1–7: Dem Engel der Gemeinde zu Ephesus schreibe: Das sagt, der da hält die sieben Sterne in seiner Rechten, der da wandelt mitten unter den sieben goldenen Leuchtern: Ich weiß deine Werke und deine Arbeit und deine Geduld und daß du die Bösen nicht tragen kannst; und hast versucht die, so da sagen, sie seien Apostel, und sind's nicht, und hast sie als Lügner erfunden; und verträgst und hast Geduld, und um meines Namens willen arbeitest du und bist nicht müde geworden. Aber ich habe wider dich, daß du die erste Liebe verlässest. Gedenke, wovon du gefallen bist, und tue Buße und tue die ersten Werke. Wo aber nicht, werde ich dir bald kommen und deinen Leuchter wegstoßen von seiner Stätte, wo du nicht Buße tust. Aber das hast du, daß du die Werke der Nikolaiten hassest, welche ich auch hasse. Wer Ohren hat, der höre, was der Geist den Gemeinden sagt: Wer überwindet, dem will ich zu essen geben von dem Holz des Lebens, das im Paradies Gottes ist.

1. Christus selbst ruft eine Gemeinde zurück auf den rechten Weg. Das ist Reformation. Er hält die sieben Sterne in der Hand. Das heißt, er regiert die gesamte Kirche (Sterne – Engel – Vorsteher der Gemeinde; die Siebenzahl bedeutet die Ganzheit der Kirche). Er wandelt unter den sieben Leuchtern. Das heißt, er ist seiner Kirche allezeit nahe und gegenwärtig. Darum kennt er sie und kann sie zurückrufen.
2. *Christus redet freundlich zu seiner Gemeinde.* Ich weiß deine Werke, Arbeit, Geduld. Er spricht zu uns als der, der uns kennt. »Ich weiß« – das heißt, es ist nichts verloren und vergessen, was in seiner Gemeinde geschah an sichtbarem Werk, an Unruhe und Anstrengungen, an Festigkeit und Geduld. Unser Werk an unserer Gemeinde ist von Christus nicht für nichts geachtet. Der in zäher Arbeit die Gemeinde gefördert hat an irgendeinem Stück, zu dem sagt Christus: Ich weiß es. Christus weiß die Arbeit unserer bekennenden Gemeinden. Er wandelt ja mitten unter ihnen. Wenn wir jemandem etwas zuliebe tun, dann ist es uns ein voller Lohn, wenn er sagt: Ich weiß es. Es war kein leeres, unfruchtbares Jahr – ich weiß es. Jesus redet freundlich mit uns. Es kam auch innere Gefahr über die Gemeinde, das Böse brach in der Gemeinde hervor. Aber die Zucht und die geistliche Macht der Gemeinde war stark genug, daß es keine Gewalt an ihr finden konnte, sondern von ihr geschieden wurde. Das kostete die Gemeinde viel Verzicht und Selbstverleugnung. Christus sagt: Ich weiß es, es ist unvergessen. Schlimmer noch: Versuchung und Verführung blieb[en] nicht aus.

Männer, die sich nach Christi Namen nannten, Männer in eigenem Auftrag wollten die Gemeinde auf falschen Weg führen. Da zerbrach manches, da brauchte die Gemeinde viel Nüchternheit, Gebet, Erkenntnis aus dem Worte Gottes, bis sie sie als Lügner erfand und sie von sich abschied. Alle Gewissensnot, die da entstand, aller Kummer und Kampf der Gemeinde, soweit die Wahrheit den Sieg behielt, ist unvergessen. Christus sagt: Ich weiß es. Zu allen, die den Vorwurf hören mußten, sie kämpften ja nur in eigener Sache, aus eigenem Trotz, und die schließlich selbst nicht mehr wußten, woran sie mit sich waren, sagt Christus: Ich weiß es, um meines Namens willen arbeitest du. Zu allen, die in langen Nächten um die Not der Gemeinde sorgten und beteten und die des Morgens früh wieder an der Arbeit standen, sagt Christus: Ich weiß es, du bist nicht müde geworden. Er faßt alle meine Tränen in einen Krug (Psalm 56, 9). So freundlich redet Christus mit uns. Er zerbricht und vernichtet uns nicht. Er war überall dort, wo es um seine Gemeinde ging, selbst dabei. Er hat uns gesehen und spricht uns freundlich zu. Er wandelt mitten unter uns.

3. *Christus klagt seine Gemeinde an.* Wir sind jetzt dankbar und vertrauensvoll geworden gegenüber unserem Herren. Er ist aber nicht bei uns, um uns zu loben, sondern um uns auf den rechten Weg zu bringen. Es entspricht der Wahrheit Christi, daß er uns sagt, daß er trotz allem wider uns stehen muß. Warum? Er weiß, wir waren eine unverzagte, kämpfende, arbeitende, tapfer seinen Namen bekennende Gemeinde. Das ist nichts Kleines. »Aber ich habe wider dich.« Christus steht gegen seine bekennende Gemeinde! »Daß du die erste Liebe lässest. Gedenke, wovon du gefallen bist.« Gedenke des Anfanges der ersten Christenheit, gedenke der Reformation. Die erste Liebe ist in Gefahr zu schwinden. Vieles ist getan. Aber es ist vieles so hart, so selbstgewiß, als gälte es, sich selbst zu verteidigen. Es ist so vieles nur in eigener Sache, um der eigenen Sicherheit willen gesagt und ge-

tan. Die erste Liebe, der Anfang band die Gemeinde allein in brennender Hingabe an Jesus und die Brüder. Keiner wollte etwas für sich haben, es gehörte alles dem Herrn und den Brüdern. Es war ein Wetteifern im brüderlichen Dienst, es war eine Liebe zum Evangelium, zum Gottesdienst, zu den Werken des Reiches Gottes. Heute hängt unsere Liebe an vielen anderen Dingen, der Welt, der Sicherheit, der Gewohnheit. Es war auch eine bereitwillige Liebe zum Feinde da, die beten, segnen und wohltun konnte. Diese erste Liebe hatte der Herr seiner ersten Gemeinde geschenkt. Hat er sie auch uns einmal geschenkt? Konfirmation? Bekehrung? Anfang der Bekennenden Kirche? Gedenke der ersten Liebe, gedenke der Anfänge, vielmehr des Anfangs, der Jesus Christus selbst ist. »Gedenke, wovon du gefallen bist!« Das ist der Grund aller Reformation, nicht Verherrlichung von Menschen und vergangener Geschichte, nicht lutherische Parolen, sondern dankbar Gottes Ruf zur Umkehr hören. So war der Anfang, so anders der Fortgang. »Tue die ersten Werke.« Es ist derselbe Herr, der eben so freundlich zu uns redete und der uns jetzt droht, er werde den Leuchter unserer Gemeinde umstoßen, wo wir nicht Buße tun und umkehren. Wir sollen nicht Reformation feiern, sondern Reformation halten. An manchen Kanzeln steht: ». . . erneuert im Jahre . . .«; daß es doch von unserer Gemeinde heißen könnte: Erneuert im Jahre 1936 (Vers 6 bezeugt der Gemeinde, daß sie allerdings die schwärmerische, gesetzlose Liebe gehaßt habe und daran recht getan habe).

4. *Christus verheißt seiner Gemeinde Herrlichkeit.* Das ist das Ziel, daß die Gemeinde diese Verheißung zu hören vermöge. Dazu muß sie in die Buße. Nur in der Buße können wir hoffen. Der Weg zur Umkehr und zur Hoffnung geht durch das Ohr. Das Hören tut es. Das Wort allein wirkt Umkehr und Hoffnung. Das war die Verkündigung der Reformation. »Wer Ohren hat, der höre . . .« Darum gilt es zu überwinden, was an Schein der Welt gegen das Wort steht.

Diese Überwindung muß jeder gegen sich selbst erringen, damit er auch die Feinde überwinden kann. In der Herrlichkeit aber wird die Gemeinde haben, was Leib, Seele und Geist gewiß macht. Sie wird essen vom Baum des Lebens. Die Verheißung ist das Paradies, in dem wir nicht nur hören, sondern mit allen Sinnen die Herrlichkeit Gottes erkennen werden. Wir werden eine triumphierende Kirche sein.

Gedanken für den Prediger zum Volkstrauertag[1]

1936

1. Wir sollen nicht so tun, als existiere der Volkstrauertag gar nicht. Wir sollen aber erst recht nicht nur anhangsweise oder nebenbei von ihm sprechen. Dafür ist die Sache wahrhaftig zu ernst, und wir geben Ärgernis, ohne zu erbauen. Volk und Obrigkeit haben von uns erbeten, die Predigt des Wortes Gottes auszurichten über ein bestimmtes großes Ereignis in der Geschichte unseres Volkes. Wir entziehen uns dem nicht.

2. Gottes Wort über das Geschehen von 1914/18 zu sagen ist unsre Aufgabe. In der heutigen Welt des neuen Kriegsgeschreis wird dies um so dringender nötig. »Volkstrauertag« sagte man am Anfang. Zweierlei war damals zu verkündigen: Erstens der Trost des Evangeliums für die Trauernden, für das an der Wunde des Krieges noch todkranke Volk. Zweitens die Antwort auf die Frage: Wie konnte Gott sol-

1. Seit 1936 hieß der am Sonntag Reminiscere begangene »Volkstrauertag« offiziell »Heldengedenktag«.

ches zulassen? Durch die Predigt vom Kreuz Christi. Seit man statt Volkstrauertag »Heldengedenktag« sagt, hat sich die innere Stellung zum Weltkrieg verändert. Die Trauer wich dem Stolz im Blick auf die Leistung, das Opfer und den Dienst der Soldaten von 1914/18 für ihr Volk und Vaterland. Wer wollte sich diesem Gedanken entziehen? Wer wollte nicht angesichts der Männer und Jünglinge, die den Tod sahen, ganz stumm, ehrfurchtsvoll und ganz bescheiden werden? Zwei Millionen starben, und noch ist unter uns das Heer derer, die unter ihnen waren, vom Tode gezeichnet, noch heute in stummer Gemeinschaft untereinander und mit denen, die fielen. Dürfen wir vergessen, daß der Boden, auf dem wir leben, durch Blut von Brüdern uns erhalten und erstritten wurde? Dürfen wir hier je aufhören, dankbar zu sein? Opfer und Dienst von 1914–18 ist für uns Christen beschämend. Solcher Einsatz des Lebens für die Sache des Volkes! Wie steht es mit unsrer Todesbereitschaft für die Sache des Glaubens?[2]

3. Wir können nicht dabei stehen bleiben, auf die Menschen und ihre Taten zu sehen. Wir suchen über all dem Gott. In Frankreich gibt es noch heute eine Photographie aus dem Krieg, die einen Kruzifixus mitten im Stacheldraht eines zerstörten Schützengrabens zeigt. Christus im Schützengraben – was heißt das? Das treibt uns in die Buße. Ob Sieg, ob Kampf, ob Niederlage – die Frage ist, ob wir die Christuspredigt in all dem vernehmen, ob wir zur Buße kommen. Nur dann ist ein Geschehen von Gott für uns »gesegnet«. Vom Stolz und von der Trauer durch Christus zur Buße.

4. Buße – weil Gott so gütig ist, uns trotz und durch 1914/18 noch zu erhalten. Buße – weil wir in dem Geschehen des Weltkrieges erkenen, daß unsre Welt eine verlorne Welt ist,

2. Hier im nachgeschriebenen Diktat noch zusätzlich: »Solidarität muß zum Ausdruck gebracht werden, ohne sich der Welt gleichzustellen. Wer nur spöttische oder moralisierende Worte über 1914–1918 sagt, macht seine Worte unglaubwürdig.«

weil Krieg nach dem Wort des Herrn das Vorzeichen des letzten Zerbrechens der Welt unter Gottes Gericht ist. Buße – weil der Krieg eine Anfechtung unseres Glaubens an Gott ist und viele ihres Glaubens beraubt. Buße – weil Krieg Sünde ist gegen Gottes Evangelium vom Frieden. Buße – weil die Christenheit und die Kirchen weithin sich leichtfertig mitschuldig machten, indem sie den Krieg segneten und vor Gott rechtfertigten. Buße – weil Christen gegen Christen standen, weil der Weltkrieg ein Krieg »christlicher« Völker gegeneinander [im Manuskr.: untereinander] war. »Christus im Schützengraben« – das heißt Gericht über eine gottlose Welt. Aber auch unendliche Liebe Gottes, der in diese Gottlosigkeit hineingeht und alle Sünde getragen hat. Aber allerdings nur im Glauben an dieses göttliche Erbarmen im Kreuze Christi gab es und gibt es Vergebung.

5. Wen Gott in die rechte Buße führt, den stellt er neu in seinen Dienst. Das ist jetzt für uns die Frage: Was ist des Christen Dienst am Volk, besonders angesichts des Krieges? Fürbitte für die Obrigkeit und das tägliche Gebet um den Frieden! Die Christenheit erbittet und verkündigt allein den Frieden. Dienst am Evangelium durch Verkündigen und Handeln, Hingabe und Opferbereitschaft! In allem Krieg und Kriegsgeschrei erkennen wir, daß wir Fremdlinge sind und Bürger einer neuen Welt, die in Kürze anbrechen wird, in der Gott Bogen zerbricht und Spieße zerschlägt, in der ewiger Friede sein wird mit Gott und unter den Menschen. Diese Welt heute schon zu bezeugen durch Jesus Christus mit Wort und Leben, ist unser größter Dienst an unserm Volk.

Lebensopfer, das auch Feinde einschließt[1]

[1936]

Johannes 15,13–14: Niemand hat größere Liebe denn die, daß er sein Leben läßt für seine Freunde. Ihr seid meine Freunde, so ihr tut, was ich euch gebiete.
Römer 8,6–8.10: Denn auch Christus, da wir noch schwach waren nach der Zeit, ist für uns Gottlose gestorben. Nun stirbt kaum jemand um eines Gerechten willen; um des Guten willen dürfte vielleicht jemand sterben. Darum preist Gott seine Liebe gegen uns, daß Christus für uns gestorben ist, da wir noch Sünder waren.
Denn so wir Gott versöhnt sind durch den Tod seines Sohnes, als wir noch Feinde waren, viel mehr werden wir selig werden durch sein Leben, so wir nun versöhnt sind.

1. Wollen wir an diesem Tag der Helden gedenken, ohne Christi zu gedenken? Wollen wir an diesem Tag von den Helden unseres Volkes predigen oder hören, statt von Christus zu predigen und zu hören? Wollen wir, statt das Opfer des Sohnes Gottes zu preisen, das Opfer der Söhne unseres Volkes preisen? Wollen wir verhehlen, daß niemand größere Liebe hat als Christus? Wollen wir uns verhehlen, daß *unsere* Liebe sich vor der »größeren« dieser Gefallenen gewiß zu schämen und sie zu ehren hat? Wir sind es Christus schuldig, daß wir menschliche Heldenhaftigkeit und menschliches Opfer nicht an seine Seite rücken. Wir sind es diesen Gefallenen schuldig, daß wir aus ihnen nicht Götzenbilder machen, die Gott in seinem Eifer zerschlagen muß. Wir sind es ihnen

1. Bei der homiletischen Übung des Seminars über die Predigt am Sonntag Reminiscere wurden folgende Texte vorgeschlagen: Jes. 2, 2–4; Jes. 40, 6–8; Joh. 16, 33; Luk. 15, 29–32a; Jes. 66, 8; Matth. 24, 6ff.; 2. Kor. 5, 14–16; 1. Joh. 3, 13–18.

aber auch schuldig, daß wir uns durch ihre Lebenshingabe unsere Selbstliebe und Selbstgefälligkeit zerschlagen und uns erneut vor das Kreuz unseres Herrn treiben lassen.
2. Niemand hat größere Liebe denn der, der sein Leben läßt für seine Freunde. Christi Liebe war freilich dennoch größer; denn er ließ sein Leben für seine Freunde, obwohl sie noch nicht seine Freunde waren. »Ihr seid meine Freunde, wenn ihr tut, was ich euch gebiete.« Wer unter seinen Jüngern hat alles getan, was er gebot? Darin preist Gott seine Liebe gegen uns, daß Christus für uns gestorben ist, da wir noch seine Feinde waren. Er hat alle seine Feinde als Freunde angesehen. Er hat niemand bei seinem Sterben mit in den Tod gerissen, sondern durch sein Sterben alle aus dem Tod heraus ins Leben gerissen. Er hat nicht um sein Leben gekämpft, sondern es willig dargegeben und sich zur Schlachtbank führen lassen wie ein Lamm – er, der Gerechte, für die Ungerechten! – ob er wohl hätte Freude haben mögen.
3. Sind wir also davor bewahrt, Christi Sterben mit dem Sterben unserer Gefallenen auf einer Ebene zu sehen, so dürfen wir nicht ihrer Liebe, die größer sein dürfte als die unsere, die Ehre versagen. »Für einen Gerechten dürfte kaum jemand sterben, allenfalls für eine gute Sache.« Das gibt es also am Rande dieser Welt der Selbstliebe und des Hasses, daß hin und wieder solche Opferbereitschaft, solcher Einsatz und Verzicht für eine rechte oder für eine als gut befundene, geliebte Sache da ist – daß selbst »Heiden, die das Gesetz nicht haben, von Natur tun des Gesetzes Werk« [Röm 2,14].Das soll uns als Gemeinde Christi beschämen und treiben, unser Leben geringer zu achten, wenn anders wir aus unsrer Schwachheit und Feindschaft gegen Gott frei gemacht worden sind durch den Tod des Christus.
1. Joh. 3, 16 – das heißt, nicht allein und heute nicht in erster Linie zum »Sterben« bereit sein, sondern durch Bezeugung des Opfers Christi im *Leben* uns im Dienst für unser Volk zu verzehren.

Skizze (zu einer Wochenschlußandacht?)

1935

Sprüche 3, 27–33: 27. Weigere dich nicht, dem Dürftigen Gutes zu tun, so deine Hand von Gott hat, solches zu tun.
28. Sprich nicht zu deinem Nächsten: »Gehe hin und komm wieder; morgen will ich dir geben«, so du es doch wohl hast.
29. Trachte nicht Böses wider deinen Nächsten, der auf Treue bei dir wohnt.
30. Hadere nicht mit jemand ohne Ursache, so er dir kein Leid getan hat.
31. Eifere nicht einem Frevler nach und erwähle seiner Wege keinen;
32. Denn der Herr hat Greuel an dem Abtrünnigen, und sein Geheimnis ist bei den Frommen.
33. Im Hause des Gottlosen ist der Fluch des Herrn; aber das Haus der Gerechten wird gesegnet.

1. *Weisheit* [ist] etwas anderes als *Wissen* und *Verstand* und Lebenserfahrung. Gilt nicht nur für die Alten, sondern gerade auch für die Jungen. Wissen ist menschlich, Weisheit göttlich. Viel Wissen ohne Weisheit, wenig Wissen und viel Weisheit. Weisheit ist das Geschenk, den Willen Gottes in den *konkreten* Aufgaben des Lebens zu erkennen. Weisheit ist nicht Lebens-, sondern Gottes- [und] Christuserfahrung im täglichen Leben. Sie ordnet die Beziehung des Menschen zu seinem Nächsten, des Mannes zur Frau, des Freundes zum Freund, [des] Vaters zum Kind, [des] Lehrers zum Schüler. Zum Armen. Zum Feind. Zum Besitz. Zu den Begierden. Das *Nächstliegende*. Die Weisheit stellt die Ord-

nungen Gottes in der Welt wieder her. *Weisheit* ist das Evangelium im täglichen Leben.

2. [Einzelauslegung].

Vers 27. Wer ist der Dürftige? Jeder von uns. Wer ist der, [der] von Gott empfangen hat zu geben? Jeder von uns. *Weigere* dich nicht. Auf die Bitte [hin] nicht sofort nach Gründen suchen, sie auszuschlagen. Recht geben heißt *Gottes Gaben* weitergeben, daß sie nicht als meine, sondern als Gottes Gabe erkannt wird. Die größte Gabe Gottes: Christus. Weigere dich nicht. *Trost* und *Ermahnung!*

Vers 28. Nicht hinausschieben, was du heute tun kannst. Du machst deinen Tag ärmer. Es kann morgen zu spät sein. Hilfe ist nur dann Hilfe, wenn sie gebraucht wird, nicht wenn es uns gefällt, sie anzubieten. So handelt Gott an uns! Verschieben bedeutet ein Nicht-Ernstnehmen [der] letzten Entscheidung, des *Todes*. Jede Bitte kann letzte Entscheidung über uns sein. Mit abgeschlagener Bitte sterben? – Mit geplanten guten Taten rechtfertigen wir uns häufig. Wir kommen uns gerecht vor, weil wir Gutes zu tun bereit sind. Aber auf das Tun allein kommt es an.

Vers 29. Das Vertrauen nicht mißbrauchen durch böse, feindliche Gedanken oder Pläne, durch *böse Worte*. Nicht *über* den Bruder reden! Du kannst dann nicht mehr *mit* dem Bruder reden!

Vers 30. Ohne Ursache hadern – die Antipathie, jene unbegründete Feindseligkeit, die nicht die Natur, sondern der Teufel in uns gebracht hat. Unter Christen gibt es keine Antipathien. Gott hat dich geliebt, hat den anderen geliebt.

Vers 31. Nicht neidisch, wenn es einem auf seinem Weg besser geht als dir.

[Vers 32.] Das Geheimnis – Gott ist zwar verborgen, aber bei uns.

Vers 33. Fluch und Segen im Haus. In der Arbeit. In der Gemeinschaft.

b) Nachschriften

Rechtfertigung

Römer 3, 23–26: Denn es ist hier kein Unterschied: sie sind allzumal Sünder und mangeln des Ruhmes, den sie bei Gott haben sollten, und werden ohne Verdienst gerecht aus seiner Gnade durch die Erlösung, so durch Christum Jesum geschehen ist, welchen Gott hat vorgestellt zu einem Gnadenstuhl durch den Glauben in seinem Blut, damit er die Gerechtigkeit, die vor ihm gilt, darbiete in dem, daß er Sünde vergibt, welche bisher geblieben war unter göttlicher Geduld; auf daß er zu diesen Zeiten darböte die Gerechtigkeit, die vor ihm gilt; auf daß er allein gerecht sei und gerecht mache den, der da ist des Glaubens an Jesum.

1. Wir müssen endlich davon los, als ginge es im Evangelium um das eigene Seelenheil des Einzelnen. Als ginge es darum, den Weg von der Verzweiflung des Sünders zu seiner Beseligung nachzugehen. Bei diesem religiösen Individualismus und bei dieser Methodik bleibt der Mensch im Mittelpunkt. Es geht Luther trotz seiner Frage nach dem gnädigen Gott zuerst um das Heil Gottes und nur so auch um das Heil unserer Seele. Nicht die Frage, ob wir gerecht sein können neben Gott, ist gestellt, sondern die Frage, wie es wahr und wirklich ist, daß Gott allein gerecht ist. Nicht nur unsere Gerechtigkeit, sondern Gottes Gerechtigkeit wird angezweifelt. Gott muß sich rechtfertigen und er rechtfertigt sich wirklich vor uns. Nicht wie wir vor Gott recht haben, sondern wie Gott vor uns, gegen uns, uns zum Trotz allein recht hat und gerecht sei, darum geht es Paulus und darum Luther

im Kloster. Erst hier, wo diese Rechtfertigung Gott selbst vollzogen hat darin, daß er gegen uns recht hat, sind wir recht fertig gemacht, vor ihm zu stehen. Erst die Anerkennung, daß er allein gerecht ist, ist Glaube. In diesem Glauben sind wir recht fertig vor Gott. Und in diesem Glauben dreht sich auch die fromme Frage um.

2. Geht es um die Rechtfertigung Gottes, dann ist klar, daß nur er sich selbst rechtfertigt. Auf sein Handeln muß geschaut werden. Hängt unsere Rechtfertigung an der Rechtfertigung Gottes, dann muß sie an Gottes Handeln erkannt werden (ὃν προέθετο).

3. Woran entsteht des Paulus Zweifel an der Gerechtigkeit Gottes? Warum muß Gott sich rechtfertigen? Zwei Tatsachen reizen zu dieser Frage: a) Gott läßt sein heiliges Gesetz mit Füßen treten ohne Strafe; b) Gott bietet seine Gnade an, ohne von Menschen die Sühne für ihre Schuld zu verlangen. Hat Gott sein eigenes Gesetz gebrochen? Ist Gott nicht mehr er selbst? Ist er nicht mehr ernst zu nehmen? Dürfen deshalb nun auch wir untreu werden?

4. Gott antwortet, indem er selbst sich rechtfertigt und seine Gerechtigkeit anzeigt. Er handelt und der Ort ist das Kreuz Christi, frei von ihm gewählt. Hier handelt er allein und hier will er seine Gerechtigkeit offenbar machen. Das Kreuz ist die Rechtfertigung Gottes in der Welt des Menschen. Wollten *wir* versuchen, Gott zu rechtfertigen, so würden wir verweisen auf Gottes Hilfe für die Frommen. Gott aber rechtfertigt sich gerade unter dem Sieg der Sünde und des Todes.

5. Das Kreuz als Rechtfertigung Gottes ist Sühne. Zur Sühne gehören zwei, einer, der sie leistet und einer, die sie annimmt. Die Sühneleistung ist die Anerkennung der Schuld und muß sie aufwiegen. Die Schuld ist die Antastung der Gerechtigkeit Gottes, die Sühne aber der Tod des Antastenden. Gott jedoch möchte das Leben des Sünders. Er will seine Gerechtigkeit darin erweisen, daß er den Sünder leben

läßt. Aber die Sühne muß vollbracht werden, so wahr Gott Gott ist. So tut es Gott selbst, er tritt ins Mittel. Er entzweit sich um seiner eigenen Gerechtigkeit willen. Er leidet, indem er Christus hinstellt, der zu unserer Sühnung sein Blut vergießt (προέθετο).

6. Das vergossene Blut am Kreuz offenbart die Gerechtigkeit Gottes, indem es seinen Zorn und sein Gericht sichtbar macht und indem es die freisprechende Sühne und Gnade vollzieht. Angesichts dieser Sühne erkennen wir als Gottes Urteil an, was wir sonst nicht wissen und glauben würden: daß wir allzumal Sünder sind. Wäre auch nur ein Gerechter unter uns, hätte sich Gott nicht ins Mittel geworfen. Aber er ist allein gerecht und wir sind allzumal Sünder. Wir müssen unsere Sünde glauben, wenn wir unsere Erlösung glauben. Weil wir aus freier Gnade nicht sterben, sondern leben, müssen wir erkennen, daß wir gerichtete und begnadigte Sünder sind.

7. Das Kreuz Christi ist der Erweis, daß Gott allein gerecht ist und allein gerecht macht. Der Blick auf diesen Erweis schafft bei uns die rechte Haltung. Indem wir erkennen und bekennen, daß er allein gerecht ist, sind wir vor ihm gerecht. Jetzt sind wir durch seine Gerechtigkeit recht fertig gemacht. Gott sei Dank für seine unverbrüchliche, wunderbare Gerechtigkeit.

Prädestination

1. Korinther 1, 18: Denn das Wort vom Kreuz ist eine Torheit denen, die verloren werden; uns aber, die wir selig werden, ist's eine Gotteskraft.

1. Die Scheidung ist vollzogen. Es gibt Verlorene und Gerettete. Damit rechnet der Text als mit einer gegebenen Tatsache. Das ist erschreckend und furchtbar. Die Menschheit ist zerschnitten. Der Mensch kann nur eins von beiden: erwählt oder verdammt sein. Es gibt kein Mittelding. Es gäbe dem Leben eine ungeheure Schärfe, Unerbittlichkeit und Endgültigkeit, unter dieser Voraussetzung zu leben. Wir wagen gar nicht, die Frage nach der Scheidung persönlich zu stellen und unter dieser Voraussetzung zu denken und zu leben. Wir haben ja Freunde und Geschwister und Väter und Mütter. Uns schaudert und wir appellieren lieber an den Vater-Gott, dessen liebe Kinder wir alle sind. Wir fassen aber nicht nur das »denen, die verloren«, wir fassen ebensowenig das »uns aber, die wir selig werden«. Wer sind wir? Sind wir unserer Sache bei Gott so gewiß? Was muß bei Paulus an Not, Schrecken und Entscheidung dahinterstehen, wenn er sagt: »Uns aber, die wir selig werden!«

2. Uns heute ist es befremdlich, daß es Verlorene gibt. Wir geben damit aber nur zu erkennen, wie fern wir dem biblischen Denken sind. Nicht dies ist das Verwunderliche. Verwunderlicher ist doch gerade, daß es Gerettete gibt! Und das Verwunderlichste dies »uns aber«, daß wir zu denen gehören sollen, die selig werden.

3. Wo ist die Stelle, an der diese endgültige Entscheidung fällt? Es muß ein letzter Maßstab sein. Soviel wir auch suchen, wir finden ihn nicht von uns aus. Nichts erscheint uns so ernst, als daß daran letzte Entscheidungen hängen könnten. Wie sich einer zu seinem Volk, zur Wahrheit, zur Religion stellt, kann hieran wirklich ewige Verlorenheit oder Errettung erkannt werden? In der Menschheit finden wir die Stelle nicht, die die letzte Entscheidung mißt. Aber Gott hat solche Stelle gewiesen. Am Kreuz Christi soll es sich entscheiden, ob wir zu den Geretteten oder Verlorenen gehören. Das ist höchst verwunderlich, zu vernehmen, daß an

diesem Kreuz die Menschheit in Erwählte und Verdammte zerfällt.
4. Es sind die Verlorenen, denen das Kreuz ein Narrenglaube, ein Widersinn ist. a) Es ist eine Torheit für den gesunden, natürlichen Menschen. Wer wollte schließlich nicht auch sagen, daß er das Starke mehr liebt als das Schwache? Aber es sind Verlorene, denen Christi Schwachheit eine Torheit ist. b) Es ist eine Torheit für das ethische Bewußtsein. Es ist uns nicht recht, daß ein Guter sich so schlagen läßt; so stirbt kein guter Held. Aber es sind Verlorene, die das nicht gelten lassen. c) Es ist eine Torheit für unseren Gottesglauben, der in diesem Weg nicht Gottes Ehre finden kann. Hier ist es am ernstesten. Gott in solcher Verborgenheit und Schwachheit? Gottes Gegenwart in diesem menschlichen Elend? Aber es sind Verlorene, denen dies eine Torheit bleibt.
5. Es sind die, die selig werden, denen dieses Kreuz die Kraft Gottes ist. Der »Torheit« gegenüber steht die »Kraft« und nicht die Erkenntnis oder Weisheit. Kraft Gottes besteht gerade in seiner Niedrigkeit und Schwachheit. Gottes Kraft ist seine Kraft zum Kreuz. Das ist aber auch Kraft für uns, wenn wir unter das Kreuz treten und unter ihm leben. Es erweist seine Kraft im Kampf gegen die Welt. In Niedrigkeit und Gottverlassenheit erkennt der Glaube die Kraft der Nähe Gottes; in Heiligung und Leiden die Kraft seiner Vergebung.
6. Sind wir die, die von dieser Kraft her leben? Sind wir die, »die verloren werden« oder beziehen wir das »uns aber« auf uns? Die Scheidung ist vollzogen. Wohin gehören wir? Laßt uns Gott und uns selbst nicht betrügen, als ob uns nicht immer wieder das Kreuz zur Torheit wird. Aber laßt uns erst recht und umso gewisser glauben, daß die Kraft Gottes uns verlorenen Sündern gilt. Wenn euch die Prädestination Angst macht, dann flieht zum Kreuz, sagt Luther. Dann ist uns in aller Torheit und Sünde das Kreuz zur Kraft Gottes geworden.

Das erste Gebot, trinitarisch ausgelegt

Trinitatis

2. Mose 20, 2f: Ich bin der Herr, dein Gott, der ich dich aus Ägyptenland, aus dem Diensthause, geführt habe. Du sollst keine anderen Götter neben mir haben.

1. »Ich bin«, so spricht Gott. Wer kann das sagen außer ihm? Sagen wir es, so sind wir doch im Augenblick, daß wir es aussprechen, gleich wieder ein anderer, als wir eben waren. So sehr steht alles im Wechsel und Vergehen. Wie schnell die Dinge wechseln, wissen wir heute besonders gut als Glieder der Bekennenden Kirche. Es ist ein großer Trost, wenn wir mitten in dem Wechsel der Ereignisse hören dürfen: »Ich bin«. Wir kommen aus den Stürmen des Alltags - Gott spricht »Ich bin«. Wir kommen aus Leiden und Nöten - Gott spricht »Ich bin«. Wir kommen von Sterbebetten - Gott spricht »Ich bin«. Welche Gnade, welches Evangelium, wissen zu dürfen, daß Gott nicht im Dunkeln bleibt und schweigt! Welch Halt und Zuflucht ist dies »Ich bin«. So spricht, der Anfang und Ende in Händen hat; der vor der Zeit war und nachher sein wird; aus dessen Händen alles hervorgeht; der Anfang und Ende setzt. »Ich bin«, so spricht Gott der Schöpfer.
2. »Ich bin der Herr«, so spricht abermals Gott. Es gibt genug Menschen, die sagen, sie seien Herren. Aber noch ehe Tag und Jahr vergehen, sind sie nicht mehr und keiner kennt sie. Anderen Herren sind sie zum Opfer gefallen. Wir wollen auch gerne Herren sein. Aber bald wissen wir, daß unsere Herr-lichkeit ein Ende hat. Wir können unser Leben nicht führen. Wir haben keine Macht darüber. Krankheit, Sünde

und Tod sind stärkere Herren. Sie zerbrechen uns. Gott selbst muß es sagen »Ich bin der Herr«. Er hat es am Anfang gesagt für alle Zeit. Es gilt. Er ist Herr über alle Herren, die uns knechten; über Leid, Tod und Sünde. Er hat sie besiegt. Als der Auferstandene und Lebendige ruft er uns zu: »Ich bin der Herr.« So spricht Jesus Christus, der Herr.
3. »Ich bin der Herr, dein Gott«, so spricht Gott zum dritten Mal. Was hilft uns ein Gott, der in Ewigkeit ist und der stärker ist als die Herrlichkeit der Welt? Was fragt er nach mir? Mich geht dieser Gott nichts an. Ist er nicht vielmehr Ursache, sich zu fürchten und zu resignieren, weil auch nach diesem Leben kein Ende sein soll, sondern ich zuletzt in seine furchtbare Ewigkeit falle? Aber er sagt: »Ich bin der Herr, dein Gott.« Der Gott, der von Anfang war und der bleiben wird, der will mir gehören. »Dein Gott«, das heißt ja, er ist mit mir, bei mir, in mir, für mich! Ja, ein Mensch, der zu mir sagt »ich bin dein«, wir gehören zusammen; alles, was ich habe, das ist dein; alles, was du hast, das ist mein. Gott und Mensch im Bunde! Seine Herrschaft gehört mir; er ist nicht fern, sondern nahe. Welches Evangelium: »Ich bin der Herr, dein Gott.« So spricht Gott, der Heilige Geist.
4. »Ich bin, ... der ich dich aus Ägyptenland, aus dem Diensthause geführt habe.« Der Dreieinige, der so zu uns gesprochen hat, gibt sich seinem Volk zu erkennen und zu eigen. Er will ein Volk, eine Kirche. Dieses Volk hat er sich selbst erwählt, berufen und befreit. Aus der Knechtschaft hat er es herausgerissen sich zum Eigentum, ein sichtbares Zeichen Gottes für die Welt. Gott ist seinem Volke treu. Es ist die Gemeinde Gottes, die im Volk Israel ihren Anfang nahm und heute in der Bekennenden Kirche vor uns steht. Der Dreieinige ist seiner Kirche von Anfang an treu gewesen und will ihr auch heute treu sein und sie aus dem Diensthause herausführen.
5. »Du sollst keine anderen Götter haben neben mir.« Der Dreieinige ist der eine und der einzige Gott, neben dem es

keine anderen Götter geben kann. Gott, der Vater, Gott, der Sohn, Gott, der Heilige Geist – das ist der eine Gott, dem wir trauen; der sich uns verheißen hat und auf den zu bauen Zukunft hat. Es ist dem Volk Gottes keine Verheißung gegeben, daß gut sei, auf Menschen zu trauen, auf Götter, Reiche und Organisationen dieser Welt zu bauen. Es ist aber am Anfang aller Gebote eine Verheißung gegeben, daß es gut sei, dem Dreieinigen Gott zu glauben und sich auf ihn zu verlassen. Es ist kein anderer Gott.

Das Werk des Gesetzes

Galater 3, 10–13: Denn die mit des Gesetzes Werken umgehen, die sind unter dem Fluch. Denn es steht geschrieben: »Verflucht sei jedermann, der nicht bleibt in alle dem, das geschrieben steht in dem Buch des Gesetzes, daß er's tue!« Daß aber durchs Gesetz niemand gerecht wird vor Gott, ist offenbar; denn »der Gerechte wird seines Glaubens leben«. Das Gesetz aber ist nicht des Glaubens; sondern »der Mensch, der es tut, wird dadurch leben«. Christus aber hat uns erlöst von dem Fluch des Gesetzes, da er ward ein Fluch für uns (denn es steht geschrieben: »Verflucht ist jedermann, der am Holz hängt!«).

1. Dieser Text geht über unsere Köpfe. Wo sind die Menschen, die mit dem Gesetz Gottes umgehen? Wo sind diese Frommen? Wo solche, die aus dem Gesetz leben? Die ἐν νόμῳ, das heißt, die in seinem Bereich leben? Diesem Bereich, der das Gegenteil von einem selbsterwählten Gesetz ist? Wo die, die in ihm und nicht in ihrer Willkür leben?

2. Der Text beginnt gleichsam auf hohem Berg und wir stehen im Tal. Aber auf dem Berg ist es gefährlich, dort schlagen die Blitze ein. Das erste ist ein Fluch. Ein Fluch über die, die es am ernsthaftesten meinen? Wer wagt ihn auszustoßen? Es wird kein Erfahrungsurteil gegeben, sondern das Urteil der Schrift. Aber sogar die Schrift begründet dies Urteil noch einmal. Niemand kann in allem Gesetz bleiben; wer jedoch an einem Punkt übertritt, übertritt das Ganze. So ernst ist es mit dem Gesetz Gottes und dem Umgang mit ihm. Wo wir vielleicht gern wären, dort muß man den Fluch der Verdammung tragen, auch wo man das Gesetz Gottes nur in einem Punkt übertritt.
3. Die Schrift führt noch ein zweites Zeugnis an, Vers 11. Sie sagt: Der Gerechte wird seines Glaubens leben. Ein anderer Weg ist aufgetan, der Glaube. Das Gegenteil des Tuns, des Selbernehmens: das Annehmen.
4. Sind wir die, die ohne des Gesetzes Werke glauben? Sind wir die, die um die Werke des Gesetzes herumkommen? Springen wir gleich in den Glauben? Glauben kann auch eigenes Suchen sein! Ist unser Glaube das Hören allein auf Gottes heilige Wege oder das Suchen nach der eigenen Befriedigung? Ist unser Glaube das Rechnen mit der Offenbarung Gottes? Das wäre falscher Glaube. Wir sollten nicht voreilig sein, den Glauben sogleich für uns in Anspruch zu nehmen. Wer nicht wagt, mit den Geboten umzugehen, wer vom Gehorsam der Gebote nichts weiß, wird der den Gehorsam des Glaubens haben können?
5. Ist das Gesetz als solches schon der Weg zum Tod? Nein. Es ist Gottes Gesetz und es hat die Verheißung, daß, wer es tut, der wird leben. Uns aber wird seine Verheißung zur tödlichen Drohung. Wir haben sie gänzlich verloren. Wieviel mehr sind wir unter dem Fluch, die nicht einmal mit dem Gesetz, sondern nur mit eigenen Werken umgehen.
6. Der Weg des Gesetzes führt zum Fluch. Der Weg des Glaubens scheint uns unmöglich. Wer hilft? Christus tritt an

unsere Stelle und wird zum Fluch für uns. Er leidet nicht für sich und nicht für ein Ideal. Gänzlich in bezug auf uns ist er der Verfluchte, an unserer Stelle und uns zugut der Verdammte. Die ganze Macht des Fluches geht auf ihn nieder, das Gesetz fordert von ihm sein ganzes Recht und erhält es. Weil das geschieht, darum hat nun das Gesetz sein Recht an ihm auch verloren. Weil der Fluch gänzlich ergangen und auf ihm liegen geblieben ist, darum hat er ausgetobt und wir sind frei. Die Schrift bezeugt, was kein Mensch zu sagen gewagt hätte und niemand hätte sagen dürfen: »Verflucht, der am Holze hängt!« Der Fluch über ihm wird zum Tragen, zum stellvertretenden Strafleiden.

7. »Er, der Fluch für uns«, das ist Erlösung. In ihm ist das Gesetz zur Geltung gekommen; das ist erfülltes Gesetz. Erfüllt, indem er zum Fluch wurde für uns. So haben wir Anteil an dieser Erfüllung des Gesetzes, wie er Anteil hat an seinem Fluch. Er verflucht – wir erlöst.

8. Das ist der Weg Gottes, auf welchem er dem Menschen das Leben durch den Glauben schenkt ohne den Fluch des Gesetzes. Diesen Weg Gottes gehorsam annehmen, das heißt Glauben und nur das. In diesem gehorsamen Glauben an das verfluchte Kreuz und das erfüllte Gesetz leben wir.

Stellvertretung

Jesaja 53: Wer glaubt unsrer Predigt, und wem wird der Arm des Herrn offenbart? Denn er schoß auf vor ihm wie ein Reis und wie eine Wurzel aus dürrem Erdreich. Er hatte keine Gestalt noch Schöne; wir sahen ihn, aber da war keine Gestalt, die uns gefallen hätte. Er war der Allerverachtetste und Un-

werteste, voller Schmerzen und Krankheit. Er war so verachtet, daß man das Angesicht vor ihm verbarg; darum haben wir ihn nichts geachtet. Fürwahr, er trug unsere Krankheit und lud auf sich unsre Schmerzen. Wir aber hielten ihn für den, der geplagt und von Gott geschlagen und gemartert wäre. Aber er ist um unsrer Missetat willen verwundet und um unsrer Sünde willen zerschlagen. Die Strafe liegt auf ihm, auf daß wir Frieden hätten, und durch seine Wunden sind wir geheilt. Wir gingen alle in der Irre wie Schafe, ein jeglicher sah auf seinen Weg; aber der Herr warf unser aller Sünde auf ihn. Da er gestraft und gemartert ward, tat er seinen Mund nicht auf wie ein Lamm, das zur Schlachtbank geführt wird, und wie ein Schaf, das verstummt vor seinem Scherer und seinen Mund nicht auftut. Er ist aber aus Angst und Gericht genommen; wer will seines Lebens Länge ausreden? Denn er ist aus dem Lande der Lebendigen weggerissen, da er um die Missetat meines Volkes geplagt war. Und man gab ihm bei Gottlosen sein Grab und bei Reichen, da er gestorben war, wiewohl er niemand Unrecht getan hat noch Betrug in seinem Munde gewesen ist. Aber der Herr wollte ihn also zerschlagen mit Krankheit. Wenn er sein Leben zum Schuldopfer gegeben hat, so wird er Samen haben und in die Länge leben, und des Herrn Vornehmen wird durch seine Hand fortgehen. Darum daß seine Seele gearbeitet hat, wird er seine Lust sehen und die Fülle haben. Und durch seine Erkenntnis wird er, mein Knecht, der Gerechte, viele gerecht machen; denn er trägt ihre Sünden. Darum will ich ihm große Menge zur Beute geben, und er soll die Starken zum Raube haben, darum daß er sein Leben in den Tod gegeben hat und den Übeltätern gleich gerechnet ist und er vieler Sünde getragen hat und für die Übeltäter gebeten.

1. Hier ist das Alte Testament an seiner Grenze. Sichtbar springen die Funken zum Neuen herüber. Wir stehen vor dem unheimlichen Rätsel wirklicher Prophetie. Hier ist mit-

ten in der Nacht der Prophet schon wach. Er reckt die Hand schon aus und zeigt in die Richtung, in der die Sonne aufgehen wird. Ihm ist das Geheimnis enthüllt, wo die anderen noch eine Decke vor ihren Augen haben. Ihm ist eine Predigt anvertraut, für die schlechthin Glaube gefordert ist. Eine unglaubliche Predigt von zukünftigem Heil, von Frieden mit Gott, von stellvertretendem Leiden und Sterben eines Namenlosen. Aber wer glaubt der Stimme des Propheten? Wem wird hier der Arm des Herrn offenbar? Wer wird es glauben, daß diese Predigt von der Erlösung durch das stellvertretende Leiden eines Namenlosen wahr ist? Wie soll solche Predigt Glauben finden?

2. Wer ist der Namenlose? Wer ist, dessen Name so geflissentlich verschwiegen wird? Ist er ein Einzelner, ist er das Volk Gottes? Die Gelehrten haben sich die Köpfe zerbrochen, sie wissen eigentlich keine Antwort und haben doch etwas Schönes gefunden: nämlich, daß er vielleicht beides zugleich ist, der Einzelne und das Volk in einem. So wie Adam zugleich ein Einzelner und das Menschengeschlecht in einem ist. Ist er ein neuer Adam? Ob der Prophet nicht seine guten Gründe hatte, daß er keinen Namen nennt? Er wußte wohl, daß ER kommen würde; ja, er sieht ihn schon gekommen. Aber der Name, der über alle Namen ist, bleibt ihm verborgen.

3. Aber der Prophet weiß genug von ihm: Das Gegenteil dessen, was sich Menschen unter dem großen Erwarteten gedacht haben. Aus dürrem Erdreich entsprossen; von Armut gezeichnet; alle menschliche Form und Freude gilt nicht. Urteil und Wertmaßstäbe der Gesunden stoßen ihn aus. Kreuz und Schmerzen fallen über ihn und quälen ihn. Verachtet bleibt er allein. Niemand will etwas mit ihm zu tun haben. Das ist er. Auf diesen zeigt der Finger des Propheten, für diesen fordert er Glauben. »Wer glaubt unserer Predigt?«

4. Was soll dieses Bild? Erschrick und wisse: das ist dein

wahres Bild. Das sind wir. Unsere Krankheit, unsere Missetat, unsere Sünde, alles auf ihn gehäuft und darum so furchtbar. Der Unglaube sieht nur einen Menschen, der um seiner selbst willen leidet. Der Glaube erkennt: Das ist ER, den Gott für uns geschlagen hat. Dies Bild ist unsere Strafe. Er, der Namenlose, ist an die Stelle getreten, an der ich und die Menschheit stehen sollten. Er leidet, wo ich und die Menschheit leiden sollten. Ist er etwa doch beides: er der Eine und das neue Volk? Der Namenlose hat die Ordnung der Welt zerbrochen. Ihre Ordnung ist, daß jeder für sich selbst einzustehen hat vor Gott: »Ein jeglicher sah auf seinen Weg« – das ist die Ordnung des Unglaubens. Er zerbricht dieses Gesetz und trägt die Strafe und das Gericht der anderen. Darum gelten für ihn auch die Gesetze der Menschen nicht mehr: Schönheit, Reichtum, Ehre. Dies alles muß zerbrechen, weil er nicht mehr für sich selbst stehen will. Weil er dies Gesetz der Welt aufgehoben hat, darum haben wir Frieden. Allein durch ihn, den Allerverachtetsten. Hätte er nicht alles getragen, so wären wir in der Verdammnis.

5. Der Namenlose gibt keine Erklärung und keine Deutung. Wortlos muß er leiden. Sonst wäre es kein wahres Leiden. Durch wortloses Leiden aber wird Glauben an ihn notwendig. Sich selbst interpretierendes Leiden ist schon kein volles Leiden mehr. Nun aber sieht der Glaube den Stummen und erkennt in ihm den Heiland. Wer aber glaubt unserer Predigt?

6. Durch solches Leiden wurde er »aus Angst und Gericht genommen.« Er lebt in Ewigkeit. Als Unschuld stirbt er unter den Gottlosen. Das ist Gottes Weg mit ihm, er schlug ihn. Gott reißt seinen Knecht aus dem Lande der Lebendigen hinweg. Aber der Tote lebt durch sein Schuldopfer.

7. Das heißt von nun an: Leben für alle Menschen dadurch, daß er für sie stirbt. Durch das Gesetz der Stellvertretung wird er solche haben, die zu ihm gehören. Durch seinen geschlagenen Knecht handelt Gott an uns. Das Gesetz der

Stellvertretung gilt von nun an über seiner ganzen Gemeinde. Wer den Verachteten achtet, wird durch ihn gerecht sein und in sein neues Lebensgesetz hineingezogen.
8. Der Verachtete herrscht unter seinen Feinden. Die Starken hat er zum Raube, sie müssen sich beugen. Die Übeltäter, unter die er gerechnet wurde, müssen sein werden, weil er für sie gebetet hat. Gerade als der Allerverachtetste wird er der Herr über seine Feinde und siegt. Wer glaubt dieser Predigt?
9. Wer ist der Ungenannte? Ein Einzelner? Das Volk Gottes? Die neue Menschheit? Antwort ist gegeben im Neuen Bund. Der Finger des Propheten zeigt auf Christus als den Gekreuzigten, als den erwarteten Messias. Dieser ist es, der durch das stellvertretende Leiden sich die Gemeinde schuf, deren Strafe und Sünde er trägt. Er herrscht unter uns, mitten unter seinen Feinden, und betet für sie. Aber auch heute noch heißt es angesichts dieses gekreuzigten Messias: Wer glaubt denn dieser Predigt und wem wird gerade hier der Arm des Herrn offenbart?

Wessen man sich allein rühmen kann

Galater 6, 14: Es sei aber ferne von mir, mich zu rühmen, denn allein von dem Kreuz unsers Herrn Jesu Christi, durch welchen mir die Welt gekreuzigt ist und ich der Welt.

1. Nicht vom Brot allein, aber vom Ruhm allein lebt die Welt. Alles kann sie sich rauben lassen, nur nicht den Ruhm. Jeder, auch der Geringste hat seinen Ruhm, von dem er nicht läßt, aus dem er Sinn und Kraft für sein Weiterleben zieht. Der Ruhm des Armen ist seine Armut, des Kranken seine Krank-

heit. Es gibt keine Situation, aus der der Mensch nicht seinen Ruhm zu begründen wüßte. Das Rühmen liegt in seiner Natur. Es endet erst mit dem Tode. Das Unrühmliche des Leichnams erschreckt uns am meisten.

2. Woher ist dies der Welt eingestiftete Gesetz? Ist es das Widerspiel zur ursprünglichen Welt? Die erste Schöpfung hatte ihren Ruhm und lebte vom Rühmen Gottes. Als der Mensch sein wollte wie Gott, griff er selbst nach diesem Ruhm. Nun haben wir unseren Ruhm nicht mehr von Gott, sondern gegen Gott.

3. Aus dem Ruhm entspringt die Leidenschaft, der Stolz, der Neid; aus ihm die böse Tat, die Traurigkeit und die Verzweiflung. Sie alle kommen aus dem Selbst-etwas-seinwollen.

4. Sollen der Mensch und die Welt des Ruhmes in ihrem letzten Widerspruch gegen Gott zerbrochen werden, so muß der Ruhm gebrochen sein. Das ist allein im Tode möglich. Nur der Tote hat keinen Ruhm. Soll es von neuem einen Ruhm geben, so nur dort, wo ihn Gott in dieser Welt aufrichtet. So nur dort, wo Gott ihn in dieser Welt wieder verleiht.

5. Es ist unmöglich, daß sich der Mensch selbst von seinem Selbstruhm befreit. Es ist unmöglich, daß er nichts habe, dessen er sich rühmen dürfte. Der Selbstmord wäre der Versuch, ohne Selbstruhm zu sein. Es ist unmöglich. Und das will Gott nicht einmal. Er will dem Menschen einen Ruhm bereiten. Dieser Ruhm ist der gekreuzigte Gott selbst.

6. Das Kreuz Christi ist der Ort, wo Gott in dieser ruhmsüchtigen Welt zu finden ist. Dieser Ort unseres neuen Ruhmes ist ein seltsamer Ort. Sonst sind die Ruhmeszeichen alte zerrissene Fahnen, die Ehrenzeichen noch als zerrissene bleiben. Ähnlich möchte man auch das Kreuz dann verstehen als das Ruhmeszeichen; wie eine zerrissene Fahne. Dieses Ruhmeszeichen aber ist und bleibt der Schandpfahl, ein Galgen, eine Hinrichtungsstätte - dies für Gottes Sohn.

7. δι᾽οὗ, was heißt das? Es heißt zuerst: Indem ich auf Christus sehe, erblicke ich, daß dort die Welt meines Ruhmes hängt. Dort hängt die Sünde und Schande. Christus ist die Schande der Welt geworden. Sie ist auf ihn gefallen und er trug sie ans Kreuz. Alles Fleisch wird dort getötet. Es ist Gottes Urteil: »Die Welt ist mir gekreuzigt«, sie ist verdammt und tot. So sieht dieser Ruhm nun aus: eine Hinrichtungsstätte. Könnte das wieder zur Ursache von eigenem Ruhm werden? So, daß die Welt am Kreuz, ich aber frei sei? So, daß es einen neuen Ruhm der Freiheit vom Kreuz gäbe?
8. Nein. Wir sind selbst dort mitgerichtet und gekreuzigt. Das Bild wendet sich um. Jetzt sehe nicht mehr ich die Welt am Kreuz, indem ich ihr gegenüberstehe – nun steht die Welt mir gegenüber und ich selbst bin der Gekreuzigte, der von ihr Gekreuzigte, der von Gott Verurteilte; und die Welt spricht ihr Urteil und ihren Hohn über mich. Alle ihre Schande fällt auf mich. Nun bin ich wehrlos angenagelt und die Welt rühmt sich gegen mich. Ich habe keine Macht an ihr. Da ist kein Grund mehr zum Rühmen.
9. Und doch wird eben dies der Grund zum neuen Rühmen. Das Kreuz, an dem »ich der Welt gekreuzigt bin«, ist ja kein anderes als das Kreuz Christi. Der Welt gekreuzigt sein heißt ja, an seinem Kreuz teilhaben. Weil ich von Gott wirklich mit Christus gekreuzigt bin, durch sein, Gottes, Urteil, darum kann ich das Leiden Christi mitleiden. Es geschieht im Glauben, welches Kreuznachtragen ist. Nachfolge ist: von der Welt gekreuzigt werden. Das ist der rechte und ursprüngliche Ruhm, den ich von Gott selbst bekomme. Er sieht jetzt anders aus als in der ersten Welt. Aber es ist derselbe Ruhm: Gottes Ruhm, Christi Ruhm, Kreuzesruhm, mein Ruhm.
10. Weil Christus der Welt gekreuzigt war, darum war die Welt versöhnt. Weil wir mit Christus gekreuzigt sind, darum tragen wir mit an der Sünde und den Leiden der Welt. Durch unser Glauben und unser Kreuztragen verschlingt Christus

Sünde und Tod der Welt. So ist der letzte Ruhm nicht, daß die Welt gerichtet und verurteilt wird, sondern daß Christus durch sein Kreuz, das auch das Kreuz der Gemeinde ist, die Welt begnadigt und Frieden macht. Unser Ruhm ist der Friede am Kreuz, das Heil Gottes.

Christus, der Hohepriester

Hebräer 4, 15f: Denn wir haben nicht einen Hohenpriester, der nicht könnte Mitleiden haben mit unsern Schwachheiten, sondern der versucht ist allenthalben gleich wie wir, doch ohne Sünde. Darum lasset uns hinzutreten mit Freudigkeit zu dem Gnadenstuhl, auf daß wir Barmherzigkeit empfangen und Gnade finden auf die Zeit, wenn uns Hilfe not sein wird.

1. Wir wollen keine Priester. Wir brauchen niemand zwischen uns und Gott. Wir wollen unmittelbar zu ihm sein. Wir sagen ihm selbst, was wir zu sagen haben. Er kennt uns, er wird uns ohne Vermittler am besten verstehen. Was soll uns ein Mittler unseres Heils, der besser lebt als wir, der sich überlegen fühlt? Wir sind arm, er hat Gehalt. Er hat ein Haus. Wir sind aller Versuchung preisgegeben, er aber führt ein beschütztes Leben. Was soll sein bezahltes Mitleid? Er hat Zeit, fromm zu sein. Er ist der Schmarotzer unserer Nöte. Der Vorwurf in solcher Verweigerung des Pfarrers hat recht.
2. Wir wollen Gott selbst und niemand dazwischen, sagen wir, er wird uns verstehen. Wird er, der gerecht und heilig ist? Wie kann der leidenslose Gott mit uns Mitleid haben? Wer gibt das Recht, ihn für unser Leiden in Anspruch zu nehmen?

3. Gott selbst gibt das Recht. Er bleibt nicht in der Ferne, sondern er gibt es so, daß er selber leidet. Der leidende Gott versteht uns. Er versteht uns ganz. Dieser heißt Jesus Christus. Der leidende Gott ist ein Mensch, er ist unser Priester geworden. Wir sollen Gott haben dürfen, wie wir ihn wollten: in dem Hohenpriester Jesus Christus.
4. Der Stachel unserer Leiden ist die Versuchung. Das Leiden lenkt unseren Blick auf uns selbst und reißt ihn weg von Gott. Darum leiden wir eigentlich am Leiden. Seine Versuchlichkeit ist Ursache und Wesen menschlichen Leidens.
5. In diese Versuchlichkeit tritt Gott ein. Er läßt sich versuchen zur Gottlosigkeit. Dieser Priester ist vom höchsten Unglauben angefochten. Gott tritt an den Rand der Sünde, das ist sein Mitleid.
6. Wird dir deine Armut zur Versuchung – Christus war ärmer. Wird dir deine gottlose Umgebung zur Versuchung – Christus hat tiefer in dieser Umgebung gestanden. Wird dir der Wille des Fleisches zur Versuchung – Christus hat mehr an der Marter des Fleisches gelitten. Wird dir die Einsamkeit zur Anfechtung – Christus war einsamer. Wirst du traurig über den Unglauben – Christus war trauriger. Verzweifelst du an der Gottferne – Christus ist mit dem Verzweiflungsschrei dieser Ferne gestorben. Er war versucht wie wir, er kann wahrhaft Mitleid haben.
7. Es ist gut zu wissen, daß einer mitleidet. Aber was hilft es uns? Wir sollen daran denken, daß es Gott ist, der mitleidet. Du fällst – Christus fällt nicht. Gott bleibt Gott. Christus leidet mit mir bis zur Verzweiflung. Aber seine Verzweiflung ist Gehorsam! Sein Unglaube ist Glaube! Sein Fallen ist Treue! In seiner Anfechtung ist er der Sündlose. Mitten in deiner Sünde ist er dein Gott.
8. Gott leidet, um bei dir zu sein, wo es auch sei. Darum ist sein Leiden der »Thron seiner Gnade«, wo du Barmherzigkeit finden kannst in der Stunde der Anfechtung. Dies Leiden ist deine Zuversicht, es gibt dir mitten in deinen Leiden

das Recht zur Freude. Das Kreuz Christi ist der Thron Gottes, wo er dich kennt und du nicht mehr allein bist. Bist du angefochten und versucht, tritt herzu mit Freudigkeit und nicht mit Zittern. Hier ist Gott selbst, das Leiden ist zu Ende.

9. Wir haben einen Hohenpriester. Das Kreuz ist sein Altar, er selbst das Opfer. Er selbst bringt es, er selbst nimmt das Opfer an. Er ist alles in allem, dir zugut. Er ist das Mitleiden und die Hilfe. Er ist der Priester, nach dem du suchst. Aus seinem Priestertum wirst du lernen, daß du selbst zum Priestertum in der Gemeinde berufen bist, das ist zum wahrhaftigen Mit-leiden, auf daß das Kreuz wahrhaftig Hilfe wird.

Getauft in Tod und Auferstehung Jesu

Römer 6, 1–11: Was wollen wir hiezu sagen? Sollen wir denn in der Sünde beharren, auf daß die Gnade desto mächtiger werde? Das sei ferne! Wie sollten wir in der Sünde wollen leben, der wir abgestorben sind? Wisset ihr nicht, daß alle, die wir in Jesum Christum getauft sind, die sind in seinen Tod getauft? So sind wir ja mit ihm begraben durch die Taufe in den Tod, auf daß, gleichwie Christus ist auferweckt von den Toten durch die Herrlichkeit des Vaters, also sollen auch wir in einem neuen Leben wandeln. So wir aber samt ihm gepflanzt werden zu gleichem Tode, so werden wir auch seiner Auferstehung gleich sein, dieweil wir wissen, daß unser alter Mensch samt ihm gekreuzigt ist, auf daß der sündliche Leib aufhöre, daß wir hinfort der Sünde nicht dienen. Denn wer gestorben ist, der ist gerechtfertigt von der Sünde. Sind wir aber mit Christo gestorben, so glauben wir, daß wir auch mit ihm leben werden, und wissen, daß Christus, von den Toten erweckt, hinfort nicht stirbt; der Tod wird hinfort über ihn nicht herrschen. Denn was er gestorben ist, das ist er der Sünde gestorben zu einem Mal; was er aber lebt, das lebt er Gott. Also auch ihr, haltet euch dafür, daß ihr der Sünde gestorben seid und lebet Gott in Christo Jesu, unserm Herrn.

1. Im Namen des Paulus und Luthers ist Gnade verkündigt worden. Wo Gnade angeboten wurde, empfanden die Leute das Angebot eines großen Geschäftes. Dieu pardonnera, c'est son metier (Voltaire). Die Gnade wurde zum Trost der Gewissen; Gott ist Liebe, sonst nichts. Er nimmt es nicht so ernst. Laßt uns in dem Leben bleiben, in dem wir sind. Wir müssen Gott doch auch etwas zutrauen. Er ist groß genug, zu vergeben. Nicht auf das christliche Leben, sondern auf die Verkündigung der Gnade kommt es allein an. Das schien sehr realistisch.
2. Es ist nimmermehr realistisch. »Wir sind der Sünde gestorben.« Sie lebt nicht mehr in uns. Das Extremste ist gesagt: die Sünde ist tot. Jede Verbindung von Sünde und Gnade ist tot.
3. Wo ist das geschehen? In der Taufe. Die Taufe scheint uns nur mit dem Leben zusammenzuhängen. Hier aber hängen die Taufe und das tödliche Kreuz zusammen. Wie kann die Taufe solche Dinge tun? Die Taufe taucht uns in seinen Tod. Sie läßt uns mit ihm sterben. Denn in ihr ist Christus gegenwärtig. Er ist der Sünde gestorben. Sieht man das? Nein. Aber wenn man auf Christus sieht, dann sieht man es. Meine Taufe ist das Todesurteil des Gekreuzigten über mich.
4. Diese Taufe ist aber auch das Mittel zum neuen Leben. Christus, der Gekreuzigte ist auch auferstanden. Weil die Taufe Taufe in Christus ist, darum bringt sie auch das neue Leben. Sehen wir das? Nein. Aber so gewiß wir Christus sehen, sehen wir seine Auferstehung und uns in ihr.

5. »Wissen« wir das? Von einem Wissen ist in diesen Versen oft die Rede (Vers 3, 6, 9). Was wir wissen, ist Christus und nichts anderes und nichts darüber hinaus. Wir wissen, daß wir in seinem Leiden sind und mitleiden, daß wir in seinem Kreuz sind und mitgekreuzigt sind, daß wir in seiner Auferstehung sind und mit leben. Wir sehen nicht Erfahrungen, die wir machen. Wir vernehmen ein Urteil, das über uns ergeht.
6. Als mit ihm Gestorbene sind wir losgesprochen von dem Anspruch der Sünde. λογίζεσϑε »haltet euch dafür«. Nicht: spürt und fühlt es doch! sondern haltet euch dafür, daß ihr abgestorben seid. Wer glaubt, daß es so ist, der sündigt nicht mehr. Ihr seid gestorben und lebet Gott.
7. Das ist die Begründung des neuen Lebens. Nicht eine Denkerfahrung, ein Fühlen und Erleben. Sondern allein der Hinweis auf Christus, das Kreuz, die Auferstehung und die Taufe. Glaubt, »wißt« es und ihr habt es und sündigt nicht mehr. So werdet ihr auch wissen, was Gnade ist.

Das Land der Verheißung[1]

Offenbarung 22, 1–5: Und er zeigte mir einen lautern Strom des lebendigen Wassers, klar wie ein Kristall; der ging aus von dem Stuhl Gottes und des Lammes. Mitten auf ihrer Gasse auf beiden Seiten des Stroms stand Holz des Lebens, das trug zwölfmal Früchte und brachte seine Früchte alle Monate; und die Blätter des Holzes dienten zu der Gesundheit der Heiden.

1. Gedacht als Entwurf einer Jugendpredigt.

Und es wird kein Verbanntes mehr sein. Und der Stuhl Gottes und des Lammes wird darin sein; und seine Knechte werden ihm dienen und sehen sein Angesicht; und sein Name wird an ihren Stirnen sein. Und wird keine Nacht da sein, und sie werden nicht bedürfen einer Leuchte oder des Lichts der Sonne; denn Gott der Herr wird sie erleuchten, und sie werden regieren von Ewigkeit zu Ewigkeit.

1. Ihr habt auf der Schulbank von schönen Städten, Wäldern und Strömen gehört. Wenn einer, der sie sah, euch verlokkend davon erzählte, wärt ihr am liebsten herausgelaufen, sie mit eigenen Augen zu sehen. Die Schulbank, die Arbeit und die Luft in der Stadt drückten dann doppelt. Die Sehnsucht wurde groß, das alles auch zu sehen. Und dann seid ihr losgezogen. Der Weg war weit und anstrengend. Aber dann habt ihr gestaunt, daß es diese Herrlichkeit wirklich gibt. Und dann habt ihr noch von ganz anderen Ländern gehört, in denen andere Bäume stehen und ein anderer Himmel strahlt.
2. Wenn ihr nun wüßtet, daß es ein Land gibt, noch ganz anders als das, das ihr gesehen und von dem ihr gehört habt? Und wenn ihr fest glaubtet, daß es das geben muß – würdet ihr nicht alles daran setzen, es zu sehen? Wenn euch dann einer sagte: hinter jenem großen und dunklen Wald liegt es, der Weg ist lang und beschwerlich – würdet ihr noch Ruhe haben und euch nicht mutig auf den Weg machen, um nicht zurückzubleiben?
3. Dieses Land gibt es. Und es gibt Menschen, die dorthin unterwegs sind. Nichts hält sie, sie wollen sehen, was sie hören. Das sind die Christen. Es sind Wanderer, die gehört haben und nun laufen, um zu schauen. »Und er zeigte mir.« Auf dieses Wort hin sind sie nicht faul und ängstlich, sondern machen sich auf. Sie wissen jetzt von einem Land mit einem kristallenen Strom, herrlichen Bäumen, Früchten und Menschen in Reinheit und Heiligkeit. Der Weg geht durch

einen großen tiefen Wald. Hin und wieder fällt der Blick für Augenblicke schon auf die herrliche Stadt, aber sie schwindet wieder und der Wald ist groß und gefährlich. Es gehört Mut dazu, hindurch zu gehen. Sollte er uns schrecken? Der Wald ist das Leben in dieser Welt. Wenn wir so weit sind, werden wir müde sein, die Augen fallen uns zu. Aber dann sehen wir nichts mehr von den Gefahren, sondern nur noch die herrliche Stadt in dem wunderbaren Land. Dort am Ziel anlangen, das wird hier Sterben genannt. Aber in Wirklichkeit sehen wir dann, was wir gehört haben.

4. In Wirklichkeit ist dies Sterben nicht Sterben, sondern Leben. Dort am Ziel fangen wir erst wirklich an zu leben. Es ist ein Land des Lebens, von dem berichtet wird, daß dort der lautere Strom lebendigen Wassers fließe, klar wie Kristall. Wir gehen ans Wasser, uns zu erfrischen. Habt ihr schon einmal einen Fluß gesehen, klar wir Kristall? Es muß ein besonderer Strom sein. Es ist ein ganz anderes Wasser, als wir es kennen, Wasser des ewigen Lebens. Es geht nicht aus dem Moor, dem Geröll und Gestrüpp hervor, sondern es geht aus vom Thron Gottes. In ihm gibt es keine Unreinheit und Unklarheit mehr. Es kommt von dem Thron, auf dem das Lamm Gottes sitzt. Dieses Lamm ist die Reinheit und die Unschuld und der Friede. Von ihm kommt Wasser, das ewig den Durst löscht und Reinheit schenkt. Am Ufer steht der Baum, an dem sich vor Zeiten einmal das Geschick der Menschen entschieden hatte. Nun wehrt kein Verbot mehr, seine Früchte zu essen. Er ist der Baum des Lebens, er stirbt nicht. Selbst seine Blätter spenden Leben und Heilkräfte für alle Wunden. Alle Völker werden an ihm Anteil haben und gesund werden. Keine Krankheit, kein Schmerz und kein Sterben wird mehr sein. Der Fluch, den der Acker Adams tragen mußte, ist gewichen. Kein Verbanntes und Verfluchtes ist mehr da. Und noch einmal werden die Blicke weggerissen zu dem Thron in der Mitte. Es ist ein seltsamer Herrscher, das Lamm. Um seinen Thron scharen sich, die nach langer Wan-

derung zum Schauen gekommen sind. Was sie ersehnten, das gelobte Land des Lebens, haben sie erreicht. Als die Kinder Gottes schauen sie den Christus. Ihr Antlitz spiegelt den Glanz seines Namens wider. Es sind die Christen, die treu geblieben sind. Es sind die Knechte, die ihm dienen. Sein Name ist auf ihrer Stirn. Sie haben ihn wohl schon hier getragen. Aber niemand hat es gesehen. Dort ist es offenbar. Über jedem Land wird es Nacht. Nacht ist ein Vorspiel des Todes. In jenem Land aber ist keine Nacht, Gott ist selbst ihr Licht. Es ist das Land der Fülle und der Fruchtbarkeit, Leben und Licht, Klarheit und Reinheit, Wahrheit und Offenbartheit.

5. Wollten wir nicht selig sein, wenn wir solche Herrlichkeit einen Augenblick von fern sehen dürften? Wenn wir staunend und betend dabei sein dürften? Aber nicht nur dabei soll man sein, sondern, die überwunden haben, sollen auch mit herrschen in Ewigkeit. Die hier Verspotteten sollen recht bekommen, und die hier nicht mit wandern wollten, sollen sich schämen müssen. Die Gott lieb hat, sollen regieren von Ewigkeit zu Ewigkeit.

6. Wer ruft in dieses Land? Wer führt dorthin? Wer ist der Herrscher in jenem Land? Sehet: das geschlachtete Lamm. Wer dieses Lamm kennt, der wird hineinfinden. Zwischen uns und jenem Land steht der gekreuzigte Christus. Wer ihn hier liebt von ganzem Herzen, den führt er in dieses Reich. Der Wald wird finster. Trübsal, Verzicht, Gehorsam und Kreuz, das liegt zwischen uns und dem Ziel. Hier ist das Lamm geschlachtet, gekreuzigt. Dort aber regiert es auf dem Thron.

7. Nun sehen wir das Land erst recht, das Land des wahren Lebens und der Diener Gottes. Es ist einen Augenblick durch das Kreuz Christi hindurch vor euch aufgeblitzt. Soll es wieder verschwinden? Oder wollt ihr aufbrechen und dahin wandern? Mit ihm wandern und ihn bitten, daß er euch sein Paradies sehen läßt? Es ist ferner als alle anderen Länder.

Aber sollte es nicht auch herrlicher sein? Oder habt ihr nur Augen für morgen und übermorgen? Wir brechen auf in den Wald hinein. Wir kennen die Richtung und das Ziel. Er führt uns.

Der Anfang, das Ende, o Herr, sie sind dein,
die Spanne dazwischen, das Leben, war mein.
Und irrt ich im Dunkel und fand mich nicht aus,
Bei dir, Herr, ist Klarheit und Licht ist dein Haus.

(Fritz Reuters Grabinschrift)

Die Saat wächst von allein

Markus 4, 26–29: Und er sprach: Das Reich Gottes hat sich also, als wenn ein Mensch Samen aufs Land wirft und schläft und steht auf Nacht und Tag; und der Same geht auf und wächst, daß er's nicht weiß. Denn die Erde bringt von selbst zum ersten das Gras, darnach die Ähren, darnach den vollen Weizen in den Ähren. Wenn sie aber die Frucht gebracht hat, so schickt er bald die Sichel hin; denn die Ernte ist da.

1. Die Dinge des Reiches Gottes geschehen heute in Deutschland in der Bekennenden Kirche; die rechte Predigt, Hören, Gemeinschaft, Leiden. Neulich hatten wir Synode[1]. Wie sah das aus? Unruhe, Hast, in zwei Tagen mußte alles getan sein! Muß das so sein? Etwas stimmt nicht.
2. Es gibt viele, die Nachfolger und Jünger sein wollen. Sie

1. Altpreußische Bekenntnissynode 23.–26.9. 1935 in Berlin-Steglitz; s. Biographie, 555–559.

wissen um das Reich Gottes und sein Wachstum und sind darum besorgt Tag und Nacht; sie beobachten sich, machen sich Unruhe um Leben und Heiligung. Bei Rückfall plagen sie sich, bis sie es wieder geschafft haben. Da ist große Liebe zu Jesus. Können wir dagegen etwas sagen? Es stimmt auch hier etwas nicht.

3. Der Text: Der Same geht auf, »daß er's nicht weiß«. Das Reich Gottes kommt von selbst, denn es ist Gottes Reich; es ist nicht ein Reich von Mühe und Plage und Hast. Der Same wächst von selbst. Wir können nichts dazu tun.

4. Wir beten täglich: Hüter, ist die Nacht schier hin? [Jes 21,11] Müssen nicht alle Hebel in Bewegung gesetzt werden? Alles eingesetzt werden an Organisation? Es geht um das Reich Gottes. Aber der Same wächst von selbst. Braucht man nicht Leute, die sich ganz einsetzen? Der Same wächst von selbst.

5. Das ist uns zuerst etwas sehr Anstößiges. Heißt das nicht, die Hände in den Schoß legen?

6. Wer so redet, zeigt, daß er noch nie wahrhaft etwas getan hat; noch nie an die Grenze gestoßen ist, an der er zusammenbrach. Wer aber an diese Grenze gestoßen ist, dem verkündigt dieses Evangelium Frieden für sein Leben: Tu, was du kannst, schlaf und wache, gehorche, sei fromm; aber wisse, das Reich Gottes wächst, ohne daß du es weißt. Das demütigt dich. Aber es tröstet dich auch. Gott tut es in der Stille für dich. Er allein hat Macht, es zu tun.

7. Verstehen kann das nur das Kind. Es ist ein Wunder von Gott. Es ist das Wunder Gottes, der alles selbst und alles allein tut; der von uns nur will, daß wir das glauben, uns wundern, staunen, anbeten.

8. Aber die wesentliche Voraussetzung ist: Same *ist* ausgestreut. Sonst wächst nichts. Es *ist* gesät. Nun wächst es. Wissen wir das?

9. Diese Frage könnte uns in neue Unruhe treiben: Ist bei uns gesät? Neues Suchen, neue Unruhe hebt an. Nur ein

Ausweg ist da: Blick auf den Sämann, sieh auf den Samen, die Saat, das Wort, das Reich. Flieht von aller Selbstquälerei zu ihm: Das Wort allein tut es auch bei euch!

Beweis für Auferstehung? Der Auferstandene selbst

1. Korinther 15, 12–20: So aber Christus gepredigt wird, daß er sei von den Toten auferstanden, wie sagen denn etliche unter euch, die Auferstehung der Toten sei nichts? Ist aber die Auferstehung der Toten nichts, so ist auch Christus nicht auferstanden. Ist aber Christus nicht auferstanden, so ist unsre Predigt vergeblich, so ist auch euer Glaube vergeblich. Wir würden aber auch erfunden als falsche Zeugen Gottes, daß wir wider Gott gezeugt hätten, er hätte Christum auferweckt, den er nicht auferweckt hätte, wenn doch die Toten nicht auferstehen. Denn so die Toten nicht auferstehen, so ist Christus auch nicht auferstanden. Ist Christus aber nicht auferstanden, so ist euer Glaube eitel, so seid ihr noch in euren Sünden. So sind auch die, so in Christo entschlafen sind, verloren. Hoffen wir allein in diesem Leben auf Christum, so sind wir die elendesten unter allen Menschen. Nun aber ist Christus auferstanden von den Toten und der Erstling geworden unter denen, die da schlafen.

1. Ein Beweis für die Auferstehung der Toten soll gefunden sein. Wir horchen auf. Was gibt es Wichtigeres als diese Behauptung? Ihr sollt aus der anderen Welt etwas hören. Spiritistenversammlungen haben starken Besuch. Wir bleiben ungewiß, wie es mit der Auferstehung ist. Paulus, der Apostel, führt einen Beweis.

2. Bewiesen wird hier etwas, was in Frage steht, ja leidenschaftlich bestritten wird. Und das in der ersten christlichen Gemeinde. Geglaubt wird vielleicht an die Unsterblichkeit, aber Anstoß findet das ganze, das »auferstanden mit Leib und Seele«. Gerade dahin zielt der Beweis.
3. Beweis für die Totenauferstehung ist nicht eine Lehre, nicht Spiritismus, sondern Christus der Auferstandene. Er allein ist der Beweis, weil er das Unumstößlichste von allem Wirklichen ist. Daran bestand kein Zweifel. Christus der Auferstandene war der Anfang vom Ende, ja der Anfang der neuen Welt; von daher war die ganze Welt anders. Christus der Auferstandene ist allein der Beweis, weil in ihm Gott an uns handelt; weil alles an Christus für uns ist; weil Christus nicht einer unter anderen ist, sondern seine Liebe, Vergebung, Gerechtigkeit, Auferstehung für uns geschieht! Ist Christus mit Leib und Seele auferstanden, so hat Gott das für uns getan; der Tod ist für uns zerbrochen, unser Leib und Seele der Auferstehung teilhaftig. Lebt Christus, so leben die Toten. Denn Christus ist für uns tot und lebendig.
In der urchristlichen Gemeinde gab es noch gemeinsame Voraussetzungen. So war der Beweis wirklich ein Beweis! Damals: Sucht nicht nach falschen Beweisen! Es gibt nur einen Beweis, den habt ihr ja schon! Christus ist auferstanden – unmöglich, hieran zu zweifeln.
4. Unmöglich! Dies »Unmöglich« muß ins Licht treten. Setzen wir das Unmögliche doch voraus: »Ist aber Christus nicht auferstanden«. Kaum ist dies Wort gesprochen, müssen dem glaubenden Hörer die Sinne vergehen. Alles stürzt zusammen. Unausdenkbar, was folgen würde. Paulus aber zwingt in diesen entsetzlichen Zweifel an der sichersten Voraussetzung.
5. Nur mit Schaudern lassen wir uns in die folgenden Sätze hineinzwingen: Glauben vergeblich, Predigt vom Auferstandenen, Predigt des Evangeliums vergeblich. Glaube war damals Wagnis, Entscheidung, Gefahr für Leib und Leben,

Einsatz, Zucht, Nachfolge unter der Voraussetzung: Christus richtet und kommt wieder! Und das vergeblich? Dann ist der Prediger ein Lügner und Gotteslästerer, Paulus ein Verdammter. Glaube vergeblich? Dann ist Gnade eine Illusion, Leben der Gemeinde sinnlos; die Hoffnung der Toten hinge an einer Lüge; wir sind die Elendesten unter den Menschen; unsere ganze Existenz hängt daran.
Das ist ein zweiter, indirekter Beweis: Eure ganze Existenz ist sonst nichts, elend, verloren. In diesem Leben gibt uns Christus nichts als die Hoffnung auf die Auferstehung. Von dieser Hoffnung allein leben wir. Ein großes Lob, das Paulus seiner Gemeinde gibt. Würde er uns auch so sagen: »Euer Leben hängt an der Auferstehung«?
6. Das atemberaubende »Unmöglich« ist zu Ende: Die Toten stehen auf! Warum? Weil Christus lebt. Lebt aber Christus nicht, so lebt ihr auch nicht. Christus lebt, also leben auch die Toten. Seht auf Christus allein und der Beweis ist gelungen, euer Zweifel zerstört. Seht, wie er zusammenbricht. Christus *ist* euer Leben, der Lebendigen und der Toten.

Gott alles in allen

1. Korinther 15, 20–28: Nun aber ist Christus auferstanden von den Toten und der Erstling geworden unter denen, die da schlafen. Sintemal durch einen Menschen der Tod und durch einen Menschen die Auferstehung der Toten kommt. Denn gleichwie sie in Adam alle sterben, also werden sie in Christo alle lebendig gemacht werden. Ein jeglicher aber in seiner Ordnung: der Erstling Christus, darnach die Christo angehö-

ren, wenn er kommen wird; darnach das Ende, wenn er das Reich Gott und dem Vater überantworten wird, wenn er aufheben wird alle Herrschaft und alle Obrigkeit und Gewalt. Er muß aber herrschen, bis daß er »alle seine Feinde unter seine Füße lege«. Der letzte Feind, der aufgehoben wird, ist der Tod. Denn »er hat ihm alles unter seine Füße getan«. Wenn er aber sagt, daß es alles untertan sei, ist's offenbar, daß ausgenommen ist, der ihm alles untergetan hat. Wenn aber alles ihm untertan sein wird, alsdann wird auch der Sohn selbst untertan sein dem, der ihm alles untergetan hat, auf daß Gott sei alles in allen.

1. »Nun aber« – Das heißt, jetzt wird vom Wirklichen gesprochen. Vorher sprach Paulus vom Unmöglichen, nämlich von einer Welt der Gedanken, Zweifel und Befürchtungen, von einer Welt ohne Gott, ohne Auferstehung. Nach diesem Wagnis, Menschenwort zu denken, wird »nun aber« das Wort Gottes, das Wirkliche bezeugt.
2. Du tust, als ob es in der Frage nach dem ewigen Leben auf deine Seele, auf dich ankomme. Danach wird eigentlich gar nicht gefragt. Nein, die Auferstehung wird verkündigt als eine ganz neue Welt. Eine neue Welt ist geschaffen, ist wirklich, ist schon abgeschlossen. Eine Welt, die mit Christus anfängt und mit der Anbetung Gottes in aller Welt aufhört. So gewiß unsere Welt einen Anfang und ein Ende hat, ihr Ende heißt die Auferstehungswelt. Die Auferstehungswelt, von der geredet wird, ist demnach *unsere* Welt. Auf unserer Erde soll sie vollendet werden. Ich und du werden dabei sein. Alle Mächte, Reiche werden dabei sein.
3. Der Anfang unserer Welt ist Adam; in seinem Tun ist die ganze Menschheit beschlossen. Adam, das heißt der eine und erste, der Anfänger der Sünde, der starb. Wir selbst sind täglich in ihm. Das ist das Vorher. Nun aber das Ende: Christus, das heißt der eine Gehorsame, der Anfänger des Gehorsams, der ohne Sünde war, der das Leben brachte; der ei-

ne und doch für uns. Wir sind in ihm als neue Menschen. Wir selbst sind ihm gleich gemacht durch seinen Tod und seine Auferstehung. Es gibt nur die zwei, Adam und Christus, die zwei Ahnen, die zwei Geschlechter. Zu wem gehören wir?

4. Wie ist dieser Anbruch der Auferstehungswelt bei uns zu denken? Nicht als Willkür und Chaos, sondern als ein Anfang, eine Geschichte, ein Ziel. Wie soll eine Welt der Auferstehung aus Christi Auferstehung werden?

5. Zuerst Christus. Natürlich er zuerst, der Anfänger. Und dies Erste liegt schon hinter uns. Darnach die Christus angehören. Das schließt die ganze Zeit von Himmelfahrt und Wiederkunft ein. Die ganze Geschichte der Kirche. Die Auferstehungswelt rechnet mit großen Zeiten.

Das Zweite ist der auf diese Erde wiederkommende Christus. Nicht unsere Seele geht zu Christus in den Himmel. Er kommt zu uns auf die Erde, er bleibt der Erde treu! Er erweckt seine Gemeinde aus der Erde. Wir werden mit ihm herrschen und richten auf Erden! Wie lange? Johannes sagt: Tausend Jahre [Offb. 20,$_4$]. Aber hier bei Paulus gibt es keine Zeitangabe außer dem »darnach«. Der letzte Feind ist der Tod. Zwar ist ihm schon die Macht genommen, aber nicht so, daß er gar keine Gewalt mehr hätte. Ihm muß die Macht nochmal genommen werden. Der Tod ist nicht Naturgesetz, er ist der Feind.

6. Wenn aber Christus sein Reich aufgerichtet hat, dann ist das Werk Gottes vollführt. Nun ist auch Christus nicht mehr für sich. Sondern er wird sich unterwerfen und darin seine Ehre haben. Gott bringt sich selbst die Welt zur Gabe. Nun ist Gott Gott in allem. Daß Christus sich unterwirft, heißt, daß sein Werk aufhört. Das aber gerade macht ihn mit Person und Wesen völlig eins mit Gott.

7. »Gott alles in allen«. Heißt das, die Verdammnis ist aufgehoben? Oder: Gott ist als Richter über seine Feinde der Herr auch über die Hölle? Von dieser Frage wird der Blick

hier weggerissen. Nichts wird hier über den Menschen gesagt, über das Geheimnis seines Ausgangs. Sondern gesagt wird, was die Bibel immer sagen will: Daß am Ende Gott Gott sein wird und bleibt. Laß deshalb Gott sein alles in allen, und du bist in Gott.

Der schöne Glanz Gottes

Advent

Psalm 50, 1–5: Gott, der Herr, der Mächtige, redet und ruft der Welt vom Aufgang der Sonne bis zu ihrem Niedergang. Aus Zion bricht an der schöne Glanz Gottes. Unser Gott kommt und schweigt nicht. Fressend Feuer geht vor ihm her und um ihn her ein großes Wetter. Er ruft Himmel und Erde, daß er sein Volk richte: Versammelt mir meine Heiligen, die den Bund mit mir gemacht haben beim Opfer.

1. »Gott, der Herr, der Mächtige, redet und ruft der Welt«, seit er am ersten Schöpfungstag geredet hat. Fortwährend gebietet er der Schöpfung. So liebt er sein Werk durch das Wort und das Gebot.
2. Aber wo erkennst du ihn mitten in den Schrecken der Natur? Wo willst du seinen Namen ablesen? Du mußt bekennen: Die Kreatur bleibt stumm. Gott redet wohl zur Welt, aber nicht zu dir. Zu dir kommt er von einem anderen Ort: Zion! Hier allein läßt er dich seine Freundlichkeit und seinen Glanz sehen. Hier scheint er dir, wie der Glanz des Morgens nach der Nacht. In Zion, dem erwählten Ort seiner Wohnung, dem Ort seiner Verheißung und Treue. Hier hat der

Schöpfer sich bekundet. Gnade und Barmherzigkeit ist seine Herrlichkeit, Freundlichkeit der schöne Glanz.
3. In diesem Glanz ist der Schöpfergott unser Gott. Der die Welt ruft, kommt aus Zion als unser Gott. Darin ist er unser Gott, daß er nicht schweigt, sondern zu uns redet. So redet er nicht zur Natur. Der Glanz aus Bethlehem, das ist die Sprache Gottes aus Zion zu uns.
4. Wie vor dem Paradies das hauende Schwert droht [1. Mose 3,24], wie Jakob am Jabbok mit dem zürnenden Gott ringen muß [1. Mose 32,25–27], so geht hier das fressende Feuer vor ihm her. So geht dem Christus der Täufer voran. So kommt er zu seinen Heiligen und ruft sie zum Gericht. Die Advents- und Weihnachtsbotschaft ist auch eine schreckliche Botschaft: »Gelobet seist du Jesu Christ ... Kyrie eleis!«
5. Er kommt zu seinen Heiligen zum Gericht? Euch allein habe ich erkannt! »Es ist Zeit, daß anfange das Gericht an dem Hause Gottes« [1. Petr. 4, 17]. In die hohen Bäume schlägt der Blitz zuerst. Gottes Heilige werden aber geheiligt durch Gericht und die Freundlichkeit des Herrn. Nur durch das hauende Schwert des Engels hindurch kommt man in das gelobte Land. Nur durchs Gericht hindurch erscheint die Gnade, der Glanz der Vergebung und Freundlichkeit Gottes.
6. »Versammelt mir meine Heiligen, die den Bund mit mir gemacht haben beim Opfer.« Die Heiligen sind durch das Opfer des Kreuzes geheiligt. Im Hintergrund des Advents kommt das Kreuz zu Gesicht. Hier, in diesem Opfer, sind Gericht und Freundlichkeit eines.
7. Wie sich zu Weihnachten der Himmel auftut und wie sich an Karfreitag derselbe Himmel verfinstert, so muß auch in diesem Psalm alle Kreatur der Gemeinde dienen. Das ist das Ziel. Dem Wort aus Zion müssen alle anderen Schöpfungsworte dienen. Wenn Gott einst in seiner Gemeinde eingezogen sein wird, dann wird die Gerechtigkeit Gottes über alle Schöpfung offen verkündigt werden. Dann wird offenbar

sein, daß diese Gerechtigkeit in Bethlehem angefangen und in Golgatha vollendet wurde. Himmel und Erde werden sich dann vor ihm beugen. Christus ist dann der Richter aller Welt.

Erhebet eure Häupter

Advent

Lukas 21, 25–36: Und es werden Zeichen geschehen an Sonne und Mond und Sternen; und auf Erden wird den Leuten bange sein, und sie werden zagen, und das Meer und die Wasserwogen werden brausen, und die Menschen werden verschmachten vor Furcht und vor Warten der Dinge, die kommen sollen auf Erden; denn auch der Himmel Kräfte werden sich bewegen. Und alsdann werden sie sehen des Menschen Sohn kommen in der Wolke mit großer Kraft und Herrlichkeit. Wenn aber dieses anfängt zu geschehen, so sehet auf und erhebet eure Häupter, darum daß sich eure Erlösung naht. Und er sagte ihnen ein Gleichnis: Sehet an den Feigenbaum und alle Bäume: wenn sie jetzt ausschlagen, so sehet ihr's an ihnen und merket, daß jetzt der Sommer nahe ist. Also auch ihr: wenn ihr dies alles sehet angehen, so wisset, daß das Reich Gottes nahe ist. Wahrlich ich sage euch: Dies Geschlecht wird nicht vergehen, bis daß es alles geschehe. Himmel und Erde werden vergehen; aber meine Worte vergehen nicht. Hütet euch aber, daß eure Herzen nicht beschwert werden mit Fressen und Saufen und mit Sorgen der Nahrung und komme dieser Tag schnell über euch; denn wie ein Fallstrick wird er kommen über alle, die auf Erden wohnen. So seid nun wach

allezeit und betet, daß ihr würdig werden möget, zu entfliehen diesem allem, das geschehen soll, und zu stehen vor des Menschen Sohn.

1. Chr. Blumhardts Geschichte von dem neuen Wagen auf seinem Pfarrgrundstück, den er erst benutzen wollte, wenn der Herr Christus kommt, »dann will ich ihn abholen darin«. Wie gewiß war das Warten Blumhardts auf das Kommen Christi! Wie das tägliche Leben darauf eingestellt, für den Augenblick bereit zu sein! Er denkt daran, wie er einmal bestehen wird vor dem Herrn Jesus. Solche Gewißheit ist etwas Großes. Es gibt nichts Gewisses, nicht einmal unser Tod ist gewiß. Gewiß ist nur die Wiederkunft Christi! So groß dieser Glaube Blumhardts ist, so ist er dennoch zu klein für diese Wiederkunft. Denn wenn sie sich ereignet, wird die Welt nicht mehr so aussehen, wie sie jetzt aussieht. Die ganze Kreatur wird beteiligt und verändert sein. Sonne, Mond und Sterne kommen aus ihrer Ordnung. Wenn Gott auf die Erde kommt, müssen die Sterne vor ihm ihr Licht verlieren. Die Erde selbst wird erschrecken. Die Kreatur streckt sich aus nach ihm. Sie sehnt sich in aller Auflösung nach ihm. Das Meer wird brausen vor Angst und vor Freude. Wenn die Kreatur ihn kennen wird, wie viel mehr die Menschen, bei denen er als Heiland und Richter gewesen ist. Sie werden sich erregen, wenn er kommt, zugleich in Durst und Furcht der Dinge, die da kommen sollen. Das Gericht wird über die ganze Menschheit gehen, wenn er kommt, die alte Welt abzubrechen.

2. Nur an einem Ort der Erde wird alles ganz anders sein. Da werden nicht Angst, sondern Freude, nicht Furcht, sondern erhobene Häupter sein: in der Gemeinde Christi. Sie wissen, er kommt ihnen zur Erlösung. Sie sind wie die im Bergwerk eingeschlossenen Bergleute, die nach langer qualvoller Abgeschlossenheit im Dunkel das Klopfen und Brechen nahekommen hören. Ist es ein letzter Einsturz oder sind es die

Retter? Es sind die Retter: »Erhebet eure Häupter, darum daß sich eure Erlösung naht.« Diese Welt ist den Christen eine Fessel, sie ist ihnen zu eng. »Liebster Herr Jesu, wo bleibst du so lange? Komm doch! mir wird hier auf Erden so bange.«[1] Die Erde, das Leid, die Anfechtung macht ihnen Angst. Christus aber macht sie froh, er bringt die Erlösung.

3. Wann wird es geschehen? Wüßten wir, es wäre morgen – wie würden wir uns verhalten? Jesus sagt: die Zeichen stehen so, daß es noch zu euren Lebzeiten geschieht; darum haltet euch bereit! Hat sich Jesus getäuscht? Im wörtlichen Verständnis des Verses 32 wohl. Aber müssen wir nicht dankbar sein, daß er sagt: morgen kann es schon sein, daß er uns sofort in die Buße ruft, daß er uns keine Zeit vor der Umkehr mehr läßt? Das ist der Sinn des Verses: seid bereit! Heute noch! Ließe er uns Zeit, wir blieben unbekehrt. Es geht alles schnell vorüber. Aber das Wort Jesu bleibt in Ewigkeit. Darum kehrt um! Die Zeit der Erlösung ist nahe!

4. Was sollen wir tun, wenn es morgen geschieht? Wir werden uns rüsten mit Gebet und Wachsamkeit. Wir werden nüchtern sein, daß uns der Tag nicht überrascht. Was sind Essen und Trinken, was Wollust und Begierde? Sie sind in einem Augenblick vorüber und können die Ewigkeit nicht gewinnen. Haltet eine kurze Zeit Zucht. Verliert euch nicht an die Welt mit ihren Sorgen und Ängsten, daß ihr würdig seid, zu stehen vor des Menschen Sohn. Wer ist würdig? Der auf ihn gewartet hat. Sonst wird nichts verlangt. Wie Blumhardt gewartet hat. Wie jede rechte christliche Gemeinde auf ihn gewartet und sich auf die Wiederkehr gefreut hat. Wie die Braut sich freut auf die Ankunft des Bräutigams. Für die wartende Gemeinde wird der Tag Jesu ein großer Freudentag sein.

1. Aus dem Lied von Chr. Weselovius, Melodie von Joh. Seb. Bach im Schemelli'schen Gesangbuch von 1736.

Das vierte Gebot, Gottes Mandat für natürliche und geistliche Eltern

2. Mose 20, 12: Du sollst deinen Vater und deine Mutter ehren, auf daß du lange lebest in dem Lande, das dir der Herr, dein Gott, gibt.

1. Alles hängt am ersten Gebot. Daß Gott allein Herr ist, ist die erste Verheißung, der wir glauben sollen. Nicht wir, er ist Herr. Daran erinnert uns Gott täglich. Aber er setzt uns nun auch sichtbare Herren, denen wir uns zu beugen haben. Wir könnten ja meinen, wenn Gott der Herr ist, wären wir frei und brauchten uns um niemand zu kümmern. Aber er verwehrt uns diesen Ausweg und setzt uns sichtbare Herren, auf daß wir erkennen, wir seien ganz und gar nicht Herren. So bleibt in seiner Setzung entscheidend, daß er in der Gabe der Eltern immer noch unser Herr bleibt. Mit einem ausdrücklichen Wort und Gebot setzt er uns Vater und Mutter zu Herren. Daran sind wir um des Wortes willen gebunden. Das Wort bindet, nichts sonst.
2. Ehren ist etwas anderes als Lieben. Es ist unbedingter und umfassender. Ehren ist der Anspruch, den Gott der Herrschaft der Eltern verliehen hat. Gott zu suchen und zu ehren bleibt das Erste. Aber in den Eltern erkennen wir eine Erinnerung an Gottes Herrschaft und Ehre – und dies auch in den unwürdigen Eltern. Gerade in ihnen wird deutlich, daß Gott Herr sein will und ist.
3. Damit ist das Verhältnis von Kind und Eltern in besonderer Weise ausgezeichnet. Das Kind ist Gehorsam schuldig in allen Dingen. Das ist heute vergessen. Unsere Kinder lernen heute, von ihren Eltern anders zu denken. Ihnen wird gesagt, daß sie die Hauptsache seien und daß es auf sie ankomme.

Sie müßten ihre Eltern belehren. Gehorsam aber gehöre in erster Linie der Jugendorganisation und dem Staat. Obendrein buhlen heute die Eltern um die Gunst ihrer Kinder. So verlieren sie ihre Autorität, die sie von Gott her haben. Vater und Mutter können sich aber auf das Wort berufen. Es ist nicht ihre erste Aufgabe, die Kinder verstehen zu können, sondern in Liebe sie in den Gehorsam gegen die Eltern zu weisen. Vater und Mutter sind von Gott. Und sie sind ebenso wie das Kind an das Gebot Gottes gebunden.

4. Das Gebot ist Israel gegeben als dem Volke Gottes. In Israel hatten die Väter eine besondere Stellung, indem sie die Träger des Wortes waren. An den Bestand dieser Ordnung war der Bestand des Volkes Israel geknüpft. Darum die Verheißung in diesem Gebot. Wo das Volk von den Vätern läßt, verliert es die Verheißung und muß zerstreut werden. Indem von den Vätern des Wortes die Rede ist, wird auch von den Vätern in der Kirche gesprochen. Ihnen gehört Gehorsam wie den leiblichen Vätern. Sie sind uns gesetzt zur Erinnerung, daß Gott Herr sein will und ist. An ihrem Wort hängt der Bestand der Kirche. Ihre Lehre, die rechte Lehre, erhält den Bestand der Kirche. Ihr Wort der Verkündigung baut ihren Raum. Das Land, das uns Gott verheißen hat, ist die Kirche, gegründet auf sein wahres Wort hier und in Ewigkeit.

5. Gottes Wort bindet uns an die leiblichen und an die geistlichen Väter. Gottes Wort macht uns aber auch frei und stellt uns in die rechte Erfüllung seines Gebotes. Es geht nicht um die Befolgung menschlicher und nützlicher Wahrheiten, sondern um Gottes Wort allein. Es steht in Gottes Macht, uns von dem Gehorsam gegen die Väter zu entbinden. »Wer Vater oder Mutter mehr liebt denn mich, der ist mein nicht wert«, [Matth. 10, 37]. In der Nachfolge des Herrn entsteht eine neue Freiheit und eine neue Erfüllung seines Wortes. In der Nachfolge Christi empfangen wir nach seiner Verheißung alles, was wir hier verlassen haben: Väter, Mütter, Brüder, Schwestern, [Matth. 19, 29]. Unter Verfolgung ist das

verheißene Land die Gemeinde. Gottes Wort allein bindet. Gottes Wort allein löst, Gottes Wort erfüllt seine Verheißung. Er, Gott, der Vater und der Sohn, ist der Herr. Und dies die erste Verheißung, der wir glauben sollen.

Die eherne Schlange

4. Mose 21, 4–9: Da zogen sie von dem Berge Hor auf dem Wege gegen das Schilfmeer, daß sie um der Edomiter Land hinzögen. Und das Volk ward verdrossen auf dem Wege und redete wider Gott und wider Mose: Warum hast du uns aus Ägypten geführt, daß wir sterben in der Wüste? Denn es ist kein Brot noch Wasser hier, und unsre Seele ekelt vor dieser magern Speise. Da sandte der Herr feurige Schlangen unter das Volk; die bissen das Volk, daß viel Volks in Israel starb. Da kamen sie zu Mose und sprachen: Wir haben gesündigt, daß wir wider den Herrn und wider dich geredet haben; bitte den Herrn, daß er die Schlangen von uns nehme. Mose bat für das Volk. Da sprach der Herr zu Mose: Mache dir eine eherne Schlange und richte sie zum Zeichen auf; wer gebissen ist und sieht sie an, der soll leben. Da machte Mose eine eherne Schlange und richtete sie auf zum Zeichen; und wenn jemanden eine Schlange biß, so sah er die eherne Schlange an und blieb leben.

1. Das Volk Gottes ist auf dem Wege in das verheißene Land. Es ist in großer Not; wohin soll es sich wenden? Vor ihm die große Wüste und nur eine Verheißung Gottes. Hinter ihm Ägypten mit Sicherheit und Wohlergehen, die gute alte Zeit und Friede. Das Elend der Knechtschaft ist ganz vergessen. Alles Vergangene ist wie in Gold getaucht, alles Gegenwärtige verhaßt und die Zukunft gefürchtet. Jetzt ist die Stunde

der Entscheidung: Gott und die Verheißung oder Ägypten und die sichere Vergangenheit. Der Blick zurück treibt ins Murren. Wer erliegt nicht dem neidisch machenden Vergleich der bösen Gegenwart mit den guten alten Tagen? Dieser Blick treibt in Verzweiflung: »Daß wir hier sterben müssen in der Wüste!« Aber die guten alten Zeiten haben keine Kraft, sie können die heutige Not nicht brechen. Der Blick zurück, das Murren und die Verzweiflung gehören zusammen.

2. Der Blick ist von Gott abgekehrt, die Verheißung vergessen, der Weg Gottes verlassen. Und dieser Blick zurück hilft nicht nur nicht, sondern er ist es, der noch tiefer in die Not hineinführt. Der Zorn Gottes fällt auf Israel. Es muß sterben, weil es rückwärts sieht. Das Volk, das Gottes Verheißung aus dem Auge verliert, das muß sterben. Giftige Schlangen bringen den Tod.

3. Das Volk begreift, mit wem es zu tun hat. Es erkennt, daß es willkürlich die Hoffnung weggeworfen hat und an seinem eigenen Weg zugrunde geht. Der zornige Gott wird ihm sichtbar und seine Sünde groß. Es will zurück, aber es kann nicht mehr beten und den Blick nicht mehr zu Gott wenden. Zu tief hat sich das Auge mit dem Vergangenen, mit Ägypten eingelassen. Die Sünde wird größer und stellt sich wider Israel. Es braucht einen anderen, der betet. Mose muß beten. Er muß der Mittler sein.

4. Wie wird der Blick des Volkes wieder auf Gott und die Verheißung gelenkt? Gott befiehlt dem Mose, eine eherne Schlange zu errichten und gibt diesem Zeichen die Verheißung: Wer sie ansieht, der soll leben. Ein seltsames Zeichen! Die todbringende Schlange wird erhöht und soll Leben bringen. Nicht ein Siegeszeichen wird errichtet, sondern ein Zeichen des Todes. Nicht die herrliche Zukunft sollen sie ansehen, sondern die ihnen von Gott geschickte Strafe, ihren Tod, ihre Schuld, zum Zeichen erhöht und aufgerichtet. Davor sollen sie nicht fliehen, sondern in diesem Zorn und Ge-

richt gerade Gott wieder finden. Den Gott, der sie durch diese Strafe hindurch leben lassen will.
5. Wie geht das zu? Sie wollten Gott nicht sehen und erkennen in der Not. Aber Gott umstellt sie ganz und gar. Nun sollen sie ihn sehen als den zürnenden und strafenden und todbringenden Gott. Indem sie ihm hier gehorchen, sollen sie ihn finden. In dieser furchtbaren Gestalt muß sich Gott von ihnen finden lassen. Nur noch durch Strafe und Tod hindurch ist Gott zu finden. Durch diesen Tod, mit dem Gott Israel schlägt, soll das Leben kommen. Gott selbst ist in diesem Tod darin. Er selbst ist in diesen Schlangen. Gott in Schuld, in Strafe, im Tod: das ist der Christus am Kreuz. Wer ihn ansieht, der wird leben. Im Blick auf diese unsere Schuld und Strafe ist Zugang zu Gott. Hier findet Israel seinen Gott wieder.

Unverschämtes Bitten

Lukas 18, 1–8: Er sagte ihnen aber ein Gleichnis davon, daß man allezeit beten und nicht laß werden solle, und sprach: Es war ein Richter in einer Stadt, der fürchtete sich nicht vor Gott und scheute sich vor keinem Menschen. Es war aber eine Witwe in dieser Stadt, die kam zu ihm und sprach: Rette mich von meinem Widersacher! Und er wollte lange nicht. Darnach aber dachte er bei sich selbst: Ob ich mich schon vor Gott nicht fürchte noch vor keinem Menschen scheue, dieweil aber mir diese Witwe so viel Mühe macht, will ich sie retten, auf daß sie nicht zuletzt komme und betäube mich. Da sprach der Herr: Höret hier, was der ungerechte Richter sagt! Sollte aber Gott nicht auch retten seine Auserwählten, die zu ihm Tag und Nacht rufen, und sollte er's mit ihnen verziehen? Ich sage euch: Er wird sie erretten in einer Kürze. Doch wenn des Menschen Sohn kommen wird, meinst du, daß er auch werde Glauben finden auf Erden?

1. Als wir jung waren, schien uns nichts unmöglich. Unsere Pläne waren kühn und wir wollten etwas Großes werden. Alle Widerstände wollten wir zerbrechen. Unerreichbares gab es nicht. Als wir älter wurden, lernten wir die Welt kennen. Verständig erkannten wir, daß die Welt stärker ist als wir. Nun haben wir uns eingerichtet. Die kindlichen Gedanken gaben wir auf. Und das ist recht so. Wir leben nun in der wirklichen Welt. Wir rechnen jetzt mit dem Möglichen.
2. Wir sind an eine Mauer gestoßen. Durch sie kommen wir nicht hindurch. Machtlos stehen wir da wie der Bergmann vor der undurchdringlichen Schicht von Stein, die ihn vom Ausgang abschließt. Entsetzte Angst packt uns vor dieser Mauer. Wir hämmern, schlagen und es bröckelt ein Steinchen zur Erde, aber dahinter bleibt die Mauer und weicht nicht. Diese Mauer kann viele Namen haben: Armut, Krankheit, Rechtlosigkeit, Gewalttat, Schuldverstrickung, Sünde. Zunächst wachsen mit der Angst die Kräfte. Wir wollen hindurch und nicht eingeschlossen sein. Wir wollen nicht wahr haben, daß Menschen hungern müssen, daß sie unheilbar leiden, daß sie rechtlos dem Stärkeren ausgeliefert sein sollen. Angst und Idealismus wachsen Kräfte zu, daß es scheint, als käme man wirklich mit dem Kopf durch die Wand. Hundertmal haben wir gegen unsere Sünde angekämpft, mit Mitteln des Verstandes, mit denen des Willens. Die Mauer aber bleibt undurchdringlich. Die kleinen Erfolge nahmen sich am Ende nur wie der Hohn auf unsere Verzweiflung aus.
3. Hier wird das Unmögliche berichtet. Eine arme Frau ist von Gewalttätigen um ihr Recht gebracht. Sie steht völlig allein, ohne Hilfe in der Stadt. Da ist ein Richter, der allein seinem Ermessen und der Willkür lebt. Die Gewalttätigen sind

in seinem Schutz sicher. Für die Witwe ist es unmöglich, etwas auszurichten. Sie ist grenzenlos wehrlos. Das Unmögliche geschieht. Eins war der Witwe geblieben, sie kann beten. Was wird es helfen, Gewalthaber zu bitten? Törichter Versuch! Aber sie läßt sich nicht irre machen. Sie weiß, sie muß die Mauer durchbrechen – und der Richter gibt nach! Nicht aus Güte, aber aus Willkür. Das Wunder geschah, weil die Witwe sich den Glauben nicht nehmen ließ, ihr müsse und ihr könne geholfen werden.

4. Die Gemeinde ist bedrängt von Widersachern mit übermenschlicher Gewalt. Sie erkennt nur zu deutlich, wie stark die Welt und wie wehrlos sie selbst ist. Sie ist von ihrem Ziel getrennt wie die Witwe von ihrem Recht. Sie soll glauben an ewiges Leben, Gerechtigkeit und Sieg; aber sieht nur Tod und Unrecht und Angst. Wer durchbricht die Mauer? Wer hilft ihr zu Leben, Recht und Sieg? Wer rettet sie von ihrem Widersacher, heute und an jenem Tage?

5. In der Wehrlosigkeit hat sie nur ein Mittel: ihr Gebet. Das durchdringt die Mauer. Das bringt sie vor Gottes Thron. Aber freilich, es muß Gebet ohne Unterlaß sein, Tag und Nacht. Sonst bleibt die Mauer felsenhart und ihr bleibt die Angst. Nun ist der, zu dem sie betet, kein ungerechter Richter, sondern der Gott, der die Seinen liebt und darauf wartet, sie zu erhören. Sollte das Unmögliche, das die Witwe bei dem Gewalthaber erreichte, der Gemeinde bei ihrem Gott unmöglich sein? »Er wird sie erretten in einer Kürze.« Schneller als sie zu hoffen wagte, plötzlich wird die Hilfe da sein. Plötzlich der letzte Tag vor ihr und sie wird frei sein!

6. »Meinst du, daß er auch werde Glauben finden auf Erden?« Wir zweifeln an der Macht und Bereitschaft des Helfers. Wir zweifeln an ihm selbst. Umgekehrt, Jesus zweifelt an unserem Glauben. Er hat den Jüngern Glauben verkündet, dem kein Ding unmöglich ist; das Gebet gelehrt, dem kein Ding unmöglich ist. Wird er diesen Glauben und dies Gebet wiederfinden, wenn er kommt? Findet er solchen

Glauben heute unter uns, wenn er heute käme? Gott will helfen. Wollen wir das nun glauben und beten ohne Unterlaß?

Himmlischer Gottesdienst

Offenbarung 1, 9–20: Ich, Johannes, der auch euer Bruder und Mitgenosse an der Trübsal ist und am Reich und an der Geduld Jesu Christi, war auf der Insel, die da heißt Patmos, um des Wortes Gottes willen und des Zeugnisses Jesu Christi. Ich war im Geist an des Herrn Tag und hörte hinter mir eine große Stimme wie einer Posaune, die sprach: Ich bin das A und das O, der Erste und der Letzte; und was du siehest, das schreibe in ein Buch und sende es zu den Gemeinden in Asien: gen Ephesus und gen Smyrna und gen Pergamus und gen Thyatira und gen Sardes und gen Philadelphia und gen Laodizea. Und ich wandte mich um, zu sehen nach der Stimme, die mit mir redete. Und als ich mich wandte, sah ich sieben goldene Leuchter und mitten unter den sieben Leuchtern einen, der war eines Menschen Sohne gleich, der war angetan mit einem langen Gewand und begürtet um die Brust mit einem goldenen Gürtel. Sein Haupt aber und sein Haar war weiß wie weiße Wolle, wie der Schnee, und seine Augen wie eine Feuerflamme und seine Füße gleichwie Messing, das im Ofen glüht, und seine Stimme wie großes Wasserrauschen; und er hatte sieben Sterne in seiner rechten Hand, und aus seinem Munde ging ein scharfes zweischneidiges Schwert, und sein Angesicht leuchtete wie die helle Sonne. Und als ich ihn sah, fiel ich zu seinen Füßen wie ein Toter; und er legte seine rechte Hand auf mich und sprach zu mir: Fürchte dich nicht! Ich bin der Erste und der Letzte und der Lebendige; ich war tot, und siehe, ich bin lebendig von Ewigkeit zu Ewigkeit und habe die Schlüssel der Hölle und des Todes. Schreibe, was du gesehen hast, und was da ist, und was geschehen soll darnach. Das Geheimnis der sieben Sterne, die du gesehen hast in meiner rechten Hand und die sieben goldenen Leuchter: die sieben Sterne sind Engel der sieben Gemeinden; und die sieben Leuchter, die du gesehen hast, sind sieben Gemeinden.

1. Der gefangene Johannes wird von Gott gewürdigt, den aufgetanen Himmel zu sehen. Der um Christi willen Gefangene hat Augen, zu sehen, was Gott ihm zeigt. Wir sind noch in Sicherheit und Freiheit und unsere Augen sind stumpf und gehalten. Aber je mehr wir leiden, um so mehr werden wir verstehen von der Offenbarung, die Johannes sieht.
2. Der von seiner Gemeinde getrennte Johannes bekommt Teil am Freudentag der Gemeinde, dem Auferstehungstag des Herrn, dem Tag des Anbruchs der neuen Welt. Er darf auch jetzt seiner Gemeinde dienen. Mehr denn je erfährt er in der Trennung von der Gemeinde ihre Herrlichkeit. Wir sind noch mitten in der Gemeinde. Wir wissen noch gar nicht, was wir haben. Aber in der Trennung von unserer Gemeinde wird die ganze Herrlichkeit ihrer Gemeinschaft von uns erkannt werden.
3. Zu Johannes dringt keine Einladung zum Gottesdienst. Er vernimmt nicht die freudigen Posaunenstöße, die zum Sabbath und zum Tempel rufen – und die auch zum Anbruch des neuen Jahres und des Gerichtstages erklingen. Dieser Johannes aber hört am Herrentag den himmlischen Posaunenstoß, der zum himmlischen Gottesdienst einlädt. Johannes öffnet sich hier der Himmel selbst zum Gottesdienst.
4. Sein erster Blick erkennt sieben Leuchter, die sieben Gemeinden. Die Gemeinden sind versammelt, ihre Zahl ist voll. Er sieht die vollendete Kirche Gottes. Sie strahlt und leuchtet im Licht des Himmels. Aber aller Blick ist auf den Einen gerichtet, der in der Mitte ist, auf »den Alten der Tage«, wie

der Prophet geweissagt hat. Er hat Menschengestalt und ist doch Gott. Es ist Christus.
5. Der gefangene und einsame Jünger sieht den Herren, den er mit leiblichen Augen gesehen hatte, jetzt in seiner Herrlichkeit. Er ist angetan mit dem Kleid des Hohenpriesters. Das weiße Haar trägt das Zeichen des Uralten, der Ewigkeit. Die Augen sind wie Feuerflammen, sie durchbohren und durchschauen. Sie bringen alles ans Licht. Sie verbrennen. »Ich kann in diese Augen nicht hineinsehen.«[1] Die Füße sind schwer wie Messing; wo er hintritt, zermalmt er alles Irdische im Gericht. Sie glühen wie Feuer. Wo er hintritt, wird es klar mitten in der Finsternis. Die Stimme ist wie Gottes Stimme. Menschenohr kann sie nicht ertragen. Sie übertönt alles. Die leise Stimme Jesu, die so leicht überhört wird, ist hier wie gewaltiges Wasserrauschen geworden, das alle Welt durchdringt. Seine Hand trägt sieben Sterne, die Zeichen der Weltherrschaft, welche er dem Kaiser abgerungen hat. Unter der Gewaltherrschaft des römischen Kaisers erfährt Johannes von der ewigen alleinigen Herrschaft des Herrn. Welch ein Trost! Aus dem Munde geht ein Schwert. Dies Schwert ist sein Wort, das verwundet und trennt, das richtet und tötet. Dies Schwert ist das Schwert seiner Herrschaft. Die ganze Gestalt leuchtet wie die helle Sonne. Von dieser Sonne kommt das Licht, der Leuchter der Gemeinde, welche Christus zum himmlischen Gottesdienst umgibt.
6. So Christus zu erkennen, das ist Gottesdienst. In solch einem Gottesdienst ist es um uns geschehen. Es ist unser Ende vor der Majestät Gottes. Das hätten wir nicht erwartet. Daran sterben wir. Aber dieser schrecklich Allmächtige ist niemand anders als Christus. Gott will nicht, daß der Mensch an Gottes Majestät sterben muß. Er soll sie schauen. Dazu ist er gestorben und auferstanden. Nun kann keiner sterben, den er nicht im ewigen Tod verschließt. Er hat die Schlüssel.

1. So Goethe zu Lavater über den bekannten Stich Dürers: Christus mit der Dornenkrone.

7. Heute ist Tag des Herrn. Heute halten wir Gottesdienst. Der Himmel ist uns nicht mehr verschlossen. Dort droben ist auch Gottesdienst. Die vollendete Gemeinde steht vor Christus, sie strahlt durch sein Licht in Herrlichkeit. Dort leuchtet es wie die Sonne. Hier ist nur matter Schein. Hier hören wir sein Wort. Aber droben feiert der Allmächtige und Barmherzige mit seiner Gemeinde in Ewigkeit Gottesdienst. Laßt uns im Glauben heute mit dem himmlischen Gottesdienst eins werden.

3. Bibelarbeiten

Der Morgen

Eine biblische Besinnung für den Tagesbeginn

1935 oder 1936

Diese kleine Studie gehört genau genommen nicht zu der Gruppe der Bibelarbeiten. Sie hat ihren »Sitz im Leben« in Bonhoeffers Erwägungen, wie der Tagesbeginn im gemeinsamen Leben des Finkenwalder Seminars gestaltet sein soll. Insofern ist sie eine Vorarbeit zu der späteren berühmt gewordenen Schrift »Gemeinsames Leben«.

Jeder neue Morgen ist ein neuer Anfang unseres Lebens. Jeder Tag ist ein abgeschlossenes Ganzes. Der heutige Tag ist die Grenze unseres Sorgens und Mühens (Matth. 6, 34; Jak. 4, 14). Er ist lang genug, um Gott zu finden oder zu verlie-

ren, um Glauben zu halten oder in Sünde und Schande zu fallen. Darum schuf Gott Tag und Nacht, damit wir nicht im Grenzenlosen wanderten, sondern am Morgen schon das Ziel des Abends vor uns sähen. Wie die alte Sonne doch täglich neu aufgeht, so ist auch die ewige Barmherzigkeit Gottes alle Morgen neu (Klagl. 3, 23). Die alte Treue Gottes allmorgendlich neu zu fassen, mitten in einem Leben mit Gott täglich ein neues Leben mit ihm beginnen zu dürfen, das ist das Geschenk, das Gott uns mit jedem Morgen macht.
In der Heiligen Schrift ist der Morgen eine Zeit voller Wunder. Er ist die Stunde der Hilfe Gottes für seine Kirche (Ps. 46, 6), die Stunde der Freude nach einem Abend des Weinens (Ps. 30, 6), die Stunde der Verkündigung des göttlichen Wortes (Zeph. 3, 5), der täglichen Austeilung des heiligen Mannas (2. Mose 16, 13 f); vor Tagesanbruch geht Jesus beten (Mark. 1, 35), in der Frühe gehen die Frauen zum Grab und finden Jesus auferstanden [Mark. 16, 2 ff]. Im Morgengrauen finden die Jünger den Auferstandenen am Ufer des Sees Tiberias (Joh. 21, 4). Es ist die Erwartung der Wunder Gottes, die die Männer des Glaubens früh aufstehen läßt (1. Mose 19, 27; 2. Mose 24, 4; Hiob 1, 5 u.ö.). Der Schlaf hält sie nicht mehr. Sie eilen der frühen Gnade Gottes entgegen.
Beim Erwachen vertreiben wir die finsteren Gestalten der Nacht und die wirren Träume, indem wir alsbald den Morgensegen sprechen und uns für diesen Tag für Hilfe dem dreieinigen Gott befehlen. Böse Launen, unbeherrschte Stimmungen und Wünsche, die wir am Tag nicht mehr loswerden, sind oft genug Nachtgespenster, die nicht beizeiten verjagt worden sind und uns den Tag vergällen wollen. In die ersten Augenblicke des neuen Tages gehören nicht eigene Pläne und Sorgen, auch nicht der Übereifer der Arbeit, sondern Gottes befreiende Gnade, Gottes segnende Nähe. Wen die Sorge frühzeitig aufweckt, dem sagt die Schrift: »Es ist umsonst, daß ihr früh aufstehet und hernach lange sitzet und esset euer Brot mit Sorgen« [im Manuskript: »mit Tränen«]

(Ps. 127, 2). Nicht die Angst vor dem Tag, nicht die Last der Werke, die ich zu tun vorhabe, sondern der Herr »weckt mich alle Morgen; er weckt mir das Ohr, daß ich höre wie ein Jünger«, so heißt es vom Knecht Gottes (Jes. 50, 4). Bevor das Herz sich der Welt aufschließt, will Gott es sich erschließen. Bevor das Ohr die unzähligen Stimmen des Tages vernimmt, soll es in der Frühe die Stimme des Schöpfers und Erlösers hören. Die Stille des ersten Morgens hat Gott für sich selbst bereitet. Ihm soll sie gehören.

Vor das tägliche Brot gehört das tägliche Wort. Nur so wird auch das Brot mit Danksagung empfangen. Vor die tägliche Arbeit gehört das morgendliche Gebet. Nur so wird die Arbeit in der Erfüllung des göttlichen Befehls getan. Für stille Gebetszeit und gemeinsame Andacht muß der Morgen eine Stunde hergeben. Das ist wahrhaftig keine vergeudete Zeit. Wie könnten wir anders gerüstet den Aufgaben, Nöten und Versuchungen des Tages entgegengehen? Und ob wir auch oft nicht »in Stimmung« dafür sind, so ist es doch schuldiger Dienst an dem, der von uns angerufen, gelobt und gebeten sein will und der uns unseren Tag nicht anders als durch sein Wort und unser Gebet segnen will.

Es ist nicht gut, von »Gesetzlichkeit« zu reden, wo es um die Ordnung unseres christlichen Lebens, um die Treue in den gebotenen Dingen des Schriftlesens und Betens geht. Unordnung zersetzt und zerbricht den Glauben. Das muß der Theologe besonders lernen, der Zuchtlosigkeit mit evangelischer Freiheit verwechselt. Wer einmal ein ausfüllendes geistliches Amt versehen und nicht in Betriebsamkeit sich und seine Arbeit zugrunde richten will, der lerne beizeiten die geistliche Disziplin des Dieners Jesu Christi. Der junge Theologe wird es als eine große Hilfe erfahren, wenn er sich für sein stilles Gebet und für die Andacht feste Zeiten setzt, die er in großer Beharrlichkeit und Geduld einhält.

Die stille Gebetszeit braucht jeder Christ. Der Theologe, der Christ sein will, braucht sie nötiger als irgendein anderer. Er braucht mehr Zeit für Gottes Wort und für das Gebet; denn er ist für Besonderes eingesetzt (Apg. 6,4). Wie sollen wir den Tag über mit Gottes Wort umgehen, predigen und unterweisen lernen, anderer Menschen Last brüderlich tragen helfen, wenn wir nicht selbst Gottes Hilfe für den Tag erfahren haben? Wir wollen ja nicht Schwätzer und Routiniers werden. Es ist ratsam, der stillen Gebetszeit ein Wort Gottes zugrunde zu legen. Das gibt dem Gebet Inhalt, festen Grund und Zuversicht. Es kann für eine Woche derselbe Schriftabschnitt sein. Dann wird das Wort in uns zu wohnen und zu leben beginnen und uns bewußt oder unbewußt gegenwärtig sein. Ein zu rascher Wechsel macht oberflächlich. Auf dem Grund der Schrift lernen wir in der Sprache, die Gott zu uns gesprochen hat, zu Gott sprechen, wie das Kind zum Vater. Vom Wort Gottes ausgehend beten wir alles, was das Wort uns lehrt, bringen wir den kommenden Tag vor Gott und reinigen unsere Gedanken und Vorsätze vor ihm, beten wir vor allem um die volle Gemeinschaft Jesu Christi mit uns. Wir wollen nicht vergessen, für uns selbst zu beten; »in Demut achte deine Seele hoch« (Sir. 10, 31). Dann aber liegt vor uns das weite Feld der Fürbitte. Hier weitet sich der Blick. Er sieht nahe und ferne Menschen und Dinge, um sie der Gnade Gottes zu befehlen. Keiner, der uns um unsere Fürbitte gebeten hat, darf fehlen. Dazu kommen alle die, die uns persönlich oder beruflich besonders anbefohlen sind – und das sind viele. Schließlich weiß jeder von Menschen, denen sonst wohl kaum einer diesen Dienst tut. Nicht vergessen wollen wir, Gott für die zu danken, die uns durch ihre Fürbitte helfen und stärken. Wir wollen die stille Gebetszeit nicht beschließen, bevor wir mehrfach und schließlich mit großer Gewißheit das Amen gesprochen haben.

Zur gemeinsamen Andacht suchen wir Hausgenossen oder Brüder aus der Nachbarschaft, um mit ihnen zusammen das Wort Gottes zu hören, zu singen und zu beten. In die Andacht gehören vor allem die gemeinsam gelesenen Psalmen,

die nur dann zu unserem Besitz werden, wenn wir sie täglich und reichlich und ohne Auslassung lesen und beten, auch dort, wo sie uns schwer werden. Dann sollte ein nicht zu bescheidener Abschnitt des Alten und Neuen Testamentes fortlaufend zur Verlesung kommen. Das Lied der Kirche stellt uns in die große Gemeinde der Gegenwart und Vergangenheit. Das Gebet, das einer für die ganze Gemeinschaft spricht, bringt die gemeinsamen Anliegen der kleinen Hausgemeinde vor Gott.
Nun hat Gott in dem Schweigen des Morgens sein Wort geredet, nun haben wir mit ihm und mit der Gemeinde der Christen Gemeinschaft gefunden. Sollten wir nun nicht zuversichtlich an das Tagewerk gehen?

König David

Drei Stunden Bibelarbeit in Finkenwalde[1]

Die erste Stunde

Eine Anleitung zum rechten Lesen der Samuelis-Bücher soll hier gegeben werden. Nur in Umrissen kann das geschehen. Es ist zugleich ein Beitrag zum Problem: Christus im Alten Testament.

1. Vom 8. bis 11. 10. 1935 mit der Bruderschaft pommersche Vikare gehalten.

Theologische Vorbemerkung: Das neutestamentliche und prophetische Zeugnis von David

1. Jesus Christus ist der Sohn und Same Davids nach dem Fleisch und nach der Verheißung (Röm. 1, 3; Matth. 1, 1; Joh. 7, 42; 2. Tim. 2, 8; Matth. 22, 4 ff). Die Stammbäume Matth. 1 und Luk. 3, die über David auf Joseph führen, der doch nicht der leibliche Vater Jesu wurde, drücken gerade den Verheißungscharakter der Sohnschaft nach dem Fleisch aus. Gott hat dem fleischlichen Samen Davids die Verheißung gegeben; aber damit nicht das Fleisch sich daraus eigenen Ruhm bereite, sondern die Gnade des Verheißenden allein gepriesen werde, bekundet sich die Treue Gottes gerade zu der dem fleischlichen Samen gegebenen Verheißung darin, daß die Kette der leiblichen Väter Jesu mit Joseph abbricht und Jesus als der Sohn der reinen Verheißung verkündet wird. David kennt nach dem Zeugnis des Neuen Testaments diese Verheißung – »da er Prophet war und wußte, daß Gott ihm verheißen hatte mit dem Eide, daß die Frucht seiner Lenden sollte auf seinem Stuhle sitzen . . .« (Apg. 2, 30). David weiß sich als den, durch den Christus in die Welt kommen soll, und allein durch diese Verheißung, Christus sei die Frucht seiner Lenden, weiß er sich auf dem Thron erhalten. Als der, in dem Christus schon ist, ist er zugleich Prophet und Zeuge. Durch die Verheißung weiß er schon um die Auferstehung (Apg. 2, 31). David ist insofern besonderer Zeuge der Auferstehung Christi, als er Christus in seinen Lenden trägt, als er selbst durch die Verheißung, d. h. durch den Christus in ihm lebt. Also, Christus war wirklich nach Fleisch und Verheißung in David und David war sein Zeuge.

2. Nicht nur in seiner Person, sondern auch in seinem Amt ist Christus nach dem Zeugnis des Neuen Testaments der Erbe Davids. Der Thron Davids, sein Königtum und sein Reich ist der Thron Jesu Christi, sein Königtum und sein

Reich (Luk. 1, 32. 69). Der Thron Davids ist ein ewiger Thron (2. Sam. 7). Die »gewissen Gnaden Davids« (Jes. 55, 3) sind dem Neuen Testament das Zeugnis für die Auferstehung Christi. Gottes Treue, die er dem David schwört, ist Unterpfand und Beweis der Auferstehung Christi (Apg. 13, 34). Der ewige Stuhl Davids ist so der Stuhl des auferstandenen Christus, um der Verheißung und Treue Gottes willen. So ist das Reich des Christus-Messias kein anderes als das Reich Davids. Beim messianischen Einzug in Jerusalem schreit das Volk: »Gelobt sei das Reich unseres Vaters David, das da kommt im Namen des Herrn« (Mark. 11, 10). Amt und Reich Davids sind Amt und Reich Christi. In David ist Amt und Reich Jesu Christi vorgebildet. In Christus, dem Davidssohn, kommt es.

3. So versteht es sich, daß das Neue Testament die Worte der Psalmen Davids als Christusworte hört: Hebr. 2, 12; 10, 5 heißt es sogar, daß Christus in den Psalmen Davids in die Welt gekommen sei. Christus war wirklich in den Worten Davids gegenwärtig. Christus betet am Kreuz Worte aus den davidischen Psalmen, macht sie zu seinen eigenen, bestätigt sie als die seinen (Luk. 23, 46; Joh. 19, 28; Matth. 27, 46). Schließlich, Christus nennt sich selbst die Wurzel und den Stamm, das Geschlecht Davids (Offb. 22, 16). Er ist also vor David, er trägt David und er ist selbst der Stamm Davids. Ergebnis: David trägt nach Person und Amt Christus in sich. Christus ist in David.

4. Das prophetische Zeugnis kommt darin mit dem neutestamentlichen überein, daß es in David den sieht, den Gott als den Messias seines Volkes wiedererwecken wird. In David ist der Messias vorgebildet. Der Messias wird ein neuer König David sein (Hes. 34, 23 ff; Hos. 3, 5; Jer. 30, 9. 21; etwas anders Jer. 33, 15; Jes 9, 7, 11, 1; 55, 3; Sach 12, 8).

5. Das einhellige Zeugnis der Propheten und des Neuen Testaments erkennt in David den im Alten Bund vorgebildeten Messias. Christus ist in ihm, und nur dadurch ist er, was er

ist. Wie der Opferkult der Schatten war, der von dem Opfer Christi auf den Alten Bund fiel, aber nicht nur »Schatten«, sondern zugleich »Vorbild« (Hebr. 8, 5; 10, 1), so muß nun analog David als »Vorbild und Schatten« des Messias verstanden werden. Schatten gibt es nur, wo es Körper gibt. Biblisch heißt das, daß es Schatten nur gibt, weil es Inkarnation, Fleischwerdung des Wortes Gottes gibt. David ist der Schatten des fleischgewordenen Messias. Von der Inkarnation her fällt der Schatten auf David. Damit ist die Inkarnation als das Ursprüngliche verstanden. Um der Inkarnation willen und von der Inkarnation her ist David messianischer König. Wie aber zwischen Körper und Schatten ein dimensionaler Unterschied besteht, so besteht er auch zwischen Christus und David. Die Dimension der Fleischwerdung ist das Himmlische, das Von-oben-her; die Dimension des Schattenbildes David ist das Irdische. Wie aber das Himmlische vor dem Irdischen ist, so ist Christus vor David. »Vorbild« ist David, sofern in ihm Christus vorgebildet ist, also als zeitliches Vorher. Wie der Schatten das Bild des Körpers ist, so die Gestalt Davids ein Bild Christi. Ein Bild muß in seiner Ganzheit, in seinen Umrissen gezeigt werden können. Es kann angesehen werden. Indem David Bild Christi ist, ist er nicht nur ein Wortzeugnis, sondern eben Bildzeugnis. Damit wird eine besondere Schicht der Beziehung des Alten Testamentes zum Neuen aufgedeckt. Hinter der Schicht des Wortzeugnisses liegt die Schicht des Bildzeugnisses. Nach der Unterscheidung der alten Dogmatik ist David ein Personaltypus Christi. Und es muß nun dort, wo das neutestamentliche Zeugnis ernst genommen wird, bei der Auslegung der Davidsgeschichten darum gehen, David in seiner Person, seinem Amt, seinem Wort und seiner Geschichte als den zu verstehen, in dem nach dem Zeugnis des Neuen Testamentes Christus selbst war. David ist nur insofern wichtig, als er Zeugnis von Christus ist, nicht für sich, sondern für Christus und so für die Kirche Christi.

Salbung und Verfolgung Davids

Die Salbung

Die Geschichte und das Problem Davids ist von Anfang an durch die Tatsache seiner Salbung zum König bestimmt. Nichts wissen wir vorher von ihm. Das erste Wort über ihn ist der Befehl Gottes an Samuel, David, den Gott sich erwählt hat, zum König zu salben (1. Sam. 16, 1). Gottes Erwählung und die Salbung zum König geht jedem anderen Wort über David voraus. David ist wichtig und interessant allein als der von Gott von den säugenden Schafen (Ps. 78, 70) wegberufene, erwählte und gesalbte König. Durch die Salbung wird David biblische Gestalt. Daß David abgesehen von seiner Salbung von keinerlei Bedeutung war, zeigt gerade der Bericht, demgemäß er dem Samuel anfangs gar nicht vorgeführt wird (1. Sam. 16, 11). Er ist der Jüngste und hütet die Schafe. Dementsprechend wird er auch nachher von seinem älteren Bruder Eliab ausgescholten und verachtet (17, 28), der die Salbung nicht ernst nimmt. Mit der Salbung empfängt David den Geist Gottes, der bei ihm bleibt »von dem Tag an und fürder« (16, 13). Noch in seinen letzten Worten bezeugt es David (2. Sam. 23), daß Gottes Geist durch ihn geredet habe und das neutestamentliche Zeugnis bestätigt es durch den Mund Jesu (Matth. 22, 43; Apg. 2, 30). Der Geist der Salbung ist der Geist des messianischen Königtums. Es ist der eine Geist Gottes, mit dem David gesalbt wurde und Christus. »Der Geist des Herrn ist bei mir, darum, daß er mich gesalbt hat« (Luk. 4, 18). Es ist der Geist, der bei der Taufe auf Jesus herabkommt und ihn zum messianischen König versiegelt. Der Geist aber, der am messianischen Königsamt hängt, kann nicht zugleich auf einem Verworfenen bleiben. Darum »wich der Geist des Herrn von Saul« (1. Sam. 16,14) und – seltsam genug – Saul wird wahnsinnig. Die gesamte nun berichtete Verfolgung Davids durch Saul ist nur als die Tat des vom »bösen Geist« (1. Sam. 16, 14.

23) besessenen, wahnsinnigen Saul, der bei der Zauberin von Endor endet, zu begreifen. Zwar vermag der gesalbte David zeitweise Saul zu erquicken, daß es besser mit ihm ward (1. Sam. 16, 23) – aber der Geist Gottes bleibt auf David.

David und Goliath

Die Salbung führt David sofort in den Kampf mit den Mächten der Welt. Es geht nun um die Bewährung seiner Salbung. Er weiß sich zum Kampf für sein Volk gefordert dort, wo kein anderer ihn wagt. Sein Volk ist in Schande und Gefahr. Die Heiden höhnen es. Er tritt ins Mittel. Verlacht von seinem Bruder, für toll und übermütig gehalten (1. Sam. 17, 28), gewarnt von Saul (17, 33), läßt er sich nicht zurückhalten – »Der Herr, der mich von den Löwen und Bären errettet hat, wird mich auch erretten von diesem Philister« (V. 37). Der Herr selbst führt ihn in den Kampf.

Nun tritt die Versuchung an ihn heran. Er sieht den schwer gerüsteten Philister. Saul will ihn ebenso ausrüsten. Wehrhaft soll er dem Feind gegenübertreten. Er legt den Panzer an; dann wirft er ihn ab. Nein, David darf nicht stark sein vor den Augen der Welt. Wehrlos, als der, als den ihn Gott berufen hat, als der Hirte, der die Salbung Gottes empfing, will er den Kampf aufnehmen. »Ich bin's nicht gewohnt« (V. 39). David will nichts anderes werden. Das einzige, was anders geworden ist, ist seine Salbung. Ohne Waffen, wehrlos tritt er in den Kampf.

Es muß so sein, daß der Feind, daß die Welt den Wehrlosen verachtet und höhnt und ihm flucht (V. 42 f). Sie begreift ihn nicht, hält ihn für wahnsinnig oder übermütig, weiß nicht, daß es die rechte Demut gegen Gott und sein Wort ist, die den David wehrlos macht. David sagt, was er in der Gewißheit seiner Salbung und Berufung zu sagen hat: »Du kommst zu mir mit Schwert, Spieß und Schild; ich aber komme zu dir im Namen des Herrn Zebaoth, des Gottes des Heeres Israels, das du gehöhnt hast.« – Jesus sagt: »Ihr seid ausgezogen mit Stangen und Spießen, mich zu fangen« (Matth. 26, 55), und er war wehrlos und sie sanken vor ihm in die Kniee. »Der Herr hilft nicht durch Schwert und Spieß; denn der Streit ist des Herrn; er wird euch in unsere Hand geben« (V. 47). Und der Herr bekennt sich zu seinem Gesalbten und hilft ihm zum wunderbaren Sieg.

In jeder Beziehung ist David hier Vorbild und Schatten Jesu Christi: Er tritt unmittelbar nach der Salbung in den Kampf gegen die Feinde des Volkes Gottes. Er besteht die Versuchung, groß und mächtig zu sein, ein Starker dieser Welt zu sein. Er wird wehrlos. Er wird von der Welt verachtet und gehaßt um seiner Wehrlosigkeit, d. h. um seiner Salbung willen. Er hält sich in seinem Kampf allein an den Gott Israels, der ihn zum König seines Volkes berufen hat. Er weiß, Gott siegt nicht durch Schwert und Spieß, sondern durch den Glauben seines Gesalbten. Als der zum messianischen Königtum Gesalbte, als Vorbild und Schatten Christi siegt David über Goliath. Es ist Christi Sieg in ihm. Denn Christus war in David.

Die Verfolgung

Der gesalbte David kann dem Haß und der Verfolgung um seiner Salbung willen nicht entgehen. Die Zeit bis zur Thronbesteigung ist eine Zeit der allseitigen fortgesetzten Feindschaft gegen ihn. Der Dämon in Saul haßt und flieht ihn. Er erkennt ihn als den Gesalbten, wie die Dämonen Christus erkannten, und weil er weiß, daß David an seine Stelle treten und die Herrschaft ihm gehören wird, geht der Kampf gegen David auf Tod und Leben. Saul oder David, die Dämonen oder Christus – obwohl Saul zweimal erkennen muß und es weiß: »David, du bist gerechter als ich, du hast mir Gutes bewiesen, ich aber habe dir Böses bewiesen« (1. Sam. 24, 18). Ja, gerade weil er das weiß, daß David ihm Böses mit Gutem vergilt, gerade wenn David durch seine Psalmen das Herz Sauls erheitern will, packt ihn der Dämon um

so wilder, daß er nach David schießt, um ihn zu töten. Der Haß gegen David treibt Saul zur Abgötterei und Zauberei und schließlich zum Selbstmord.
David ist ein Fremdling in seinem eigenen Land und im Lande der Philister; er hat nichts, da er sein Haupt hinlege. Er ist der Ausgestoßene, Gefürchtete und Verdächtigte. Er hat wenig Gefährten. Jonathan, Sauls Sohn, macht einen Bruderbund mit ihm in Ewigkeit. Der Sohn des Verworfenen erkennt, begreift und liebt den Gesalbten Gottes. Er hat ihn so lieb wie seine eigene Seele (1. Sam. 18, 1.3; 20, 17) - so lieb, wie der Mensch den Gesalbten Gottes haben soll. Er liebt seinen Bruder David wie sich selbst. David ist des Jonathan Liebe »sonderlicher denn Frauenliebe« (2. Sam. 1, 26), wie die rechte Bruderliebe in Erkenntnis des Gesalbten Gottes sonderlicher ist als die Liebe von Fleisch und Blut. In seiner Liebe zu David erkennt Jonathan, der Sohn Sauls, des Königs, daß die Erwählung und Salbung nicht durch Fleisch und Blut ererbt wird, sondern auf der freien Gnade Gottes ruht. Jonathan gerade, als der natürliche Thronerbe, wäre es gewesen, von dem die größte Feindschaft gegen David verständlich gewesen wäre. Aber eben der natürliche Feind wird dem David zum Bruder geschenkt. Er gibt ihm seinen Rock, Schwert, Gürtel - gibt ihm, was dem Königssohn gehört (1. Sam. 18, 4). Er will der Nächste sein um David, wenn dieser König sein wird (1. Sam. 23, 17). Er will der Bruder sein des Gesalbten in selbstloser Liebe.
Von einer seltsamen Schar von Gefährten des Gesalbten und Verfolgten berichtet die Bibel. In der Höhle von Adullam, in die David nach vergeblichem Umherirren flieht, versammeln sich um ihn seine Brüder, die ihn einstmals verachteten, und »allerlei Männer, die in Not und Schulden und betrübten Herzens waren; und er war ihr Oberster« (1. Sam. 22, 2). Er, David, wird der Sünder Geselle, der Freund und Vertraute der Mühseligen und Beladenen, der Hoffnungslosen und Betrübten. Er teilt mit ihnen ihr Leben, er ist ihr Oberster.

Ist David ein Räuberhäuptling, der es in seiner Not mit den Desperados hält wie andere auch? David ist für das biblische Zeugnis immer und überall der Gesalbte Gottes, in seinen Lenden ist Christus.
Die große *Versuchung* Davids während der Jahre der Flucht und Verfolgung ist es, sein Königtum mit Gewalt an sich zu reißen, Blut zu vergießen, das Reich vorzeitig aufzurichten, bevor es Gott gefällt. War er der Erwählte, so konnte er ja jeden Tag, der der Aufrichtung des Reiches verloren ging, als verloren betrachten. Warum sollte er nicht den, der ihm im Wege stand, Saul, warum sollte er nicht *jeden*, der sich ihm in den Weg stellte, einfach in Gewißheit seiner Berufung vernichten? So trug es der Teufel immer wieder an ihn heran. Aber die Aufrichtung des messianischen Reiches hat ihre Zeit, die ihr von Gott gesetzt ist, und David kann nur gehorchen. So erfüllt David die Zeit seiner ihm verordneten Leiden und wartet, »bis ich erfahre, was Gott mit mir tun wird« (1. Sam. 22, 3). David leidet um seines Reiches willen – er kann das messianische Reich nur durch die Zeit seines Leidens ererben. Er bleibt frei von Gewalt und Blutschuld. Zweimal wird Saul in seine Hand gegeben. Aber noch ist Saul der Gesalbte, wenn auch der verworfene Gesalbte Gottes. »Das lasse der Herr ferne von mir sein, daß ich das tun sollte und meine Hand lege an meinen Herrn, den Gesalbten des Herrn, denn er ist der Gesalbte des Herrn« (1. Sam. 24, 7). Und als er nur den Zipfel vom Rock des Saul abgeschnitten hat, schlägt ihm das Herz (1. Sam 24, 6); denn er spürt die Macht der Versuchung und er sieht, wie der Teufel am Werk ist, das verheißene Reich im Keime zu verderben. Zum zweitenmal tritt der Versucher in Gestalt des Abisai noch härter an ihn heran. »*Gott* hat deinen Feind heute in deine Hand beschlossen, so will ich ihn mit dem Spieß stechen« (1. Sam. 26, 8). David soll Gottes eigenen Willen erkennen, dem Saul den Tod zu geben und sein Reich aufzurichten und der Zeit seines Leidens ein Ende machen. So spricht der Teufel

vom Paradies bis zur Versuchung Jesu mit Gottes eigenem Wort. Hier tut er es mit Gottes Wort aus der gegebenen – »gottgegebenen« – Situation. Aber David weist den Versucher hinter sich – »Wo der Herr ihn nicht schlägt – so lasse der Herr ferne von mir sein ...« (1. Sam. 26, 10. 11). David bleibt der Wehrlose, der Verfolgte und Leidende um des Reiches willen. Und indem er so Böses mit Gutem vergilt, zwingt er den Saul zweimal zur Erkenntnis seiner Sünde. Nicht durch Gewalt, sondern durch Liebe gewinnt er das Herz des verworfenen Saul. »Du bist gerechter als ich. Du hast mir Gutes bewiesen; ich aber habe dir Böses bewiesen.« (1. Sam. 24, 18): »Ich habe gesündigt; komm wieder, mein Sohn David, ich will dir fürder kein Leid tun, darum, daß meine Seele heutigestags teuer gewesen ist in deinen Augen ...« David: » Der Herr wird einem Jeglichen vergelten nach seiner Gerechtigkeit und seinem Glauben – er errette mich von aller Trübsal.« Saul: »Gesegnet seist du, mein Sohn David, du wirst es tun und hinausführen« (1. Sam. 26, 23 ff). – Der David fluchte, muß ihn segnen. Der Feind muß ihn lieben und sein Herz bekehren um der Salbung, um des Leidens des David willen. Der Feind des Messias, der ihm nach dem Leben steht, liebt ihn in dunkler Liebe, die immer wieder Haß wird.
Aber daß deutlich werde, daß es allein Gottes gnädige Vorsehung ist, die David vor der Blutschuld bewahrt, wird David noch einmal hart an den Rand der Sünde geführt. Er will Nabal, der ihn gehöhnt und verachtet hat, töten (1. Sam. 25). Da schickt Gott die Abigail und Davids Hand bleibt von Blutschuld unbefleckt. David erkennt Gottes Führung und bekennt: »Gelobt sei der Herr, der Gott Israels, der dich heutigestags hat mir entgegen gesandt – gesegnet seist du, daß du mir heute gewehrt hat, daß ich nicht in Blutschuld gekommen bin und *mir nicht mit eigener Hand geholfen habe«* (1. Sam. 25, 32). Darauf kommt es an: Der Gesalbte Gottes darf sich nicht mit eigener Hand helfen. Er muß warten

und leiden, bis sein Gott ihm hilft. So hat es David getan. Wo er im Krieg Blut vergießt, ist es *Gotteskrieg*, auf Gottes ***ausdrücklichen*** Befehl (1. Sam. 23, 2 ff). Als Saul vom Herrn geschlagen ist und Jonathan mit ihm, da *leidet* David zum letztenmal um ihretwillen. Er bricht nicht in Freude aus, sondern er leidet und weint um ihren Tod. So wird er als der gehorsame Gesalbte und durch viele Versuchungen Bewährte, als der Verfolgte und Leidende, Böses mit Gutem Vergeltende, von Gott auf den Thron des messianischen Reiches erhoben.

Die zweite Stunde

Der messianische König

Die zweite Salbung Davids

Der göttlichen Salbung durch Samuel folgt eine zweimalige Salbung durch die Männer von Juda (2. Sam. 2, 4), dann durch die Ältesten in Israel (2. Sam. 5, 3). Diese zweite Salbung ist die sichtbare Beglaubigung der ersten Salbung, die im Verborgenen geschah. Nun ist David nicht mehr verborgener, leidender, sondern sichtbarer, triumphierender König. Durch diese sichtbare Salbung merkt David, daß Gott ihn nach den Zeiten der Versuchung und Verfolgung als König bestätigt hat. Er hat die Zeit der Versuchung bestanden. Gott sagt durch sein Volk ja zu ihm. Das Volk fällt ihm zu und nennt ihn König. Er ist König um des Volkes Israel, um der Kirche willen (2. Sam. 5, 12), d. h. sein Königtum ist Dienst. Er kommt nicht, um sich dienen zu lassen, sondern um zu *dienen*. Im Dienst am Volk Gottes besteht sein Königtum.

Einzug in Jerusalem

Seine erste Tat ist die Eroberung von Jerusalem, der Burg Zion. Das bisher Unmögliche gelingt ihm. Die von keinem vor ihm einnehmbare Stadt, die noch in letzter Stunde ihren Spott gegen ihn hat (2. Sam. 5, 8), die letzte Festung des Feindes des Volkes Israel, wird eingenommen und gerade sie muß nun die Stadt Gottes für alle Zeiten werden. Dem gesalbten König kann kein Feind mehr trotzen. Er muß den Platz räumen und an seiner Stelle wird die Lade Gottes stehen, wird Gott wohnen. David holt die Lade ein, »deren Name heißt: Der Name des Herrn Zebaoth wohnt darauf über den Cherubim« (2. Sam. 6, 2). In Jerusalem bekommt die Lade ihren festen Ort. War sie bisher mit den Kindern Israels umhergewandert, war das Zelt das Zeichen der Wanderschaft Israels, so bleibt ihr Ort nun fest. Das heißt: Das Reich Gottes ist errichtet, es steht fest, die Zeit des Wanderns und Umherirrens ist vorüber. Das Königtum Gottes steht fest in Davids Thron auf dem Berge Zion. Bei der Einholung der Lade muß das Volk Israel und David lernen (2. Sam. 6, 8), daß Gott zu seinem Werk keiner fremden Hilfe bedarf. Als die Lade auf dem Wege ins Wanken gerät und Usa zugreift, stirbt er im selben Augenblick vom Grimme Gottes getroffen (2. Sam. 6, 7). Gott bedarf zu seinem Weg keiner Menschenhilfe, auch nicht der fromm gemeinten. Gottes Heiligkeit verbietet den eilfertigen menschlichen Zugriff bei seinem Werk.

Als dann die Lade in die Stadt getragen wird, demütigt sich David, denn »er tanzte mit aller Macht vor dem Herrn her und war gegürtet mit einem leinenen Rock« (2. Sam. 6, 14). Im Kleide des Priesters führt er als der Priesterkönig den Gottesdienst an. Als Priesterkönig tritt er neben das Volk, unter Knechte und Mägde in Demut und Gehorsam gegen Gott. Er ist einer von ihnen, der Erwählte Gottes, aber ihr Bruder. Und sein Lohn ist abermals der Spott durch Michal, die Tochter Sauls, die sich den Priesterkönig David in anderer Würde gedacht hatte als in der Würde der Demut. Aber David sagt: »Ich will noch geringer werden denn also und will niedrig sein in meinen Augen und mit den Mägden zu Ehren kommen« (2. Sam. 6, 22). Ein Triumphzug in *Niedrigkeit und Sanftmut* - so zieht David, der König und Priester, mit der Lade, der Gegenwart Gottes, in Jerusalem ein, als der dienende König seines Volkes. »Gelobt sei, der da kommt im Namen des Herrn« - schrie das Volk zu Jerusalem, als Jesus einzog [Matth. 21,9]. »Der Name des Herrn« - so gerade heißt die *Lade*, mit der *David* einzieht. Gelobt sei, der da kommt und mit ihm die Gegenwart Gottes, so gilt es für David und für Christus. Nun hat der König Ruhe in seinem Haus vor seinen Feinden (2. Sam. 7, 1), sein Thron ist fest gegründet.

Der verheißene Tempel Gottes

Eben diese Ruhe versteht nun David als die Erfüllung der dem Mose gegebenen Verheißung: »Ihr werdet in dem Lande wohnen, das euch der Herr, euer Gott wird zum Erbe austeilen und er wird euch Ruhe geben vor allen euren Feinden um euch her und ihr werdet sicher wohnen; wenn dann der Herr, dein Gott, einen Ort auswählt, daß sein Name daselbst wohne ...« (5. Mose 12, 10. 11). Diese Verheißung versteht David als Befehl, Gott nunmehr den festen Ort zu geben, an dem er wohnen soll, ihm den Tempel zu bauen. Es ist sein Gehorsam gegen die Verheißung, der ihn zu diesem Vorhaben bringt. Der Tempel soll die Herrlichkeit des ihm von Gott gegebenen Reiches vollenden. Erst der Tempel erfüllt die Verheißung der Stadt Gottes. Königtum und Priestertum gehören zusammen (Ps. 78, 68 ff). David beweist demütigen Gehorsam darin, daß er nicht aus eigener Machtvollkommenheit ans Werk geht. Er folgt dem Propheten, den ihm Gott gegeben hat, Nathan.

Nathan empfängt des Nachts das Wort Gottes, das sowohl ein Nein wie auch ein unermeßlich großes Ja auf Davids Frage enthält. David soll den Tempel nicht bauen. Zwei Gründe stehen dagegen: Erstens: Gott will im Zelt wohnen bleiben. Das Zelt als das Zeichen der Wanderschaft besagt, daß die Verheißung von 5. Mose 12, 10, die David erfüllt glaubt, eben noch nicht erfüllt ist. David ist noch nicht der König, der Ruhe hat von allen seinen Feinden und sicher wohnen wird. – Es ist Salomos Wort: »David konnte das Haus nicht bauen dem Namen des Herrn, seines Gottes wegen des Krieges, damit sie ihn umgaben« (1. Kön. 5, 17). »Du bist ein Mann des Krieges und hast Blut vergossen« (1. Chron. 28, 3; 22, 8) – damit ist gesagt: Das Reich Davids ist noch nicht das Reich der ewigen Ruhe. Es wird aber ein König des Friedens und nicht des Blutvergießens sein, der den Tempel bauen soll. Der Tempel Gottes steht in einem Friedensreich. Wer ist dieser König? Salomo hat die Verheißung auf sich bezogen: »Jetzt gab mir der Herr, mein Gott, Ruhe ringsum und ist kein Widersacher, kein böses Hindernis mehr« (1. Kön. 5, 4 ff). Und Salomo baute den Tempel – aber er fiel ab – der Tempel wurde zerstört. Die Frage erhebt sich aufs neue: Wer ist der König des Friedens? Zweitens: Gott fragt: »Solltest du mir ein Haus bauen? . . . Der Herr verkündigt dir, daß der Herr dir ein Haus machen wird!« (2. Sam. 7, 5. 11). Was ist das Haus Gottes? Was ist der Tempel, die Kirche? Nicht ein Haus, das irgendein Mensch bauen kann, nicht einmal der gesalbte Priesterkönig David kann es, sondern es ist Gottes eigenes Haus (1. Chron. 17, 14) und darum sein eigenes Werk, von oben her gebaut. Der Baumeister ist im Himmel. Das war das Mißverständnis Davids, daß er meinte, er könne dem Herrn selbst eine Kirche bauen. Es war ein frommer, aber ein gottloser Gedanke. Die Kirche baut Gott selbst. »Solltest du mir ein Haus bauen?« – Sollte der Mensch den Ort Gottes in der Welt bestimmen und die Weise, in der Er unter den Menschen wohnen will? Sollte nicht dein selbsterwähltes und selbsterbautes Haus ein Werk und Tempel deiner Religiosität sein, aber nicht der Verheißung

Gottes? Ein Haus, in dem du anbetest ohne Verheißung; sollte nicht das Haus, das du baust, unter allen Umständen dich und dein Volk eurem Gott abtrünnig machen? Kein Mensch bestimmt, was die Kirche sei und wie sie sein solle, sondern Gott allein. »Der Herr wird dir ein Haus bauen« – das ist das Ja zu Davids Frage. Der gnädige Gott beantwortet die gottlose Frage Davids mit einer nie dagewesenen Verheißung. Er verheißt ihm nicht nur sein Königtum, sondern ein Haus, ein Reich, eine Kirche, die Gott selbst baut. Wie wird dieses Haus aussehen? David wird sterben. Wenn er schlafen wird mit seinen Vätern, dann wird sein Same, der von seinem Leibe kommt, erweckt werden (2. Sam. 7, 12). Das scheint in zukünftige Zeiten zu weisen. Dieser Same Davids soll das Reich behalten. Nicht mehr dem David selbst, aber doch ihm in seinem Samen, denn sein Same ist in ihm, soll das Haus Gottes gebaut werden.

Vers 13: Dieser Same Davids soll Gott nach seiner Verheißung ein Haus bauen und sein Reich wird in Ewigkeit bestehen. Also doch ein Mensch, der Gott sein Haus baut? Dessen Reich ewig sein wird? Auf wen geht diese Verheißung, die Salomo auf sich bezog, ohne von Gott gestraft zu werden?

Vers 14: Die Verheißung verdichtet sich. Es wird der Same Davids Gottes Sohn genannt werden, und Gott wird sein Vater sein. Und durch diesen Samen wird der Tempel Gottes gebaut werden, und dieser Tempel des Sohnes Gottes, der Gottes eigener Tempel sein wird, soll ewiglich bleiben (V. 16). Ist Davids Same Gottes Sohn, so ist seine Herrschaft Gottes eigene Herrschaft; so muß es schließlich offenbar werden, daß Gott seine Herrschaft durch den Davidssohn aufrichten will und daß diese Herrschaft und dieser Tempel in Ewigkeit bleibt. So sagt es der Psalm Davids Ps. 2: »Du bist mein lieber Sohn, heute habe ich dich gezeugt ... Ich will dir die Heiden zum Erbe geben und der Welt Enden zum Eigentum«. Und Ps. 110: »Der Herr wird das Szepter seines Reiches senden aus Zion. Herrsche mitten unter deinen Feinden.« Davids Sohn wird Gottes Sohn sein, Davids Herrschaft wird Gottes Herrschaft und Reich sein, und wenn David längst schlafen wird, wird sein Reich in Ewigkeit bleiben.

Der Same Davids soll nicht mehr durch Gottes Zorn vernichtet werden, sondern mit Menschenruten soll er gezüchtigt werden, wenn er sündigt. Wie der Vater sein Kind züchtigt, weil er es liebt, aber es nie vernichtet, so soll von Davids Samen Gottes Barmherzigkeit nicht mehr entwandt werden – »wie ich sie entwandt habe von Saul« (V. 15), sondern: V. 16: »Dein Haus und Königreich soll beständig sein ewiglich vor dir und dein Stuhl soll ewiglich bestehen.« Das Haus Davids, das Gott selbst gebaut hat, wird das Reich und die Herrschaft Gottes sein. Der Tempel, den Salomo baute, war vergänglich – durch Menschenruten – das war nicht das ewige Haus. Er ist nur der Schatten jenes unvergänglichen Tempels, von dem Jesus, der Sohn Davids, bezeugt, daß er ihn abbrechen und nach drei Tagen wieder aufrichten werde. »Er redete aber von dem Tempel seines Leibes« (Joh. 2, 21). Das Haus, das Gott sich bauen will, ist aber der Same Davids, ist der Leib Christi, seines Sohnes, und dieser Leib ist Christus und in ihm seine Gemeinde. Dieser Leib des Sohnes Gottes ist die neue Menschheit, die aus dem Samen Davids nach der Verheißung Gottes durch den Christus Jesus und in ihm geschaffen ist. So empfängt David die Verheißung, daß in ihm der Leib Christi, die Kirche Christi, schon verborgen sei. Auf wen geht die Verheißung? Auf den Samen Davids – den menschlichen Samen –, denn er wird sündigen, also auch auf Salomo (vgl. 1. Kön. 8, 20). Aber das Reich wird ewiglich bleiben – und das ist allein Gottes eigenes Reich. So geht die Verheißung über Salomo und das Haus Davids auf *Jesus Christus*.

David empfängt im Glauben diese Verheißung. Er erkennt, daß sowohl er wie das Volk damit vor allen Königen und

Völkern ausgezeichnet sind ohnegleichen. »Was bin ich, Herr, Herr, was ist mein Haus, daß Du mich bis hierher gebracht hast?« (2. Sam. 7, 18. 23). Aber nicht nur die vergangene Gnade, sondern erst recht die gnädige Verheißung von »fernem Zukünftigen« (V. 19) demütigte David. So wird David getrost sterben, denn er weiß, er wird leben (Ps. 118, 17; 22, 23). »Ich will Deinen Namen predigen meinen Brüdern . . .« (Hebr. 2, 12). Er, d. h. sein Same, wird erweckt werden zum Leben, und der Sohn Gottes und sein Haus, das ist das Haus, das Gott ihm bauen wird, wird ewiglich bleiben. Im Dunklen bleibt der kleine Versteil – »und das nach dem Gesetz des Menschen«, »nach der *Weise* eines *Menschen,* Herr, Herr« (V. 19 b)[2]. Ist es die staunende, ehrfürchtige Anbetung, daß Gott seine Verheißung erfüllen wird in der Weise eines Menschen, als ein Mensch, als Menschgewordener? Ist es der dunkle Hinweis auf die Nacht, in der die Geburt Jesu Christi, des Sohnes Gottes, in der Stadt Davids von den himmlischen Heerscharen verkündigt wird?
V. 23 ff: Das Volk Israel wird das Volk Gottes bleiben in Ewigkeit, das einzige Volk, das nicht vergehen wird, denn Gott ist sein Herr geworden, Gott hat in ihm Wohnung genommen und sein Haus gebaut. Die Kirche, das wahre Israel, ist verheißen. Wie sollte David das Bekenntnis seiner Demut und des Dankes anders enden als mit der Bitte, Gott wolle sein Wort bekräftigen in Ewigkeit, Er wolle tun, wie Er geredet hat. Er wolle seinem Volke, seiner Kirche treu bleiben.

2. Luthers Randglosse: »Das ist, Du redest mit mir von solchem ewigen Reich, da niemand kann König sein, er muß *Gott und Mensch* sein, weil er mein Sohn und doch für und für soll König sein, welches allein Gott angehört.«

Die dritte Stunde

David, der gerechtfertigte Sünder

Die Sünde

Der messianische König David fällt und wird zum Sünder. Seine Sünde ist die Sünde der Großen, die Gefahr der von Gott Begnadigten und Beschenkten, nämlich *falsche Sicherheit* (securitas statt certitudo). So beginnt unsere Erzählung damit, daß David nicht mehr, wie gewöhnlich, mit seinem Heere zum Kampfe auszieht, sondern Joab schickt und selbst in Jerusalem bleibt (2. Sam. 11, 1). Er fühlt sich sicher in der Stadt Gottes. Er beginnt die Furcht Gottes zu verlieren, dessen Ruf den Begnadigten gerade zu ununterbrochener Tat zwingt. Diese müßigen Tage in Jerusalem führen seinen Sturz herbei. Er sieht vom Dach seines Königshauses die Bathseba und findet Gefallen an ihr. Er hört, sie sei das Weib des Uria, des Hethiters. Abermals treibt ihn die gottlose Sicherheit seiner Macht zur Sünde. Er begeht Ehebruch. Und Bathseba schickt zu ihm Boten: Ich bin schwanger geworden (11. 5). Kann seine Sünde also nicht verborgen bleiben, so muß eine weitere Sünde getan werden. David läßt den Uria aus dem Felde zurückholen (11, 6) und befiehlt dem Uria, zu seiner Frau zu gehen, eben um seine Sünde zu verdecken. Uria als treuer Knecht Davids wacht aber in der Nacht an Davids Tür und geht nicht zu seinem Weibe (11, 8–13). Jetzt mißbraucht David frevelhaft sein Recht als Feldherr und läßt Uria in der Schlacht vom Feind an gefährlicher Stelle töten. So wird er um seines Ehebruchs willen zum Mörder. David, der messianische König, ist Ehebrecher und Mörder geworden. Und er bleibt in seiner gottlosen Sicherheit, die die Wurzel dieses Falles war, unerschüttert. David nimmt Bathseba zum Weibe und lebt mit ihr und sie gebiert ihm einen Sohn. David, zum Sünder geworden, erkennt seine Sünde nicht, sondern verhärtet sich in ihr ein Jahr lang.

»Aber die Tat gefiel dem Herrn übel, die David tat« (2. Sam. 11, 27). Gottes Verheißung ist dem David zu groß und schwer geworden. Er wurde an ihr zum Sünder. Er blieb nicht in der Demut. Er sündigte auf die Verheißung hin, er sündigte auf Gnade. Auch die Gnade Gottes will getragen sein, und je größer sie ist, deso leichter zerbricht der Mensch an ihr. Für solche Gnade, in sich den Christus der Welt zu tragen, war David zu schwach.
Aber Gottes Verheißungen können an der Sünde nicht zuschanden werden. »Glauben wir nicht, so bleibt er doch treu. Er kann sich selbst nicht verleugnen« (2. Tim. 2, 13). Gottes Verheißung ist ja dem David für die Ewigkeit gegeben. Gott hält an seiner Verheißung und an seinem Gesalbten [fest].
Und abermals handelt Gott durch seinen Propheten. Die Verstockung Davids ist so groß, daß er es wagt, einen anderen Menschen um einer gewiß leichteren Sünde willen, als er sie begangen hat, des Todes schuldig zu sprechen, bis Nathan ihm sagt: »Du bist der Mann.« Es ist das Wesen der Verstockung, daß wir uns selbst in einer anderen Situation vor Gott sehen als den anderen. Wir stehen unter einem Sonderrecht. Was uns recht ist, ist dem anderen noch lange nicht billig. Und nun bekommt David durch Nathan zu erfahren, als wer er selbst wirklich vor Gott dasteht. Als der, den Gott zum König gesalbt und dem die Verheißung Gottes zuteil wurde, den Gott errettet hat aus vielen Leiden und Gefahren, den er überschüttet hat mit Gütern; als der, an dem Gott seine ganze Gnade erwiesen hat und noch viel mehr Gnade erweisen will (2. Sam. 12, 8); als der Mann unter der Gnade Gottes ist er zum Sünder geworden. Er hat das Wort des Herrn verachtet (12, 9). Darum muß sich nun an David schon vollziehen, was Gott seinem Samen angedroht hat. Er will ihn schlagen mit Menschenruten, aber er will ihn nicht vernichten. David hat unschuldiges Blut vergossen; »darum soll von deinem Hause das Schwert nicht lassen ewiglich« (12, 10). David hat die Ehe eines anderen gebrochen, darum

sollen seine Weiber von anderen geschändet werden (12, 11). Worin einer sündigt, damit wird er auch gestraft. Durch Davids Sünde kommt das Schwert über Davids Haupt ewiglich. Mit den letzten Jahren der Regierung Davids beginnt es, über Salomo und das davidische Haus geht es weiter. Davids Haus wird gezüchtigt durch das Schwert, das immer wieder aus Davids eigenem Hause herkommt und das Volk Gottes zerfleischt. Davids Reich sollte ein Friedensreich sein, aber das Schwert ist seine dauernde Bedrohung. Der Kampf zwischen der Gewalt, die das Schwert trägt, und der Kirche Gottes ist angekündigt und bleibt nun »ewiglich«. Davids Same, Christus und seine Kirche werden geschlagen von der Gewalt des Schwertes; und dieses Schwert züchtigt und tötet wohl leiblich, aber es tötet nicht die Verheißung. Vielmehr – und das ist das Wunder der göttlichen Züchtigung – das Schwert, das gegen das Haus Davids gerichtet ist, bringt der Kirche das Leben und die Verheißung wieder. Der gekreuzigte Christus steht auf, die Kirche unter dem Kreuz, unter der Züchtigung durch das Schwert empfängt neues Leben. So ist in der Strafe Davids die ganze Gnade Gottes eingeschlossen; so bekennt sich Gott gerade durch seine Straftat an dem Hause Davids zu seiner Verheißung. Er bleibt dem Hause David in seinem Fall treu. Und 12, 11: Aus Davids eigenem Haus soll ihm die Schande entstehen; aus seinem eigenen Haus soll der aufstehen, der Davids Leib an seinen Weibern schändet (cf. 16, 22). Aus der Kirche des Messias selbst soll der Sohn, der Absalom, sich erheben und die Kirche vor aller Welt – an der lichten Sonne (12, 11) – entheiligen. Die Entehrung der Kirche Gottes kommt von innen, aus ihr selbst. *Absalom* – das ist der Schatten aller derer, die bis in die Gegenwart als Söhne der Kirche die Schänder der Kirche waren. Und sie müssen ihr furchtbares Werk tun kraft der drohenden Verheißung Gottes – aber wehe dem, durch den dieses Werk geschieht. Sie werden sich selbst zum Gericht und zum Fall, sie fangen sich selbst ein. Absalom bleibt mit seinen Haaren am Baum hängen und empfängt so den Tod. Das Schwert als dauernde Bedrohung des Bestandes des Hauses – *der Schänder von innen* –, das ist das Gericht Gottes über Davids Sünde.

David hat jetzt Gottes Wort zum erstenmal seit seiner Sünde wieder gehört. Was er selbst nicht vermochte, nämlich seine Sünde einzusehen, eben um seiner verstockten Sicherheit willen, das vermag nun das ihm durch einen anderen Menschen gesagte Wort Gottes. David erkennt aus dem ihm verkündigten Wort Gottes und aus ihm allein seine schwere Sünde. Gott wartet lange. Er läßt den gefallenen Menschen den Weg seiner Sünde voll zu Ende gehen; er läßt ihn sich verhärten und verstocken – das Wort Gottes hat seine Zeit. Dann schlägt es ein und richtet: »Da sprach David zu Nathan: Ich habe gesündigt wider den Herrn. Nathan sprach zu David: So hat auch der Herr deine Sünden weggenommen; du wirst nicht sterben« (2. Sam. 12, 13). Der König David bekennt seine Sünde unter dem Wort Gottes. Und weil es so ein rechtes Bekenntnis und rechte Buße ist, gibt Nathan dem David zu wissen, daß Gott ihm seine Sünde schon vergeben habe. Das »so« im Munde Nathans besagt, daß es das eine Wort Gottes ist, das den David richtet und freispricht. Es ist dasselbe Wort, das in die tiefste Buße und Demütigung treibt und begnadigt; denn es ist nur Ein Gott, der zu seinem Knecht zurückkehrt und das nur kann durchs Gericht. Gott kommt im Kreuz als der seine Kirche Strafende und Vergebende. Ist aber Gott wieder da, so kann David nicht sterben an seiner Sünde, sondern er lebt als vor Gott gerechtfertigter Sünder. Gott kommt in Christus zum Sünder.

Weil aber Gott ein Gott ist, der die Sünden der Väter heimsucht an den Kindern, darum muß der Sohn des Ehebruchs sterben. Er soll nicht der rechte Same Davids sein. »Und der Herr schlug das Kind, daß es todkrank ward, und David suchte Gott um das Knäbleins willen« (12, 15. 16). David kann jetzt wieder beten; er kann wieder Gott suchen, nachdem er ihn gefunden hat. Es ist kein Unrecht, daß David Gott um seines Kindes willen bittet; das ist ein gläubiges Sichdemütigen vor Gottes Gerichten und sich an ihn halten in seiner Not mit Fasten und Beten. Durch Fasten und Beten aber allein werden die bösen Dämonen ausgetrieben (Mark. 9, 29). Daß David sich in diesen sieben Tagen der Buße nicht an Gott versündigt, wird daraus deutlich, daß er zu der Stunde, als er von der Vollstreckung der Strafe Gottes, vom Tode seines Kindes hört, aufsteht, sich wäscht, salbt, in den Tempel geht und Gott anbetet (12, 20). Er empfängt Gottes Gericht im Glauben und weiß, es ist ein gerechtes Gericht, und betet seinen Gott an. Er ist wieder mit Gott im Frieden. »Und da David sein Weib Bathseba getröstet hatte, ging er zu ihr hinein und schlief bei ihr. Und sie gebar einen Sohn, den hieß er Salomo. Und der Herr liebte ihn. Und er gab ihn in der Hand Nathans, des Propethen und hieß ihn Jedidja (d. i. Liebling des Herrn) um des Herrn willen« (2. Sam. 12, 24). David, der gerechtfertigte Sünder, erhält Bathseba zum zweitenmal zum Weibe. Bathseba bleibt das Weib seines Ehebruchs; er darf sich von der Schuld seiner Vergangenheit nicht einfach trennen. Bathseba bleibt ihm die dauernde Erinnerung an seinen Fall, an seine Demütigung, an Gottes Gericht und Vergebung. Er muß sich damit begnügen, daß über seine Ehe mit Bathseba, die er nicht von sich stoßen darf, der Friede Gottes ausgesprochen bleibt. Und so nennt er den Sohn, den er am Tage seines Friedensschlusses mit Gott erzeugt, Salomo, denn er ist ein Sohn des Friedens. Und der Herr hatte Salomo lieb. Er bekennt sich zu seinem Frieden, und David übergibt den Salomo dem Propheten Nathan, durch dessen Wort er den Frieden Gottes wieder empfangen hatte.

Salomo ist der Sohn einer Ehe, die mit Ehebruch und Blutschuld begann. Matth. 1, 6: »Der König David zeugte Salomo von dem Weibe des Uria« – er stammt aus dem sündlichen Fleisch des David und der Bathseba, aber er ist auch der Sohn, auf dem der Friede Gottes ruht. Der Same Davids, der seine Verheißung tragen soll, kommt in diese Welt im Fleisch der Sünde (ἐν τῷ ὁμοιώματι τῆς σαρκός; Röm. 8, 3), aber als der König des Friedens. Wer ist dieser Same Davids? David erkent nun auch wieder sein Amt, als König mit dem Volke Gottes gegen die Feinde zu streiten. »Also nahm David alles Volk zugleich und zog hin und stritt wider Rabba und gewann es« (12, 29) und kehrte mit seinem ganzen Volke mit einer neuen Königskrone nach Jerusalem zurück (12, 30 f).

Die Strafe

Die letzten Jahre der Regierung bringen David täglich die Wirklichkeit der Strafandrohung Gottes zu Bewußtsein. Die Vergebung der Sünde nimmt die Strafe der Sünde nicht von uns. Auch der Glaubende muß sterben, den Sold der Sünde bezahlen. Auch David verfällt der Strafe seiner Sünde. Aber die Strafe wird nun nicht mehr erfahren als der Zorn Gottes, sondern als die gnädige Züchtigung Gottes, der uns alle Sünden vergibt. Freilich, es gilt, sich dieser Strafe tief zu beugen und ihr nicht zu widerstehen. Denn die Sünde will ihre Strafe, in dieser oder jener Welt. David beugt sich, er ist wieder demütig geworden. Sein Sohn Amnon schändet das Haus, indem er seine Halbschwester schwanger macht. Absalom ermordet den Halbbruder. Die Sünden Davids wiederholen sich in seinen Söhnen. Amnon schändet die Ehe, Absalom ist Mörder. Dazu vollstreckt sich die Verheißung Gottes – Absalom greift zum Schwert gegen seinen Vater. Nicht nur nach Brudermord, sondern nach Vatermord steht er. Er schändet selbst die Weiber seines Vaters »an lichter Sonne« und schändet damit das Haus Davids (16, 21). David widersteht nicht, sondern er beugt sich der Strafe. Er muß Jerusalem verlassen. Der gestrafte David leidet außerhalb der Tore Jerusalems, »und das ganze Volk weinte mit lauter Stimme« (2. Sam. 15,

23). Er trägt den Fluch der Sünde, die Strafe seines Hauses. »Und der König ging über den Bach Kidron« (15, 23), denselben Bach, über den der Sohn Davids in der Nacht vor seiner Kreuzigung ging, als er sich anschickte, die Strafe der Welt zu tragen draußen vor dem Tor (Hebr. 13, 12).
David muß dem Priester, der die Lade Gottes mitnehmen will, dies verweigern. Er weiß sich nicht im Recht. Er trägt das Strafleiden seines Hauses. Er kann Gottes Gnade nicht in Anspruch nehmen, nicht zwingen – und er gibt sich so ganz in Gottes Hand. »Werde ich Gnade finden vor dem Herrn, so wird er mich wieder holen und wird mich sie sehen lassen und sein Haus. Spricht er also: Ich habe nicht Lust zu dir, siehe, hier bin ich. Er mache es mit mir, wie es ihm wohlgefällt« (2. Sam. 15, 25 f). Auf dem Auszug aus Jerusalem flucht ihm Simei mit furchtbaren Worten (16, 7). David trägt auch dies. Zum zweitenmal wird Abisai, der Sohn der Zeruja, ihm zum Versucher, sich gegen die Hand Gottes aufzulehnen, dieses Leiden nicht zu tragen: Wer darf dem gesalbten König fluchen? Der ist des Todes (16, 9). Aber David widersteht: »Ihr Kinder der Zeruja, was habe ich mit euch zu schaffen? Laßt ihn fluchen; denn er Herr hat ihn geheißen: fluche David. Wer kann sagen, warum tust du also?« (16, 10). David will die ganze Strafe Gottes auskosten und sich nicht schonen. Sie muß doch getragen werden. Er will sie tragen. Auf ihn falle der Fluch der Menschen, damit seinem Hause die Verheißung Gottes erhalten bleibe.
Und abermals bekennt sich Gott zu David. Die Feinde werden vernichtet, und David kehrt heim. »Und sie sandten zum König: Komm wieder du und alle deine Knechte. – Also kam der König wieder« (19, 15 f). Komm wieder, König David, Gesalbter Gottes, geprüfter und gestrafter und bewährter – komm wieder, König David, der du die Strafe deines Hauses getragen hast. Und David kommt wieder zu seinem Volk.
Unsere Frage ist: Wie ist jener David, der zum Sünder wur-

de, Vorbild und Schatten Christi? David ist Mensch, von sündlichem Fleisch. David ist nicht Christus, er ist nicht himmlisch, sondern irdisch. Wir verstehen, er ist nicht »Vorbild und Schatten« Christi in seinen moralischen Qualitäten, in seiner Heiligkeit. Er war es so auch nie. Aber er ist und bleibt es durch die Erwählung und Salbung und die Gnade Gottes, die ihm treu bleibt. Als der, den Gott durch sein Gericht beugt und demütigt und straft, und der Gottes Gericht als Sünder trägt und die Strafe Gottes auf sich nimmt und so die volle Gnade Gottes empfängt, gerade als der *gerechtfertigte Sünder* ist David, der gesalbte König, »Vorbild und Schatten« Christi, des gekreuzigten Christus.

Davids letzte Worte

»Es sprach David, der Sohn Isais, es sprach der Mann, der hoch erhoben ist, der Gesalbte des Gottes Jakobs, lieblich mit Psalmen Israels. Der Geist des Herrn hat durch mich geredet und seine Rede ist auf meiner Zunge. Es hat der Gott Israels zu mir geredet und seine Rede ist auf meiner Zunge...« (23, 1 f). Die Tage Davids gehen zu Ende. Der Gesalbte, Versöhnte, der Leidende, der Triumphierende, der gerechtfertigte Sünder – er ist durch seine Geschichte mit Gott hindurch der Gesalbte geblieben. Er ist der messianische König und redet seine letzten Worte durch den Heiligen Geist, der nicht von ihm genommen wurde. Sie richten sich nicht auf Vergangenheit, sondern sind Weissagungen des Geistes: »Ein Gerechter herrscht unter den Menschen, ein Herrscher in der Furcht Gottes – und ist wie das Licht des Morgens, wenn die Sonne aufgeht, am Morgen ohne Wolken, da vom Glanz nach dem Regen das Gras aus der Erde wächst. Ist nicht mein Haus also bei Gott?« (2. Sam. 23, 3. 4). Davids Haus ist der Träger der Verheißung – David selbst ist wohl der Gerechte, aber eben der als Sünder Gerechtfertigte. David fürchtet Gott, aber als Sünder, der seine Gnade erfahren hat. Davids Haus trägt die Verheißung – sein Haus wird hier deutlich personifiziert. Es wird in dunkler Weise von ihm geredet als von einem Einzelnen, von einem Menschen. Es ist abermals das Zeugnis von dem Tempel Gottes, der Jesus Christus selbst ist und sein Leib. Jesus Christus wird sein der Gerechte ohne Sünde, der Gottesfürchtige ohne Übertretung. Von ihm weissagt David, den er in seinen Lenden weiß, nach der Verheißung. Der ewige Bund (23, 5) ist der Bund in Christus. Aus ihm wird all mein Heil und all mein Wohlgefallen wachsen (23, 5). Aber die Bösen werden im Zorne Gottes mit Eisen und Spieß vernichtet werden; sie werden mit Feuer verbrannt werden an ihrem Ort. – Christus wird herrschen, aber die Heillosen werden verworfen sein ins Feuer (23, 6. 7).

Die Aufzählung der Helden Davids, die nicht ohne Bedeutung mit dem treuen Uria, dem Hethiter, abschließt (23, 8–39), bezeugt, daß der, der Christus in seinen Lenden trägt und Christi Reich einnimmt, umgeben ist von Starken und Treuen, wie Christus auf seinem Stuhl umgeben ist von starken und heiligen Engeln.

Kapitel 24, das nach Vers 18 offenbar hinter Kapitel 6 gehört, enthält den Bericht der Versündigung Davids, indem er sein Volk zählen will. Gottes Volk aber soll nicht gezählt werden. Gott allein kennt sein Volk in seiner Zahl. Die Zahl gibt dem Menschen Berechnung, die ihn vom Glauben abhält. Die Strafe Gottes folgt. David erwählt sich, in die Hände Gottes zu fallen, d. h. die Pest. Diese macht vor der Mauer Jerusalems halt. David aber errichtet in Jerusalem Gott einen Altar. Hier schließt Kapitel 7 an.

Das Ende Davids wird sehr menschlich und fleischlich (1. Kön. 1, 1 ff) erzählt. David ist Mensch, jetz alter, erkaltender Mensch – aber der gesalbte König. Seine Schwäche wird von Adonia frevelhaft ausgenutzt. Aber Gott hält den alten David. Er stirbt, nachdem er seinem Sohn Salomo die Verheißung weitergegeben hat (1. Kön. 2, 1–4), nachdem er der Feinde des Hauses Gottes im Zorn gedacht hat (1. Kön.

2, 5 ff), im Glauben an den Sproß seines Hauses nach der Verheißung, an Jesus Christus, der die Frucht seines Leibes ist. »Ich werde nicht sterben, sondern leben und den Namen des Herrn verkündigen« (Ps. 118, 17).[3]

Notiz zur Diskussion aus dem Manuskript:

1. Der Gott des Alten Testamentes ist der Vater Jesu Christi. Der in Jesus Christus erscheinende Gott ist der Gott des Alten Testamentes. Es ist ein dreieiniger Gott.
2. Das Alte Testament muß von der Menschwerdung und Kreuzigung, d.h. der uns geschehenen Offenbarung her gelesen werden. Sonst bleiben wir im jüdischen oder heidnischen Verständnis des Alten Testamentes.
3. Die Menschen und Geschichten des Alten Testamentes sind nicht moralische Vorbilder, sondern Zeugnisse von der Erwählung und Verheißung Gottes. Gottes freies, gnädiges und zorniges Handeln mit seinem Volk, nicht moralische Exempel, bezeugt das Alte Testament.

3. Nachspiel in der NS Zeitung »Durchbruch«; siehe GS II, 292 f.

Der Wiederaufbau Jerusalems nach Esra und Nehemia[1]

Bibelarbeit am 21. April 1936
auf der Freizeit des ersten Finkenwalder Kurses

I. Die Erweckung

Die Gerichte Gottes über sein Volk kann nur er selbst wieder wenden. Es bleibt dem zerstörten Jerusalem nichts als die Zuversicht, Gott werde sich nach seiner Verheißung wieder zu seinem Volk kehren, sonst gar nichts. Auflehnung gegen das Gericht Gottes wäre es, wenn hier einer von sich aus, unberufen und unbeauftragt, daran ginge, die zerstörte Kirche wieder aufzubauen. Und geschähe es mit noch so frommem Willen, mit noch so reiner Lehre, mit noch so großer seelsorgerlicher Liebe zum Volk. So handelt vorwitziges »frommes Fleisch«, aber nicht der Glaube der Gemeinde Gottes. Sie wartet und beugt sich dem Gericht, bis Gott selbst wieder kommt und sie betet um Erweckung. Aus der Erweckung durch den Geist Gottes kommt Erneuerung der Kirche, niemals durch Restauration, niemals durch eigenmächtiges Aufhebenwollen der Gerichte Gottes. Nur durch seine Gerichte hindurch, nicht aber an ihnen vorbei kommt Gott wieder zu seiner Gemeinde. Die Erweckung führt aus dem Gericht in die Gnade. Darum ist das Gebet um die Erweckung der Anfang einer echten Erneuerung der Kirche.
Jerusalem ist zerstört, der Tempel Gottes und [das] Allerheiligste geschändet, die Priester gefangen und aus der Stadt ge-

1. Wie gerade dieser Text Bonhoeffer seit Beginn des Kirchenkampfes beschäftigt hat, ist aus der Einführung, Bd, I. S. 53 zu ersehen.

wiesen, die Mauern der Stadt sind niedergerissen, so daß es keinen Schutz gegen irgendeinen Feind mehr gibt. Wehrlos ist die Kirche jedem Angriff preisgegeben. Fremde Mächte, fremde Herren, fremde Götter sind in Jerusalem eingezogen. Die Gemeinde Gottes ist, vom Gericht und Zorn Gottes getroffen, in die Gefangenschaft heidnischer Gewalthaber geraten. Als Fremdling muß das Volk Israel unter den Gottlosen wohnen. Und wer darf sich wundern und entrüsten, wenn bei einer jahrzehntelangen Dauer heidnischer Gewalt und Fremdherrschaft viele müde und mürbe werden, wenn ihnen trotz aller Bedrückung und Schmach das ohnmächtige Dahinvegetieren in relativer Sicherheit unter dem Schutz des fremden Königs lieber geworden ist als die verödete, friedlose Stadt Gottes, der nur eines geblieben ist: die Verheißung? Wohl sang man durch all die 50 Jahre hindurch Lieder der Sehnsucht nach Jerusalem, Lieder des Zornes über die gottlosen Gewalthaber. Wohl erwartete man mit Zittern und Freude den Tag, an dem Gottes Gericht auf Babylon fallen und Israel frei sein würde. Aber es war doch nur ein Teil der Exulanten, der so an der Verheißung blieb. Niemals hätte ein eigenmächtiger Aufstand zum Ziele geführt. Hier mußte im Gehorsam gewartet werden auf den Ruf Gottes.

Und nach langem Warten und Beten ruft Gott. Sein Ruf kommt in höchst seltsamer Weise. Es ist ein doppelter Ruf. Gott erweckt den Geist des Cyrus im ersten Jahr seiner Regierung (Esra 1,1), ihm einen Tempel zu bauen in Jerusalem und das Volk Israel freizulassen. Und Gott erweckt den Geist von 42360 (2, 64) Gliedern der gefangenen Gemeinde zur Rückkehr nach Jerusalem und zum Tempelbau (1, 5). Was ist diese Erweckung des Cyrus? Cyrus kommt nicht zum Glauben, er wird nicht Jude. Er will dem Gott Israel *neben* andern Göttern die Ehre geben. Es sind heidnische Gedanken, die ihn dahin führen. Aber es ist Erweckung durch Gott, der die heidnischen Gedanken des politischen Machthabers benutzt, um seiner Kirche Raum zu schaffen. Cyrus begreift zwar nicht, was es um die Kirche, um das Volk Gottes ist, obwohl er selbst der Meinung gewesen sein mag, es zu wissen. Aber er gibt ihr Raum. Das ist genug. Er muß ihr dienen, wie Nebukadnezar einst dienen mußte als Zuchtrute zur Vollstreckung des Gerichtes an Israel. Die Erweckung der Obrigkeiten der Welt dient allein dazu, daß das Volk Gottes in Freiheit »seinem« (1, 3) Gott dienen könne in der Weise, die Gott gefällt. Wie weit die Obrigkeit selbst begreift, was sie damit tut, ist nicht unbedingt wesentlich. Sie soll der Gemeinde Raum geben, daß sie »ein ruhiges und stilles Leben führt in aller Gottseligkeit und Ehrbarkeit« (1. Tim. 2, 3). Das ist alles.

Die Erweckung des Volkes Israel ist echte Erweckung des Glaubens aufgrund gegebener Verheißungen Gottes. Nicht Volksbewegung, nicht jüdische »Glaubensbewegung«, nicht Schwarmgeisterei, sondern Erweckung der Kirche im strengen Sinn des Wortes, die zum Wiederaufbau Jerusalems führt, Erweckung aufgrund von Verheißung. Daß es sich nicht um Mächte von unten, sondern um die Macht von oben handelt, geht auch daraus hervor, daß ein Teil des Volkes nicht mitzieht, daß vielmehr erst nach und nach in weiteren kleineren Gruppen die Rückkehr nach Jerusalem erfolgt. Die Zahl der Erweckten wird ausdrücklich angegeben. Sie ist immerhin so klein, daß die einzelnen Stämme und Familien angegeben werden können (2, 1). Diese Namen sollen der Erinnerung der Gemeinde aufbewahrt werden.

Die Schar der Erweckten hatte der Geist Gottes gemacht »wie ein Mann« (2, 64), ein Ausdruck, der sich im folgenden wiederholt zum Zeichen dessen, daß es der eine Geist war, der sie leitete (3, 1 u. 3, 9). Im Blick auf die Verheißung Gottes waren alle Unterschiede abgetan. Aus dem zerfallenen Volke war *ein* Mann geworden, wie die Gemeinde aller Zeiten *einer* ist in Christus (Gal. 3, 28).

Weil es Erweckung war, darum gab es hier keinen Zwang,

auch keine Mitläufer, sondern es war alles auf *Freiwilligkeit* gestellt, Freiwilligkeit, die durch den Geist Gottes gewirkt ist. Es war auch durchaus keine einleuchtende Sache. Konnte das nicht alles eine List des Cyrus sein? Meinte es Cyrus ehrlich mit den Juden? War es nicht überaus gefährlich, den Auszug zu wagen, all die Mühe auf sich zu nehmen, um nachher an ein Trümmerfeld zu kommen? Wer solche Zweifel und Überlegungen noch hatte, mußte zurückbleiben. Er gehörte nicht zu den Erweckten. Wie sollte er auch die Anfechtungen und Nöte bestehen, die ihm auf dem Wege bevorständen? Als viel später Artaxerxes wohl bereit gewesen wäre, dem Esra ein Geleit zu stellen, das der Gemeinde Gottes unter dem Schutz der politischen Macht ihren Heimzug gewähren sollte, da »schämte ich mich, vom König Geleit und Reiter zu fordern, uns wider die Feinde zu helfen auf dem Wege; denn wir hatten dem König gesagt: Die Hand unseres Gottes ist zum Besten über allen, die ihn suchen und seine Stärke und Zorn ist über allen, die ihn verlassen« (8, 22). Und es wäre ja ein Verlassen Gottes gewesen, hätte man fremde Hilfe begehrt. Die Gemeinde Gottes geht ihren Weg allein. Allein in freiem Gehorsam gegen den Gott, der sie auf den Weg ruft. Solchen Gehorsam schafft sich allein die Verheißung Gottes. »Und die Hand unseres Gottes war über uns und errettete uns von der Hand der Feinde und derer, die auf uns hielten auf dem Wege und wir kamen gen Jerusalem« (8, 31 f).
Aber nicht nur der Auszug, sondern schlechthin alles mußte hier auf die Freiwilligkeit der Gemeinde gestellt sein. Das Wort »freiwillig« spielt hier in den Berichten eine besondere Rolle. Die Tatsache, daß eine Gemeinde bereit ist, den ihr von Gott verordneten Weg zu gehen, macht auch die, die nicht mitziehen, hilfsbereit und gebefreudig. Dort, wo der Geist eine Gemeinde bewegt, dort gibt es außer dem Haß der Feinde durch die Freundlichkeit [Gottes] auch immer die Sphäre der Sympathie, so daß die »Gemeinde Gnade hat-

te bei dem ganzen Volk« (Apg. 2, 47). Mit freiwilligen Gaben halfen sie der Gemeinde (Esra 1, 6). In Jerusalem angelangt, kann der Bau des Hauses Gottes abermals nur durch große freiwillige Opfer der Gemeinde begonnen werden (2, 68 f). Die Zahl der Opfer hält sich auch nicht ängstlich an den Rahmen des Gebotenen, sondern sie geht darüber hinaus durch »allerlei freiwillige Opfer, die sie freiwillig taten« (3, 5). Freiwillig nimmt die Gemeinde die Trennung von den heidnischen Weibern auf sich (Kap. 10), freiwillig gehen die Obersten an den Mauerbau (Neh. 2, 18), freiwillig erlassen die Reichen den Armen ihre drückenden Schulden (Neh. 5, 10 ff). Nirgends wird drückender Zwang aufgerichtet, sondern das Gebot Gottes schafft sich überall freiwilligen und freudigen Gehorsam. Das alles ist nur möglich, wo der Geist Gottes selbst die Gemeinde erweckt hat, wo die Einzelnen bei ihren Namen gerufen sind von ihrem Gott. Darum die langen und zahlreichen Namenregister in diesen Büchern, denen die Listen in der Alten Kirche entsprechen, in denen sich die Interessierten (unsichere Lesart) einzutragen hatten – wo es »herausgerufene Gemeinde«, ecclesia im eigentlichen Sinne des Wortes ist. Nur eine solche Gemeinde kann Jerusalem wieder aufbauen.

II. Der Aufbau

Echte Erweckung gibt es nur aufgrund von gewisser Verheißung. Jeder Schritt, der nicht allein durch den Glauben an die Verheißung, sondern auch noch durch allerlei eigene Pläne bestimmt ist, gefährdet das ganze Werk. Die Verheißung allein ist gewiß. Nicht in planlose Schwärmerei, sondern in zielbewußten Gehorsam gegen die Verheißung Gottes führt die Erweckung. Sie ruht auf der Stadt Jerusalem und ihrem Tempel. Sie ist dem König David gegeben in Ewigkeit. Sein Same soll den Tempel bauen. Salomo wurde der Erbauer des ersten Tempels, der zerbrach. Der Davidide Serubabel muß es sein, der den Tempel zum zweiten Male baut. Er baut ihn in der Kraft des Christus, dem in David die Verheißung gilt. Serubabel empfängt von Cyrus die Geräte des Tempels zurück (1, 8). Serubabel ist der erste in der langen Reihe der Auswanderer, die aufgezählt werden (2, 2). Daß sein Name an der Spitze steht, besagt, daß dieser Auszug zum Bau des Tempels auf Verheißung hin geschieht. In diesem Namen war der Name Christi enthalten. Neben dem königlichen Namen steht der Name Josuas, der der Hohepriester der Gemeinde wurde (2, 2; 3, 2; 3, 8; 4, 3; 5, 2).

Ihr erstes Werk ist die Errichtung eines Altars in Jerusalem zur Zeit des Laubhüttenfestes (3, 1 ff). Noch war der Grund des Tempels nicht gelegt (3, 6), aber der Ort der Anbetung und der Verkündigung ist wiedergewonnen und in Beschlag gelegt. Man fängt mit dem an, was nur geblieben ist. Und das ist der Ort, an dem es Gott gefallen hatte zu wohnen, um sich von seinem Volk finden und anbeten zu lassen. Es ist eine »Notkirche«, dieser Altar, aber eine Kirche unter der Verheißung. Die Feier des Laubhüttenfestes war in diesem Zeitpunkt besonders bedeutungsvoll. Eingesetzt zur Erinnerung an die Hütten, in denen Israel wohnte, als es zum ersten Male aus der Knechtschaft in Ägypten geführt wurde (Lev. 23, 43), konnte nun die Gemeinde Gott über ihren eigenen Auszug aus der Knechtschaft in Babylon preisen und die unendliche Treue Gottes anbeten.

Erst im zweiten Jahr nach der Ankunft kann der Bau des Tempels beginnen (3, 8). Die Gemeinde mußte Geduld lernen. Die Kirche muß auch in aufregendsten Zeiten warten lernen. Zur Grundsteinlegung ist Serubabel und Josua und mit ihm das ganze Volk der Gefangenschaft versammelt und unter jubelnden Dankeschören und Psalmen Davids sieht das Volk auf den Trümmern der Burg Zion den Grund zum neuen Tempel gelegt. Zu dem Jauchzen des jungen Volkes aber gesellt sich das laute Weinen der alten Priester, »die das vorige Haus gesehen hatten« (3, 12). Die Erinnerung an seine Herrlichkeit und seine schmähliche Verwüstung übermannte sie: So mußte die Güte Gottes sich schänden lassen in der Welt; so durften die Feinde Triumphe feiern über den allmächtigen Gott; so mußte Gott selbst das Volk seiner Gnade richten. Und aus dem Weinen der Alten, in dem sich ihre große Liebe zum Hause Gottes offenbarte, wuchs wiederum das hoffnungsvolle Jauchzen der Jungen um so mächtiger, »also daß das Volk nicht unterscheiden konnte das Jauchzen mit Freuden und das laute Weinen im Volk, denn das Volk jauchzte laut, daß man das Geschrei ferne hörte« (3, 13). Aber Jauchzen und Weinen waren ja eins in dem Dank, »daß der Herr gütig ist und seine Barmherzigkeit ewig währet über Israel« (3, 11). Im Glauben war man ausgezogen, im Glauben hatte man das Werk des Wiederaufbaus begonnen und an Serubabel, dem Sohn Davids, wurde die Verheißung Gottes wahr.

III. Die Feinde

Das erste Gelingen macht die Umwelt aufmerksam. Die tot geglaubte Kirche ist wieder lebendig geworden. Sie ist wieder ein nicht mehr zu übersehender Faktor des öffentlichen Lebens. Es gibt nun zwei Wege für den, dem dies Geschehen aus irgendwelchen Gründen unerwünscht ist. Erster Weg: Man macht sich diesen Faktor zunutze für die eigenen Zwecke. Gelingt dies nicht, so geht man zum offenen Angriff über. Es ist zunächst immer das Klügere, den schwierigen Gegner für sich zu gewinnen. Da müssen Konzessionen gemacht werden, oft weitgehende. Die Feinde der Kirche müssen sich dazu hergeben, ihre Mithilfe am Aufbau der Kirche anzubieten: Laßt uns zu gleichen Teilen die Arbeit übernehmen, Männer der politischen Macht und Männer der Kirche, laßt uns doch zusammen bauen! Es ist ja unser eigenstes Anliegen. Auch wir wollen ja Kirche. Wir erkennen

ihre Notwendigkeit. Wir haben ja denselben Gott wie ihr. Laßt uns zusammen bauen (4, 1 f).
Eine überaus schwierige Situation. Hier ist das Angebot der politischen Mächte an die Kirche. Hier ist nicht nur der Schutz des eigenen Unternehmens, hier ist auch eine offene Tür, die doch nicht ins Schloß fallen darf. Hier sind Ansatzpunkte. Gewiß, die Motive, die zu diesem Angebot führen, müssen nicht ganz rein, nicht ganz uneigennützig sein. Aber kann man denn von den politischen Mächten etwas anderes erwarten? Ist es nicht schon etwas Ungeheures, wenn auf dem politischen Programm der Glaube der Kirche auch genannt ist?[2] Dürfen wir die ausgestreckte Hand ausschlagen? Geht es hier nicht einfach darum, Vertrauen zu haben? Und kann auf solches Abgebot hin nicht wirklich Vertrauen von uns erwartet und gefordert werden? Man denke nur einen Augenblick, man schlüge das Angebot aus, man bliebe mißtrauisch in der Reserve. Welche unabsehbaren Folgen! Wer will sie tragen? Wer will sie auf sein Gewissen nehmen? Gehört es nicht zum Wesen der Kirche, daß sie immer das Beste denkt und erwartet? Wäre es nicht eine Pharisäerkirche, die ein solches Angebot abschlüge, die für sich selbst sein will? Ist das nicht Sektiererei, führt das nicht zur Winkelkirche? Ist damit nicht der ganze Anspruch der Öffentlichkeitsgeltung der Kirche aufgegeben? Also, welcher Verantwortliche, welcher Mann, der die Kosten überschlägt, bevor er einen Turm baut, welcher Jünger, der um die uns gebotene Schlangenklugheit weiß, wollte hier nein sagen?
Und doch – die Antwort des Serubabel ist ein klares Nein. »Es geziemt uns nicht, mit euch zusammen unserem Gott ein Haus zu bauen, sondern wir allein wollen Jahwe, dem Gott Israels, bauen« (4, 3). Diese Antwort ist nicht Willkür, nicht Übermut, sondern die Gemeinde ist nicht frei, anders zu antworten. Es ist nicht ins Belieben der Gemeinde ge-

2. Punkt 24 des Parteiprogramms der NSDAP.

stellt, Mitarbeiter am Bau der Kirche zu dingen oder anzunehmen nach eigenem Gutdünken. So verlockend und Erfolg versprechend es aussehen mag, einen aufbauwilligen Ausschuß von Männern aller Richtungen aufzustellen, so gewiß ist jede solcher Verlockungen für die Kirche eine tödliche Versuchung, von dem ihr gebotenen Wege abzugehen. Es kommt ja bei allem nur auf eines an: daß Gott seine Kirche baut. Und wie soll er sie bauen, wenn die Wahrheit des einen Glaubens verleugnet wird? Nur im Glauben kann die Kirche gebaut werden, nur auf die Verheißung hin. Da gelten keine Beteuerungen, man sei auch gläubig, positiv-christlich. Da gilt allein die Wahrheit, die die Beteuerungen Lügen straft. Also das Angebot wird abgeschlagen. Es wird der Weg der Verheißung gegangen und nicht der Berechnung. [Zweiter Weg:] Kaum ist das Nein gesprochen, da fällt die Maske des Partners. Ist der geistliche Weg fehlgeschlagen, so muß der politische Weg zum Ziele führen. Politische Diffamierung, Denunziation müssen dazu dienen. Das Entscheidende und Einfachste ist, man schreit Hochverrat. Dies Wort hat erstens einen durchdringenden Klang, man hört hin; es klingt zweitens sehr patriotisch; und man ist drittens gewiß, die Sympathien der Obrigkeit für sich zu gewinnen. Also: der Tempel ist Hochverrat gegen den persischen König. Man will ja damit nur eine politische Machtposition gewinnen. Man will die politische Autorität untergraben und das Ende wird sein, daß ein Staat im Staat entsteht, dessen sich der König nicht mehr erwehren kann. Darum: principiis obsta! Der Neubau der Kirche ist Hochverrat. Der König soll ihn verbieten! So der Inhalt der Briefe der Widersacher an den König Artaxerxes (4, 7 ff). Der König, der selbst Heide und weitab von den Vorgängen mit vielerlei anderen politischen Fragen beschäftigt [ist, der] kein eigenes Urteil in diesen Fragen haben kann, leiht sein Ohr den Denunzianten und verbietet den Tempelbau (4, 7 ff). Darauf ruht die Arbeit für einige Zeit, durch Gewalt (4, 23).

Als Nehemia viel später mit der Genehmigung seines Königs an den Aufbau der Mauer von Jerusalem geht, stellt sich auch ihm der Feind in den Weg. Als die Juden ans Werk gehen, versuchen sie es zunächst mit dem Spott, aber auch hier sogleich verbunden mit der politischen Verdächtigung: »Ihr wollt euch wohl gegen den König empören« (Neh. 2, 19). Und dann: »Wollen sie die verbrannten Steine aus dem Schutthaufen wieder lebendig machen?« (Neh. 3, 34). Die Antwort des Nehemia auf diesen Spott heißt: »Aber wir bauten die Mauer« (4, 6). Auf dies Gerede antwortet die Gemeinde mit der Tat. Nun steht die Mauer da, der Anfang ist gemacht. Der Spott verschlägt nicht angesichts der vollzogenen Tatsache. Als der Feind das merkt, geht er zum Angriff über. Er will Verwirrung stiften in Jerusalem (4, 2). »Sie sollen nichts merken und nichts sehen, bis wir mitten unter sie eindringen und sie totschlagen und so der Arbeit ein Ende machen« (4,5). Also frontal können sie den Angriff nicht wagen. Sie müssen sich tarnen, damit sie nicht erkannt werden. Wölfe in Schafspelzen, Feinde der Gemeinde im Gewand der Frommen, der Satan in der Lichtgestalt des Engels – das ist jetzt die Gefahr. Hier muß die Gemeinde offene Augen und wachsame Wächter haben. In der Stunde solcher Gefahr spricht die Gemeinde: »Die Kraft der Träger ist zu schwach und des Schuttes ist zu viel. Wir können an der Mauer nicht bauen« (4, 4). Das ist eine große Anfechtung und Versuchung. Und Nehemia vermag die Gefahr der Stunde, die er erkennt, nur zu bannen, indem er die Gemeinde aufruft, nicht auf sich zu sehen, sondern auf »den großen, schrecklichen Herrn« und ihn zu fürchten und auf die »Brüder, Söhne, Töchter und Frauen«, für die ja der ganze Streit ausgefochten wird (4, 8). Euer Kampf ist ja nicht in eigener Sache, sondern in ihm wird entschieden über Generationen, Kinder und Kindeskinder. Das muß euch neuen Mut zum Durchhalten geben. Und »sie kehrten allesamt wieder um zur Mauer, ein jeder zu seiner Arbeit« (4, 9). Und der Plan der

Feinde war vereitelt. Dies alles ist aber der Kirche Christi zur ewigen [unsichere Lesart] Erinnerung und Warnung geschrieben bis zum heutigen Tage.
Auch beim Tempelbau müssen schließlich alle feindlichen Versuche, das Werk zu hindern, fehlschlagen. Es traten Propheten auf, Haggai und Sacharja (Esra 5, 1 ff) und auf ihr Wort hin machen sich abermals Serubabel und Josua auf, den Tempel wieder aufzubauen. Das Wort Gottes war stärker als alle politischen Verbote und rief unverzüglich zur Tat. Man hatte eine Zeit lang geduldig gewartet. Nun, da Gott sich wieder hören ließ, gab es kein Warten mehr. Sofort erfolgt wieder eine namentliche Denunziation beim König, die aber nichts mehr ausrichtet (Kap. 5 u. 6), im Gegenteil dazu führt, daß der König den Bau ausdrücklich unter seinen Schutz stellt. Und das Wort, das Nehemia zur Vollendung des Mauerbaues schreibt, mag auch über den Tempelbau gesagt sein: »Und das Werk ward fertig. Als unsere Feinde das hörten, da fürchteten sich alle Heiden, die um uns waren und mußten sich schämen, denn sie erkannten, daß dies Werk von Gott war« (Neh. 6, 15). Daß am Ende auch die Feinde sich schämen müssen ihres Unglaubens und erkennen, daß das Werk von Gott war, das ist eine große Verheißung. Es ist dies auch ein großer Trost, daß auch unsere Widersacher einmal bekennen müssen, daß die Kirche Gottes Werk ist.
Die Tempelweihe wird mit ungeheurem Aufwand gefeiert, »mit großer Freude« (Esra 6, 15). Priester und Leviten empfangen ihren festen Dienst am Tempel und das Passahmahl vereinigt die Kinder der Gefangenschaft mit allen gläubigen Juden zu einer großen Gemeinde (6, 21).

IV. Die Reinigung der Gemeinde

Da die Chronologie hier gänzlich unsicher wird, gehen wir der Sache nach voran. Der Tempel ist gebaut, die Gemeinde gesammelt. »Die gnädige Hand Gottes war über den Kindern der Gefangenschaft gewesen«, wie Nehemia unermüdlich wiederholt. Nun galt es, mit ganzem Ernst an den Gemeindeaufbau zu gehen. Da lag noch alles sehr im Argen. Noch war vieles von den Übelständen, die das Gericht Gottes über seine Kirche herbeigeführt hatten, unbehoben. Und es bestand die Gefahr, diese jetzt angesichts der neuen Wendung nicht mehr abzustellen und dadurch erneut den Zorn Gottes über die Gemeinde zu bringen. Es war der Auftrag des Esra, des Schriftgelehrten, hier den Weg zu weisen. Der Weg des Gemeindeaufbaus ist der Weg zurück zur *Schrift*. Der Ungehorsam Jerusalems gegen die Schrift, gegen das Gesetz Gottes war die Ursache des Zusammenbruchs und Zerfalles. Weil man allerlei eigene und neue Wege gehen wollte, verließ man den Weg der Verheißung. Aber das angebotene und nicht aufgenommene Wort Gottes wendet sich gegen den, dem es zur Gnade gegeben war. Das hat die Gemeinde der Gefangenschaft erkannt. Zurück unter die Schrift, unter die Schrift allein, zum einfältigen Gehorsam gegen das Wort Gottes – so allein durfte die neue Gemeinde vor ihrem Gott stehen. Die politische Macht und Freiheit waren verloren. Das verlockende Spiel mit Bündnissen aller Art war vorbei. Jerusalem stand jetzt unter der politischen Oberhoheit des persischen Königs. Es war tributpflichtig und empfing dafür den königlichen Schutz. Der Glanz der alten Zeiten war vorüber. Jerusalem war eine kleine, arme, unansehnliche Gemeinde geworden. Es gereichte keinem zum Vorteil , sich zu ihr zu zählen. Aber diese Gemeinde der Erweckten, der Freiwilligen wurde eine Gemeinde unter dem Wort, unter dem Gesetz. Das war ihr einziger und ganzer Ruhm. Man hatte die Lust verloren, noch eigenmächtige Wege zu gehen. Nun wollte man nur noch gehorchen, sich auf das Wort und Gesetz Gottes verlassen und ihm alles andere anheimstellen. Das Wort war genug.

Das Volk wird versammelt. Esra, der Schriftgelehrte, der der Gemeinde von Gott geschenkt war, wird aufgefordert, das

Gesetz des Mose zu bringen und vorzulesen (Neh. 8, 1 ff). Als Esra das Buch öffnet, steht das ganze Volk auf. Den Lobpreis des Esra auf die Güte Gottes, der seinem Volk dieses Buch gegeben hat, beantwortet die Gemeinde mit einem »Amen, Amen«. Nun folgt die Verlesung und unter dem Eindruck des Wortes bricht das Volk in Weinen aus (8, 8 f). Die Erkenntnis ihres Abfalls vom Gesetz überwältigt sie. Das Gesetz tut sein Werk und treibt die Gemeinde in die Buße, in die Sündenerkenntnis. Also kein Stolz über das Erreichte, kein Selbstruhm der Gemeinde über die ihr geschenkte Wendung der Dinge, sondern Buße und Sündenerkenntnis unter dem Wort stehen am Anfang des Neubaues der Gemeinde. »Gedenke, wovon du gefallen bist und tue Buße und tue die ersten Werke« (Offb. 2, 5). Unter diesem Wort steht die neugewordene Gemeinde. Und in der Buße trifft sie nun das Wort des Esra: »Dieser Tag ist heilig dem Herrn, eurem Gott; darum seid nicht traurig und weint nicht. Gehet hin, esset und trinket und sendet denen, die nichts für sich bereitet haben, denn die Freude am Herrn ist eure Stärke. Und die Leviten stillten alles Volk und sprachen: Seid still, denn der Tag ist heilig. Bekümmert euch nicht! Und alles Volk ging hin . . ., daß es eine große Freude machte, denn sie hatten die Worte verstanden, die man ihnen hatte kundgetan« (8, 9 ff). »Sie hatten die Worte verstanden« – als Gottes Wort, das in die Buße und Demütigung treibt und das zugleich das große Freudenwort ist, daß Gott wieder zu seiner Gemeinde gekommen ist. Gott hat sein Wort *wieder* kundgetan. Sein Gesetz ist seine Gnade. Freuet euch am Gesetz des Herrn. So vernahm die Gemeinde aufs neue das Evangelium. So stand sie in der Freude der Rechtfertigung vor ihrem Herrn. Das Wort der Schrift war der Grund, auf dem die Gemeinde sich neu erbaute.

Jetzt wird zum Laubhüttenfest eingeladen, das mit großem Jubel und Dank gefeiert wird. Dann versammelt sich die Gemeinde noch einmal zum Hören des Gesetzes und zur Neuordnung ihres Lebens. Einen viertel Tag liest Esra aus dem Gesetz, einen viertel Tag währt die Beichte des Volkes. Keiner nimmt sich aus. Sie stehen alle miteinander unter demselben Wort, demselben Urteil und derselben Gnade. Die Antwort auf das vernommene Wort ist das Bekenntnis der Gemeinde zum Gesetz Gottes. Der Bund Gottes mit seinem Volke wird erneuert und das Volk gelobt Gehorsam. Priester, Leviten, Oberste und das ganze Volk »verpflichteten sich mit einem Eide, zu wandeln im Gesetz Gottes, das durch Mose, den Knecht Gottes gegeben ist, daß sie es halten« (10, 30). Freiwillig übernimmt die Gemeinde die Pflicht, für den Tempel zu sorgen; freiwillig wird der Zehnte wieder aufgebracht. Aus freien Kräften der Gemeinde sollte der Gottesdienst getragen werden. Freiwillig unterwirft man sich der Einhaltung des Feiertages, des Sabbats nach dem Gebot Gottes. Freiwillig erlassen später die Reichen den Armen ihre Schulden. Woher kam diese Freiwilligkeit, wenn nicht aus der erfahrenen Nähe und Barmherzigkeit Gottes in seinem Wort, wenn nicht aus der Rechtfertigung aus Gnaden allein? Aus der Kraft des Wortes kommt die Kraft des Gehorsams und des Opfers. So steht die Gemeinde rein vor ihrem Herrn.

Und mit der durch das Wort geschaffenen Reinheit entsteht die Verpflichtung, alles abzutun, was noch an Unreinheit in der Gemeinde war, entsteht die Kraft zur *Kirchenzucht*. Die Gemeinde Gottes darf nicht mehr durch heidnische Elemente verunreinigt werden. So geschieht das Ungeheure, daß die Juden, die heidnische Weiber genommen haben, sich freiwillig von ihnen trennen (Neh. 8, 3; Esra 10). Das Volk der Juden muß rein sein, weil es Gottes eigenes, erwähltes Volk ist. Die Erwählung Gottes allein, kein völkischer, kein rassischer, kein politischer Gedanke konnte zu diesem beispiellosen Opfer verpflichten. Um des Wortes Gottes willen tritt die Scheidung ein, mitten in die Häuser greift sie hinein. Aber um des Wortes willen darf sich auch keiner entziehen.

»Und des Menschen Feinde werden seine Hausgenossen sein« (Matth. 10, 36). Das ist die Härte des einmal vernommenen Wortes Gottes, daß um seinetwillen sich die Menschen voneinander scheiden müssen. Wo eine Gemeinde das Wort wahrhaft neu hört, da muß die Scheidung zwischen Glaubenden und Ungläubigen eintreten; da wird die Kirchenzucht um der Wahrheit und um der besser verstandenen Barmherzigkeit willen Ereignis. Wo die Kraft zur Kirchenzucht fehlt, dort fehlt auch noch die Kraft des Wortes Gottes. Aber freilich, der Weg ist nicht umkehrbar. Nur aus dem gehörten Wort vollzieht sich die Scheidung. Niemals aber kann die Scheidung ein Akt sein, um die Gemeinde erst zum Hören des Wortes zu bringen.

Die Kirche ist *eine,* damals und heute. Die Wege, die Gott seine Kirche führt, sind immer dieselben. Durch Gericht und Strafe und Zerstörung hört die Gemeinde neu den Ruf Gottes und seine Verheißung. Wo aber Gottes Verheißung vernommen und ernst genommen wird, dort wird Kirche. Wo eine Gemeinde bereit wird, nicht mehr zu haben als das Wort, dort steht sie vor Gott als die Gemeinde der gerechtfertigten Sünder. Und zuletzt gilt es: »Und da alle unsere Feinde das hörten, fürchteten sich alle Heiden, die um uns her waren und der Mut entfiel ihnen; denn sie merkten, daß dies Werk von Gott war.«

Der Diener am Hause Gottes

Bibelarbeit über Timotheus[1]

I. Paulus und Timotheus

Wir kommen vom Römerbrief her. Die großen Paulusbriefe versperren den Zugang zu den Pastoralbriefen. Wie stellt sich der Schritt zu den Pastoralbriefen dar?
Paulus redet in den Pastoralbriefen vom Wandel dessen, dem der Dienst im Hause Gottes aufgetragen ist. Er schreibt dem »rechtschaffenen Sohn im Glauben« I, 1, 2. Dies »Sohn im Glauben« bedeutet, daß, was in diesem Brief nun folgt, zum Römerbrief nicht im Verhältnis der Praxis zur Theorie steht. Sondern Timotheus wird als im Glauben eins mit Paulus angeredet. Das heißt, Timotheus steht im Glauben des Römerbriefes. Dieses »im Glauben« ist noch keine von seinem vollen Gehalt in den großen Paulinen gelöste Floskel. Ist Timotheus das »echte Kind im Glauben«, so ist die ganze Wahrheit des Glaubens, die fides quae creditur, Voraussetzung des Folgenden. Weil sie Voraussetzung von allem ist, darum genügt der beiläufige Hinweis ohne explizite Darlegung II 2, 8. So wird geredet zu einem, der belehrt und immerdar bei dieser guten Lehre gewesen ist I 4, 6. Es bedeutet nicht die bereits anhebende Verflüchtigung der Lehre zum »Leben«, wie man gewöhnlich auslegt. Dies Erinnern zeigt vielmehr die Festigung in der Lehre an. Die Pastoralbriefe wollen also auf der Voraussetzung des Glaubensverständnisses der großen Paulinen verstanden werden.
Es ist ein Unterschied, ob Paulus jemand seinen »rechtschaffenen Sohn im Glauben« nennt oder ob jemand seinerseits

1. Gehalten auf der Finkenwalder Freizeit des zweiten Kurses am 26. 10. 1936.

den Paulus seinen geistlichen Vater nennen möchte. Es ist etwas Besonderes, wenn Paulus sich zu seiner geistlichen Vaterschaft bekennt. Wer sein echter Sohn ist, das steht allein dem Vater zu zu sagen. Timotheus ist ein »echtes Kind« im Unterschied zu vielen unechten.
Paulus schreibt an Timotheus nicht als seinen Freund, seinen Bruder, seinen Schüler, oder im Gegenüber des Vorgesetzten zum Untergebenen, sondern an sein geistliches Kind. Alles, was er über Dienst und Auftrag zu sagen hat, sagt er als geistlicher Vater zu seinem Sohn. Das heißt einerseits, daß er als Vater den Sohn kennt und weiß, was zu sagen und was nicht immer wieder zu wiederholen ist. Das heißt andererseits aber vor allem, er spricht zu ihm in verbindlicher väterlicher Autorität. Er gibt nicht unverbindliche freundschaftliche Ratschläge, er fordert nicht aufgrund von Dienstanweisungen, sondern er nimmt die väterlich-verpflichtende Ermahnung wahr.

II. Der Wandel im Hause Gottes

Paulus gibt den Grund seines Schreibens selbst an I 3, 14 ff. »Solches schreibe ich dir . . ., daß du wissest, wie du wandeln sollst in dem Hause Gottes, welches ist die Gemeinde . . .« Was ist aus dem Pfarramt als einer Berufssparte heute geworden! Am Anfang steht nicht ein Pfarrberufsideal. Paulus erinnert Tinotheus nicht, daß er mit seiner Arbeit ein Berufsideal zu verwirklichen habe, sondern er erinnert ihn daran, daß er mitten unter seiner Gemeinde als dem Hause Gottes lebt. Er ist nicht der Prediger vom Sonntag, nicht der »Helfer der Armen«. Nicht von dieser oder jener Tätigkeit ist die Rede, daß sie und wie sie ausgeübt werde, sondern von ihm selbst. Die Arbeit kann nicht von ihm selbst getrennt werden. Überall ist das möglich, hier aber nicht. Recht im Hause Gottes wandeln, das ist es. Hier gibt es nicht mehr den Rückzug von der Person auf das Amt. Timotheus ist keinen Augenblick Privatperson. Jeder Augenblick ist Wandel in der Gemeinde, würdig oder unwürdig. Timotheus' Handeln an der Gemeinde beschränkt sich nicht auf amtliche Funktionen. Ordnend, sprechend und was immer, das ganze ist Wandel im Hause Gottes.

Timotheus weiß nicht von vornherein, was zu tun ist und wie es getan werden muß. Er bedarf der Belehrung, obwohl er im Glauben des Römerbriefes steht. Wäre das Amt allein die Predigt, dann wüßte er vielleicht Bescheid, denn er zog lange genug mit Paulus durch die Gemeinden. Nein, es muß immer noch einmal gesagt werden, was die Gemeinde sei I 3, 15 »Pfeiler und Grundfeste der Wahrheit«. Das ist eine einzigartige Beschreibung der Gemeinde. Nicht Timotheus allein ist der Träger der Wahrheit - gewiß ist er das auch -, sondern die ganze Gemeinde ist Tragpfeiler. Die Gemeinde ist dazu da, daß sie der Sockel sei, auf dem das Licht der Wahrheit brennen kann; daß die Wahrheit Raum und Ehre bekomme. Nicht verwaltet die Gemeinde eine Idee oder Lehre, für deren Verbreitung sie zu sorgen hat. Vielmehr ist diese »Wahrheit« ein Geheimnis, das allein in Frömmigkeit und Gottseligkeit bewahrt wird I 3, 16 (»kündlich groß ist das gottselige Geheimnis . . .«), angebetet in der εὐσέβεια und nicht in eine Doktrin aufgelöst. Dies Geheimnis wird nicht mit einer dogmatischen Formel beschrieben, sondern gepriesen in einem liturgischen Hymnus. Die Frömmigkeit bewahrt das Geheimnis auf.

Keine extraordinären Dinge sind es, zu denen Timotheus gerufen wird. Diener am Hause Gottes, schlichter Wandel vor dem Angesicht Gottes, dazu wird er angehalten. Timotheus wird hier nicht als Missionar angeredet. Paulus war einer. Er baute das Haus, in dem Timotheus wandeln soll.

III. Timotheus

Wer ist Timotheus? Welches Interesse können wir an dieser Frage haben? Was für ein Mensch ist dieser Diener am Hause Gottes gewesen? Was für Gaben und Qualitäten hat er besessen? Welche inneren menschlichen Voraussetzungen, welche inneren Entwicklungen brachte er mit zu seinem Beruf? Solche Fragen beantwortet uns das Neue Testament nicht. Apg. 16, 1 f jüdische Mutter und griechischer Vater mit »gutem Gerücht«; II, 3, 15; 1, 5 von Kind an die Schrift gewußt, Mutter und Großmutter gläubig; Apg. 16, 3 von Paulus beschnitten. Das Eigenartige all dieser Beschreibungen von Timotheus' Lebensdaten besteht darin, daß sie gar nicht von innen, sondern gänzlich von außen her erfolgen: seine Familie und ihr Ruf, seine Erziehung zur Schrift und Beschneidung. Nichts ist ausgesagt über seine innere persönliche Geschichte. Kein Wort über seine Gaben und den Wert seiner Persönlichkeit. Warum nicht? Es hat offenbar nichts von diesem allem etwas mit dem Dienst im Hause Gottes zu tun. Es ist genug, daß er im Glauben steht und nach außen keinen Anstoß gibt. Das erscheint sehr nüchtern. Also kein Mann der glänzenden Beredsamkeit, kein Mann einer reformatorisch vorwärts drängenden Geschichte, kein Idealbild aufopfernder Hingabe. Alle solche Bilder unseres Kirchenwesens, wie wir sie kennen, wünschen oder pflegen, stellen den Timotheus ganz in den Schatten. Im Glauben stehen und keinen Anstoß geben! Wir würden sagen, das sind die primitivsten und selbstverständlichsten Voraussetzungen für den Pfarrer. Paulus aber sagt: Das ist alles. Hat Paulus geringe Ansprüche an den Diener am Wort gestellt? Geringere und andere als wir?

Dieser Timotheus ist der treue Gefährte des Paulus, der nicht von seiner Seite wich. Im Römerbrief, den beiden Korinthern, im Philipper-, Kolosser- und beiden Thessalonicherbriefen ist er unter den Begleitern bzw. Grüßenden.

Paulus nennt ihn seinen Gehilfen Röm. 16, 21; seinen lieben und treuen Sohn 1. Kor. 4, 17; den Bruder 2. Kor. 1, 1; Knecht Jesu Christi Phil. 1, 1; Bruder und Diener Gottes und Gehilfen im Evangelium 1. Thess. 3, 2; treibt das Werk Gottes »wie ich« 1. Kor. 16, 10. Dieser Timotheus hat neben dem Apostel kein Eigenleben zu führen gegehrt. Er hat neben dem Apostel nichts besonderes sein wollen. Er ist gefolgt »meiner Weise«, ἀγωγῇ II, 3, 10 ff. Er hatte nicht den Ehrgeiz einer eigenen Theologie; er hatte die des Paulus, d. i. die apostolische, das genügte. Er beanspruchte auch nicht das Recht einer eigenen freien Lebensgestaltung, er lebte das apostolische Leben mit Paulus. Er handelte und dachte wie dieser. Nicht einmal eigene Pläne und spontane Ideen entwickelte er in seinem Auftrag.

Weil gebunden an die apostolische Lehre und das apostolische Leben, trennt er sich von Paulus auch nicht im Leiden. Selbstverständlilch trägt er es mit ihm II 3, 11. Offenbar ist Timotheus Zeuge der Ereignisse in Apg. 13 und 14 gewesen und Paulus bezieht sich auf diese. Das ist bedeutsam, weil es zeigt, daß Timotheus von vornherein wissen mußte, worum es ging und mit wem er es zu tun hatte, wenn er mit Paulus ging. Als erstes hatte er den verfolgten und leidenden Paulus gesehen und hierin nicht den Anstoß, sondern den Grund zur Gemeinschaft gefunden. Das war ein klarer Anfang. Wer mit solchem Wissen in den Dienst des Apostels trat, der war bereit für den apostolischen Dienst am Hause Gottes. Die Gemeinschaft der apostolischen Lehre, des apostolischen Lebens und Leidens, das war die tragfähige Grundlage für den Diener am Wort.

Der alte Apostel, der später aus dem Gefängnis in Rom schreibt, kann sich auf diesen rechtschaffenen Sohn im Glauben verlassen bis zuletzt. Begreiflich genug verlangt den Paulus jetzt nach der Gemeinschaft mit ihm und er ruft ihn im letzten Brief nach Rom II, 1, 4; 4, 9; 4, 21. Dieser letzte Ruf des Paulus in Erwartung der Hinrichtung ist wiederum nur eine Beschreibung des Timotheus von außen her; es ist die letzte. Aber sie sagt mehr, als irgendeine andere es könnte.

IV. Berufung und Auftrag des Timotheus

Timotheus hat seinen Auftrag von Paulus empfangen, daß er in Ephesus bleiben soll, während Paulus nach Mazedonien zieht I 1, 3. Ephesus war die größte unter den kleinasiatischen Gemeinden. Timotheus soll »achthaben« auf die Gemeinde als Haushalter I, 1, 4. Der Tränen beim Abschied erinnert sich Paulus noch lange II, 1, 4. Timotheus handelt auf apostolischen Befehl und nimmt auch diesen Auftrag wie alles andere aus der Hand des Paulus. Die Arbeit jedoch ist beängstigend groß und Timotheus jung; der erfahrene Paulus weit weg. Aber der Apostel ist Tag und Nacht im Gebet bei ihm II, 1, 3.
Die besondere Schwierigkeit besteht darin, daß es in der Gemeinde noch keinerlei Rechtsordnung oder Satzung gibt, die Timotheus decken und auf die er sich zurückziehen könnte. Alles ist auf die persönliche Bewährung gestellt. Es kommt darauf an, ob sich der junge Mann in der jungen Gemeinde geistliche Autorität zu verschaffen weiß. Nirgends kann er seine Person hinter dem Amt verstecken. Was befähigt den auf sich allein gestellten Timotheus zu solchem Dienst? Hat er die Gaben, die einer braucht, um Menschen zu leiten, zu gewinnen? Hat er die Gewißheit, daß er der rechte Mann für dieses Amt ist? Kann er auf die Leistung zurückblicken, die er mit Paulus vollbracht hat? Paulus läßt alle diese Fragen nicht zu! Alle Zweifel an Gaben und Fähigkeit, die sich einstellen, schlägt Paulus ab, indem er sagt: »Erinnere dich, daß du erweckest die Gabe Gottes, die in dir ist durch die Auflegung meiner Hände« II 1, 6.
Von welcher Gabe redet Paulus? Nicht von irgendeiner na-

türlichen Anlage oder Begabung, sondern von der Gabe, die durch Auflegen seiner und der Ältesten Hände auf Timotheus gekommen ist. Von dieser einen spricht er und keiner weiteren. »Entflamme diese Gabe.« Paulus reicht dem Diener am Wort keinen falschen Trost, daß er sich etwa auf seine Begabung, seine Erfahrungen und Erfolge verlassen solle. Paulus sagt anderes zu dem, der in Zweifel gerät. Er sagt einfach: Es waren Männer der Gemeinde da, Männer, die die Gabe der »Weissagung« haben; diese haben dich für diese Aufgabe ausgesondert. Es war der Apostel Jesu Christi da, der hat dir die Hände aufgelegt und für dich gebetet. Darum sei gewiß, Gott hat dich zur Gemeinde und diesem Amt berufen. Er wird es dem, den er an dies Werk gestellt hat, an keiner Gabe fehlen lassen. Murre nicht, zweifle nicht, fürchte dich nicht, sondern erwecke die Gabe, die in dir ist durch die Auflegung der Hände. »Denn Gott hat uns nicht gegeben den Geist der Furcht, sondern der Kraft und der Liebe und der Zucht« II 1, 7 – auch nicht den Geist der Furcht vor der eigenen Unbrauchbarkeit. »Schäme dich nicht des Zeugnisses unseres Herrn« II 1, 8. »Dies beigelegte Gut« ist alles, was Timotheus empfangen hat, »bewahre es durch den Heiligen Geist« II 1, 14. Die Gabe ist der empfangene Ruf. Sie ist kein character indilebilis. Sie ist in ihm dadurch, daß es das Wort Gottes zugesprochen hat und wieder zuspricht. Es ruht nicht in uns, sondern die Gabe ist da, wo das Wort wieder trifft und sagt: Du bist zu dieser Aufgabe verordnet. Der Zuspruch ist es, der hier alles tut, nicht der Zustand.
Die Gabe in ihm soll »entflammt« werden. Die Gabe, die er hat, ist reichlich: der Heilige Geist. So ist Timotheus gesichert gegen allerlei Widerspruch, den er in der Gemeinde zu hören bekommt. Gegen solche, die sich mit größeren Gaben über ihn erheben; die sich auf reichere Erfahrungen stützen und seine Jugend verachten wollen I 4, 12. Timotheus soll sich nicht unsicher machen und in Zweifel an seiner Berufung stürzen lassen. Die »Weissagungen«, die Timotheus ins

Amt führten, die führen ihn auch in einen Kampf um seine Gabe; einen Kampf, in dem mit persönlichen Mitteln seinem Amt die Würde und Kraft geraubt werden soll, in dem er sich bewahren muß vor Befleckung, Schändung und Entehrung. In der Kraft seiner Ordination soll er »eine gute Ritterschaft üben« I 1, 18. Damit kämpft er nicht für sich selbst, sondern für den Bau der Gemeinde, die ihm befohlen ist. Diesen Kampf soll er führen, indem er »Glauben und ein gutes Gewissen« hat I 1, 19. Es ist für Paulus schlechterdings nicht denkbar, daß einer im Hause Gottes wandelt und nicht in voller Gewißheit steht, sondern ein schlechtes Gewissen hat. Es wird von ihm hier gar nicht daran gedacht, daß Gott auch ein Judas-Wort benutzen kann. Paulus gibt auch nicht Anlaß zu dem Mißverständnis, als ob Timotheus in der Kraft seines eigenen Glaubens anderen Glauben zu wecken hat. Nicht an seinem Glauben wird sich anderer Glaube entzünden. Sondern es bleibt durchaus bei der Wirksamkeit des Wortes und des Auftrages. Der Auftrag kann jedoch nicht recht erfüllt werden, wenn Timotheus nicht in gewissem Glauben steht. Paulus denkt nicht nur an das Predigen, sondern an den ganzen Wandel, das ganze Amt. Hier weiß Paulus, daß keiner mit vollem Einsatz verkündigen kann, der nicht fest im Glauben lebt und den sein Gewissen verklagt. Wen sein Gewissen verklagt, der ist gelähmt in Wort und Tun. Er ist kraftlos, wenn es in den Kampf geht. Wiewohl es deutlich ist, daß die Kraft des Erfolges nicht die seine ist, ist es doch ebenso deutlich, daß Amt und Person hier sehr eng zusammen gesehen werden. So gewiß die Berufung in das Amt nicht den Glauben schafft, so gewiß sind Glaube und Berufung untrennbar verbunden, wenn das Amt im Segen geführt werden soll, auch für den, der es trägt. Paulus ist gewiß, daß Timotheus schon lange im ungefärbten Glauben steht II 1, 5. »Kämpfe den guten Kampf des Glaubens, ergreife das ewige Leben ...« I 6, 12. Das persönliche Ziel des Timotheus ist mit dem Ziel der Gemeinde auf das engste verbunden. Verliert er den Glauben, macht er auch den Beruf zunichte. Niemals darf sich der Amtsträger selbst rechtfertigen, indem er sich von seiner persönlichen Sünde auf sein Amt zurückzieht. Die Trennung von Amt und Person hat wohl einen klaren Sinn: »Gottes Wort ist nicht gebunden« II 2, 9. Gottes Wort hängt niemals an meiner Person. Aber meine Person hängt unter allen Umständen an diesem Wort und seinem Amt. Daß Gottes Wort ungebunden ist und nicht an meiner Person hängt, das ist Trost für den angefochtenen Prediger, aber nicht das Ruhekissen für seinen Unglauben.

Paulus schützt mit »Glaube und gutes Gewissen« den Glauben vor dem Mißbrauch. Glaube geht nicht zusammen mit schlechtem Gewissen. Vergangene Sünde darf sein Gewissen nicht mehr beflecken und belasten. In der Gemeinschaft mit Christus ist der Glaubende recht – fertig gemacht zum guten Werk, er ist rein II 2, 15; I 6, 18; II 2, 21; 3, 17; Titus 2, 14; 3, 1. 8. 14. Die Meinung, daß, wer den Glauben habe, nach dem guten Gewissen nicht mehr zu fragen brauche, war schon damals falsch und hatte eben »am Glauben Schiffbruch erlitten« I 1, 19. Wer sich leicht dem Gebot Jesu entzieht, verliert den Glauben mit dem guten Gewissen. Das schlechte Gewissen ist Gift, das weiter frißt und den Glauben zersetzt. Glaube und gutes Gewissen sind die einzigen Forderungen, die Paulus an den Diener in der Gemeinde stellt. So gilt es den Diakonen I 3, 8 f. Das reine Gewissen ist das Gefäß des Dienstes II 1, 3. Das reine Gewissen ist das Gefäß des Glaubens. Im unreinen verdirbt der Glaube.

Auch bei der Beschreibung der anderen Ämter in I 3 erwähnt Paulus nicht das, was wir besondere Begabungen nennen. Er fordert neben »Glauben und Gewissen« keine besonderen Erkenntnisse und Erlebnisse. Er beschreibt sie, Bischöfe und Diakone, als im Glauben und Gewissen Gebundene, nach außen unanstößig, lange erprobt in Lehre und Wandel; Leute, an denen der Lästerer kein Recht findet.

Männer des Geistes der Kraft und der Liebe und der Zucht. Bischöfe und Diakone sind die in Glauben und Gewissen schlechthin Gesunden. Keine Weltverbesserer (nicht »Neulinge«), keine Leute, die in Gefahr sind, die Bewunderung aller auf sich zu ziehen. Solchen werden die Hände aufgelegt, freilich nicht unversehens und allzubald I 5, 22. Es ist dieselbe Charakterisierung dieser Beauftragten wie die des Timotheus selbst.

V. Timotheus und die Irrlehrer

Timotheus wurde in Ephesus zurückgelassen, daß er »etlichen geböte, daß sie nicht anders lehrten« I 1, 3. Sein Auftrag ist Abwehr der Irrlehre von der Gemeinde. Diese ist also allein nicht in der Lage abzuwehren. Es bedarf der apostolischen Bestellung zu diesem Auftrag. Timotheus soll gebieten; die Irrlehrer stehen also in der Gemeinde.
Wer sind die Irrlehrer? Es sind Menschen, die anstelle der gesunden Lehre eigene Gedanken und Probleme setzen. Sie haben nicht genug an der einfachen offenbarten Wahrheit, sondern verlieren sich in Weltanschauungen und Probleme, die ihrerseits zu endlosen Fragen führen; niemand kann sie beantworten und sie dienen nicht dem Aufbau I 1, 4. Sie wollen das Gebot und das Evangelium nicht so haben, wie es ist. Sie huldigen dem Satz: Suchen ist besser als Haben; das Streben nach Wahrheit ist mehr als ihr Besitz. Sie haben die »Seuche der Fragen und Wortkriege« I 6, 4 f, sie »lernen immerdar und können nimmer zur Erkennnis der Wahrheit kommen« II 3, 7. Sie sind die Ewig-Ringenden, Ewig-Strebenden, die problematisierenden ungewissen Menschen. Die Lehre aus solcher Haltung ist nicht gesund, sondern im tiefsten krank wie ein »Krebsgeschwür« II 2, 17.
Warum urteilt Paulus so über ernsthafte, nahestehende Men-

schen? Seine Diagnose der Irrlehrer ist einfach, klar und hart. Sie wollen das Einfache nicht, weil sie nicht gehorchen wollen. Anstelle des Willens zum Gehorsam steht der Wille zum Problematisieren. Das ewige Fragen kommt aus einem »Brandmal in ihrem Gewissen« I 4, 2. Die Ungewißheit am Wort Gottes bleibt, solange sie sich ihm entziehen. Das unreine Gewissen rechtfertigt sich mit der Schärfe der Fragen und Spekulationen. Sie leben im Schein der Frömmigkeit (»Gleisnerei«) und »reden Lügen« I 4, 2. Es wird nicht gesagt, daß sie das selbst wissen. Sie glauben im Gegenteil, in der ewigen Ungewißheit die Heiligen zu sein. Sie »haben den Schein eines gottseligen Wesens«, das im Zittern des Sünders vor Gott als gerechtfertigt lebt, »aber seine Kraft verleugnen sie« II, 3, 5.
Aber sind sie nicht darin gerechtfertigt, daß sie es sichtlich zu ungewöhnlicher Heiligkeit bringen und Askese üben und fordern I 4, 3? Sollte nicht die Ehrfurcht vor dem Ernst solch sittlichen Lebens das Wort der Kritik verbieten? Paulus aber behält den klaren Blick dessen, der allein aufs Wort sieht. Gerade hier sieht er, daß in der Heiligkeit aus Reflexion die ganze Krankheit offenbar wird. Diese Heiligkeit ist nicht gesunde Lehre des Evangeliums aus der Kraft des Gehorsams, sondern Krankheit eines befleckten Gewissens. Sie ist die kranke »Aufgeblasenheit« I 6, 4 dessen, der nicht einfältig vor Gott wandeln will. Es ist kein Unterschied zwischen solcher Heiligkeit und dem Umgetriebenwerden von den eigenen Lüsten II 3, 6. Sie schleichen durch die Häuser mit ihren heimlichen Lehren. Sie machen sich die Schwachen zu Dienst, »führen die Weiblein gefangen«, knechten sie durch ein Evangelium des Scheins und der Selbstgefälligkeit. Die Lasterkataloge I 1, 9 ff und 6, 3 ff gelten auch gerade denen, die aus krankem Glauben zu kranker Heiligkeit kommen. Sie sind derselben Laster schuldig. Vor Gottes Evangelium ist diese Heiligkeit dasselbe wie die Wollust. Also nicht weil diese Irrlehre verkehrte Erkenntnis ist, sondern weil sie an

einer Stelle im Widerspruch gegen das Gebot Gottes verharrt, darum ist sie ein tödliches Krebsgeschwür.
Wenn dies das Bild der Irrlehrer ist, was soll Timotheus tun? Soll er es ausrotten? Soll er den Irrlehrern nachgehen, sie durch geduldige Liebe überwinden? Soll er die, die im Ernst sich bemühen Christen zu sein, in der Gemeinde als Brüder tragen? Soll er von neuem beginnen, mit ihnen über die Grundwahrheiten des Evangeliums zu diskutieren und zu evangelisieren? Wäre das die rechte Liebe? Sie entspräche dem, was das fromme Fleisch für richtig hält. Paulus gibt die Weisung: Lehre du die gesunde Lehre. Hören sie nicht, »tue dich von solchen« und »meide sie«, I 6, 5; II 3, 5; I 4, 7; 6, 20. Treib die Lehre von der Sünde des Menschen, von der Buße, von der Barmherzigkeit, vom Gehorsam gegen das Gebot und »meide das Gezänke der falsch berühmten Kunst«.
Warum spricht Paulus so? Er weiß, daß nichts für die Gemeinde verführerischer ist, als daß die sarkische Heiligkeit und Christlichkeit irgendwie bestärkt und das fromme Fleisch am Leben erhalten wird. Diese Krankheit ist ansteckend und gefährlich. Er weiß, daß Timotheus diesen Leuten nur zu Willen wäre, wenn er sich auf das Diskutieren einließe. Das würde sie nur in ihrer Flucht vor dem Gehorsam bestärken, indem er damit zugäbe, daß die Wahrheit durch das Problematisieren zu gewinnen wäre. Man kann aber nicht diskutieren mit denen, die nicht gehorchen wollen. Durch Diskutieren kann man jedes Wort der Schrift totschlagen. Der Fehler liegt nicht im Intellekt. Joh. 7, 17 »So jemand will des Willen tun, der wird inne werden ...«. Aus Gehorsam kommt Erkenntnis, nicht aus rechter Erkenntnis der Gehorsam. Durch den Gehorsam gegen das Wort werden wir in alle Wahrheit geleitet I 1, 5. Darum soll sich Timotheus auf keine Gemeinschaft einlassen als auf die Gemeinschaft der Predigt der Buße und des Evangeliums. Jede andere Gemeinschaft müßte mißdeutet werden und hat keine Verheißung. Der einzige Dienst, den Timotheus dann noch tun kann, ist

der, jede Gemeinschaft mit denen abzubrechen, die die gesunde Lehre verachten. Das ist gesunde Lehre. Es gibt auch kranke Seelsorge. In der Gemeinschaft apostolischer Lehre und Lebens hebt er die Gemeinschaft mit den Irrlehrern auf.

VI. Timotheus und seine Gemeinde

Im Auftrag der heilsamen, gesunden Lehre steht Timotheus in seiner Gemeinde I 1, 10; 6, 30; II 1, 13; 4, 3; Titus 1, 9; 2, 1. Die Gesundheit besteht darin, daß der Glaube an die Barmherzigkeit auch die Kraft zu einem guten Gewissen hat. Die Krankheit darin, daß der Glaube anstatt in Gehorsam in Befriedigung führt. Die Gesundheit besteht nicht darin, daß die Lehre in gesunder Weise die Wirklichkeit beachtet und ihr angepaßt ist, das Lehrmäßige also etwa nicht übertrieben wäre. Auch ist es nicht die Praxis, welche sie gesund macht. Nicht die Praxis macht die Lehre gesund, sondern die gesunde Lehre wirkt die rechte Praxis: willigen Gehorsam und gutes Gewissen. Eine Lehre, die das nicht wirkt, ist kranke Lehre. Die gesunde ist von Paulus dem Timotheus anvertraut II 2, 2. Er befiehlt sie treuen Menschen weiter I 6, 12. 20, als ein bewährter Bekenner.
Niemals kann für den, der den apostolischen Auftrag trägt, die Frage nach Gunst oder Ungunst der Ausrichtung bestimmend sein. »Predige das Wort, halte an, es sei zu rechter Zeit oder zur Unzeit« II, 4, 2. Wer weiß denn, was Zeit oder Unzeit für Gottes Wort ist? Wer kennt Gottes Zeit aus der Zeit heraus? Es gibt keine Möglichkeit, den Kairos Gottes aus den Gegebenheiten zu erkennen. Die Predigt selbst schafft sich den Kairos, nicht aber erzwingt sich der Kairos seine Predigt. Die Predigt ist öffentliche Verkündigung im Gegensatz zum privatisierenden durch die Häuser Schleichen. Die Predigt des Timotheus ist nicht beschränkt auf die Sonntagsverkündigung. »Strafe« ohne Menschenfurcht.

»Drohe, ermahne.« Der Überführte soll gestraft werden; der Gestrafte mit dem Trost des Evangeliums ermahnt werden.

Timotheus muß zur Nüchternheit in seinem Amt ermahnt werden. Denn die Menschen werden die gesunde Lehre nicht ertragen II 4, 3 f. Sie werden sich der kranken Lehre zuwenden, die der Weichlichkeit schmeichelt und »sich selbst Lehrer aufladen, nach denen ihnen die Ohren jücken«. Das muß so kommen. Das apostolische Wort scheidet dann zwischen Glauben und Heuchelei. Nun kommt es darauf an, daß Timotheus sich nicht beirren läßt: »Du aber sei nüchtern allenthalben« II 4, 5. Nüchtern ist er, wenn er weiß, daß solche Scheidung kommen muß. Nüchtern ist er, wenn er nun erst recht in der Gemeinschaft der apostolischen Lehre bleibt und dem Wort und seinem Auftrag vertraut. Die Gefahr der Schwermut lauert auf der einen Seite, daß da so viele abfallen. Die der superbia auf der anderen, wenn er so viele fallen sieht.

Der Sohn im Glauben kann es ertragen, wenn ihm der geistliche Vater sagt: »sei willig, zu leiden« II 4, 5. Paulus will nicht, daß aus dem Leiden des Amtsträgers etwas Dramatisches gemacht wird, sondern »bleibe nun treu als ein guter Evangelist«. Er sagt es hart und einfach, aber selbstverständlich. Das apostolische Leben geschieht in Einfachheit und Demut, aber es ist auch Kriegsdienst: »Leide mit als ein guter Streiter Jesu Christi« II, 2, 3. Das Sprechen vom Leiden soll Timotheus nicht unsicher, sondern sicher machen: mache deinen Dienst voll, bleibe treu bis ans Ende. Nicht damit er dem Sohn im Glauben das Herz schwer machen will, sondern damit er ihn seiner vollen Gemeinschaft versichert, erwähnt er sein eigenes Leiden: »ich werde schon geopfert und die Zeit meines Abscheidens ist nahe« II 4, 6; »leide mit für das Evangelium wie ich« II 1, 8. Der Grund für die apostolische Arbeit und der Grund für Schmähung und Leiden ist ein und derselbe. »Dahin arbeiten wir auch und werden ge-

schmäht, daß wir auf den lebendigen Gott gehofft haben« I 4, 10. Das ist das irdische Ziel apostolischer Lehre und Lebens, hinter dem die Gewißheit ruht: »Sterben wir mit, so werden wir mit leben ...« II 2, 11.
Angesichts dieses Amtes erscheint es fast befremdlich, daß Paulus dem Timotheus immerzu Ermahnungen für sein persönliches Leben erteilt: »Habe acht auf dich selbst und auf die Lehre« I 4, 16; »sei ein Vorbild ... im Wort ... in der Keuschheit« I 4, 12; »halte dich selber keusch« I 5, 22; »fliehe die Lüste der Jugend« II 2, 22; »nicht zänkisch, sondern freundlich gegen jedermann« II 2, 24. Wie würde sich heute ein erfahrener Kirchenmann es verbitten, wenn man ihm das alles sagte! Timotheus soll seiner Frömmigkeit nicht zu gewiß sein und sie auch nicht leicht nehmen. Sie bedarf der »Übung« I 4, 7. Auch der erfahrene Kirchenmann bedarf sowohl der Mahnung wie der Übung. Der gesunde Glaube bedarf der Einübung, er verachtet die Ermahnung nicht. Er ist nicht stolz, sondern versteht, daß die Ermahnung den Glaubenden schützt vor den Anläufen des Teufels. Auch Timotheus ist nicht geschützt.
Timotheus soll die Sache aber nicht zum Selbstzweck werden lassen und nicht allzu gesetzlich werden: trink nicht immer Wasser, sondern brauche ein wenig Wein um deines Magens willen I 5, 23.
Die Autorität seines Amtes soll er nicht mißverstehen, indem er etwa unehrerbietig mit den Alten und unbrüderlich mit den Jungen umgeht I 5, 1 f. Er hat nur das eine voraus, daß er ihnen dienen darf. In der Amtsführung soll er nicht parteiisch sein, damit dem Wort keine Unehre oder Schaden geschieht I 5, 22 f.
Hier spricht ein harter Seelsorger, der, nachdem er eben den Timotheus so ganz bestätigt hat, diesem nichts nachläßt. Luthers Briefe an seine Freunde können ähnlich klingen. Für uns aber soll sich heute von selbst verstehen, was sich für Luther und Paulus nicht von selbst verstand: die einfachen Din-

ge des persönlichen Lebens. Wir stecken zu tief in der »kranken Lehre«, als daß wir vermöchten, uns recht daraufhin anzureden, ohne gekränkt zu sein.
Es erscheint vielleicht merkwürdig, daß Paulus dem Timotheus die einfachsten Dinge wieder und wieder sagt. Aber sie müssen wieder und wieder gesagt sein und sind so neue Kraft und neuer Halt. Wo ein Christ lebt, lauert unausgesetzt der Teufel. Je echter die Frömmigkeit, um so näher der Abgrund; erst recht für den Diener am Hause Gottes. Es geht Paulus darum, daß Timotheus sein Amt nicht zum Fluch werden möchte I 4, 16. Die Seligkeit des Timotheus als einem Träger des Amtes hängt an diesem Amt. Es wird zum Fluch oder zur Seligkeit. Es gibt keinen Dispens mehr davon. Am Tage Jesu Christi wird Timotheus Rechenschaft geben müssen »... auf die Erscheinung unseres Herrn Jesu Christi ...« I 6, 14.
»Ich gebiete dir vor Gott« I 6, 13, so spricht der Vater zum Sohn. Beide stehen vor Gott. Das Gebot, das Timotheus halten soll, schließt sein Amt und seine Person ein. Aber Paulus nimmt das Urteil Gottes über beides nicht vorweg. Es bleibt dem Richttag Gottes überlassen. Die Gewißheit des guten Kampfes besteht jedoch: »Ich habe einen guten Kampf gekämpft ... hinfort ist mir beigelegt die Krone der Gerechtigkeit ...« II 4, 7 f. Timotheus, dessen Leben jetzt in der Gemeinschaft mit der Gemeinde geführt wird, empfängt Trost aus der Gewißheit des Apostels. Die letzte Frucht des apostolischen Lebens und des Amtes soll auch ihm zuteil werden. Das ist der letzte Wille des alten Paulus an seinen rechtschaffenen Sohn im Glauben und in der Gemeinschaft apostolischer Lehre.

»Führe uns nicht in Versuchung«

Bibelarbeit über die sechste Bitte des Vaterunsers[1]

Vorbemerkungen des Herausgebers

Bei der Erstveröffentlichung dieser Bibelarbeit unter dem Titel »Versuchung« (in Buchform, München 1953) hat Eberhard Bethge den ganzen Komplex in Kapitel mit entsprechenden Überschriften aufgegliedert. In Bonhoeffers Manuskript stehen zur Gliederung des Stoffes die arabischen Ziffern 1–7, öfter mit Untergliederungen a, b, c usw. Die Einheiten sind von sehr unterschiedlicher Länge. Für einige Abschnitte im letzten Drittel der Arbeit hat Bonhoeffer selber Überschriften gewählt, was für Bethge offenbar der Anlaß war, mit dem ganzen Stoff so zu verfahren. Bethges Kapiteleinteilungen und Überschriften werden hier beibehalten, wobei die hinzugefügten zur Unterscheidung von den originalen in eckige Klammern gesetzt sind. Auch die ursprüngliche Gliederung Bonhoeffers durch die Ziffern 1–7 und die Buchstaben a–c soll erkennbar bleiben, obwohl sie durch die Überschriften eigentlich überholt ist.
Zu Anlaß und innerer Situation dieser Bibelarbeit vergleiche die betreffenden Ausführungen in der Einleitung, Bd I, S. 53–55.

[Vorfragen]

[Die Verlassenheit]

1. Führe uns nicht in Versuchung. Der natürliche Mensch und der ethische Mensch kann dieses Gebet nicht verstehen. Der natürliche Mensch sucht die Bewährung seiner Kraft im Abenteuer, im Kampf, in der Begegnung mit dem Feind. Das

1. Auf der Freizeit für alle Mitglieder der fünf Finkenwalder Kurse in Zingst vom 20.–25. 6. 1938 gehalten.

ist das Leben. »Und setzet ihr nicht das Leben ein, nie wird euch das Leben gewonnen sein« [Schiller]. Nur das in den Tod gefährdete Leben ist gewonnenes Leben. Das ist die Erkenntnis des natürlichen Menschen. Auch der ethische Mensch weiß, daß seine Erkenntnisse nur wahr und überzeugend werden in der Erprobung und Bewährung, daß das Gute nur leben kann vom Bösen, daß das Gute ohne das Böse nicht mehr gut wäre. So fordert der ethische Mensch das Böse heraus, sein tägliches Gebet ist: Führe mich in Versuchung, auf daß [ich] die Kraft des Guten in mir erprobe. Wäre Versuchung wirklich das, was der natürliche und der ethische Mensch darunter verstehen, nämlich Erprobung der eigenen Kraft - sei es der vitalen oder der ethischen oder auch der *christlichen* Kraft - am Widerstand, am Feind, so wäre allerdings dies Gebet der Christen unverständlich; denn daß Leben nur am Tod und das Gute nur am Bösen gewonnen wird, ist durchaus eine Erkenntnis dieser Welt, die dem Christen nicht fremd ist. Aber das alles hat mit der Versuchung, von der Jesus Christus spricht, gar nichts zu tun. Es rührt überhaupt nicht an die Wirklichkeit, die hier gemeint ist. Es kann ja in der Versuchung, von der die ganze Heilige Schrift spricht, gerade ganz und gar nicht um die Erprobung meiner Kraft gehen, weil ja gerade dies das Wesen der biblischen Versuchung ist, daß sich hier zu meinem Erschrecken - ohne daß ich etwas dazu oder dagegen zu tun vermöchte - alle meine Kräfte gerade gegen mich selbst wenden, ja daß wirklich *alle* meine Kräfte, gerade auch meine guten und frommen Kräfte (Glaubenskräfte) in die Hände der feindlichen Macht gefallen sind und nun gegen mich zu Felde geführt werden. Ehe eine Erprobung meiner Kraft erfolgen könnte, ist mir meine Kraft schon geraubt. »Mein Herz bebt, meine Kraft hat mich verlassen, und das Licht meiner Augen ist nicht bei mir« (Ps. 38, 11). Das ist die entscheidende Tatsache der Versuchung des Christen, daß er *verlassen* ist, verlassen von allen seinen Kräften, ja von ihnen

bekämpft, verlassen von allen Menschen, verlassen von Gott selbst. Sein Herz bebt und ist hineingefallen in das völlige Dunkel. Er selbst ist nichts. Der Feind ist alles. Gott hat seine Hand von ihm gezogen, »hat die Hand von ihm abgetan« (Conf. Aug. XIX), »er hat ihn einen kleinen Augenblick verlassen« (Jes. 54, 7). Der Mensch ist in der Versuchung allein. Nichts steht ihm bei. Der Teufel hat einen kleinen Augenblick Raum bekommen. Wie aber soll der verlassene Mensch dem Teufel begegnen? Wie sollte er sich seiner erwehren können? Es ist der Fürst dieser Welt, der hier gegen ihn steht. Die Stunde des Abfalls ist da, des unwiderruflichen, ewigen Abfalls. Denn wer will uns aus den Klauen des Satans wieder frei machen?
Eine Niederlage zeigt dem vitalen und dem ethischen Menschen, daß die Kräfte noch wachsen müssen, ehe sie die Probe bestehen. Darum ist seine Niederlage niemals unwiderruflich. Der Christ weiß, daß ihn in der Stunde der Versuchung jedesmal alle seine Kräfte verlassen werden. Darum ist für ihn die Versuchung die dunkle Stunde, die *unwiderruflich* werden kann. Darum sucht er nicht nach der Bewährung seiner Kraft, sondern betet: *Führe uns nicht in Versuchung. Versuchung heißt also im biblischen Sinne nicht: Erprobung der Kraft, sondern Verlust aller Kräfte, wehrlose Auslieferung an den Satan.*

[Der Zeitpunkt]

2. Versuchung ist ein konkretes, aus dem Verlauf des Lebens jäh heraustretendes Ereignis. Für den vitalen Menschen ist das *ganze* Leben ein Kampf und für den Ethiker ist *jede* Stunde Versuchungszeit. Der Christ kennt Stunden der Versuchung, die sich von den Stunden gnädiger Behütung [und] Bewahrung vor der Versuchung unterscheiden, wie der Teufel sich von Gott unterscheidet. Der Satz, daß jeder Augen-

blick des Lebens Entscheidungszeit sei, hat für ihn in dieser Abstraktheit keinen Sinn. Er vermag sein Leben nicht grundsätzlich anzusehen, sondern nur von dem lebendigen Gott her. Der Gott aber, der es Tag und Nacht werden läßt, der gibt auf Zeiten des Durstes Zeiten der Erquickung. Gott gibt Sturm und er gibt ruhige Fahrt. Gott gibt Zeiten der Sorge und Angst und Gott gibt Zeiten der Freude. »Den Abend lang währt das Weinen, aber des Morgens ist Freude« (Ps. 30, 6). »Ein jegliches hat seine Zeit und alles Vornehmen unter dem Himmel hat seine Stunde. Geboren werden und sterben, pflanzen und ausrotten, was gepflanzt ist, würgen und heilen, brechen und bauen, weinen und lachen ... Er aber tut alles fein zu seiner Zeit« (Pred. Sal. 3, 1–4. 11). Nicht was das Leben an sich sei, sondern wie Gott jetzt mit mir handelt, ist dem Christen wichtig. Gott verstößt mich und er nimmt mich wieder an; er zerstört mein Werk und er baut es wieder auf. »Ich bin der Herr und keiner mehr, der ich das Licht mache und schaffe die Finsternis, der ich Frieden gebe und schaffe das Übel« (Jes. 45, 7).

So lebt der Christ aus den Zeiten Gottes und nicht aus seinem eigenen Begriff vom Leben. So sagt er nicht, er stehe allezeit in Versuchung und allezeit in der Bewahrung, sondern er betet in den Zeiten der Bewahrung, Gott wolle die Zeit der Versuchung nicht über ihn kommen lassen.

Plötzlich kommt die Versuchung über den Frommen. »Plötzlich schießen sie auf ihn ohne alle Scheu« (Ps. 64, 5) in der Stunde, in der er sich's am wenigsten versah. »Auch weiß der Mensch seine Zeit nicht ... so werden auch die Menschen berückt zur bösen Zeit, wenn sie plötzlich über sie fällt« (Pred. Sal. 9, 12). »Sein Zorn kommt plötzlich und wird's rächen und dich verderben« (Jesus Sirach 5, 9). Daran erkennt der Christ die List des Satans. Plötzlich ist der Zweifel ins Herz gesät, plötzlich ist alles so ungewiß, so sinnlos, was ich tue; plötzlich werden längst vergangene Sünden in mir lebendig, als seien sie heute geschehen und quälen mich und verklagen mich; plötzlich ist mein ganzes Herz erfüllt von tiefer Traurigkeit über mich selbst, über die Welt, über die Ohnmacht Gottes an mir, plötzlich will der Überdruß am Leben mich zu furchtbarer Sünde verleiten; plötzlich erwacht die böse Lust und plötzlich kommt das Kreuz über mich und ich gerate ins Wanken. Das ist die Stunde der Versuchung, der Finsternis, der wehrlosen Auslieferung an den Satan.

[Das Muß]

3. Aber: Muß denn die Stunde der Versuchung nicht kommen? Ist es nicht darum unerlaubt, so zu beten? Sollten wir nicht vielmehr allein darum beten, daß uns in der Stunde der Versuchung, die ja kommen muß, Kraft zur Überwindung geschenkt werde? Dieser Gedanke will mehr von der Versuchung wissen als Christus und will frömmer sein als der, der die schwerste Versuchung erfuhr. »Muß die Versuchung nicht kommen?« Ja, warum denn? Muß denn Gott die Seinen dem Satan ausliefern? Muß er sie denn an den Abgrund des Abfalls führen? Muß denn Gott dem Satan solche Macht einräumen? Wer sind denn wir, daß wir davon reden könnten, daß Versuchung kommen *müsse*? Sitzen wir denn in Gottes Rat? Und wenn schon Versuchung kommen muß – kraft eines uns unbegreiflichen *göttlichen* Muß –, dann ruft uns eben Christus, der Versuchteste von allen, auf, gegen dieses göttliche Muß anzubeten, nicht resigniert-stoisch sich der Versuchung auszuliefern, sondern von jenem dunklen Muß, in dem Gott dem Teufel willfährig ist, zu jener offenbaren göttlichen Freiheit zu fliehen und zu ruhen, in der Gott den Teufel unter die Füße tritt. Führe uns *nicht* in Versuchung!

[Die zwei Versuchungsgeschichten]

4. Damit fangen wir nach diesen ersten Vorfragen an, uns an die Sache selbst, um die es in diesem Gebet geht, heranzutasten. Der die Jünger so beten lehrt, ist Jesus Christus, der allein wissen muß, was Versuchung heißt. Und weil er es weiß, darum will er, daß seine Jünger beten: führe uns nicht in Versuchung. Allein von der *Versuchung Jesu Christi* her werden wir verstehen können, was für uns Versuchung heißt.
Die Heilige Schrift erzählt uns nicht wie ein Erbauungsbuch viele Geschichten menschlicher Versuchungen und ihrer Überwindung. Sie berichtet genau genommen überhaupt *nur zwei Versuchungsgeschichten,* die Versuchung *der ersten Menschen* und die *Versuchung Jesu Christi,* d.h. die Versuchung, die zum Fall des Menschen führt und die Versuchung, die zum Fall des Satans führt. Alles, was sich sonst an Versuchungen im menschlichen Leben zugetragen hat, steht offenbar im Zeichen dieser beiden Versuchungsgeschichten; entweder wir werden versucht in *Adam* oder wir werden versucht *in Christus.* Entweder der Adam in uns wird versucht; dann kommen wir zu Fall. Oder der Christus in uns wird versucht; dann muß Satan fallen.

[Adam]

Die Versuchung der ersten Menschen stellt uns vor das Rätsel des Versuchers im Paradies. Unser Blick läßt sich dadurch leicht zurückwerfen auf jenes Geschehen, über das aber für uns gerade das Geheimnis des Nichtoffenbaren liegen soll, nämlich auf den Ursprung des Versuchers. Wir lernen aus jenem Geschehen im Paradies nur dies Dreifache:
Erstens, daß der Versucher immer auch schon da ist, *wo Unschuld ist.* Ja, der Versucher ist überhaupt nur da, wo Unschuld ist; denn wo Schuld ist, hat er schon die Macht gewonnen.

Zweitens: Gerade das völlig unvermittelte Erscheinen des Versuchers in der Stimme der Schlange im Paradies, die wahrhaftig durch nichts (eben auch durch keine Metaphysik des Luzifer) begründete und gerechtfertigte Anwesenheit des Satans im Paradies macht erst sein Wesen als Versucher aus. Es ist jene undurchdringliche, kontingente Plötzlichkeit, von der wir vorher sprachen. Die Stimme des Versuchers kommt nicht aus einem nur als »Hölle« bekannten Abgrund. Sie verbirgt ihren Ursprung vollkommen, sie ist plötzlich neben mir und spricht zu mir. Im Paradies ist es die Schlange, also doch offenbar ein Geschöpf Gottes, durch die der Versucher zu Eva spricht. So bleibt der Ursprung in Feuer und Schwefel allerdings vollkommen unsichtbar. *Die Verleugnung des Ursprungs gehört zum Wesen des Versuchers.*
Drittens: Um aber Zugang zur Unschuld zu gewinnen, muß die Verleugnung des Ursprungs bis zum Letzten erfolgen. Unschuld heißt ja, mit reinem, ungeteiltem Herzen an Gottes Wort hängen. So muß der Versucher sich in Gottes Namen einführen. Er führt Gottes Wort mit sich und wird ein Ausleger dieses Wortes. »Sollte Gott gesagt haben?« Solltet ihr Gott, den Herrn, hier recht verstanden haben? Sollte nicht hinter seinen Worten doch ein anderer Geist stehen? Wir können uns kein Bild machen von der namenlosen Angst, die den ersten Menschen vor solcher Möglichkeit befallen haben muß. Vor der Unschuld tut sich der Abgrund der noch unbekannten Schuld auf, vor dem Glauben der Abgrund des unbekannten Zweifels, vor dem Leben der Abgrund des noch unbekannten Todes. Diese Angst der Unschuld, der der Teufel ihre einzige Kraft, Gottes Wort, rauben will, ist die Sünde der Versuchung. Es geht hier nicht mehr um das Antreten zum Kampf, um die Freiheit der Entscheidung zum Guten oder zum Bösen – eben um jenen ethischen Begriff von Versuchung. Vielmehr ist Adam dem Versucher wehrlos ausgeliefert. Ihm fehlt jede eigene Einsicht, Kraft, Erkenntnis, die ihn zum Kampf mit diesem Gegner

befähigt hätte. Er ist gänzlich allein gelassen. Der Abgrund hat sich unter ihm aufgetan. Nur eins bleibt: Er ist mitten in diesem Abgrund von Gottes Hand, von Gottes Wort gehalten. So kann Adam nur die Augen schließen und sich halten und tragen lassen von der Gnade Gottes in der Stunde der Versuchung. Aber Adam fällt. »Sollte Gott gesagt haben?« In den Abgrund dieser Frage stürzt Adam und mit ihm das ganze Menschengeschlecht. Seit der Austreibung Adams aus dem Paradies wird jeder Mensch mit dieser Frage, die der Satan in Adams Herz gesät hat, geboren. Das ist die Urfrage alles *Fleisches:* »Sollte Gott gesagt haben?« An dieser Frage kommt alles Fleisch zu Fall. *Die Versuchung Adams gereicht allem Fleisch zum Tod und zur Verwerfung.*

[Christus]

In dem Fleisch der Sünde aber kam der Sohn Gottes, Jesus Christus, unser Heiland, auf die Erde. Alle Begierde und alle Furcht des Fleisches, alle Verdammnis und Gottferne des Fleisches war auch in ihm. »Er wurde versucht allenthalben gleichwie wir – doch ohne Sünde« (Hebr. 4, 15). Wollte er dem Menschen, der Fleisch ist, helfen, so mußte er die Versuchlichkeit des Fleisches ganz auf sich nehmen. Auch Jesus Christus κατὰ σάρκα wurde geboren mit der Frage: »Sollte Gott gesagt haben?« – doch ohne Sünde.

Die Versuchung Christi war schwerer, unaussprechlich schwerer als die Versuchung Adams; denn Adam trug nichts in sich, was dem Versucher ein Recht einer Macht an ihm hätte geben können. Christus aber trug die ganze Last des Fleisches unter dem Fluch und der Verdammnis mit sich. Und doch sollte seine Versuchung allem Fleisch, das versucht wird, künftig zur Hilfe und zum Heil gereichen.

Das Evangelium berichtet, daß Jesus vom Geist in die Wüste geführt wird, auf daß er vom Teufel versucht würde (Matth.

4, 1). Also nicht damit beginnt die Versuchung, daß der Vater den Sohn ausrüstet mit allen Kräften und Waffen, damit er den Kampf bestehe, sondern der Geist führt Jesus in die Wüste, in die Einsamkeit, in die Verlassenheit. Gott nimmt seinem Sohn alle Hilfe von Menschen und Kreatur. Die Stunde der Versuchung soll Jesus schwach, einsam und hungrig finden. Gott läßt den Menschen in der Versuchung allein. So muß Abraham auf dem Berge Morija ganz allein sein [1. Mose 22].

Ja, Gott selbst verläßt den Menschen vor der Versuchung. So ist es wohl nur zu verstehen, wenn es 2. Chron. 32, 31 heißt: »Gott verließ den Hiskia also, daß er ihn versuchte«. Oder wenn die Psalmisten immer wieder rufen: »Gott, verlaß mich nicht« (Ps. 38, 22; 71, 9. 18 und 119, 8). »Verbirg Dein Antlitz nicht vor mir . . . Laß mich nicht und tue nicht von mir die Hand ab, Gott, mein Heil« (Ps. 27, 9). Was allem menschlich-ethisch-religiösen Denken unbegreiflich bleiben muß: Gott erzeigt sich in der Versuchung nicht als der Gnädige und Nahe, der uns mit allen Gaben des Geistes ausrüstet, sondern er verläßt uns, er ist uns ganz fern, wir sind in der Wüste (Wir werden später mehr davon zu sprechen haben).

Im Unterschied von der Versuchung Adams und von allen menschlichen Versuchungen tritt hier der *Versucher selbst* zu Jesus (Matth. 4, 3). Während er sich sonst der Kreatur bedient, muß er hier selbst den Kampf führen. Damit wird deutlich gemacht, daß es in der Versuchung Jesu um das Ganze geht. Dabei muß nun gerade hier die vollkommenste Verleugnung des Ursprungs den Versucher ausmachen. Paulus mag mit Bezugnahme auf diese Ursprungsverleugnung des Satans in der Versuchung Jesu gesagt haben: »Auch der Satan verkleidet sich zum Engel des Lichts« (2. Kor. 11, 14). Wir dürfen dabei wohl nicht daran denken, daß Jesus den Satan nicht erkannt hätte, aber daß der Satan so versucherisch war, daß er damit Jesus zu Fall bringen wollte.

[Die Versuchung des Fleisches]

Jesus hat vierzig Tage in der Wüste gefastet und es hungerte ihn. Da trat der Versucher zu ihm. Der Versucher beginnt mit der Anerkennung Jesu als Gottes Sohn. Zwar sagt er nicht: Du bist Gottes Sohn – das kann er nicht! – Aber er sagt: Bist du Gottes Sohn, so sprich du, der du jetzt *Hunger* leidest, daß diese Steine Brot werden. Der Satan versucht Jesus hier in der Schwachheit seines menschlichen Fleisches. Er will seine Gottheit gegen seine Menschheit führen. Er will das Fleisch gegen den Geist rebellisch machen. Der Satan weiß, das Fleisch ist leidensscheu. Warum aber soll der Sohn Gottes am Fleisch leiden? Das Ziel dieser Frage ist klar: Würde Jesus in der Kraft seiner Gottheit sich dem Leiden am Fleisch entziehen, so wäre alles Fleisch verloren. Der Weg des Sohnes Gottes auf Erden wäre zu Ende. Das Fleisch gehörte wieder dem Satan. Die Antwort Jesu mit dem Wort Gottes zeigt zuerst, daß auch der Gottessohn *unter Gottes Wort* steht und daß er kein eigenes Recht neben diesem Wort haben kann und will. Sie zeigt zweitens, daß Jesus an diesem *Wort allein* bleiben will. Auch das *Fleisch gehört unter* Gottes Wort; und wenn es leiden muß, so gilt eben: Der Mensch lebt nicht vom Brot allein. Jesus hat seine Menschheit und seinen Leidensweg in der Versuchung bewahrt. Die erste Versuchung ist die Versuchung des Fleisches.

[Die geistliche Versuchung]

In der zweiten Versuchung beginnt der Satan wie in der ersten: Bist du Gottes Sohn – aber er steigert [unsichere Lesart] seine Versuchung nun noch, indem er selbst Gottes Wort gegen Jesus anführt. Auch der Satan kann Gottes Wort in den Kampf führen. Jesus soll sich seine Gottessohnschaft beglaubigen lassen. Er soll ein Zeichen Gottes fordern. Das ist die Versuchung am Glauben Jesu, die Versuchung am Geist. Soll der Gottessohn schon im Leiden der Menschen sein, so fordere ein Zeichen der Macht Gottes, die jederzeit retten kann. Die Antwort Jesu führt Gotteswort gegen Gotteswort, aber so, daß daraus nicht eine heillose Ungewißheit wird, sondern so, daß hier Wahrheit gegen Lüge steht. Jesus nennt diese Versuchung ein Gottversuchen. Er will allein am Wort seines Vaters bleiben; das genügt ihm. Wollte er mehr als dieses Wort, so hätte er dem Zweifel an Gott in sich Raum gegeben. Der Glaube, der mehr will als das Wort Gottes in Gebot und Zusage, wird *zur Gottversuchung.* Gott versuchen aber heißt, die Schuld, die Untreue, die Lüge in Gott selbst hineinverlegen statt in den Satan. Gott versuchen ist die höchste geistliche Versuchung.

[Die vollkommene Versuchung]

Beim [im Manuskript: Zum] dritten Mal kommt der Satan anders als vorher, ohne die Beteuerung der Gottessohnschaft, ohne Gotteswort. Er kommt nun – und das ist das Erschreckende – in seiner ganzen unverhüllten Machtentfaltung als Fürst dieser Welt. Nun kämpft der Satan mit seinen eigensten Waffen. Hier ist keine Verschleierung, keine Verstellung mehr. Die Macht des Satans stellt sich der Macht Gottes unmittelbar gegenüber. Satan wagt das Letzte. Seine Gabe ist unermeßlich groß und schön und verlockend. Und er fordert für diese Gabe die Anbetung. Er fordert den offenen Abfall von Gott, der keine Rechtfertigung mehr hat als eben die Größe und die Schönheit des Reiches Satans. Es geht in dieser Versuchung um die in voller Klarheit und Erkenntnis vollzogene endgültige Absage an Gott und die Unterwerfung unter den Satan. Es ist die Versuchung zur Sünde wider den Heiligen Geist.
Weil hier der Satan sich ganz offenbart hat, darum muß er

hier von Jesus angeredet, getroffen und verworfen werden: Hebe dich weg von mir, Satan, denn es steht geschrieben: Du sollst anbeten, Gott, deinen Herrn, und ihm allein dienen.

Jesus wird versucht *am Fleisch, am Glauben* und in seiner *Gottessohnschaft.* Es ist in allen drei Malen die *eine* Versuchung, Jesus vom Worte Gottes loszureißen. Die Natur des Fleisches wird vom Satan gegen den göttlichen Auftrag geführt. Hat der Satan erst Gewalt über das Fleisch Jesu, so ist Jesus in seiner Hand. Will Jesus nicht leiden, so ist er nicht der Christus. Von der Angst Jesu, daß sein Fleisch dem Satan anheimfällt, hören wir wieder in Gethsemane. In der zweiten Versuchung führt der Satan das geistliche Verlangen des Menschen nach Erfahrung, Bestätigung, Wunder, nach Schauen irgendwelcher Tat gegen den Glauben, in dem der Mensch allein vor Gott bestehen kann. Hat der Satan erst Gewalt über die Frömmigkeit und Geistlichkeit Jesu, so ist Jesus in seiner Hand. Will Jesus nicht allein am Wort bleiben, nicht allein glauben, blind glauben und gehorchen, so ist er nicht mehr der Christus und Erlöser der Menschen, die allein durch Glauben ans Wort das Heil finden sollen. So hat der Satan das Fleisch und den Geist Jesu gegen das Wort Gottes versucht. Die dritte Versuchung geht auf die gesamte leiblich-geistige Existenz des Gottessohnes. »Willst du dich nicht innerlich von mir zerreißen lassen, so gib dich mir ganz – und ich will dich groß machen in dieser Welt, im Haß gegen Gott und in der Macht gegen ihn.« So erleidet Jesus die *fleischliche Versuchung,* die *hohe geistliche Versuchung und* zuletzt die *vollkommene Versuchung* überhaupt und in allen dreien doch nur die *eine* Versuchung des Wortes Gottes.

Auch die Versuchung Jesu ist nicht jener heldische Kampf des Menschen gegen böse Gewalten, wie wir es gern und leicht verstehen. Auch Jesus ist in der Versuchung aller seiner eigenen Kräfte beraubt, er ist allein gelassen von Gott und Menschen, den Raub Satans muß auch er in der Angst erleiden, er ist in das vollkommene Dunkel hineingehalten. Es bleibt ihm nichts als das rettende, haltende, tragende Wort Gottes, das ihn festhält und das für ihn streitet und siegt. Die Nacht der letzten Worte Jesu: Mein Gott, mein Gott, warum hast du mich verlassen? ist hier angebrochen. Sie muß auf die Stunde dieser Versuchung folgen als die letzte fleischlich-geistliche, vollkommene Versuchung des Erlösers. Indem Jesus die Verlassenheit von Gott und Menschen erduldet, ist Gottes Wort und Urteil für ihn. Indem er wehrlos und kraftlos der Macht Satans erliegt, ist die Versuchung bestanden. Er wurde versucht gleichwie wir - doch ohne Sünde.

So bleibt in der Versuchung Jesu wirklich nichts als Gottes Wort und Zusage, nicht eigene Kraft und Freudigkeit zum Streit gegen das Böse, sondern Gottes Kraft und Sieg, der auch am Worte festhält und durch das Wort dem Satan seine Macht raubt. Allein durch Gottes Wort wird die Versuchung überwunden.

»Da verließ ihn der Teufel.« Wie ihn anfangs Gott verlassen hatte, so verläßt ihn jetzt der Versucher - »und siehe, da traten die Engel zu ihm und dienten ihm«. Auch im Garten Gethsemane »erschien ihm ein Engel vom Himmel und stärkte ihn« (Luk. 22, 43). Das ist das Ende der Versuchung, daß der in alle Schwachheit Gefallene, aber vom Worte Gehaltene Stärkung aller seiner Kräfte Leibes und der Seele und des Geistes empfängt durch einen Engel Gottes.

[Die Versuchung Christi in den Seinen]

[Die Übernahme der Versuchungen]

5. Durch die Versuchung Jesu Christi ist die Versuchung Adams zu Ende gebracht. Wie in der Versuchung Adams alles Fleisch fiel, so ist alles Fleisch in der Versuchung Jesu Christi der Macht Satans entrissen. Denn Jesus Christus trug

unser Fleisch, er erlitt unsere Versuchung, und er trug den Sieg davon. So tragen wir alle heute das Fleisch, das in Jesus Christus den Satan überwand. Auch unser Fleisch, auch wir haben in der Versuchung Jesu überwunden. Weil Christus versucht wurde und überwand, darum beten wir: Führe uns nicht in Versuchung! Denn die Versuchung ist ja schon gekommen und überwunden. Er tat es an unserer Stelle. »Sieh auf die Versuchung deines Sohnes Jesu Christi und führe *uns* nicht in Versuchung.« Der Erhörung dieses Gebetes aber dürfen und sollen wir gewiß sein, wir sollen unser Amen darauf sprechen, denn es *ist* erhört in Jesus Christus selbst. Von nun an werden *wir* nicht mehr in Versuchung geführt werden, sondern alle Versuchung, die nun noch geschieht, ist die Versuchung Jesu Christi in seinen Gliedern, in seiner Gemeinde. Nicht wir werden versucht, *Jesus Christus in uns wird versucht.*

Weil der Satan den Gottessohn selbst nicht zu Fall bringen konnte, darum verfolgt [er] ihn nun in seinen Gliedern mit allen Versuchungen. Aber es sind diese letzten Versuchungen doch nur die Ausläufer jener Versuchung Jesu auf Erden; denn die Macht der Versuchung ist gebrochen in der Versuchung Jesu. In dieser Versuchung sollen sich seine Jünger finden lassen, dann ist das Reich ihnen gewiß. Es ist das grundlegende Wort Jesu an alle seine Jünger: »Ihr aber seid's, die ihr beharrt habt bei mir in meinen Versuchungen, und ich will euch das Reich bescheiden« (Luk. 22, 28 u. 29). Nicht die Versuchungen der *Jünger* sind es, die hier die Verheißung empfangen, sondern die Teilnahme, die Gemeinschaft in der Versuchung *Jesu.* Die Versuchungen der Jünger fielen auf Jesus und die Versuchungen Jesu kommen auf die Jünger. An der Versuchung *Christi* teilzuhaben aber heißt zugleich, an der Überwindung und den Siegen Christi teilzuhaben. Es heißt nicht, daß die Versuchungen Christi ein Ende hätten und daß die Jünger nichts mehr davon erfahren würden; vielmehr werden sie Versuchungen erfahren, aber

es sollen die Versuchungen Jesu Christi sein, die über sie kommen. So wird Christus auch den Sieg über diese Versuchungen davontragen.
Es entspricht der Teilnahme der Jünger an den Versuchungen Jesu Christi, daß Jesus seine Jünger bewahren will vor anderer Versuchung: »Wachet und betet, daß ihr nicht in Versuchung fallet« (Matth. 26, 41). Welche Versuchung droht den Jüngern in dieser Stunde von Gethsemane, wenn nicht die, daß sie sich an dem Leidensgang Christi ärgern, also, daß sie *nicht an seinen Versuchungen teilhaben wollen?* So bestätigt Jesus hier die Bitte des Vaterunsers: »Führe uns nicht in Versuchung.« Es ist schließlich dieselbe Sache, wenn Hebr. 2, 18 sagt, »denn worin er gelitten hat und versucht ist, darin kann er helfen denen, die versucht werden«. Hier ist nicht allein von der Hilfe die Rede, die nur der leisten kann, der die Not und die Leiden des anderen aus eigener Erfahrung kennen gelernt hat, vielmehr ist der eigentliche Sinn der, daß in meinen Versuchungen wirklich *nur seine Versuchung* meine Hilfe ist. An *seiner Versuchung teilzuhaben* ist allein Hilfe in meiner Versuchung. So soll ich meine Versuchung nicht anders verstehen denn als Versuchung Jesu Christi in mir. In seiner Versuchung ist meine Hilfe, denn nur hier ist Sieg und Überwindung.
So muß die praktische Aufgabe des Christen sein, alle Versuchungen, die ihn betreffen, als Versuchungen des Jesus Christus in ihm zu verstehen, und es wird ihm geholfen sein. Wie aber geschieht das? Bevor wir von den konkreten Versuchungen der Christen und ihrer Überwindung sprechen können, wird hier die Frage *nach dem Urheber der Versuchung des Christen gestellt* werden müssen. Denn erst, wenn der Christ weiß, womit er es in der Versuchung zu tun hat, kann er im konkreten Fall sich recht verhalten.

[Die drei Urheber]

Die Heilige Schrift nennt drei verschiedene Urheber der Versuchung: *den Teufel*, die *Begierde des Menschen*, *Gott selbst.*

[Der Teufel]

a. Was sagt die Schrift, wenn sie den Teufel den Urheber der Versuchung nennt? Sie sagt *erstens*, daß die Versuchung das ganz und gar *Widergöttliche* ist. Es ist aus dem Wesen Gottes selbst unbegreiflich, daß der Mensch zum Zweifel an Gottes Wort und zum Abfall von Gott verführt werden soll. Der Versucher ist allemal der *Feind Gottes. Zweitens:* Der Feind Gottes erweist in der Versuchung seine Macht, etwas zu tun, was Gottes Wille nicht ist. Was keine Kreatur aus sich heraus vermöchte, das kann der böse Feind. Das heißt also, daß die Versuchung eine *Macht* ist, die stärker ist als irgendeine Kreatur. Sie ist der Einbruch der Macht Satans in die Welt der Schöpfung. Ist der Teufel der Versucher, so kann keine Kreatur aus eigener Kraft der Versuchung widerstehen. Sie muß fallen. So groß ist die Macht Satans (Eph. 6, 12). *Drittens:* Die Versuchung ist *Verführung*, Irreführung. Darum ist sie vom Teufel; denn der Teufel ist ein *Lügner.* »Wenn er die Lüge redet, so redet er von seinem Eigenen; denn er ist ein Lügner und ein Vater derselben« (Joh. 8, 44). Die Sünde ist ein Betrug (Hebr. 3, 13). Der Betrug, die Lüge des Teufels liegt darin, daß er den Menschen glauben machen will, er könne auch ohne Gottes Wort leben. So spiegelt er seiner Phantasie ein Reich des Glückes, der Macht und des Friedens vor, in das nur der eintreten kann, der in den Versuch einwilligt und er verbirgt den Menschen, daß er, der Teufel, das allerunseligste und unglücklichste Wesen ist, weil er endgültig, auf ewig verworfen ist von Gott. *Viertens:* Die Versuchung kommt vom Teufel; denn hier wird der Teufel zum *Verkläger* der Menschen. Es ist ein zweifaches Ziel in jeder Versuchung: Der Mensch soll abwendig gemacht werden vom Wort Gottes und Gott soll den Menschen verwerfen *müssen,* weil der Verkläger seine Sünde aufgedeckt hat. Um dieses Zweite geht es hier: Die Versuchung Hiobs ist hier das Urbild aller Versuchungen. Die Frage des Satans heißt: »Meinst du, daß Hiob Gott umsonst fürchtet? Hast du doch ihn, sein Haus und alles, was er hat, ringsumher verwahrt. Du hast das Werk seiner Hände gesegnet, und sein Gut hat sich ausgebreitet im Lande. Aber recke deine Hand aus und taste an alles, was er hat: was gilt's, er wird dir ins Angesicht absagen?« (Hiob 1, 9 ff). Hier wird der Sinn aller Versuchung deutlich. Es wird dem Menschen alles geraubt, was er hat, er wird völlig wehrlos gemacht bis zum Letzten. Armut, Krankheit, Hohn und Verwerfung durch die Frommen lassen es tiefste Nacht um ihn werden. Alles, was der Satan als Fürst dieser Welt dem Menschen rauben kann, nimmt er ihm. Er treibt ihn in die Verlassenheit, in der dem Versuchten nichts mehr bleibt als Gott. Und eben hier soll es sich offenbaren, daß der Mensch Gott *nicht umsonst* fürchtet, daß er nicht Gott um Gottes willen liebt, sondern um der Güter dieser Welt willen. An irgendeiner Stelle will es der Satan offenbar machen, daß Hiob Gott nicht über alle Dinge fürchtet, liebt und ihm vertraut. So wird jede Versuchung zur Offenbarung der Sünde, und der Verkläger steht gerechter da als Gott; denn er hat die Sünde aufgedeckt. Er zwingt Gott zum Gericht.

So erweist sich der Teufel in der Versuchung als *Feind Gottes, als Macht, als Lügner* und *als Verkläger.* Für den Menschen in der Versuchung heißt das: Der Feind Gottes muß in der Versuchung erkannt werden; die widergöttliche Macht muß in der Versuchung überwunden werden; die Lüge muß in der Versuchung entlarvt werden. Der Verkläger muß sein Unrecht erkennen.

Wie das praktisch sich vollzieht, davon später. Wir fragen jetzt weiter.

[Die Begierde]

b. Was sagt die Schrift, wenn sie die Begierde des Menschen zum Urheber der Versuchung macht? »Niemand sage, wenn er versucht wird: ich werde von Gott versucht. Denn Gott ist unversuchlich zum Bösen und er selbst versucht niemand. Sondern ein jeglicher wird versucht, wenn er von seiner eigenen Lust gereizt und gelockt wird. Danach, wenn die Lust empfangen hat, gebiert sie die Sünde. Die Sünde aber, wenn sie vollendet ist, gebiert den Tod« (Jak. 1, 13 ff).
Erstens: Wer die *Schuld für die Versuchung* einem anderen zuschreibt als sich selbst, der rechtfertigt damit schon seinen Fall; denn bin ich nicht schuldig an meiner Versuchung, so bin ich auch nicht schuldig, wenn ich darin umkomme. *Versuchung ist Schuld* insofern, als der Fall unentschuldbar ist. Ist es also schon unmöglich, die Schuld der Versuchung dem Teufel zuzuschreiben, so ist es erst recht eine Gotteslästerung, Gott dafür verantwortlich zu machen. Das mag fromm scheinen, schließt aber in Wahrheit die Behauptung ein, Gott selbst sei dem Bösen in irgendeiner Weise zugänglich. Damit wird in Gott ein Zwiespalt hineinverlegt, der sein Wort und seinen Willen in sich fraglich, zweideutig, zweifelhaft macht. Weil in Gott das Böse auch nur in seiner Möglichkeit keinen Raum hat, darum darf die Versuchung zum Bösen niemals auf Gott zurückgeführt werden. Gott selbst versucht niemand. In mir selbst liegt der Ursprung der Versuchung.
Zweitens: Versuchung ist Strafe. Der Ort, an dem alle Versuchung entsteht, ist meine Begehrlichkeit. Mein eigenes Verlangen nach Lust und die Furcht vor dem Leiden verlocken mich, Gottes Wort fahren zu lassen. Die ererbte verdorbene Natur des Fleisches ist der Ursprung böser Neigungen in

Leib und Seele, auch wohl die Menschen und Dinge, die mir zur Versuchung werden. Nicht die Schönheit der Welt und nicht das Leiden sind in sich böse und versucherisch [im Manuskript irrtümlich: versuchlich], sondern unsere Begehrlichkeit, die an dem allem Lust gewinnt und sich reizen und locken läßt, macht das alles uns erst zur Versuchung. Während in dem teuflischen Ursprung der Versuchung die Objektivität der Versuchung deutlich werden sollte, wird hier die volle Subjektivität der Versuchung betont. Beides ist gleich nötig.
Drittens: Auch die Begehrlichkeit für sich macht mich nicht sündig. Aber »wenn sie empfangen hat, gebiert sie die Sünde, und die vollendete Sünde gebiert den Tod«. Die Empfängnis der Begehrlichkeit geschieht in der Einigung meines Ich mit ihr, das heißt in der Preisgabe des Wortes Gottes, das mich hält. Solange die Begehrlichkeit unbefruchtet bleibt in mir selbst, ist sie ein »Es«, Sünde aber geschieht allein durch das »Ich« selbst. So liegt der Ursprung der Versuchung in der ἐπιθυμία, der Ursprung der Sünde in mir selbst und in mir allein. Ich soll also wissen, daß die Schuld mich allein trifft und daß ich selbst mir den ewigen Tod verschuldet habe, wenn ich in der Versuchung der Sünde unterliege. Freilich droht Jesus furchtbares Gericht dem [an], der den Unschuldigen versucht, der einen der Kleinen ärgert. »Weh dem, der den anderen zur Sünde versucht«, so heißt Gottes Wort an jeden Versucher. Aber du allein bist an deiner Sünde und deinem Tod schuld, wenn du in die Versuchung deiner Begehrlichkeit einwilligst. – Das ist Gottes Wort an den Versuchten.

[Gott selber]

c. Was sagt die Heilige Schrift, wenn sie *Gott zum Urheber der Versuchung macht?* Das ist die schwerste und abschließende Frage. Gott versucht niemand, sagt Jakobus. Aber die

Schrift sagt auch, daß Gott den Abrahahm versucht habe (Gen. 22, 1) daß Israel von Gott versucht wurde [(2. Mose 16, 4; 5. Mose 8, 2; Ri. 2, 22, Ps. 66, 10), ebenso, daß Hiskia von Gott versucht wurde (2. Chron. 32, 31)] David aber wurde zur Volkszählung »gereizt vom Zorn Gottes« (2. Sam. 24, 1), nach 1. Chron. 21, 1 »vom Satan«. Und im Neuen Testament wird die Versuchung der Christen als Gericht Gottes angesehen (1. Petr. 4, 12. 17). Was bedeutet das alles?
Erstens: Die Schrift macht es deutlich, daß auf Erden nichts geschehen kann ohne Gottes Willen und Zulassung. Auch der Satan ist in Gottes Händen. Er muß gegen seinen Willen Gott dienen. Zwar hat der Satan Macht, aber doch nur dort, wo Gott sie ihm läßt. Das dient dem versuchten Gläubigen zum Trost. Zur Versuchung Hiobs muß der Satan Gottes Erlaubnis einholen. Von sich aus kann er nichts tun. Darum muß Gott den Menschen zuerst verlassen, damit der Satan Raum gewinnt zur Versuchung. »Gott verließ den Hiskia also, daß er ihn versuchte« (2. Chron. 32, 31). Hierher gehört alles, was früher über die Verlassenheit des Versuchten gesagt wurde. Gott gibt den Versuchten in die Hände Satans.
Zweitens: Die Kinderfrage: Warum schlägt Gott den Satan nicht einfach tot? fordert eine Antwort. Wir wissen, daß dieselbe Frage auch heißen kann: Warum mußte Christus versucht werden, leiden und sterben? Warum mußte der Satan solche Macht an ihm haben? Gott gibt dem Satan Raum *um der Sünde* der Menschen willen. Der Satan muß den Tod des Sünders vollstrecken; denn nur wenn der Sünder stirbt, kann der Gerechte leben; nur wenn der alte Mensch täglich und gänzlich verdirbt, kann der neue Mensch auferstehen. Indem der Satan so sein Amt tut, dient er dem Ziel Gottes, »der tötet und macht lebendig, er führt in die Hölle und wieder heraus« (1. Sam. 2, 6). So muß der Satan wider Willen Gottes Erlösungsplan dienen; dem Satan bleibt der Tod und die Sünde, Gott aber das Leben und die Gerechtigkeit. Auf *dreierlei*

Weise tut der Satan in der Versuchung sein Amt: Er führt zur *Erkenntnis der Sünde*. Er läßt *das Fleisch leiden*. Er gibt *dem Sünder den Tod*.

1. »Gott verließ ihn also, daß er ihn versuchte, auf daß kund würde alles, was in seinem Herzen ist« (2. Chron. 32, 31). In der Versuchung wird das Herz des Menschen offenbar. Der Mensch erkennt seine Sünde, die er ohne die Versuchung nie hätte erkennen können, denn in der Versuchung erkennt der Mensch, woran sein Herz hängt. Das Ans-Licht-Kommen der Sünde ist das Werk des Verklägers, der damit den Sieg gewonnen zu haben meint. Aber gerade die offenbar gewordene Sünde kann nur bekannt und darum auch vergeben werden. So gehört das Offenbarmachen der Sünde zum Heilsziel Gottes mit dem Menschen, dem der Satan dienen muß.

2. In der Versuchung gewinnt der Satan Macht über den Gläubigen, sofern er Fleisch ist. Er quält ihn durch Verlokkung zur Lust, durch die Schmerzen der Entbehrung und durch zugefügte leibliche und seelische Leiden aller Art. Er raubt ihm alles, was er hat und reizt ihn zugleich zu verbotenem Glück. So treibt er ihn, wie Hiob, an den Abgrund, in die Dunkelheit, in der der Versuchte nur noch gehalten wird von der Gnade Gottes, die er nicht spürt und erfährt, die ihn aber dennoch festhält. So scheint der Satan völlige Macht über den Gläubigen gewonnen zu haben, aber wiederum schlägt ihm dieser Sieg zur vollkommenen Niederlage aus. Denn die Tötung des Fleisches ist ja nur der Weg zum Leben im Geist; und indem der Versuchte in die volle Leere und Wehrlosigkeit getrieben wird, treibt ihn der Satan unmittelbar in Gottes eigene Hand. So erkennt der Christ in dem Wüten des Satans gerade die gnädige *Züchtigung* Gottes (Hebr. 12, 4 ff), des Vaters, an seinem Kind; das *Gnadengericht* Gottes [1. Petr. 4, 17], das vor dem Zornesgericht bewahrt. So wird die Stunde der Versuchung zur Stunde größter Freude (Jak. 1, 2 ff).

3. Der letzte Feind ist der Tod. Er ist in Satans Hand. Der Sünder stirbt. Der Tod ist die letzte Versuchung. Aber eben hier, wo der Mensch alles verliert, wo die Hölle ihre Schrekken offen sichtbar werden läßt, ist für den Gläubigen das Leben angebrochen. So verliert hier der Satan seine letzte Macht und sein letztes Recht am Gläubigen.
Wir fragen nun noch einmal: Warum gibt Gott dem Satan Raum zur Versuchung? *Erstens:* Um den Satan endgültig zu *überwinden.* Indem Satan sein Recht bekommt, ist er vernichtet. Wie Gott den Gottlosen darin straft, daß er ihn gottlos sein läßt, daß er ihm sein Recht und seine Freiheit [läßt] und wie der Gottlose an dieser seiner Freiheit stirbt (Röm. 1, 19 ff), so vernichtet Gott den Satan nicht durch einen Gewaltakt, sondern Satan muß sich selbst vernichten. *Zweitens:* Gott gibt dem Satan Raum, um die *Gläubigen zum Heil* zu führen. Nur durch Erkenntnis der Sünde, durch Leiden und Tod kann der neue Mensch leben. *Drittens:* Die Überwindung des Satans und das Heil der Gläubigen ist allein in Jesus Christus wahr und wirklich. An Jesus suchte der Satan alle Sünde, alles Leiden und den Tod der Menschheit heim. Damit aber war sein Recht zu Ende. Er hatte Jesus Christus alles genommen und ihn damit Gott allein übergeben. So sind wir zu der Erkenntnis geführt, von der wir ausgingen. Die Gläubigen müssen alle ihre Versuchungen verstehen lernen als Versuchung des Jesus Christus in ihnen, so werden sie an der Überwindung teihaben.
Wie kann also die Schrift davon reden, daß Gott die Menschen versuche? Sie spricht vom *Zorn Gottes,* dessen *Vollstrecker der Satan* ist (s. 2. Sam. 24, 1; 1. Chron. 21, 1). Gottes Zorn lag auf Jesus Christus von der Stunde der Versuchung an. Er schlug Jesus um der Sünde des Fleisches willen, das er trug. Aber indem der Zorn Gottes Gehorsam fand, um der Sünde willen, Gehorsam bis zum gerechten Tod dessen, der die Sünde aller Welt trug, da war der Zorn gestillt, da hatte der Zorn Gottes Jesus zum gnädigen Gott hingetrieben; da

hatte die Gnade Gottes den Zorn besiegt. Da war die Macht Satans überwunden. Wo aber alle Versuchung des Fleisches, aller Zorn Gottes gehorsam getragen wird in Jesus Christus, dort ist die Versuchung in Jesus Christus überwunden, da findet der Christ hinter dem zornigen Gott, der ihn versucht, den gnädigen Gott, der niemand versucht.

[Die konkreten Versuchungen und ihre Überwindung]

6. In der *konkreten Versuchung des Christen* geht es immer darum, die Hand des Teufels und die Hand Gottes zu unterscheiden, geht es also um *Widerstand* und um *Unterwerfung* an der rechten Stelle, bzw. ist Widerstand gegen den Teufel nur möglich gerade in der völligen Unterwerfung unter die Hand Gottes.
Das muß nun im einzelnen klar werden. Weil alle Versuchungen der Gläubigen Versuchungen des Christus in seinen Gliedern, des Leibes Christi, sind, sprechen wir von diesen Versuchungen in der Analogie der Versuchung Christi: 1. Von der fleischlichen Versuchung. 2. Von der hohen geistlichen Versuchung. 3. Von der letzten Versuchung. Von aller Versuchung überhaupt aber gilt 1. Kor 10, 12 ff: »Darum, wer sich läßt dünken, er stehe, mag wohl zusehen, daß er nicht falle. Es hat euch noch keine denn menschliche Versuchung betreten; aber Gott ist getreu, der euch nicht läßt versuchen über euer Vermögen, sondern macht, daß die Versuchung so ein Ende gewinne, daß ihr's könnt ertragen.« Damit ist zuerst *aller falschen Sicherheit* und sodann *aller falschen Verzagtheit* vor der Versuchung entgegengetreten. Keiner sei auch nur einen Augenblick sicher, daß er frei bleibe von Versuchung. Es gibt keine Versuchung, die mich nicht in dieser Stunde noch überfallen könnte. Keiner meine, daß der Satan ihm ferne sei. »Denn er geht umher wie ein brüllender Löwe und sucht, welchen er verschlinge« (1. Petr.

5, 8). Wir sind in diesem Leben keinen Augenblick vor Versuchung und Fall sicher. Darum überhebe dich nicht, wenn du andere straucheln und fallen siehst. Solche Sicherheit wird dir zum Fallstrick werden. Darum »sei nicht stolz, sondern fürchte dich« (Röm. 11, 20). Sei vielmehr allezeit bereit, daß der Versucher keine Macht an dir findet.

»Wachet und betet, daß ihr nicht in Versuchung fallet« (Matth. 26, 41). *Wachsein* gegen den listigen Feind, *beten* zu Gott, daß er uns fest an seinem Wort und seiner Gnade halte, das ist die Haltung des Christen vor der Versuchung.

Aber der Christ soll sich auch vor der Versuchung nicht fürchten. Kommt sie über ihn trotz Wachens und Betens, dann soll er wissen, daß er jede Versuchung überwinden kann. Es gibt keine Versuchung, die nicht überwunden werden könnte. Gott kennt unser Vermögen und er läßt es nicht zu, daß eine Versuchung über unsere Kraft gehe. Es ist »menschliche Versuchung«, die uns betritt, das heißt sie ist für einen Menschen nicht zu groß. Gott mißt einem jeglichen das Maß zu, das er tragen kann. Das ist gewiß. Wer vor der Plötzlichkeit und der Schrecklichkeit der Versuchung verzagt wird, der hat schon die Hauptsache vergessen, nämlich daß er ganz gewiß die Versuchung bestehen wird, weil Gott sie nicht über sein Vermögen gehen lassen wird. Es gibt Versuchungen, vor denen wir uns besonders fürchten, weil wir schon oft an ihnen gescheitert sind. Sind sie dann plötzlich wieder da, dann geben wir uns oft schon von vornherein verloren. Aber gerade diesen Versuchungen dürfen wir in großer Ruhe und Gelassenheit entgegentreten, denn sie können überwunden werden und sie werden überwunden, so gewiß Gott getreu ist. *In Demut und in Siegesgewißheit soll die Versuchung uns anfinden.*

Die fleischlichen Versuchungen

Wir sprechen zuerst von der Versuchung durch die *Lust* und dann von der Versuchung durch das *Leiden.*

Die Lust

Das in unseren Gliedern schlummernde Verlangen nach Lust wird plötzlich und wild angefeuert. Mit unwiderstehlicher Gewalt ergreift die Begierde Herrschaft über das Fleisch. Ein verborgen schwelendes Feuer ist auf einmal angefacht. Das Fleisch brennt und steht in Flammen. Ob [es] die geschlechtliche Begierde nach Lust ist, ob es der Ehrgeiz, die Eitelkeit, ob es Rachgier, ob es Ruhmsucht und Machtlust, ob es die Geldgier, ob es schließlich jene unbeschreibliche Lust an der Schönheit der Welt, der Natur überhaupt ist, ist hier kein Unterschied. Die Freude an Gott ist nun erloschen in uns und wir suchen alle Freude in der Kreatur. In dieser Stunde wird Gott uns ganz unwirklich, er verliert alle Realität, und das allein Wirkliche ist die Lust an der Kreatur. Die einzige Realität ist der Teufel. Nicht mit Haß gegen Gott erfüllt uns der Satan hier, sondern mit Gottvergessenheit. Zu diesem Machterweis Satans kommt nun auch seine Lüge. Die entfachte Begierde hüllt Denken und Wollen des Menschen in tiefe Dunkelheit. Die Klarheit der Unterscheidung und der Entscheidung wird uns geraubt. Sollte es wirklich Sünde sein, was das Fleisch hier begehrt? Sollte es nicht gerade jetzt, gerade hier, gerade in meiner Lage ganz und gar erlaubt, ja geboten sein, die Lust zu stillen? Der Versucher stellt mich unter Sonderrecht, wie er den hungernden Gottessohn unter Sonderrecht stellen wollte. Ich poche auf mein Sonderrecht gegen Gott.
Hier steht alles in mir auf gegen das Wort Gottes. Die Kräfte des Leibes, des Denkens und des Wollens, die unter der

Zucht des Wortes im Gehorsam gehalten waren, über die ich Herr zu sein glaubte, machen mir deutlich, daß *ich* keineswegs Herr über sie werde. »Alle meine Kräfte verlassen mich«, klagt der Psalmist. Sie sind alle übergegangen zum Gegner. Der Gegner führt meine Kräfte gegen mich. Hier kann ich in der Tat nicht mehr als Held gegen sie antreten, hier bin ich ein wehrloser, kraftloser Mann. Gott selbst hat mich verlassen. Wer kann hier überwinden und siegen?
Kein anderer als der Gekreuzigte, Jesus Christus selbst, um dessentwillen mir dies alles widerfährt; denn weil er bei mir und in mir ist, ist die Versuchung über mich gekommen, wie sie auch über ihn kam.
Der alleinigen Realität der Lust und des Satans gegenüber gibt es nur eine stärkere Realität: *Das Bild und die Gegenwart des Gekreuzigten.* An dieser Macht bricht die Macht der Lust in nichts zusammen; denn hier ist sie überwunden. Hier hat das Fleisch sein Recht und seinen Lohn empfangen, nämlich den Tod. Hier erkenne ich, daß die Begierde des Fleisches nichts anderes ist als die Angst des Fleisches vor dem Sterben. Weil Christus der Tod des Fleisches ist und weil dieser Christus in mir ist, darum bäumt sich das sterbende Fleisch gegen den Christus auf. Nun weiß ich, in der Versuchung des Fleisches ist das Sterben des Fleisches offenbar. Das Fleisch stirbt, darum entfacht es Begierde und Lust. So gewinne ich in der fleischlichen Versuchung Anteil an dem Sterben Jesu nach dem Fleisch. So treibt mich die fleischliche Versuchung, die mich in den Tod des Fleisches hineinziehen wollte, in den Tod Christi hinein, der nach dem Fleisch stirbt, aber nach dem Geiste auferweckt wird. Der Tod Christi allein rettet mich aus der fleischlichen Versuchung.
Darum lehrt uns die Schrift, in den Stunden fleischlicher Versuchungen *zu fliehen.* »Fliehet die Hurerei« (1. Kor. 6, 18) - den Götzendienst (10, 14) - die Lüste der Jugend (2. Tim. 2, 22) - die vergänglichen Lüste der Welt (2. Petr. 1, 4).

Hier gibt es keinen anderen Widerstand gegen den Satan mehr als die Flucht. Jedes Ankämpfen gegen die Begierde aus eigener Kraft ist zum Scheitern verurteilt. Fliehet – das kann ja nur heißen, fliehet dorthin, wo ihr Schutz und Hilfe erfahret, fliehet zum Gekreuzigten. Sein Bild und seine Gegenwart helfen allein. Hier sehen wir den gemarterten Leib und erkennen daran das Ende aller Lust, hier durchschauen wir den Betrug des Satans bis ins Letzte, hier wird unser Geist wieder nüchtern und erkennt den Feind. Hier erkenne ich die ganze Verlorenheit und Verlassenheit meiner fleischlichen Art und das gerechte Gericht des Zornes Gottes über alles Fleisch. Hier weiß ich, daß ich mir in dieser Verlorenheit niemals selbst hätte helfen können gegen den Satan, sondern daß es der Sieg Jesu Christi ist, der mir nun zufällt. Hier finde ich aber auch den Grund zu der Haltung, in der allein ich alle Anfechtungen überwinde, *zur Geduld* (Jak. 1, 2 ff). Auch gegen die Versuchungen des Fleisches soll ich mich nicht auflehnen in unerlaubtem Hochmut, als sei ich zu gut dafür. Auch hier soll ich mich und kann ich mich nur beugen unter die Hand Gottes und die Demütigung solcher Versuchungen geduldig ertragen. So erkenne ich mitten in dem tödlichen Werk des Satans die richtende und gnädige Züchtigung Gottes. Im Tode Jesu finde ich die Zuflucht vor dem Satan und die Gemeinschaft des Sterbens am Fleisch unter der Versuchung und des Lebens im Geist durch seinen Sieg.

[Das] Leiden

Es ist damit schon deutlich geworden, daß die Versuchung durch Lust dem Christen nicht Lust, sondern Leiden bedeutet. Die Versuchung zur Lust schließt immer die Entsagung von der Lust, also Leiden, ein. Die Versuchung zum Leiden schließt immer das Verlangen nach Freiheit von Leiden, also

nach Lust, ein. So ist die fleischliche Versuchung durch Lust und Leiden im Grunde ein und dieselbe.
Wir sprechen zuerst von der *Versuchung des Christen durch die allgemeinen Leiden*, also Krankheit, Armut, Not aller Art; darnach von der Versuchung des Christen *durch das Leiden um Christi willen.*

[Das allgemeine Leiden]

Fällt der Christ in schwere Krankheit, in bittere Armut oder sonstiges schweres Leiden, so soll er wissen, daß hier der Teufel seine Hand im Spiel hat. Die stoische Resignation, die alles als notwendigen Ablauf nimmt, ist ein Selbstschutz des Menschen, der Teufel und Gott nicht erkennen will. Sie hat mit dem christlichen Glauben nichts zu tun. Der Christ weiß, daß das Leiden in dieser Welt mit dem Sündenfall zusammenhängt und daß Gott Krankheit, Leiden und Tod nicht will. So erkennt der Christ im Leiden eine Versuchung des Satans, ihn von Gott zu trennen. Hier hat das Murren gegen Gott seinen Ursprung. Während im Feuer der Begierde Gott dem Menschen entschwindet, führt die Hitze der Trübsal leicht ins Hadern mit Gott. Der Christ droht an Gottes Liebe irre zu werden. Warum läßt Gott dieses Leiden zu? Gottes Gerechtigkeit wird ihm unbegreiflich: Warum muß es gerade mich treffen? Warum habe ich das verdient? Gott soll durchs Leiden zu unserem Feind gemacht werden. Hiob ist das biblische Urbild dieser Versuchung. Alles wird Hiob vom Satan geraubt, damit er zuletzt Gott fluche. Ein heftiger Schmerz, Hunger und Durst schon können dem Menschen alle Kraft rauben und ihn an den Rand des Abfalls führen.
Wie überwindet der Christ die Versuchung des Leidens? Der Ausgang des Hiobbuches gibt uns hier eine wichtige Hilfe. Hiob hat dem Leiden gegenüber seine Unschuld bis

zuletzt beteuert und die Bußreden seiner Freunde abgewehrt, die sein Unglück auf eine besondere, vielleicht verborgene Sünde Hiobs zurückführen wollten. Dabei hat Hiob große Worte über seine eigene Gerechtigkeit gemacht. Nach der Gotteserscheinung erklärt Hiob: »Darum bekenne ich, daß ich unweise geredet habe, . . . darum spreche ich mich schuldig und tue Buße in Staub und Asche« (Hiob 42, 3. 6). Aber Gottes Zorn ergrimmt nun nicht über Hiob, sondern über seine Freunde: »Denn ihr habt nicht recht von mir geredet wie mein Knecht Hiob« (V. 7). Hiob bekommt also recht von Gott und bekennt sich doch schuldig vor Gott. Das ist in der Tat die Lösung. Hiobs Leiden hat seinen Grund nicht in seiner Schuld, sondern gerade in seiner Gerechtigkeit. Um seiner Frömmigkeit willen wird Hiob versucht. So hat Hiob recht, gegen das Leiden zu murren, als träfe es ihn als Schuldigen. Aber dieses Recht hört für Hiob selbst dort auf, wo er nicht mehr Menschen gegenübersteht, sondern Gott. Vor Gott bekennt sich auch der fromme, unschuldige Hiob schuldig.

Das bedeutet für den vom Leiden versuchten Christen: Er darf und soll murren gegen das Leiden, sofern er darin gegen den Teufel murrt und seine Unschuld beteuert. Der Teufel ist in Gottes Ordnung eingebrochen und hat das Leiden angerichtet (Luther bei Lenchens Tod!). Aber vor Gott erkennt auch der Christ sein Leiden als Gericht über die Sünde alles Fleisches, die auch in seinem Fleische wohnt. Er erkennt seine Sünde und bekennt sich schuldig. »Es ist deiner Bosheit Schuld, daß du so gestäupt wirst, und deines Ungehorsams, daß du so gestraft wirst. Also mußt du innewerden und erfahren, was es für Jammer und Herzeleid bringt, den Herrn, deinen Gott, verlassen und ihn nicht fürchten, spricht der Herr Zebaoth« (Jer. 2, 19; 4, 18). So führt das Leiden zur Erkenntnis der Sünde und damit zur Heimkehr zu Gott. Erkennen wir aber unser Leiden als Gottes Gericht über unser Fleisch, so gewinnen wir Grund zum Danken. Denn das Ge-

richt über das Fleisch, der Tod des alten Menschen ist ja nur die der Welt zugekehrte Seite des Lebens des neuen Menschen. Darum heißt es nun: »Wer am Fleisch leidet, der hört auf von Sünden« (1. Petr. 4, 1). So muß alles Leiden den Christen statt zum Abfall zur Stärkung seines Glaubens führen. Während das Fleisch das Leiden scheut und verwirft, erkennt der Christ sein Leiden nun als das Leiden des Christus in ihm. Denn auch unsere Krankheit hat er getragen und unsere Schmerzen lud er auf sich. Er trug darin Gottes Zorn über die Sünde. Er starb nach dem Fleisch, und so sterben auch wir nach dem Fleisch, weil er in uns lebt.
Jetzt versteht der Christ auch sein Leiden als Versuchung des Christus in ihm. Das führt ihn in die *Geduld*, in das stille, wartende Ertragen der Versuchung und es erfüllt ihn mit Dank. Denn je mehr der alte Mensch stirbt, desto gewisser lebt der neue; je tiefer er nun ins Leiden getrieben wird, desto näher kommt er Christus. Gerade weil der Satan Hiob alles nahm, warf er ihn allein auf Gott. So wird dem Christen das Leiden *zum Murren gegen den Teufel, zur Erkenntnis seiner Sünde, zum gerechten Gericht Gottes,* zum *Tod seines alten Menschen* und zur *Gemeinschaft mit Jesus Christus.*

[Das Leiden um Christi willen]

Während der Christ die Leiden dieser Welt erfahren muß wie die Gottlosen auch, so ist dem Christen ein Leiden vorbehalten, das die Welt nicht kennt: das Leiden um des Herrn Jesu Christi willen (1. Petr. 4, 12. 17). Auch dieses Leiden geschieht ihm *zur Versuchung* (πρὸς πειρασμόν 1. Petr. 4, 12; cf. Richter 2, 22). Kann der Christ nämlich alle allgemeinen Leiden als Folgen der allgemeinen Sünde des Fleisches, an der auch er teilhat, verstehen, so muß ihn die Tatsache eines Leidens um seiner Gerechtigkeit willen, also um seines Glaubens willen, allerdings befremden. Daß auch der Gerechte *um seiner Sünde* willen leidet, ist noch begreiflich. Daß der Gerechte aber *um seiner Gerechtigkeit* willen leidet, das kann ihn leicht zum Anstoß an Jesus führen. Die Versuchung wird hier darum noch um so größer, als es ja in den allgemeinen Leiden (Krankheit, Armut usw.) kein Ausweichen gibt, daß aber dieses Leiden um Christi willen mit der Verleugnung Christi sogleich ein Ende haben würde. Es ist also gewissermaßen ein freiwilliges Leiden, dem ich mich auch wieder entziehen kann. Und eben hier hat der Satan ein freies Feld der Wirksamkeit. Er schürt das Verlangen des Fleisches nach Glück, er führt nun auch die fromme Erkenntnis des Christen gegen ihn zu Felde, um ihm die Torheit und die Ungöttlichkeit seines freiwilligen Leidens, um ihm den frommen Ausweg, die Sonderlösung seines Konfliktes zu zeigen. Ist schon das unvermeidliche Leiden schwer, eine schwere Versuchung, wieviel mehr das Leiden, das nach Meinung der Welt und meines Fleisches und selbst meiner frommen Gedanken vermeidlich wäre. *Die Freiheit des Menschen wird wegen die Gebundenheit des Christen* [ins Feld] *geführt.*

Das ist echte Versuchung zum Abfall. Aber über diese Versuchung soll der Christ sich nicht verwundern. Er soll vielmehr erkennen, daß er gerade hier in die Gemeinschaft der Leiden Jesu Christi geführt wird (1. Petr. 4, 13). Die Versuchung des Teufels treibt den Christen auch hier wieder in die Arme Jesu Christi, des Gekreuzigten. Gerade dort, wo der Satan dem Menschen seine Freiheit raubt und sie gegen Christus führt, wird die Gebundenheit des Christen an Jesus Christus in herrlichster Weise sichtbar. Was bedeutet die Gemeinschaft der Leiden Christi? Sie bedeutet zuerst Freude (χαίϱετε 1. Petr. 4, 13). Sie bedeutet die *Erkenntnis der Unschuld* dort, wo der Christ als Christ ὡς Ξϱιστιανός (V. 16) leidet. Sie bedeutet *eine Ehrung Gottes* in dem Christennamen, den ich trage (δόξαζέτω V. 16). Der Christ leidet »für Christus« (Phil. 1, 29). Sie bedeutet aber schließlich auch und notwendig die Erkenntnis des *Gerichtes*, das hier am Hause Gottes anfängt (V. 17). Dieser Gedanke aber macht Schwierigkeiten. Denn wie kann das Leiden, das ich gerade als Christ, *als Gerechtfertigter* leide, zugleich *als Gericht* verstanden werden, das über die Sünde ergeht? Und doch liegt gerade an dem Zusammenhang dieser beiden Erkenntnisse schlechthin alles. Ein *Leiden* um Christi willen, das eben darin *das Gericht* nicht anerkennt, ist Schwärmerei. An was für ein Gericht ist hier gedacht? An das *eine* Gericht Gottes, das über Christus erging und das am Ende über alles Fleisch ergehen wird, das Gericht Gottes über die Sünde. Keiner aber kann sich zu Christus halten, ohne daß auch er teilbekäme an diesem Gericht Gottes. Denn eben dies unterscheidet Christus von der Welt, daß er das Gericht trug, das die Welt verachtet und abschüttelt. Nicht dies ist der Unterschied, daß über Christus kein Gericht erging, aber über die Welt. Sondern Christus, der Unschuldige, trägt Gottes Gericht über die Sünde. Das aber heißt »zu Christus gehören«: *Sich unter Gottes Gericht beugen.* Das unterscheidet auch das Leiden in der Gemeinschaft Jesu Christi von dem Leiden in der Gemeinschaft irgendeines ethischen oder politischen Helden. Der Christ aber erkennt in dem Leiden die Schuld, das Gericht. Welche Schuld ist es, über die [er] hier Gericht erkennt? Es ist die Schuld alles Fleisches, das auch der Christ trägt bis an sein Lebensende; aber es ist nun darüber hinaus zugleich die Schuld der Welt in Jesus, die hier auf ihn fällt und ihn leiden läßt. So wird sein Gerichtsleiden in der Gemeinschaft Jesu Christi zum *stellvertretenden* Leiden für die Welt.

Weil aber Christus sich dem Gericht Gottes unterwarf, darum ist er »*aus* dem Gericht genommen« (Jes. 53, 8). Und weil sich die Christen hier dem Gericht beugen, darum werden sie vor dem zukünftigen Zorn und Gericht bewahrt. »Wenn aber der Gerechte kaum errettet wird« (nämlich aus der Versuchung, die in diesem Leiden über ihn kommt), »wo

will der Gottlose erscheinen?« (1. Petr. 4, 18). So ist das Gericht am Hause Gottes Gnadengericht über die Christen, dem das letzte Zornesgericht über die Gottlosen folgen wird.
So erkennt der Christ in seinem Leiden um Jesu Christi willen *erstens* den Teufel und seine Versuchung zum Abfall von Christus; *zweitens* die Freude, für Christus leiden zu dürfen; *drittens* [das] Gericht Gottes am Hause Gottes. Er weiß, daß er leidet *nach Gottes Willen* (V. 19) und erfaßt in der Gemeinschaft des Kreuzes die Gnade Gottes.

Die geistlichen Versuchungen

Jesus schlug die zweite Versuchung des Satans mit den Worten zurück: »Du sollst Gott nicht versuchen.« Der Satan aber hatte Jesus versucht, nach einer sichtbaren Bestätigung der Gottessohnschaft zu verlangen, also sich an Gottes Wort und Zusage nicht genügen zu lassen, mehr zu wollen als Glauben. Solches Verlangen aber nennt Jesus Gott versuchen, das heißt die Treue Gottes, die Wahrheit Gottes, die Liebe Gottes auf die Probe stellen und das heißt wiederum, die Untreue, die Lüge, die Lieblosigkeit in Gott hineinverlegen, statt sie bei sich selbst zu suchen. Alle Versuchung, die sich unmittelbar auf unseren Heilsglauben richtet, bringt uns in die Gefahr des Gottversuchens.
Die geistlichen Versuchungen, mit denen der Teufel die Christen anficht, haben dabei ein doppeltes Ziel: Der Gläubige soll der Sünde des geistlichen Hochmutes verfallen (securitas) oder soll in der Sünde der Traurigkeit (desperatio) untergehen. In beiden Sünden aber ist die *eine* Sünde des *Gottversuchens.*

[Securitas]

Zu der Sünde des geistlichen Hochmutes versucht uns der Teufel, indem er uns über *den Ernst des Gesetzes Gottes und des Zornes Gottes täuscht.* Er nimmt das Wort von der Gnade Gottes in seine Hand und flüstert uns ein, Gott sei ja ein gnädiger Gott, er werde es so ernst mit unserer Sünde nicht nehmen. So erweckt er in uns das Verlangen, auf Gottes Gnade hin zu sündigen und uns schon vor der Sünde die Vergebung zuzusprechen. Er macht uns sicher in der Gnade. Wir sind ja seine Kinder, wir haben ja Christus und sein Kreuz, wir sind ja die wahre Kirche, nun kann uns nichts Böses widerfahren. Gott wird uns unsere Sünde nicht mehr zurechnen. Was den anderen zum Verderben wird, hat für uns keine Gefahr mehr. Wir haben ja durch die Gnade ein Sonderrecht vor Gott. Hier droht *die mutwillige Sünde auf Gnade hin* (Jud. 4). Hier heißt es: »Wo ist der Gott, der da strafe?« (Mal. 2, 17) und »Wir preisen die Verächter; denn die Gottlosen nehmen zu; sie versuchen Gott und alles geht ihnen wohl aus« (3, 15). Aus solcher Rede aber folgt alle geistliche Trägheit zum Gebet, zum Gehorsam, folgt Gleichgültigkeit gegen Gottes Wort, folgt die Ertötung des Gewissens, die Verachtung des guten Gewissens, Schiffbruch am Glauben (1. Tim. 1, 19) (man verharrt in unvergebener Sünde und häuft täglich Schuld auf Schuld) und schließlich die völlige Verhärtung und Verstockung des Herzens in der Sünde, in Furchtlosigkeit und Sicherheit vor Gott. Geheuchelte Frömmigkeit (Apg. 5, 3 u. 9!). Nun ist kein Raum mehr zur Buße. Der Mensch kann nicht mehr gehorchen. Dieser Weg endet mit der Abgötterei. Der gnädige Gott ist nun Götze geworden, dem ich diene. Das aber ist offenbar gewordene *Gottesversuchung,* die den Zorn herausfordert.

Geistlicher Hochmut entsteht durch Mißachtung des Gesetzes und des Zornes Gottes, sei es, daß ich meine, nach dem

Gesetz Gottes in meiner Frömmigkeit (Werkgerechtigkeit) bestehen zu können, sei es, daß ich mir durch die Gnade ein Sonderrecht zur Sünde (Nomismus und Antinomismus) verleihen lasse. In beiden besteht die Gottesversuchung darin, daß ich den Ernst seines Zornes auf die Probe stelle und über das Wort hinaus das Zeichen fordere.

[Desperatio]

Der Versuchung zur securitas entspricht die Versuchung zur *desperatio*, zur *Traurigkeit* (acedia). Hier soll nicht das Gesetz und der Zorn, sondern die Gnade und Verheißung Gottes angegriffen und auf die Probe gestellt werden. Dazu raubt der Satan dem Gläubigen alle Freude an Gottes Wort, *alle Erfahrung der Güte Gottes.* Statt dessen erfüllt er das Herz mit den Schrecken der Vergangenheit, der Gegenwart und der Zukunft. Alte, längst vergessene Schuld steht plötzlich vor mir, als sei sie heute geschehen. Der Widerspruch gegen Gottes Wort und der Unwille zu gehorchen wird groß, und die ganze Trostlosigkeit meiner Zukunft vor Gott überwältigt das Herz. *Gott war niemals bei mir, Gott ist nicht bei mir, Gott wird mir nie vergeben;* denn meine Sünde ist zu groß, als daß sie mir vergeben werden könnte. So ist der Geist des Menschen in Aufruhr gegen Gottes Wort. Er verlangt nun endgültig Erfahrung, Erweis der Gnade Gottes. Sonst will er in der Verzweiflung an Gott sein Wort nicht mehr hören. Und diese Verzweiflung wird ihn entweder in die Sünde der Gotteslästerung und in die Selbstzerstörung treiben bis zur äußersten Tat der Verzweiflung, zum Selbstmord wie Saul und Judas. Oder der Mensch wird in der Verzweiflung an Gottes Gnade sich selbst das Zeichen zu schaffen versuchen, das Gott ihm versagt. Er wird aus eigenen Kräften ein Heiliger werden – Gott zum Trotz – in selbstvernichtender Askese und Werkerei – oder gar durch *Zauberei.*

In *Undankbarkeit*, in *Ungehorsam* und in *Hoffnungslosigkeit* verstockt sich der Mensch gegen die Gnade Gottes. Satan fordert ein Zeichen, daß er ein Heiliger sei. Die Zusage Gottes in Christus genügt nicht mehr. »Und das ist die schwerste und höchste Anfechtung und Leiden, damit Gott zuweilen seine hohen Heiligen angreift und übet, welche man pfleget zu nennen desertionem gratiae, da des Menschen Herz nichts anderes fühlet, denn als habe ihn Gott mit seiner Gnade verlassen und wolle sein nicht mehr.« »Aber das menschliche Herz kann schwerlich Trost annehmen, wenn unser Herr Gott einen also herzet, daß ihm die Seele ausgehen will und die Augen darin übergehen und der Angstschweiß darüber ausbricht« (zu Gen. 35, 1 - Luther). Wenn hier der Satan Gottes Wort im Gesetz gegen Gottes Wort in Christus führt, wenn er hier zum Ankläger wird, der den Menschen keinen Trost finden läßt, dann sollen wir folgendes wissen: *Erstens:* Es ist der Teufel selbst, der hier Gottes Wort im Munde führt. *Zweitens:* Wir sollen über unsere Sünde niemals mit dem Teufel disputieren, sondern über unsere Sünde sprechen wir mit Jesus allein. *Drittens:* Wir sollen dem Teufel vorhalten, daß Jesus nicht die Heiligen, sondern die Sünder zu sich gerufen hat und daß wir - dem Teufel zum Trotz - *Sünder bleiben* wollen, um bei Jesus zu sein, lieber denn als Heilige beim Teufel. *Viertens:* Wir sollen erkennen, wie in solcher Versuchung unsere eigene Sünde von Gottes Zorn gestraft wird und ans Licht kommt, nämlich zuerst unsere *Undankbarkeit* gegen alles, was Gott bis zu dieser Stunde an uns getan hat. »Vergiß nicht, was er dir Gutes getan hat« [Ps. 103,2]. »Wer Dank opfert, der preiset mich, . . . und ich will ihm zeigen mein Heil« (Ps. 50, 23). Sodann *unser gegenwärtiger Ungehorsam*, der nicht Buße tun will für unvergebene Sünde und nicht von der Lieblingssünde lassen will (Denn unvergebene liebgewonnene Sünde ist das beste Einfallstor für den Teufel in unser Herz). *Schließlich unsere Hoffnungslosigkeit*, als sei unsere Sünde zu groß für Gott, als habe Christus nur für die Puppensünden gelitten und nicht für die wirklichen großen Sünden der ganzen Welt, als habe Gott nicht auch mit mir noch große Dinge vor, als habe er nicht auch mir ein Erbe im Himmel bereitet. *Fünftens* soll ich Gott für sein Gericht an mir danken, das mir zeigt, daß er mich »herzet« und liebt. *Sechstens* aber darf ich in alledem erkennen, daß ich hier vom Satan hineingestoßen bin in die tiefste Anfechtung Christi am Kreuz, als er schrie: Mein Gott, mein Gott, warum hast du mich verlassen? Wo aber Gottes Zorn und Gericht erging, dort war Versuchung. Wo ich von Gottes Zorn getroffen alles verliere, dort höre ich nun: »Laß dir an meiner Gnade genügen, denn meine Kraft ist in den Schwachen mächtig« (2. Kor. 12, 9). *Letztens:* In dem Dank für die überwundene Versuchung weiß ich zugleich, daß keine Anfechtung furchtbarer ist, als ohne Anfechtung zu sein.

Die letzte Versuchung

Wie der Satan die dritte Versuchung Jesu an den Gläubigen wiederholt, darüber soll wohl nicht viel gesagt werden. Es geht hier ja um die unverhüllte Erscheinung des Satans, in der er uns zum wissentlichen und endgültigen Abfall von Gott versucht, indem er uns durch Satansanbetung alle Macht und alles Glück auf dieser Erde verspricht. Wie schon die geistlichen Versuchungen nicht von allen Christen erfahren werden, weil sie über ihr Vermögen gehen würden, so kommt diese letzte Versuchung gewiß nur über einige wenige Menschen überhaupt. Christus hat sie erlitten und überwunden; und wir dürfen wohl sagen, daß der Antichrist und die ἀντιχριστοί diese Versuchung erlitten haben müssen und gefallen sind. Wo der wissentliche Bund mit dem Satan geschlossen ist durch Geist oder auch durch Blut, dort ist die Nacht hereingebrochen, die die Schrift bezeichnet als die mutwillige Sünde, für die es keine Buße gibt, die den Sohn Gottes mit Füßen tritt, die sich selbst den Sohn Gottes wiederum kreuzigt, die Schmähung des Geistes der Gnade (Hebr. 10, 26 und 6, 6), die Todsünde, für die man nicht mehr beten soll (1. Joh. 5, 16 ff), die Sünde wider den Heiligen Geist, für die es keine Vergebung gibt (Matth. 12, 31 ff). Wer aber diese Versuchung erfahren und überwunden hat, der hat in ihr gewiß über alle Versuchungen den Sieg davongetragen.

Der legitime Kampf

7. Alle Versuchung ist Versuchung Jesu Christi und aller Sieg ist Jesu Christi [Sieg]. Alle Versuchung führt den Gläubigen in die tiefste Einsamkeit, in die Verlassenheit von Menschen und Gott. Aber in dieser Einsamkeit findet er Jesus Christus, den Menschen und den Gott. *Das Blut Christi* und *das Vorbild Christi* und *das Gebet Christi* sind seine Hilfe und seine Kraft. Von den Erlösten sagt die Offenbarung: »Sie haben überwunden durch des Lammes Blut« (12, 11). Nicht durch den Geist, sondern durch das Blut Jesu ist der Teufel überwunden. Darum müssen wir in aller Versuchung zurück zu diesem Blut, in dem alle unsere Hilfe ist. Dazu kommt das Bild Jesu Christi, das wir ansehen sollen in der Stunde der Versuchung. »Sehet an das Ende des Herrn« (Jak. 5, 11). Seine Geduld im Leiden wird die Lust unseres Fleisches töten, wird uns das Leiden unseres Fleisches gering erscheinen lassen, wird uns vor allem Hochmut bewahren und uns in aller Traurigkeit trösten. Das Gebet Jesu Christi, das er dem Petrus verheißen hat (»Simon, der Satan hat euer begehrt, daß er euch sichte wie den Weizen, ich aber habe für dich gebeten.« Luk. 22, 31) vertritt unser schwaches Gebet vor dem Vater im Himmel, der uns nicht versuchen läßt über unser Vermögen.

Wehrlos erleiden die Gläubigen die Stunde der Versuchung. Ihr Schutz ist Jesus Christus. Und erst wenn das ganz klar erfaßt ist, daß den Gottverlassenen die Versuchung geschehen muß, kann nun zuletzt daran erinnert werden, daß die Schrift auch vom *Kampf* der Christen redet. Aber vom Himmel herab gibt der Herr den Wehrlosen das *himmlische Waffenkleid,* das zwar Menschenaugen nicht sehen, vor dem aber der Satan flieht. *Er* legt uns den Harnisch Gottes an. *Er* gibt uns den Schild des Glaubens in die Hand. *Er* setzt uns den Helm des Heils aufs Haupt. *Er* gibt uns das Schwert des Geistes in die Rechte. Es ist das Christuskleid, das Kleid seines Sieges, das er seiner kämpfenden Gemeinde anlegt [Eph. 6,16–17].

Der Geist lehrt uns, daß die Zeit der Versuchungen noch nicht zu Ende ist, sondern daß den Seinen die schwerste Versuchung noch bevorsteht. Aber er verheißt uns auch: »Dieweil du bewahrt hast das Wort meiner Geduld, will ich dich auch bewahren vor der Stunde der Versuchung, die kommen wird über den ganzen Weltkreis, zu versuchen die da wohnen auf Erden. Siehe, ich komme bald« (Offb. 3, 10 ff) und »Der Herr weiß die Gottseligen aus der Versuchung zu erlösen« (2. Petr. 2, 9).

So beten wir, wie Jesus Christus uns gelehrt hat, zum Vater im Himmel: »Führe uns nicht in Versuchung.« Und wissen, daß unser Gebet erhört ist, denn alle Versuchung ist *in Jesus Christus* überwunden für alle Zeit bis ans Ende. So sprechen wir doch fröhlich mit Jakobus: »Selig ist der Mann, der die Versuchung erduldet; denn nachdem er bewährt ist, wird er die Krone des Lebens empfangen, welche Gott verheißen hat denen, die ihn liebhaben« (1, 12). Die Verheißung Jesu Christi aber heißt: »Ihr seid's, die ihr beharrt habt bei mir in *meinen Versuchungen,* und ich will euch das Reich bescheiden« (Luk. 22, 28 f).

VI. ERSTE KRIEGSJAHRE

Dezember 1939–Juni 1942

1. Predigten, Andachten, Ansprachen

Das Kreuz über der Krippe

Lesepredigt für den Sonntag nach Neujahr 1940

Lied: Hilf, Herr Jesu, laß gelingen.

Matthäus 2,13–23: Da sie aber hinweggezogen waren, siehe, da erschien der Engel des Herrn dem Joseph im Traum und sprach: Stehe auf und nimm das Kindlein und seine Mutter zu dir und flieh nach Ägyptenland und bleib allda, bis ich dir sage; denn es ist vorhanden, daß Herodes das Kindlein suche, dasselbe umzubringen. Und er stand auf und nahm das Kindlein und seine Mutter zu sich bei der Nacht und entwich nach Ägyptenland. Und blieb allda bis nach dem Tod des Herodes, auf daß erfüllet würde, was der Herr durch den Propheten gesagt hat, der da spricht: »Aus Ägypten habe ich meinen Sohn gerufen.« Da Herodes nun sah, daß er von den Weisen betrogen war, ward er sehr zornig und schickte aus und ließ alle Kinder zu Bethlehem töten und an seinen ganzen Grenzen, die da zweijährig und darunter waren, nach der Zeit, die er mit Fleiß von den Weisen erlernt hatte. Da ist erfüllt, was gesagt ist von dem Propheten Jeremia, der da spricht: »Auf dem Gebirge hat man ein Geschrei gehört, viel Klagens, Weinens und Heulens; Rahel beweinte ihre Kinder und wollte sich nicht trösten lassen, denn es war aus mit ihnen.« Da aber Herodes gestorben war, siehe, da erschien der Engel des Herrn dem Joseph im Traum in Ägyptenland und sprach: Stehe auf und nimm das Kindlein und seine Mutter zu dir und zieh hin in das Land Israel; sie sind gestorben, die dem Kinde nach dem Leben standen. Und er stand auf und nahm das Kindlein und seine Mutter zu sich und kam in das Land Israel. Da er aber hörte, daß Archelaus im jüdischen Lande König war anstatt seines Vaters Herodes, fürchtete er sich, dahin zu kommen. Und im Traum empfing er Befehl von Gott und zog in die Örter des galiläischen Landes und kam und wohnte in der Stadt, die da heißt Nazareth; auf daß erfüllet würde, was da gesagt ist durch die Propheten: Er soll Nazarenus heißen.

Liebe Gemeinde! Es ist uns gewiß beim Lesen dieser Geschichten von der Flucht nach Ägypten, vom bethlehemitischen Kindermord und von der Rückkehr der heiligen Familie nach Nazareth aufgefallen, daß jedesmal am Ende dieser Geschichten ein Wort aus dem Alten Testament steht und daß dieses Wort jedesmal eingeleitet wird mit dem kurzen Satz: »Auf daß erfüllet würde, was gesagt ist.« Wir haben wohl oft darüber hinweggelesen und gemeint, das sei nur so eine nebensächliche Formel. Damit übersehen wir aber etwas besonders Wichtiges und Schönes an unserem Text. »Auf daß erfüllet würde« – das heißt ja, es kann Jesus nichts geschehen, als was Gott selbst vorher beschlossen hat, es kann auch uns, wenn wir mit Jesus sind, nichts geschehen, als was Gott selbst mit uns vorhat und uns verheißen hat. Da mögen allerlei menschliche Gedanken, Pläne und Irrtümer mithineinwirken, da mag selbst ein mörderischer Herodes seine grausamen Hände im Spiel haben, es muß zuletzt doch alles gehen, wie Gott es zuvor ersehen, gewollt und gesagt hat. Gott gibt das Regiment nicht aus der Hand. Das ist ein starker Trost: Gott erfüllt nur, was Gott selbst verheißen hat. Wer die Heilige Schrift in der Hand und im Herzen hat, der findet in ihr immer neue Bestätigung dieses Trostes.
Die Weisen aus dem Morgenlande hatten Jesus angebetet und ihm kostbare Gaben gebracht. Gibt es nun einen erschreckenderen Gegensatz, als wenn es noch im selben Satz heißt, daß der König der Juden, Herodes, nach dem Kinde sucht, um es umzubringen? Herodes, der auf dem Thron

Davids sitzt, König und zugleich Tyrann über das Volk Gottes, Herodes, der die Geschichte, Verheißung und Hoffnung dieses Volkes kennt, sinnt auf Mord, als er hört, daß Gott seine Verheißungen wahrmachen und seinem Volk den König der Gerechtigkeit, der Wahrheit und des Friedens schenken will. Der mächtige, schon oft mit Blut befleckte, brutale Herrscher sucht das ohnmächtige, unschuldige Kind zu töten, weil er sich vor ihm fürchtet. Alle irdischen Machtmittel sind auf der Seite des Herodes. Aber Gott ist auf der Seite des Kindes.
Und Gott hat andere Mittel als Herodes. Er sendet dem Joseph im Traum seinen Engel und befiehlt ihm, nach Ägypten zu fliehen, wo die Macht des Herodes ihre Grenze hat. Geheimnisvoll wie Gott selbst sind seine Mittel. Es fehlt ihm nicht an unsichtbaren Kräften und Dienern, durch die er die Seinen seine Wege wissen lassen kann. Zwar hat er uns sein Wort gegeben und uns in ihm seinen ganzen Willen offenbart. Aber in besonderer Stunde hilft er uns auch auf besondere Weise, damit wir den rechten Weg nicht verfehlen. Wer hätte solche besondere Hilfe und Führung Gottes nicht erfahren? Des Nachts im Traum befiehlt Gott dem Joseph die Flucht nach Ägypten; und ohne einen Augenblick zu zögern, gehorcht Joseph der göttlichen Weisung und bricht mit dem Kind und seiner Mutter – in dieser Reihenfolge nennt unsere Geschichte zweimal Jesus und Maria! – auf, um zu fliehen. Soll Gottes Wort an uns in Erfüllung gehen, so müssen wir ihm gehorsam sein und, wenn es sein muß, des Nachts aufstehen, um seinen Willen zu tun. So tat Joseph.
Das Jesuskind muß mit seinen Eltern fliehen. Hätte Gott es nicht auch in Bethlehem vor Herodes behüten können? Gewiß, aber nicht danach haben wir zu fragen, was Gott alles wollen und tun könnte, sondern was er wirklich *will*. Gott will, daß Jesus nach Ägypten flieht. Er zeigt damit, daß der Weg Jesu gleich von Anfang an ein Weg der Verfolgung ist, aber er zeigt auch, daß er Jesus behüten kann und daß Jesus

nichts zustoßen wird, solange es Gott nicht zuläßt. Jesus lebt nun in Ägypten, dort, wo sein Volk einst in Knechtschaft und Not hatte leben müssen. Der König soll nun sein, wo sein Volk war. Er soll die Geschichte seines Volkes am eigenen Leibe durchleben. In Ägypten litt Israel Not, in Ägypten fing die Not Jesu an, in Ägypten mußte Gottes Volk und sein König in der Fremde, im Elend leben. Aus Ägypten aber führte Gott sein Volk ins Gelobte Land, und aus Ägypten rief Gott seinen Sohn zurück in das Land Israel. Was einst der Prophet im Blick auf das Volk Israel gesagt hatte, das erfüllt sich nun an Jesus: »Aus Ägypten habe ich meinen Sohn gerufen.« Die Flucht nach Ägypten war kein blinder Zufall, sondern göttliche Verheißung und Erfüllung. In Ägypten wurde Jesus ganz eins mit den Leiden und den Freuden seines Volkes, des Volkes Gottes, unser aller. In Ägypten ist er mit uns in der Fremde, mit ihm werden wir auch aus der Fremde ausziehen in das Land Gottes. Der Zorn des Herodes war groß geworden, als die Weisen aus dem Morgenlande auf Gottes Befehl nicht wieder durch Jerusalem zurückzogen, um ihm zu melden, wo er Jesus finden könnte. In maßloser Angst und Eifersucht befiehlt er jetzt den Mord aller Kinder Bethlehems unter drei Jahren. Hierin sieht er den einzig sicheren Weg, das göttliche Kind zu treffen. Aber so klug und grausam sein Schlag ist, er verfehlt sein Ziel. Herodes will Christus beseitigen, aber Christus lebt und an seiner Stelle und für ihn fallen die ersten Blutzeugen. Die unschuldigen Kinder von Bethlehem schützen das Leben ihres gleichaltrigen Königs und Herrn. Sie werden die ersten Märtyrer der Christenheit, die sterbenden Zeugen für das Leben Jesu Christi, ihres Heilandes. Alle Verfolgung hat die endgültige Beseitigung Jesu Christi zum Ziel, sie will den Christusmord, aber sie kann doch Christus keinen Schaden tun. Christus lebt und mit ihm leben die Blutzeugen aller Zeiten.

Großes Leid, Geschrei, Klagen, Weinen und Heulen kommt

über die Menschen, wenn der Herr Jesus Christus verfolgt wird, wie es über ganz Bethlehem kam, als die unschuldigen Kinder sterben mußten. Immer wieder sind Tränen geflossen, wenn das Volk Gottes in Not und Bedrängnis kam. Dann war es, als stünde die Mutter Rahel, die Mutter des Volkes Israel, aus ihrem Grabe, das nahe bei Bethlehem lag, auf und weinte über das Leid aller ihrer Kinder. So hatte es einst der Prophet Jeremia geschaut in der letzten Stunde vor dem Untergang Jerusalems. Jetzt aber, als Bethlehems Mütter um ihre Kinder weinten, die für Jesus Christus gestorben waren, war das Prophetenwort erst ganz in Erfüllung gegangen: »Auf dem Gebirge hat man ein Geschrei gehört, viel Klagens, Weinens und Heulens. Rahel beweinte ihre Kinder und wollte sich nicht trösten lassen, denn es war aus mit ihnen.« Die Klage um die Blutzeugen Jesu Christi hebt an und sie wird nicht mehr verstummen bis ans Ende der Zeit. Es ist die Klage über die gottentfremdete, christusfeindliche Welt, über das Blut der Unschuldigen, über die eigene Schuld und Sünde, um derentwillen Jesus Christus selbst ins Leiden kam. Aber mitten in dieser untröstlichen Klage gibt es einen großen Trost: Jesus Christus lebt und wir werden mit ihm leben, wenn wir mit ihm leiden.

Der Kindermord zu Bethelem, so gottlos und grauenvoll er war, mußte zuletzt doch wieder Gott dienen, der seine Verheißung zur Erfüllung bringt. Leid und Tränen kommen über Gottes Volk. Aber sie sind Gott kostbar, denn sie sind um Christi willen dargebracht und Christus nimmt sich ihrer in Ewigkeit an.

Von Tag zu Tag, von Jahr zu Jahr wartet Joseph in Ägypten auf den göttlichen Befehl zur Heimkehr. Joseph will nicht aus eigenen Entschlüssen handeln. Joseph wartet auf Gottes Weisung. Da schickt Gott dem Joseph des Nachts im Traum abermals den Befehl, aufzustehen und heimzukehren mit dem Kind und seiner Mutter. »Sie sind gestorben, die dem Kind nach dem Leben standen.« Der mächtige Herodes ist tot, ohne sein Ziel erreicht zu haben. Jesus aber lebt. So ist es allemal in der Geschichte der Kirche gegangen. Zuerst Not, Verfolgung, Todesgefahr für die Kinder Gottes, für die Jünger Jesu Christi. Dann aber kam die Stunde, da es hieß: »Sie sind gestorben.« Nero ist gestorben, Diokletian ist gestorben, die Feinde Luthers und der Reformation sind gestorben, aber Jesus lebt und mit ihm leben die Seinen. Verfolgungszeit nimmt plötzlich ein Ende und es stellt sich heraus: Jesus lebt.

Das Kind Jesus kehrt ins Land Israel zurück, von Gott gerufen. Jesus kommt, um sein Reich einzunehmen, seinen Thron zu besteigen. Joseph will Jesus zuerst nach Judäa bringen, von wo der König Israels erwartet wird. Aber eine besondere göttliche Weisung hindert ihn daran und befiehlt ihm, nach Nazareth zu gehen. Nazareth ist für das Ohr des Israeliten ein Ort mit einem schlechten und geringen Klang. »Was soll aus Nazareth Gutes kommen?« [Joh. 1,46] Dennoch oder eigentlich gerade darum soll Jesus in Nazareth aufwachsen, »auf daß erfüllt wird, was gesagt ist durch die Propheten: Er soll Nazarenus heißen«. Diese Weissagung scheint schwer verständlich, zumal wir sie in dieser Form nirgends finden. Aber wir müssen lernen, genau auf den biblischen Text zu achten. Es heißt hier nicht, daß ein einzelner Prophet, sondern daß *die* Propheten diese Weissagung enthalten. Dabei ist gewiß daran gedacht, daß immer wieder im Alten Testament verheißen war, daß der zukünftige König in Niedrigkeit und Unansehnlichkeit erscheinen werde. Freilich steht hier noch nichts von Nazareth. Diese Beziehung findet der Evangelist aber an jener bekannten Stelle des Jesaja, in der es heißt, daß aus der Wurzel Isais ein Zweig, ein Schößling, ein unansehnliches Reis entspringen werde und daß dieser schwache, geringe, aus dem Wurzelstumpf ausschlagende Zweig der Messias Israels sein werde. Das hebräische Wort für Zweig aber heißt »nezer«. Dies aber sind gerade die Stammlaute für den Ortsnamen Nazareth. So tief verborgen also findet das Evangelium die Verheißung im Alten Testament, daß Jesus arm, verachtet und gering sein werde. In dem für Joseph und alle Welt so schwer begreiflichen Weg nach dem armseligen Nazareth erfüllt sich also abermals Gottes Weg mit dem Heiland aller Welt. In tiefster Armut, Verborgenheit und Niedrigkeit soll er leben. Das Leben der Unangesehenen, Verachteten soll er teilen, damit er das Elend aller Menschen tragen und ihr Heiland werden könne.

Wir haben aus unserer Geschichte gelernt, wie Gott drei große Verheißungen an dem Kinde Jesus in Erfüllung gehen läßt: Jesus erfährt die Geschichte des Volkes Gottes am eigenen Leibe; er bringt über die Menschen, die zu ihm gehören, nicht nur Freude, sondern auch Leiden und Tod um seinetwillen; er lebt in Verborgenheit und Niedrigkeit, um ein Helfer aller Menschen zu werden. Alles dies aber geschieht nach der Verheißung Gottes. Es ist die Erfüllung der Ratschlüsse Gottes zum Heil der Welt.

Wir gehen in ein neues Jahr. Viele menschliche Pläne und Fehler, viel Feindschaft und Not werden unseren Weg bestimmen. Solange wir aber bei Jesus bleiben und mit ihm gehen, dürfen wir gewiß sein, daß auch uns nichts widerfahren kann, als was Gott zuvor ersehen, gewollt und verheißen hat. Es ist der Trost eines Lebens, das mit Jesus gelebt wird, daß es auch über ihm heißen muß: Es wurde erfüllt, was der Herr gesagt hat. Amen.

Gebet: Wir preisen dich, Herr, daß du alle Dinge in deiner Hand hast und alles so herrlich regierst. Du führst die Deinen um Christi willen durch alle Bedrängnis und Feindschaft sicher nach deinem Rat. Leite auch im neuen Jahr deine Gemeinde und alle ihre Glieder auf rechter Straße um deines Namens willen. Amen.

Lied: Von Gott will ich nicht lassen.

Frühe Vollendung

Trauerfeier in Kieckow am 3. August 1941

Sprüche 23, 26: Gib mir, mein Sohn, dein Herz und laß deinen Augen meine Wege wohl gefallen.

Wir sind zusammengekommen, um noch einmal gemeinsam vor Gott an Hans-Friedrich[1] zu denken, um uns zu besinnen auf das, was Gott an ihm getan hat; um ihm noch einmal in Gedanken auf dem Wege zu folgen, auf dem ihn Gott zu sich geführt und heimgeholt hat; und um schließlich - wenn Gott Gnade gibt - selbst im Glauben gestärkt, im Herzen gefestigt und enger in der Liebe untereinander verbunden wieder in unsere tägliche Arbeit, an unsere irdischen Pflichten gehen zu können.
»Gib mir, mein Sohn, dein Herz und laß deinen Augen meine Wege wohl gefallen.« Vor etwas über drei Jahren hat Hans-Friedrich am Altar der hiesigen Kirche diesen Konfirmationsspruch bekommen, und wir dürfen heute sein ganzes Leben von der Taufe bis zum Tod unter diesen Spruch stellen, in diesem Spruch zusammengefaßt sehen.
Es wird uns angesichts seines Todes noch einmal in ganz neuer Weise wichtig, daß Hans-Friedrich die heilige Taufe empfangen hat. Damals hat Gott seine Hand auf Hans-Friedrichs Leben gelegt. Gott berief das neugeborene Kind zum ewigen Leben, und die ihn zur Taufe trugen, haben Gottes Ruf im Glauben angenommen und ihr Kind übergeben. »Gib mir, mein Sohn, dein Herz.« - Was das unmündige Kind nicht verstand, das tat Gott selbst. Er nahm sein Herz, er reinigte es und heiligte es im Sakrament der Taufe, daß es ihm in Ewigkeit gehören und dienen könne. »Mein

1. Trauerfeier für den an der Ostfront gefallenen Hans-Friedrich von Kleist-Retzow, ehemaliger Konfirmand D. Bonhoeffers. Vgl. S. 103ff.

Sohn« – Gott nahm Hans-Friedrich zum Kind an. Gott wurde sein lieber Vater. Gott räumte dem Kind einen Platz in seinem Vaterhaus ein. Nun war der Grund dieses Lebens für alle Zeiten gelegt und das ewige Ziel aufgerichtet. Das tat Gott in der heiligen Taufe an Hans-Friedrich und an jedem von uns. Laßt uns dankbar dafür werden.
Durch viele Zeugen, besonders durch sein Elternhaus, hat Hans-Friedrich in seiner Kindheit das, was in der Taufe an ihm geschehen war, immer wieder mit den verschiedensten Worten gesagt bekommen. Hans-Friedrich durfte in einem Haus aufwachsen, in dem Gottes Wort das Leben regieren sollte. Er durfte durch Wort und Vorbild erfahren, welche Macht und welche Hilfe der christliche Glaube im Leben ist. Wir sagen dies mit demütigem Dank gegen Gott, der Hans-Friedrich so freundlich geführt hat, und mit der Bitte, Gott wolle diesem Haus nahe bleiben und sein Wort erhalten, und er wolle viele Häuser mit seinem Geist erfüllen zum Segen von Eltern und Kindern.
Dann kamen die Jahre, in denen das, was Gott in das Kind gelegt hatte, zu bewußter Entscheidung drängte. Es kam – durch Gottes Gnade – die für jedes Leben entscheidende Wendung zum bewußten Glauben. Hans-Friedrich wurde bewußter Christ. Wir wollen nicht denken, daß ein so junger Mensch nicht ermessen könne, was das bedeutet. Das Wunder des Glaubens schafft sich Gott in Jungen und Alten, und keiner hat darin ein Vorrecht vor dem anderen. In diesen Jahren fügte es Gott, daß Hans-Friedrich mit Vettern und Cousinen in das Haus der Großmutter kam, und Gott schenkte es diesem Hause, daß es für Hans-Friedrich eine entscheidende Hilfe wurde. Gleichzeitig hatte Hans-Friedrich Konfirmandenunterricht zusammen mit einem Vetter und einer Cousine. Bei der Konfirmation wurde ihm der Spruch gesagt, den wir gehört haben: »Gib mir, mein Sohn, dein Herz und laß deinen Augen meine Wege wohl gefallen.« Es war wie eine Bitte des allmächtigen Gottes und Vaters an seinen

lieben Sohn. »Gib mir dein Herz« – das heißt ja: Gib mir dich selbst, so wie du bist. Enthalte mir nichts vor. Gib mir alle deine Gedanken, deine Wünsche, deine Seele und deinen Leib. Gib mir alles, gib mir dein Herz, denn es gehört Gott. »Mein Sohn« – hatte Gott ihn genannt. Es war nicht mehr das unmündige Kind, sondern es war der heranwachsende junge Mann, der allen Freuden und Gefahren des Lebens entgegenging und der nun aus freiem Entschluß und willigem Herzen auf diesen Ruf antworten sollte: Ja, mein Vater. Hans-Friedrich hat durch Gottes Gnade Gott sein Herz gegeben. Er hat es aufrichtig gewollt und mit sich darum gekämpft. Es war Gottes Güte, die Hans-Friedrich bald darauf einen Kreis gleichaltriger Jungen schenkte, mit denen er, verbunden durch das Bekenntnis zu Jesus Christus, dem Herrn, gemeinsam um ein rechtes christliches Leben gerungen hat. Hans-Friedrich erfuhr hier die ganze Freude und die große Kraft einer echten christlichen Gemeinschaft. Diesem Kreis hat Hans-Friedrich mit der ganzen Hingabe seines Wesens gedient und er ist ihm bis zuletzt dankbar und treu verbunden geblieben.

Wir wollen uns dessen bewußt sein, daß es immer ein göttliches Wunder ist, wenn ein Mensch Christ wird, daß es aber ein ganz unvergleichlich großes Wunder ist, wenn heute ein junger Mann bewußter Christ wird. Das heißt ja, daß er Gott über sich erkennt als seinen Schöpfer und Herrn, von dem er alles empfängt und von dem er gänzlich abhängig bleibt; daß er die Gebote Gottes über sich gelten läßt und um Gehorsam gegen sie ringt; daß er weiß, der Vergebung der Sünden bedürftig zu sein und daß er die Macht und die Liebe des Erlösers erkennt. Wenn ein Mensch Christ wird, so heißt das ja, daß er sein Herz, das sich von Natur an so viele unwesentliche Dinge hängt, Gott und seinem Erlöser gibt, immer in der Erkenntnis: Ich kann es nicht von mir aus tun; so nimm du mein Herz selbst hin und halte es fest bei dir. Hans-Friedrich wurde Christ in einer Zeit, in der es et-

was kostete, sich als Christ zu bekennen und als Christ zu leben. Er hat das nicht gescheut. Vielleicht war es ihm sogar ein besonderer Ansporn. »Gib mir, mein Sohn, dein Herz.« Der Sohn hat die Stimme seines Vaters erkannt.
Bei alledem blieb Hans-Friedrich dem Leben und der Welt und ihren Freuden und Aufgaben gegenüber aufgeschlossen. Gott hatte ihm offene Augen, ein waches Herz und einen gesunden Verstand für das wirkliche Leben gegeben. Mit innerster Anteilnahme verfolgte er die Gespräche, in denen es um die Geschicke und die Zukunft seines Vaterlandes ging. Dann kam der Krieg und Hans-Friedrich wurde Soldat. Er faßte sein Soldatsein als die Probe auf sein bisheriges Leben auf, als die Bewährung seines Seins vor den Menschen und vor Gott. Er nahm dieses Bestehenkönnen in der Stunde der Bewährung nicht als etwas Selbstverständliches, ihm von Natur Gegebenes, sondern als etwas, das ihm von oben her geschenkt werden müsse, als Gnade. Er hat wohl auch darum gebangt, daß es ihm doch geschenkt werden möchte und eben das hat ihn stark gemacht. Voller Freude ist er hinausgezogen. »Jedenfalls wird es schön werden«, schrieb er kurz vor dem Einsatz. Im schweren Kampf und tapferster Bewährung hat er die letzte Probe bestanden, hat er sein Leben hingegeben. Er gab es für sein Vaterland im eigenlichsten Sinne des Wortes, für das Land, dem seine Väter mit ihrer Kraft, ihrer Waffe, ihrem Gewissen, ihrem Glauben gedient hatten.
Neben ihm fand man das aufgeschlagene Neue Testament. So hatte nun Gott das letzte Mal zu ihm gesagt: »Gib mir, mein Sohn, dein Herz.« Nun war es letzter Ernst geworden. Gib mir dein Leben. Komm heim, mein Sohn, zu deinem Vater.

> Ich sprech: ach weh, mein Licht entschwind't,
> Gott spricht: willkommen, liebes Kind,
> Ich will dich bei mir haben
> Und ewig reichlich laben. (Paul Gerhardt)

Das Bild Hans-Friedrichs bleibt uns gegenwärtig als das Bild eines jungen Christen, der ein tapferer Soldat, ein guter Sohn und Bruder, ein treuer Freund seiner Freunde war. Sein Herz war in diesem Leben bei Gott. So wird es auch in Ewigkeit bei Gott sein.

Wir aber vernehmen nun noch einmal seinen Konfirmationsspruch und lassen ihn uns gelten: »Gib mir, mein Sohn, dein Herz und laß deinen Augen meine Wege wohl gefallen.« Es ist das väterliche Herz Gottes, wie es uns in Jesus Christus offenbar geworden ist, das heute nach unserem Herzen verlangt. Das Herz Gottes, das in Jesus Christus für uns geschlagen, gelitten und geblutet hat, zieht unser Herz an sich. Gib mir dein Herz. Gib mir alles, alle deine Gedanken, deine Wünsche, deine zerstörten Hoffnungen, auch alle deine Zweifel. Sei mein Kind. Werde still bei deinem Vater. Gib mir dein Herz, so wird es in Ewigkeit mit Hans-Friedrich verbunden sein. »Laß deinen Augen meine Wege wohlgefallen«. Wenn wir es auch nicht verstehen, warum Gott Hans-Friedrich von uns nahm, so wissen wir doch, daß ein Weg, der zu Gott führt, ein guter Weg ist. Und so wollen wir uns den Weg, auf dem Gott Hans-Friedrich zu sich geführt hat, wohlgefallen lassen. So wollen wir uns auch die Wege, die Gott uns bisher geführt hat und noch führen wird, wohlgefallen lassen. Denn wir wissen es und glauben es fest, daß auch unser Weg nur dort enden kann, wo Hans-Friedrichs Weg zu seinem Ziel und zu seiner Vollendung kam, bei Gott, dem Vater Jesu Christi. Amen.

Skizze einer biblischen Ansprache

Mai 1940[1]

1. Korinther 3, 23: Ihr aber seid Christi, Christus aber ist Gottes (Monatsspruch).

Losgelöst von dem Zusammenhang, als Monatsspruch, soll der Text der Gemeinde etwa dies sagen: *Alles dient der Gemeinde, die Gemeinde dient Christus. Die Gemeinde ist niemand in der Welt untertan, weil sie Christus untertan ist. Die Gemeinde ist frei in und von der Welt, weil sie Christus gehört und gehorcht.*

1. *Das befreiende Wort für unsere Gemeinden*, die so beengt, bedrängt, geknechtet und geknebelt sind. Der Blick wird ganz weit. Alle Fesseln, die die Welt der Gemeinde und ihrer Arbeit anlegen will, springen, als wären sie nicht da. Die Gefängnistüren öffnen sich. Die große kirchliche Bürokratie zerfällt wie ein Kartenhaus. Die Gemeinde wird frei. *Alles ist euer.* Die ganze Welt gehört euch. Euch muß sie dienen.
2. Eine ungeheure Zusage *für die Gemeinde im Kriege,* dem sie in jeder Hinsicht machtlos und ratlos gegenübersteht. Ihre Arbeit steht weithin still. Pastoren fort. Miß äußerstem Einsatz dient jeder in ganzer Treue dem Befehl der Obrigkeit, die das Evangelium hindert. Lasten ohnegleichen. Angst und Sorgen um Männer, Arbeit, Kinder, Zukunft. *Alles ist euer.* Vergangenheit, Leben und Tod, Gegenwärtiges und Zukünftiges. Da wächst die Gemeinde über das alles weit hinaus. Auch der Krieg (!) ist euer! Dient euch!
3. Eine ungeheure Zusage für die Kirche, die in einer geistlichen Auseinandersetzung steht, für die Jugend der Kirche [Unsichere Lesart], die in die Welt hinein muß, [in] Konflikte, Entscheidungen, menschliche, politische. Gott hat ihr

1. Für die Visitation in Ostpreußen verfaßt.Vgl. hierzu Biographie, 781–784.

viele Lehrer geschenkt, geistliche Kräfte unter Laien und Theologen. Sie sind einander nicht alle gleich. Es gibt Große und Kleine, verschiedene Aufträge, Gaben. Sie bezeugen dasselbe in verschiedener Weise. »Alles« [ist] euer. Nicht nur einer, sondern der ganze Reichtum der Verkündigung des Wortes Gottes gehört euch.
Alles ist euer! An dem *»alles«* liegt es. Treffen wir eine Auswahl, sagen wir, daß nur ein Teil, ein bestimmter Prediger etc. uns gehöre, dann machen wir uns abhängig von ihm. Nur weil uns *alles* gehört, sind wir von jedem Einzelnen frei.
Alles ist *euer!* An dem »euer« liegt es. Daß es *für uns* da ist und *uns* dient und nicht wir ihm, daß wir frei sind, wird uns gesagt. Das hört auf, wenn wir nicht *alles* umfassen, wenn wir uns einem Teil hingeben. Jede Engigkeit ist falsch. Sie knechtet. Sie hat zur Folge, daß nicht »alles unser« ist, sondern daß wir in die Abhängigkeit eines einzelnen Menschen, einer Institution, einer Idee, eines Stückes Welt geraten.
Ihr aber seid Christi! Grund und *Grenze.* Nicht »Christus ist euer«, sondern umgekehrt. Wir, mit »allem, was unser ist«, gehören Christus. Weil wir Christus gehören, darum gehört uns *alles.* Gehörten wir uns selbst oder anderen Menschen, dann wäre es anders. Das ist Evangelium und Gesetz in einem.
Evangelium: Denn es wird uns zugesprochen, daß wir Christus gehören.
Gesetz: Denn in Christus ist die einzige Grenze dessen, was unser ist; oder eigentlich, *wie* es unser ist. Denn es ist in Christus wirklich alles unser in dem Sinne, daß es uns *dient,* auch das Böse; aber erst so, daß wir es uns aneignen und wie wir es gebrauchen. Weil wir in Christus sind, gehört uns alles; doch so, daß es Christus gehört.
Die Gemeinde gehört Jesus Christus allein. Darum gehört ihr alles. Mit diesem Zielpunkt im Auge wollen wir das Kapitel 3 lesen.

(Randnotiz: Menschenkult und Menschenweisheit in der Gemeinde.) In Korinth seit der Gründung der Gemeinde durch Paulus Streitigkeiten. Es geht um Erkenntnisse und Personen. Gruppen-Parteibildung. Menschenverehrung und Herabsetzung der anderen. 1, 12: die Gruppen.
*Paulus*gruppe: Die Alten. Das schlichte Evangelium von der freien Gnade in Jesus Christus.
*Apollos*gruppe: Apg. 18, 24 ff [Apollos in Ephesus], 19, 1 [Apollos in Korinth], 1. Kor. 16, 12. Jude mit griechischer Bildung, voll Geist und Redegabe; vielleicht im Gegensatz zu Paulus, dessen Verkündigung Anstoß gab. Mehr die Gabe der Anpassung, ohne Verleugnung.
*Petrus*gruppe: Aus Kleinasien eingewanderte Judenchristen. Gesetzlich, konservativ, streng, traditionell.
*Christus*gruppe: Im Gegensatz zu allen Aposteln. Unmittelbare Berufung auf Christus. Sie wollen »nur« Christus, ohne die Vermittlung der Boten. Sie machen Christus zur Partei, nehmen ihn für sich allein in Anspruch. Gefährlichste Gruppe! Noch in 2. Kor. 10, 7 vorhanden, während von den anderen kein Wort mehr fällt. Besonders pharisäisch, bösartig parteilich, absprechend gegen die anderen. Sie verweigern dem Paulus Gehorsam. Wissen selbst alles am besten.
Vers 3–4: Eifersucht und Streit. Jeder will recht haben mit dem Teil, das er von Christus hat, gegen die anderen. Gönnt den anderen keinen Erfolg, Anhänger. Sie halten sich für »geistlich« – »menschlich« –; es sollte ein Unterschied sein! *Fleischlich!* Das ist den Griechen neu. Religion und Philosophie gab es bisher nur in Schulen und Parteien, die für sich werben und einander bekämpfen. Hier war die Gemeinde Gottes, in der der Einzelne nichts galt, sondern nur alle zusammen. *»Ich gehöre dem Paulus«* etc, so drückte man das aus. Man begibt sich in Unfreiheit, Menschendienst.
Vers 5. Paulus antwortet: Was ist Paulus, Apollos? Wollt ihr den Dienern gehören statt dem Herrn? *Beide* sind Diener, ohne Unterschied in dieser Hinsicht! Verschieden in dem,

was der Herr ihnen gab. Die Verschiedenheit ist von Christus gewollt. Sie schaffen beide dasselbe: Zum Glauben bringen! Große Aussage.
Vers 6. Pflanzen und Begießen sind nichts ohne das Wunder des wachsenden Lebens, das Gott allein vollbringt.
Vers 7. Zwischen Pflanzenden und Begießenden könnte Rivalität, Neid, Mißgunst entstehen, indem jeder auf die Unentbehrlichkeit des eigenen Werkes, statt auf die Unentbehrlichkeit des Werkes des anderen sieht. Auch die Gemeinde kann den einen gegen den anderen stellen.
Vers 8. Paulus sagt: Sie sind *eins,* ἕν (*eins* und doch *Unterschied,* je nach Arbeit) und sieht dabei auf das gesamte Werk und Ziel, daß die Gemeinde wächst. Dabei wird der Unterschied nicht verwischt. Gott wird die Arbeit entsprechend lohnen. Es ist bei Gott verschiedener Lohn. Gott sieht das Werk an.
Vers 9. *Gottes* Mitarbeiter. Als solche sollen wir uns gegenseitig ansehen. Der Akzent fällt auf »Gott«; freilich wirklich »Mitarbeiter« (auf das Heil des anderen bezogen! Nicht synergistisch!), durch die Gott das Seine tut. Wir stehen in Gottes Arbeit, ihr seid Gottes *Acker, Bau.* Allein von Gott ist die Kraft der Arbeit, allein Gottes ist das Ziel. Wer *eigene* Arbeit tut mit eigenen Zielen, der sucht eigene Ehre und verdirbt die Gemeinde. Die Gemeinde ist *Gottes* Gemeinde, nicht *»meine«.*
Vers 10. Nur einmal wird die Gemeinde begründet. Das hat in Korinth Paulus getan. Nun erwartet er, daß man weder meint, damit sei schon alles geschehen, noch auch so tut, als müsse der Grund erst gelegt werden. Es kommt auf das *rechte* Bauen auf dem gelegten Grund an. Einer tritt in die Arbeit des anderen, eine lange Reihe. Das ist die Aufgabe.
Vers 11. Der gelegte Grund ist Jesus Christus, nicht ein pl. [paulinisches; die Abkürzung kann auch als gl. gelesen werden; dann »gläubiges« . . .] Lehrsystem. An diesem Grund ist nicht zu rütteln. Es ist der einzig mögliche Grund. Ihn

dürfen wir als gelegten *voraussetzen*. Die Kirche ist ja *Christus*kirche, sonst nichts. Niemals darf meine Person, meine Theologie etc. der Grund der Kirche werden. Weiterbauen, das ist die begrenzte Aufgabe.
Vers 12–13. Viele bauen in guter Meinung und doch so verschieden. Auf eines kommt es an: Daß der Bau *beständig* ist, wenn er von Gott erprobt wird. Die Feuerprobe. Falsch ist gebaut worden, wenn zwar nach außen alles gelungen erscheint, wenn die Kirchen voll [sind], die Jugend bewegt ist, aber doch kein Bestand. Vielfach sind unsere Ziele noch zu äußerlich, zu sehr auf irdischen Erfolg gerichtet. Die Feuerprobe erfolgt nicht in dieser Zeit, sondern am Ende. Dann erst wird es sich herausstellen. *Gewißheit* kann der Bauende nur in Bezug auf sein Werk haben, wenn er die Gemeinde *allein* auf den Grund Jesus Christus gestellt hat (wie Paulus zuversichtlich [war] für sein Werk). Wenn also schon hier die Feuerprobe des göttlichen Gerichtes durchgemacht wird, wenn alles Menschlich-Fleischliche hier schon gerichtet ist.
Vers 14–15. Wir bleiben mit unserem Werk im Gericht verbunden, können uns nicht davon trennen (1. Tim. 4, 16). Lohn oder Strafe trifft uns. Freilich, Gott ist gnädig. Wer im Glauben stand und falsch arbeitete, kann gerettet werden, gerettet durch's Feuer, das heißt aus einem brennenden Haus, indem er den Schmerz des Gerichtes, das über sein Werk kommt, mittragen muß.
Vers 16–17. Unterschieden davon ist der, der wissentlich den Tempel Gottes verderben will. Der wird selbst zugrundegehen. Der heilige *Tempel Gottes, die Gemeinde »seid ihr«!* Ganz konkret. Wenn wir das immer bedächten! Verderber der Gemeinde sind die, die den Grund umstoßen wollen und einen neuen Grund legen wollen.
Vers 18–19. Das geschieht meist durch angemaßte Weisheit. Eine neue Lehre oder Erkenntnis tritt an die Stelle des Christus. Nur eine Rettung: wie wir ein Tor zu werden, um

wahrhaft weise zu sein; auf die eigene Erkenntnis zu verzichten, um Jesus Christus zu predigen.
Vers 20. Die eigene Weisheit wird zum Verhängnis. Man glaubt, sich über Christus stellen zu können und geht gerade daran zugrunde. Die alttestamentlichen Zitate: Eigene Weisheit ist für Gott ein Mittel, die Menschen zu fangen und zu verderben. Eigene Weisheit verdirbt Gottes Werk, denn sie ist nichtig und führt die Menschen zur Nichtigkeit.
Vers 21. Zusammenfassung: Niemand treibe Menschenruhm in der Gemeinde. Er bringt sie damit um ihr Bestes. Das ist der Gemeinde und den Pfarrern zu sagen! Die Gemeinde gerät in Abhängigkeit, Unfreiheit. Sie gehört [dann] Paulus oder Apollos. Statt dessen: Nicht ihr gehört einem Menschen, sondern *alles ist euer.* Sie alle, Paulus, Apollos etc, deren Ruhm ihr treibt, denen ihr euch unterwerft, sie gehören ja euch, sie sind für euch da, sonst für nichts. Sie wollen euch Christus bringen, auf ihn gründen. Darüber hinaus sind sie nichts. Und wollen sie etwas sein, so sind sie Toren. Sie gehören euch. Bedenken wir die Unterschiede: Paulus, Apollos, Petrus, Barth, Heim, Brunner - was sind sie? Nichts und doch *Diener.* In der Gemeinde gilt kein Fanatismus, Rigorismus (Theologien, Kirchenlieder, Liturgie etc). Das muß sich die Gemeinde, [müssen] aber auch die Lehrer sich sagen lassen! Keine Ausschließlich[keit], Parteiung, Ehrgeiz. *Wir gehören* der Gemeinde, nicht die Gemeinde uns!
Ein großer Schatz wird ausgeschüttet. Gegensatz: *Die Welt.* Nicht nur die Arbeit der Kirche, sondern der ganzen Welt dient der Gemeinde. Ausnahmslos. Wir denken: Entweder Kirche, Wort Gottes *oder Welt.* Paulus sagt: Beides gehört euch. (Hierzu als Randnotiz: Freude und Bewährung.)
Leben oder Tod. Wir setzen entweder auf das Leben. Dann hassen wir den Tod und sind in Knechtschaft vor ihm. Oder umgekehrt. Paulus sagt: Beides gehört euch [Randnotiz: Aufgabe und Erlösung].
Gegenwart oder Zukunft: Entweder wir hängen an der Ge-

genwart oder an der Zukunft. Paulus sagt: Beides dient euch, gehört euch [Randnotiz: Glaube und Schauen].
Alles. Nur wo alles euch gehört, *seid* ihr von allem wahrhaft *frei*, gebraucht es recht und *gehört ihr Christus allein.*
Ihr aber seid Christi. Dies ist das Ziel. Christus aber wiederum gehört nicht dieser oder jener Partei, die sich »christisch« nennt, sondern er gehört *Gott* (11, 3). Damit wird falscher Ruhm, belangloser Streit der Meinungen endgültig ausgeschlossen. Die Gemeinde ist geeint in der Unterwerfung unter Gott.
Alles!

Röm. 8, 28: Alle Dinge zum Besten ...
1. Kor. 10, 23: Alles Macht, aber es frommt ... (6, 12)
13, 7: Liebe verträgt alles ...
15, 27: Alles unter seine Füße getan
2. Kor. 6, 10: Alles haben ...
Eph. 5, 20: Für alles danken
Phil. 4, 13: Ich vermag alles ...
Phil. 4, 18: ... habe alles ...
Tit. 1, 15: Alles rein

Entwurf einer Andacht[1]

Jeremia 16, 21: Ich will sie lehren und meine Hand und Gewalt ihnen kundtun, daß sie erfahren sollen, ich heiße der Herr.

1. Es gibt ein letztes Mittel, durch das Gott sein Volk (Israel), das seine Gnade immer wieder mißbraucht und ausgeschla-

1. Die Andacht über Losung und Lehrtext zum 20. 10. 1941 wurde von E. Bethge auf dem Provinzial-Missionsfest in Ohlau (Schlesien) gehalten.

gen, mit ihr gespielt hat, zur Anerkennung seiner Herrschaft führt: Das zornige Zuschlagen seiner Hand durch Gewalt.
a. Nachdem das freundliche und mahnende *Wort* nicht mehr hilft, folgt die *Tat:* Die Hand Gottes schlägt zu.
b. Auf die »Lehre« und »frohe Kunde« durch die Predigt und [das] Sakrament folgt die furchtbare neue *Lehre* der *zornigen Hand* und *Gewalt* Gottes. Krieg, Nöte, Gefangenschaft, Elend aller Art – das ist die »fremde« Lehre Gottes, das »fremde Kundtun«, Sich-Offenbaren Gottes.
c. Warum das? Weil Gottes Volk andere Herren und Götter als Götzen angebetet hat und nicht erkannte, daß Gottes Name allein »der Herr« heißt.
2. Was wir heute erleben, ist diese Lehre, dieses Kundtun Gottes. Es ist das letzte Mittel, durch das Gott uns helfen will zu erkennen: Gott allein ist der Herr.
a. Gerade heute sind wir in Gefahr, auf viele andere Gewalten zu blicken als auf Gott. Gottes *Wort* aber sagt uns: Hier will [der] als alleiniger Herr erkannt werden, [der] die mächtigsten Mächte zerbricht, vor dem Hohes gering und Geringes hoch ist. Erkennt in allem, was heute geschieht, den zornigen Ruf Gottes, der doch so gnädig ist, das Gericht über uns: Er allein heißt der Herr. Demütigt euch vor ihm!
b. Gottes Zornesgericht ist eine *dunkle* Offenbarung. Wenige erkennen sie. So vollzieht sich gerade auch im Zornesgericht seine Erwählung. Die einen erkennen das in letzter Stunde, die anderen verstricken sich.
c. Erkennt in Gottes Zorn gegen euch, daß er euch *liebt. Er will wieder euer Herr sein!* Letztes Angebot. Evangelium im Gericht.

Eph. 1, 22–23: Gott hat alle Dinge unter seine Füße getan und Christus gesetzt zum Haupt der Gemeinde über alles, welche da ist sein Leib, nämlich die Fülle des, der alles in allen erfüllt.

1. Das Wunder: Gottes Zorn traf ihn selbst, in Jesus Christus. Indem Jesus Gottes Zorn trug, wurde er unser Herr.
2. Wir, die wir uns Gottes Zorn unterwerfen, sind seine Gemeinde. Und wir haben einen Herrn, der uns erwählt und gerufen hat, Jesus, das Haupt der Gemeinde.
3. Diesem Herrn gehört die Welt. Er erfüllt alles. Wir in ihm.

Johannes der Evangelist

Entwurf einer volksmissionarischen Ansprache, Juni 1942

[1.] Es scheint mir nicht zufällig, daß es nicht gelingen will, sich ein anschauliches Bild von seinem Wesen und Charakter zu machen, noch anders als bei Petrus oder Jakobus. Johannes scheint gar nichts Eigenes zu haben, keine eigenen Farben, kein eigenes Temperament. Alles verschwindet beim näheren Hinsehen. Er wird denn auch bezeichnenderweise nur durch die rein passive Beschreibung charakterisiert,
[2.] die allerdings dies über ihn aussagt:
[a.] »Der Jünger, den der Herr liebhatte« (19, 26). Im Johannesevangelium wird sogar nicht einmal sein Name genannt! So gänzlich ausgelöscht ist sein eigenes Wesen. Es heißt nicht:
[b.] Der Jünger, *der* den Herrn liebhatte. Das wäre schon zu viel Eigenes. Johannes 20 ist ja geradezu damit gerechnet, daß Petrus den Herrn lieber hatte als alle anderen Jünger. Es soll also über Johannes nur gesagt sein, daß er die Liebe des Herrn mehr erfahren hatte als irgendein anderer. Oder, genau genommen, ist das auch nicht gesagt, sondern nur dies, *daß* der Herr ihn liebhatte. Es gibt da keine Vergleiche, keine Überordnungen. Die Liebe des Herrn ist genug.
[c.] Nachdem die Mutter der Zebedäussöhne mit ihrer Frage

nach der himmlischen Rangordnung und dem Platz für ihre Söhne von Jesus so deutlich abgewiesen wurde und ganz auf die Gemeinschaft des Lebens und Leidens ihrer Söhne mit Jesus verwiesen war, mag in Johannes jeder derartige Gedanke verstummt sein, wenn er überhaupt je in ihm gelebt hat. Denn nicht er fragt ja, sondern seine Mutter.

[d.] Er will nichts anderes sein als der Jünger, den Jesus liebhatte, dem Jesus seine Freundschaft schenkte (so ähnlich steht es im Griechischen irgendwo, Joh. 20, 2). der bei Tische an der Brust Jesu lag.

[3.] Johannes wird so zum Zeugen der erfahrenen Liebe Jesu, der innigsten Nähe und Gemeinschaft mit ihm.

[a.] Er ist nicht der Bekenner, nicht der Mann des starken Glaubens, nicht der Verleugner und wieder Angenommene, nicht der Felsenmann, nicht der zum Weiden der Gemeinde Jesu Berufene (Joh. 20). Er hat keine eigene Geschichte wie Petrus, sondern er ist der in der Liebe Jesu Geborgene, in ihr ganz Ausgelöschte.

[b.] So kann Jesus ihn sterbend seiner Mutter zum Sohn an seiner Statt geben und so gibt er dem Johannes die Maria zur Mutter.

[c.] Der ganz in Jesu Liebe Aufgegangene tritt in Jesu Stelle. Er erhält der Mutter die Liebe Jesu. Maria und Johannes – beide haben nur genommen, nur empfangen, haben nichts Eigenes gehabt, nur von Jesus gelebt.

[d.] So nimmt denn auch der Auferstandene ganz zuletzt (Joh. 21) Johannes mit sich; niemand weiß, zu welchem Ziel. Die Frage des Petrus wird von Jesus abgwehrt. Dem Petrus wird das Martyrium vorausgesagt. Johannes aber bleibt bei Jesus und seine Gestalt entschwindet in der Gemeinschaft mit Jesus. Nur ein Gerede bei den Leuten bleibt zurück: Dieser Jünger stirbt nicht.

[4.] Er ist gestorben; in hohem Alter vermutlich. Seine Verkündigung blieb: »Darin steht die Liebe, nicht daß wir Gott geliebt haben, sondern daß er uns geliebt hat« [1. Joh. 4, 10].

»Gott ist Liebe« [1. Joh. 4, 16]. »Niemand hat größere Liebe ... [auf Jesus bezogen! Joh. 15, 13]. »Lasset uns ihn lieben, denn er hat uns zuerst geliebt« [1. Joh. 4, 19]. Als alter Mann soll er immer wieder gesagt haben: Kindlein, liebt euch untereinander.
Daß er der Verfasser der Apokalypse ist, glaube ich nicht. Eine zu andere Welt, zu viele Worte für ihn, zu bunt, zu wenig ausgelöscht durch die Liebe Jesu. Oder sollte hier die Verbindung zu Luk. 9, 51–57 vorliegen? [»Herr, willst du, so wollen wir sagen, daß Feuer vom Himmel falle und verzehre sie.«] Dies nur nebenbei. Die Bezeichnung der Zebedaiden als »Donnerssöhne« [Mark 3, 17] könnte auch dahin verweisen, ist aber doch zu dunkel in ihrem Sinn.
[5.] Alles Eigene wird ausgelöscht, verzehrt, Sünde und Tugenden, Untreue und Treue. Im Abendmahl gilt ganz allein die erlösende Liebe Jesu. Diese Liebe ist durch Tod und Auferstehung besiegelt. Sie bleibt in Ewigkeit und wir in ihr. Das Umfassende der Liebe Jesu muß gegen jede pietistische Verengung deutlich werden (Joh. 3, 16). Aber auch das ganz Persönliche muß gerade hier gesagt werden, daß auch wir zu denen gehören, die Jesus liebhatte und liebhat und liebhaben wird. Daß die Liebe Jesu nicht eine Privatangelegenheit, sondern der Mittelpunkt der Welt ist.
[6.] Sich genügen lassen an Jesu Liebe – das würde ich als Ergebnis und Sinn alles über Johannes zu Sagenden ansehen. Vielleicht kann man zur Veranschaulichung noch aus »Einer muß wachen« (Manfred Hausmann) etwas nehmen. Was es heißt, an der Brust Jesu zu liegen, in ihm geborgen, von ihm bewacht, bewahrt vor Versuchung und Fall, gehalten, ins Vertrauen gezogen, ihn fragen dürfen (Joh. 13!), Antwort bekommen, am Herzen Gottes liegen. Die aufgerissenen Augen, die Leid und Böses sehen. Der andere kindlich schlafend.

2. *Predigtmediationen*

Auf dem Wege zu den Menschen nicht mehr aufzuhalten

Quasimodogeniti 1940

Johannes 20, 19–31: Am Abend aber desselben ersten Tages der Woche, da die Jünger versammelt und die Türen verschlossen waren aus Furcht vor den Juden, kam Jesus und trat mitten ein und spricht zu ihnen: Friede sei mit euch! Und als er das gesagt hatte, zeigte er ihnen die Hände und seine Seite. Da wurden die Jünger froh, daß sie den Herrn sahen. Da sprach Jesus abermals zu ihnen: Friede sei mit euch! Gleichwie mich der Vater gesandt hat, so sende ich euch. Und da er das gesagt hatte, blies er sie an und spricht zu ihnen: Nehmet hin den Heiligen Geist! Welchen ihr die Sünden erlasset, denen sind sie erlassen; und welchen ihr sie behaltet, denen sind sie behalten. Thomas aber, der Zwölf einer, der da heißt Zwilling, war nicht bei ihnen, da Jesus kam. Da sagten die andern Jünger zu ihm. Wir haben den Herrn gesehen. Er aber sprach zu ihnen: Es sei denn, daß ich in seinen Händen sehe die Nägelmale und lege meinen Finger in die Nägelmale und lege meine Hand in seine Seite, will ich's nicht glauben. Und über acht Tage waren abermals seine Jünger drinnen und Thomas mit ihnen. Kommt Jesus, da die Türen verschlossen waren, und tritt mitten ein und spricht: Friede sei mit euch! Danach spricht er zu Thomas: Reiche deinen Finger her und siehe meine Hände, und reiche deine Hand her und lege sie in meine Seite, und sei nicht ungläubig, sondern gläubig. Thomas antwortete und sprach zu ihm: Mein Herr und mein

Gott! Spricht Jesus zu ihm: Dieweil du mich gesehen hast, Thomas, so glaubest du. Selig sind, die nicht sehen und doch glauben! Auch viele andere Zeichen tat Jesus vor seinen Jüngern, die nicht geschrieben sind in diesem Buch. Diese aber sind geschrieben, daß ihr glaubet, Jesus sei Christus, der Sohn Gottes, und daß ihr durch den Glauben das Leben habet in seinem Namen.

1. V. 19–20. Am Morgen war das Wunder geschehen. Am Abend sind die Jünger zusammen, und als sich mit der hereinbrechenden Nacht die Schatten der Unruhe auf die Jünger legen wollen, als man vorsichtig die Türen verschließt, um angesichts der neuen Lage vor den erregten Juden sicher zu sein – ohne freilich daran zu denken, daß man damit dem Herrn die Türe verschließen könnte –, »kam Jesus und trat mitten unter sie«. Seltsam, daß wir immer wieder in der Stunde, in der wir Jesu Gegenwart am sehnlichsten erhoffen, ihm aus Furcht vor allerlei anderen Dingen die Türe verschließen. Aber weit wunderbarer, daß Jesus sich durch diese verschlossenen Türen nicht hindern läßt. Der Auferstandene läßt sich durch die Menschen auf seinem Weg zu den Menschen nicht mehr aufhalten. Sein neuer Leib behindert und beschränkt ihn nicht mehr, wie unser Leib es tut, sondern Jesu Leib ist nun das vollkommene Werkzeug seines Geistes geworden. Der Auferstandene tritt unter seine furchtsamen Jünger. Er spricht: »*Friede mit euch.*« Gewiß, damals der alltägliche Gruß und ein guter Gruß dazu; denn es ist in ihm alles enthalten, was Menschen einander zum Gruß sagen können. Aber es ist ja schon bei uns ein Unterschied, wer einen Gruß ausspricht. Der fromme Gruß einer Mutter, eines altgewordenen Christen hat ein anderes Gewicht, als wenn irgendeiner ihn formelhaft gebraucht. »Friede mit euch« – (statt »sei« wäre hier besser »ist« zu ergänzen!) –, das heißt im Munde des Auferstandenen: Ende aller eurer Furcht, Ende der Herrschaft der Sünde und des Todes

über euch, ihr habt nun Frieden mit Gott, mit den Menschen und darum mit euch selbst. So spricht der, der selbst für uns diesen Frieden errungen hat, und wie zum sichtbaren Zeichen der geschlagenen Schlacht und des gewonnenen Sieges zeigt er seine durchbohrten Hände und seine verwundete Seite. »Friede mit euch« – das heißt: Er, der selber dieser Friede ist, Jesus Christus ist mit euch, der Gekreuzigte und Auferstandene. Wort und Zeichen des lebendigen Herrn machen die Jünger froh. Die Gemeinschaft mit dem Herrn ist nach bangen, dunklen Tagen wiedergefunden.

2. V. 21–23. Es gibt aber keine Gemeinschaft mit Jesus, die nicht sogleich *in den Dienst stellt.* Nur im Dienst erfüllt sich die Gemeinschaft mit ihm. Das hat Jesus seinen Jüngern immer gesagt (vgl. Joh. 15, 1 ff). Nun eröffnet er ihnen als der Verklärte die höchste Sendung, in der sie die Gemeinschaft mit ihm bewähren sollen. »Ich sende euch« (Präsens!). Die Sendung der Jünger durch Jesus gleicht der Sendung Jesu durch den Vater. Jesus legt sein Werk in die Hände seiner Jünger, bevor er zum Vater geht. Derselbe Friede, der den Jüngern geschenkt ist, soll die Kraft ihres Dienstes sein. Darum spricht Jesu »abermals« zu ihnen: »Friede mit euch.« Der Friede, der aus der Auferstehung Jesu herkommt, ist wirksame Kraft für die Sendung. Auch hier tritt zum Wort das Zeichen. Jesus tut an seinen Jüngern, was der Schöpfer am ersten Menschen tat. Der Hauch des neuen Lebens und der neuen Sendung, der Hauch der Auferstehung berührt, erfüllt die Jünger. Der mit Sünde und Tod gerungen hat, der vom gewonnenen Sieg, vom Auferstehungsmorgen herkommt, vermag es, den Jüngern zu bringen, was kein Mensch erwerben konnte: den Heiligen Geist. »Empfanget den Heiligen Geist.« Hier gibt es kein Abschwächen und Wegdeuten. Es ist der Heilige Geist selbst, der Pfingstgeist, den der Aufernstandene den Seinen gibt und durch den er sie für ihre Sendung ausrüstet. Das Werk Jesu kann nur im Besitz des Heiligen Geistes getan werden. Es heißt: Sünden

vergeben und behalten in göttlicher Vollmacht. Das war Jesu Tun auf Erden, das ist der Auftrag der Jünger und mit ihnen aller Gläubigen (vgl. Mt 16, 19; 18, 18). Was Jesus in den Augen der Frommen zum Räuber an Gottes alleiniger Ehre gemacht hatte, nämlich daß er Sünden vergab, das sollen nun seine Jünger tun. Was nur der durfte, der den Fluch der Sünde am eignen Leibe trug und doch ohne Sünde war, nämlich Sünden vergeben in Gottes Namen, das tun von nun an in seinem Namen und Geist die Jünger. Weil aber Vergebung der Sünden ein Geschenk der freien und reinen Gnade Gottes ist, darum muß dort, wo um der Verstockung des Herzens willen die Sünde nicht vergeben werden darf, die Sünde behalten werden, das heißt Gottes Gericht verkündigt werden. Sünden vergeben wollen, aber nicht Sünden behalten wollen macht aus der göttlichen Vergebung ein menschliches Werk, eine Spielerei mit der Sünde. Die Verschleuderung der Gnade entehrt Gott und tut dem Menschen Schaden. Dennoch dient die Verkündigung des Gerichtes der Verkündigung der Gnade, das Behalten der Sünde der zukünftigen Buße, der Bekehrung und Vergebung. Sünden vergeben und Sünden behalten soll der Jünger im Auftrag Christi mit großer Gewißheit und Freudigkeit; denn es ist das Werk seines Herrn, das ihm anvertraut ist. Er darf davor nicht zurückschrecken. Beides wird sich vollziehen in der öffentlichen Verkündigung des Wortes und in der persönlichen Beichte. Beides ist durchweht von dem Hauch des Auferstandenen. Weil Christus lebt und uns den Heiligen Geist gegeben hat, gibt es vollmächtige Predigt und Beichte.

3. V. 24–29. Was hilft mir die Botschaft von dem herrlichsten Wunder, wenn ich es selbst nicht erfahren und prüfen kann? Tot ist tot und leichtgläubig macht der Wunsch die Menschen. So spricht der Zweifel zu jeder Zeit, und so denkt *Thomas,* der Jünger Jesu. Aus den wenigen Worten, die uns von ihm erhalten sind (Joh. 11, 16; 14, 5) kennen wir ihn als einen zu jedem Opfer bereiten Jünger, der aber seine Fragen,

die er an Jesus hatte, offen bekannte und klare Antwort begehrte. Er hatte sich nach dem Tode Jesu von den andern Jüngern getrennt und war auch am Ostertag ferngeblieben. Er wollte sich nicht in kranke Schwärmerei hineinreißen lassen. »Ich werde es nicht glauben«, sagt er hart, als ihn die Botschaft durch die andern Jünger erreicht, ehe ich es selbst gesehen und betastet habe. Thomas hat recht, wenn er seinen Glauben entweder selbst finden oder gar nicht glauben will; aber der Weg, auf dem er ihn sucht, ist falsch. Trotz seiner Weigerung zu glauben kommt Thomas am folgenden Sonntagabend in den Jüngerkreis. Das ist wichtig; denn es zeigt die Bereitwilligkeit des Thomas, sich überzeugen zu lassen, zeigt die Aufrichtigkeit seines Zweifels. Es ist dennoch die freie Gnade des Auferstandenen, die nun auch dem Einzelnen nachgeht, den Zweifelnden überwindet und in ihm den Osterglauben schafft. Jesus kommt, wiederum trotz verschlossener Türen. An der Wunderbarkeit seiner Gegenwart konnte darum kein Zweifel sein. Er spricht den Friedensgruß, der allen, aber diesmal wohl besonders dem friedlosen Herzen des Thomas gilt. Jesus kommt um seines zweifelnden Jüngers willen. Er weiß alles, was in ihm vorgegangen ist, er kennt ihn durch und durch. Das geht aus seinem ersten Wort an Thomas hervor. Jesus stillt das zweifelnde Verlangen des Jüngers, indem er ihm gewährt, was er der Maria versagte (20, 17). Es ist eben ein Unterschied, ob wir uns etwas nehmen wollen oder ob der Herr uns etwas gibt. Maria wird zurückgewiesen, Thomas darf hören, sehen und betasten. Unbegreifliche Herablassung des Herrn zu seinem zweifelnden Jünger, sich von ihm auf die Probe stellen zu lassen. »*Werde* nicht ungläubig, sondern gläubig« – Christus wirbt um seinen Jünger, noch ist die letzte Entscheidung nicht gefallen, wenn auch in bedrohlicher Nähe. Aber indem Jesus den Jünger als noch nicht gegen ihn Entschiedenen anspricht, gibt er ihm Freiheit zur Umkehr. Ob Thomas seine Hand auszustrecken gewagt hat, bleibt unausgesprochen. Es ist nicht wichtig. Wichtig ist, daß in Thomas der Osterglaube durchbricht: »Mein Herr und mein Gott.« Das ist das ganze Osterbekenntnis. So hatte vor diesem Zweifler noch keiner gesprochen. Die Überwindung ist vollständig. Die Antwort Jesu preist nicht den Zweifel, nicht das Schauen und Tasten, sondern allein den Glauben selig. Auf dem, was wir sehen, kann der Glaube nicht ruhen und gewiß werden, sondern allein auf dem Worte Gottes. Millionen von Zweiflern werden nach Thomas kommen. Ihr Zweifel wird nicht durch Sehen und Tasten überwunden werden, sondern durch das Zeugnis von dem lebendigen Christus. Auch Thomas konnte nicht seinen Augen und Händen trauen, sondern Christus allein. Darum das Schweigen über das, was er tat und der schlichte Bericht über sein Osterbekenntnis.

4. V. 30–31. Ist uns weniger gegeben als den Jüngern, als Thomas? Macht uns Jesus den Zugang zu sich schwerer? Sind es nicht nur Bruchstücke der Taten Christi, die uns überliefert sind, so daß uns der volle Reichtum seiner Wunder, wie ihn die Jünger erfuhren, entgeht? Johannes sagt: Zwar tat Jesus unendlich viel mehr, als wir Heutigen wissen, aber es ist genug, was uns aufgeschrieben ist, genug im Hinblick auf das eine, worauf es ankommt: daß wir glauben, Jesus sei der Christus, Gottes Sohn, und wir haben in seinem Namen das ewige Leben. Um uns zu diesem Glauben zu helfen, setzt er uns Wort und Zeichen, Predigt und Sakrament. Mehr empfingen die Jünger auch nicht, auch Thomas nicht. Was sie sahen, Jesus in seiner Armut, seinem Tod und seiner verklärten Gestalt, war dem Zweifel nicht weniger ausgesetzt, als was wir sehen. Nur indem sie ihm selbst glaubten, hatten sie ihn zum Herrn. Nur auf ihn, wie sie ihn glaubten und ihn nicht sahen, nämlich als den Christus, den Sohn Gottes, nicht aber auf ihn als irgendeine überirdische Erscheinung konnten sie ihr Leben gründen und so in seinem Namen ewiges Leben haben. Eben dazu aber ist auch uns

Wort und Sakrament geschenkt, daß wir glaubend und nicht sehend selig werden.
Die Beziehung auf den Sonntag *Quasimodogeniti* ergibt sich zwanglos unter den drei Gesichtspunkten, daß die Auferstehung Jesu unser neues Leben ist, daß wir von nun an im Dienst Jesu leben und daß beides nur im Glauben für uns wirklich wird.

Der gute Hirte und seine Gemeinde

Misericordias Domini 1940

Johannes 10, 12–16: Ich bin der gute Hirte. Der gute Hirte läßt sein Leben für die Schafe. Der Mietling aber, der nicht Hirte ist, des die Schafe nicht eigen sind, sieht den Wolf kommen und verläßt die Schafe und flieht; und der Wolf erhascht und zerstreut die Schafe. Der Mietling aber flieht; denn er ist ein Mietling und achtet der Schafe nicht. Ich bin der gute Hirte und erkenne die Meinen und bin bekannt den Meinen, wie mich mein Vater kennt und ich kenne den Vater. Und ich lasse mein Leben für die Schafe. Und ich habe noch andere Schafe, die sind nicht aus diesem Stalle; und dieselben muß ich herführen, und sie werden meine Stimme hören, und wird eine Herde und ein Hirte werden.

1. V. 12–13. Jesus, der gute Hirte – das hat mit allgemeinen Hirtenidyllen und Schäferpoesie nichts zu tun. Alles derartige verdirbt den Text. Ἐγώ εἰμι – »Ich bin« – damit wird deutlich, daß nicht von Hirten und ihrer Arbeit im allgemeinen die Rede sein soll, sondern von Jesus Christus allein. Ich bin *der* gute Hirte – nicht *ein* guter Hirte, so daß Jesus sich mit andern guten Hirten vergliche und von ihnen lernte, was

ein guter Hirte sei (vgl. im Urtext den doppelten Artikel: *der* Hirte, *der* gute!). Was ein guter Hirte ist, das ist zu erfahren allein von *dem* guten Hirten, neben dem es keinen andern gibt, von dem »Ich« her, von Jesus her. Alles übrige Hirtenamt in der Kirche Jesu Christi setzt nicht neben *den* guten Hirten einen zweiten und dritten, sondern läßt allein Jesus *den* guten Hirten der Gemeinde sein. Er ist der »Erzhirte« (1. Petr. 5, 4), es ist sein Hirtenamt, an dem die »Pastoren« teilnehmen, oder sie verderben das Amt und die Herde. Daß es sich hier um *den* guten Hirten schlechthin handelt und nicht um einen Hirten unter anderen, wird sofort an dem ungewöhnlichen Tun deutlich, das dieser sich zuschreibt. Nicht von Weiden, Tränken, Helfen wird gesprochen, sondern »der gute Hirte (beachte wiederum die Artikel!) gibt sein Leben für die Schafe«. Mit Recht sagt Steinmeyer: »Allerdings nimmt sich der Hirte mit aller Treue seiner Herde an. Allein sich für sie aufzuopfern, fordert seine Hirtenpflicht nimmermehr von ihm.« Jesus aber nennt sich darum den guten Hirten, weil er für seine Schafe stirbt. Das gilt allein von *dem* guten Hirten. Von Jesus her verstanden gewinnt dieser Satz aber eine noch viel reichere Bedeutung: *Erstens,* wenn Jesus von der Hingabe seines Lebens als etwas Gegenwärtigem spricht (Präsens), dann dürfen wir mit Bengel sagen: »Jenes ganze Leben war ein Gehen zum Tode.« *Zweitens,* wenn Jesus seinem Tode die Bedeutung, »für die Schafe« gibt, dann ist in diesem Sterben die eine, endgültige, rettende Tat für die Herde zu sehen und zwar als frei dargebrachtes, nicht erzwungenes Tun. *Drittens,* wenn das Sterben des Hirten den Schafen zugute kommt, so ist damit zwar nicht bestritten, daß Jesus für alle Menschen starb, aber es ist darauf hingewiesen, daß nur die Schafe seiner Herde an der Frucht dieses Sterbens teilhaben werden. Der Blick fällt nicht auf die Welt, sondern allein auf die Wohltat Jesu an seiner Gemeinde. Der gute Hirte und seine Gemeinde gehören zusammen.

»Der Mietling aber« – was unterscheidet ihn vom Hirten? Daß die Schafe nicht sein eigen sind. Sie gehören ja dem guten Hirten allein. Weil sie sein Eigentum sind, an dem sein Hirtenleben hängt, darum läßt er sich von ihnen niemals trennen, sondern rettet sie noch durch seinen Tod. Der Mietling aber ist ein Mietling (V. 13), er dient nur um des Soldes willen. Darum verläßt er die Herde in der Stunde der Gefahr und flieht. Es kann lange Zeit ein Mietling dem Hirten täuschend ähnlich sehen. Aber in der Stunde der Gefahr muß es an den Tag kommen. Warum sollte auch der Mietling bei der Herde bleiben? Nichts kann ihn halten, wenn er seinen Gewinn gefährdet sieht. Was geht es ihn an, daß der Wolf in die Herde einbricht, die einen raubt und tötet, die andern zerstreut, daß sie nicht mehr zueinander finden und einsam, elend und schutzlos untergehen müssen? So wird es der Wolf, der Feind der Gemeinde Jesu, immer tun. Einzelne packt er, die andern zerstreuen sich – aber was geht das den Mietling an, dem ja nicht die Herde, sondern nur sein eigenes Leben und sein Sold gehören. Er flieht – »denn er ist ein Mietling«. Ist jeder, der flieht, ein Mietling? Nein, auch die Propheten und Apostel flohen. Auch Jesus befahl seinen Jüngern die Flucht, wenn sie um des rechten Dienstes willen nötig wurde. Nicht jeder, der flieht, ist ein Mietling, aber gewiß ist es, daß jeder Mietling flieht. Auch das ist Flucht, wenn man schweigt, wo man reden sollte, wenn man unterläßt, was man tun sollte. So gewiß der gute Hirte für seine Schafe stirbt, so gewiß flieht der Mietling. Auch der treueste Pastor ist nicht der gute Hirte. Aber weil er weiß, daß »seine« Gemeinde nicht seine, sondern des Herrn Jesu eigene Gemeinde ist und daß Jesus für diese Gemeinde gestorben ist und allein ihr guter Hirte ist, so läßt er Jesus weiter allein den guten Hirten seiner Gemeinde sein und flieht nicht. Der Pastor aber, dem sein Amt, der sich selbst, dem sein Gewinn wichtiger ist als die Gemeinde des guten Hirten, der ist ein Mietling und flieht, manchmal vielleicht gerade, indem er bei

»seiner« Gemeinde, die er für sein Eigentum hält, bleibt. – An dieser Stelle könnte auf das Hirtenamt des evangelischen Predigers hingewiesen werden.
2. V. 14. 15. Beachte die Gewichtigkeit des neuen Einsatzes! Das Zweite, was Jesus, der gute Hirte, von sich sagt, ist, daß er die Seinen kennt. Das scheint etwas Geringes und ist doch das Allergrößte. Das ermessen wir, wenn wir bedenken, was es hieße, wenn Jesus uns nicht kennt, wenn er zu uns spräche: »Ich habe euch noch nie erkannt« (Matth. 7, 23; 25, 41). Das wäre unser Ende, unsere Verdammnis, unsere ewige Trennung von ihm. Darum bedeutet von Jesus erkannt sein unsere Seligkeit und Gemeinschaft mit ihm. Jesus erkennt nur die, die er liebt, die zu ihm gehören, die Seinen (2. Tim. 2, 19). Er erkennt uns als die Verlorenen, als die Sünder, die seine Gnade brauchen und empfangen, und indem er uns erkennt als die begnadigten Sünder, die er zu seinem Eigentum gemacht hat, indem wir uns von ihm und von ihm allein erkannt wissen, gibt er sich uns zu erkennen und erkennen wir ihn als den, dem wir allein gehören in Ewigkeit (Gal. 4, 9; 1. Kor. 8, 3). Der gute Hirte erkennt seine Schafe und nur sie; denn sie gehören ihm. Der gute Hirte und nur er erkennt seine Schafe; denn nur er weiß, wer in Ewigkeit zu ihm gehört. Die Schafe erkennen den guten Hirten und nur sie; denn sie allein wissen, wie gut er ist. Nur ihn erkennen sie als den guten Hirten; denn nur ihm gehören sie. Christus erkennen heißt, seinen Willen für uns und mit uns erkennen und tun, heißt Gott lieben und die Brüder (1. Joh. 4, 7 f; 4, 20). Es ist die Seligkeit des Vaters, wenn er den Sohn als Sohn erkennt. Und es ist die Seligkeit des Sohnes, daß er den Vater als Vater erkennt. Dieses gegenseitige Erkennen ist Liebe und Gemeinschaft. So ist es die Seligkeit des Heilandes, wenn er den Sünder als sein erworbenes Eigentum erkennt. Und es ist die Seligkeit des Sünders, wenn er Jesus als seinen Heiland erkennt. Weil Jesus mit dem Vater (und den Seinen) in solcher Gemeinschaft der Liebe und des gegenseitigen Erkennens

verbunden ist, darum kann der gute Hirte sein Leben lassen für die Schafe (beachte hier die erste Person!) und sich so die Herde zum ewigen Eigentum erwerben. »Durch die Liebe, in der ich für die Schafe sterbe, zeige ich, wie sehr ich den Vater liebe« (Gregorius).

3. V. 16. Weil Jesus allein die Seinen kennt, darum kann er allein es sagen, daß er Schafe seiner Herde hat mitten in der Heidenwelt. – Nicht nur dem erwählten Volk gilt die Liebe und das Sterben des guten Hirten. Jesus, der gute Hirte, hat die Seinen auch dort, wo wir es am wenigsten meinen, wo bisher nichts ist als Gottesleugnung und Götzendienst. Jesus gehört nicht nur uns und er ist nicht auf uns angewiesen. Das ist der Kirche zur Warnung vor Überhebung und zum Trost gesagt. Es gehört zum Auftrag des guten Hirten, daß er auch jene andern Schafe »führt«. Es heißt wörtlich nicht »herführt«, also nach Israel, sondern er muß sie »führen«, das heißt erretten aus der Vereinzelung und Führerlosigkeit ihres Daseins. Der gute Hirte muß alle seine Schafe führen, damit sie den rechten Weg wissen und vor Gefahr und Schaden bewahrt werden. Es wird die Vollendung der Gemeinde Jesu sein, wenn sie alle seine Stimme hören. Keine andere Stimme wird dann etwas gelten, wird es vermögen, die Schafe in die Irre zu führen. Keinem einzigen wird die Stimme des guten Hirten verborgen bleiben. Von ihrem Befehl, ihrer Weisung, ihrem Trost werden sie alle leben. Die Stimme des guten Hirten wird das einzige sein, was alle vereint. Das Wort Gottes wird die Einheit der Kirche auf Erden sein. Nicht in Organisationen, nicht in Dogmen, nicht in Liturgien, nicht in frommen Herzen wird die Einheit der Kirche bestehen, sondern im Worte Gottes, in der Stimme Jesu Christi, des guten Hirten seiner Schafe. So wird die Hoffnung aller Gläubigen erfüllt werden. Alle Spaltung der Christenheit wird ein Ende haben, wenn sie alle seine und nur seine Stimme hören, wenn alles hinfällt, was neben dieser einen Stimme auch noch gehört sein und Beachtung fordern will. So werden sie alle eine

Herde sein unter einem Hirten. Dann wird das Werk des guten Hirten auf Erden vollendet sein.
Die Beziehung des Evangeliums auf den Sonntag *Misericordias Domini* wird meist so gesucht, daß von der Barmherzigkeit des guten Hirten gepredigt wird. Das gibt jedoch dem Text eine Wendung, die geeignet ist, ihn in seiner Eigenart nicht mehr ganz erkenntlich werden zu lassen. Man gerät hier leicht dahin, den Text durch ein herangetragenes Thema bestimmen zu lassen. Es ist also nicht als geraten anzusehen, den Sonntagsnamen thematisch für die Predigt auszuwerten. Jedoch empfiehlt sich eine gelegentliche Erinnerung an die innere Beziehung zwischen Sonntag und Text, die sachlich durchaus gerechtfertigt ist.

Der Tröster, sein Werk und seine Gaben

Erster Pfingsttag 1940

Johannes 14, 23–31: Jesus antwortete und sprach zu ihm: Wer mich liebt, der wird mein Wort halten; und mein Vater wird ihn lieben, und wir werden zu ihm kommen und Wohnung bei ihm machen. Wer aber mich nicht liebt, der hält meine Worte nicht. Und das Wort, das ihr höret, ist nicht mein, sondern des Vaters, der mich gesandt hat. Solches habe ich zu euch geredet, solange ich bei euch gewesen bin. Aber der Tröster, der Heilige Geist, welchen mein Vater senden wird in meinem Namen, der wird euch alles lehren und euch erinnern alles des, das ich euch gesagt habe. Den Frieden lasse ich euch, meinen Frieden gebe ich euch. Nicht gebe ich euch, wie die Welt gibt. Euer Herz erschrecke nicht und fürchte sich nicht. Ihr habt gehört, daß ich euch gesagt habe: Ich gehe hin und komme wieder zu euch. Hättet ihr mich lieb, so würdet ihr euch freuen, daß ich gesagt habe: »Ich gehe zum Vater«; denn der Vater ist größer als ich. Und nun habe ich es euch gesagt, ehe denn es geschieht, auf daß, wenn es nun geschehen wird, ihr glaubet. Ich werde nicht mehr viel mit euch reden; denn es kommt der Fürst dieser Welt, und hat nichts an mir. Aber auf daß die Welt erkenne, daß ich den Vater liebe und ich also tue, wie mir der Vater geboten hat: stehet auf und lasset uns von hinnen gehen.

Die alten Evangelien der beiden Pfingsttage bewahren uns davor, allgemeine Fest- oder Lehrpredigten zu halten. Diese schwierigen Texte lassen kein Abgleiten zu, sie erzwingen sich volle Aufmerksamkeit. Während die alte Epistel von dem ersten, einmaligen Pfingstereignis spricht, ist in unserm Evangelium von dem gegenwärtigen, bleibenden Pfingsten die Rede, von dem Pfingsten, wie es der Gemeinde zu allen Zeiten widerfährt. Es bedeutet keine Eintragung in diesen den Abschiedsreden Jesu entnommenen Text, wenn wir ihn als Pfingsttext hören. Es ist in der Tat von Pfingsten die Rede, wenngleich im Mittelpunkt des Textes nicht der Heilige Geist, sondern Jesus Christus, sein Hingang und seine Wiederkunft steht. Aber die hier gemeinte Wiederkunft ist eben sein Kommen im Heiligen Geist, also zu Pfingsten. So ist auch an Pfingsten *Jesus Christus, und zwar als der im Heiligen Geist Gegenwärtige,* und sonst nichts zu predigen. Das ist mit der Wahl dieser Perikope von der alten Kirche, die die erste Hälfte des Kirchenjahres streng als semestre domini feierte, deutlich und mit Recht ausgedrückt worden. Indem hier im Rahmen der Abschiedsreden von Pfingsten gesprochen wird, tritt weniger der Charakter des einmaligen Offenbarungsereignisses als der des *Bleibens Jesu bei seiner Gemeinde,* auch nach seinem Hingang, in den Vordergrund. Predigen wir diesen Text als Pfingstperikope, so dürfen wir, ohne ihm Gewalt anzutun, in drei Stücken von Pfingsten sprechen: 1. Von der Einwohnung des Vaters und des Sohnes

in denen, die Jesus liebhaben. 2. Von der Sendung des Heiligen Geistes zur Lehre und zur Erinnerung an das Wort Jesu Christi. 3. Von den Gaben, die Jesus den Seinen gibt: Friede, Freude, Glaube. – Die Perikope beginnt mit V. 23. So wird eine Einbeziehung von V. 22 wegen des sonst schon überreichen Inhaltes der Perikope nicht ratsam sein. Ebenso fällt V. 31 b fort, wohl weil damit eine zu starke Wendung zur Passion hin gegeben sein würde.
1. V. 23. 24. Pfingsten wird es bei denen, die Jesus Christus lieben und sein Wort halten. Wie einst die Jünger einmütig beieinander waren, bevor das Brausen vom Himmel geschah, so wird es auch heute Pfingsten überall, wo Liebe zu Jesus Christus ist. Wo man ihn aber liebt, dort wird auch sein ganzes Wort (beachte den Singular!), Verheißung und Gebot, bewahrt und festgehalten. Was heißt Jesus lieben? Ihm, der uns sein Wort gegeben und gehalten hat, allein gehören wollen, die Gemeinschaft mit ihm mehr als alles andere suchen, seinc Gegenwart begehren. Wer so liebt, hält das Wort des Geliebten fest, klammert sich daran, läßt es nicht los, tut es, wo er nur kann. Solche Liebe zu Jesus aber soll die vollkommenste Erfüllung erfahren. Die ganze Liebe Gottes, des Vaters Jesu Christi, wird sich an dem vollenden, der den Sohn Gottes liebt: Gott und Jesus Christus kommen zu ihm und *machen Wohnung in ihm.* Wer Jesus liebt, dessen Leib, Seele und Geist werden zur heiligen Wohnung, zum Tempel Gottes und Christi auf Erden. Jesu Kommen im Fleisch galt der Welt. Sein Kommen im Geist gilt denen, die ihn lieben. Hier darf nichts abgeschwächt oder weggedeutet werden. Es geht um die wirkliche, volle Einwohnung Gottes und Christi im Menschen. Nicht ist es wie das Bild eine geliebten Menschen, das von uns Besitz ergreift, nicht wie eine neue Kraft, die uns erfüllt, sondern es ist der persönliche Gott und Christus selbst, die in uns wohnen. Gott und Christus sind nicht nur mit uns, bei uns, um uns, über uns, sondern – in uns. Es sind nicht die Gaben Gottes und Christi, die wir

empfangen, sondern wir werden Gottes und Christi selbst teilhaftig, wir tragen sie als das höchste Heiligtum in uns. Es ist hier auch nicht die Gemeinde, sondern wirklich der Einzelne, dem das gilt. Weit über das hinaus, was die Jünger an Jesus in seinen Erdentagen hatten, geht diese Verheißung, die allen gilt, die ihn lieben. Nicht weniger, sondern unvergleichlich mehr gibt Jesus den Seinen, als er von ihnen geht. Wenn Gott und Christus in uns Wohnung machen, dann müssen alle anderen Herren, denen wir Raum in unserm Herzen gegeben haben, weichen. Christus selbst lebt und regiert jetzt in uns. Von nun an wird unser Leben ein Christusleben in uns. Aber freilich, nur dann wird das alles wahr und nur dann können wir es bezeugen, wenn wir den Herrn Christus lieben und sein Wort halten. Je mehr sich unser Leben nach Christus ausstreckt, desto mehr wird Christus in uns eingehen. Je mehr wir unser ganzes Heil bei ihm und nicht in uns suchen, je mehr wir ihn den Herrn über uns sein lassen, desto völliger wird er in uns sein und von uns Besitz ergreifen. Wer ihn aber nicht liebt, sondern sich selbst, wer Christus wohl genießen, aber ihm nicht dienen und gehorchen will, der hält auch seine Worte (beachte den Plural!) nicht, dem wird darum auch nichts von all dem widerfahren; denn das Wort Christi (beachte den Singular! das eine, ungeteilte Wort tritt den aufgespaltenen Worten gegenüber!) ist das Wort des Vaters, und nur dem Halten des Wortes Christi schenkt Gott seine selige Gegenwart. – Es ist in der Predigt zu beachten, daß Johannes hier den uns geläufigeren Gedanken, daß nur der Jesus lieben kann, den der Vater liebt und »zieht« und von dem Jesus schon Besitz ergriffen hat, durch den andern Gedanken ergänzt, daß Gott unsere Liebe zu Jesus nicht unbeantwortet und unerfüllt läßt (ἀγαπήσει – Futurum!). »Ich liebe, die mich lieben« (Spr. 8, 17). – Es ist ferner zu beachten, daß die Einwohnung Christi zwar der Liebe als Erfüllung verheißen wird, daß sie aber nur möglich wird durch den Glauben, wie Eph. 3, 17 entscheidend ergänzt. Nur wo der Glaube die justitia extra nos ergreift, wird Christus in nobis sein.

2. V. 25. 26. Mit dieser Verheißung der Einwohnung sagt Jesus, daß er bei seinen Jüngern bleibt (so läßt sich jedenfalls das παρ' ὑμῖν μένων auch verstehen!) trotz seines Hinganges. Das aber geschieht so, daß der Vater im Namen Jesu den Beistand, den *Heiligen Geist, senden* wird. Nur im Namen Jesu kommt der Heilige Geist, vom Vater und vom Sohne (filioque). Wie sich die Einwohnung des Vaters und des Sohnes zu der Sendung des Heiligen Geistes verhält, wird nicht ausgeführt. Es bleibt nacheinander stehen. Doch darf nicht übersehen werden, daß bei der Einwohnung stärker an den Einzelnen, hier aber an die Jüngerschaft gedacht ist. Der Paraklet (der »Herbeigerufene« und der »Fürsprecher« = advocatus), der Beistand, kommt zur Gemeinde. Der Heilige Geist ist nicht eine neutrische Kraft (wie die Pneumatomachen lehrten), sondern Person wie der Vater und der Sohn (ὁ παράκλητος). (Bei dieser Gelegenheit wäre ein Hinweis darauf, daß wir öfter um den Heiligen Geist statt um »Kraft« bitten sollten, angebracht.) Er leistet der Gemeinde Beistand und ist so auch ihr »Tröster«. Zweifach ist das Amt des Heiligen Geistes: *lehren* und *erinnern*. Die Gemeinde bedarf auf ihrem Wege durch die Welt immer neu der Weisung und der Erkenntnis. Neuen Feinden, neuen Fragen, neuen Nöten gegenüber hat die Gemeinde am Heiligen Geist ihren Lehrer, der sie »alles lehrt«. In keinem Stücke, das für sie wichtig ist, wird sie ohne Weisung und Erkenntnis bleiben, und sie darf dieser Erkenntnis gewiß werden, weil der Heilige Geist und nicht Menschenvernunft ihr Lehrer ist. So wird die Kirche im Laufe ihrer Geschichte auch neue Erkenntnisse empfangen. Sie wird nicht aufhören zu lernen und auf den Heiligen Geist zu hören. Der Heilige Geist ist nicht toter Buchstabe, sondern der lebendige Gott. So darf sich die Gemeinde in jeder Entscheidung dem Heiligen Geist anvertrauen und fest glauben, daß er gegenwärtig an ihr und in ihr wirkt und uns nicht

im Dunkeln tappen lassen wird, wenn wir nur ernstlich seine Lehre hören wollen. Alle Lehre des Heiligen Geistes aber bleibt gebunden an das Wort Jesu. Das Neue steht fest auf dem Alten. So tritt zur Lehre das Erinnern. Wäre nur Erinnerung in der Kirche, so verfiele sie einer toten Vergangenheit. Wäre nur Lehre da ohne Erinnerung, so wäre die Kirche der Schwärmerei ausgeliefert. So übt der Heilige Geist als der rechte Beistand der Gemeinde beides. Er führt die Kirche vorwärts und er hält sie zugleich fest bei Jesus (vgl. Matth. 13, 52).

3. V. 27–31. Zu der Einwohnung des Vaters und Sohnes und der Sendung des Heiligen Geistes kommen nun die Gaben, die Christus den Jüngern gibt, als er sie verläßt. Zuerst der *Friede.* Damit die Jünger wissen, was hier gemeint ist, sagt Jesus es in deutlicher Wiederholung, daß es sein Friede ist, den er den Seinen gibt. Wie leicht konnte sonst hier Täuschung und falsche Hoffnung entstehen! Es ist der Friede dessen, der auf Erden nicht hatte, da er sein Haupt hinlegte und der ans Kreuz mußte. Es ist der Friede mit Gott und den Menschen auch dort, wo Gottes und der Menschen Zorn uns zu vernichten drohen. Nur dieser Christusfriede hat Bestand. Was die Welt anbietet, kann nur ein Traum sein, aus dem wir voll Verwirrung und Furcht aufwachen müssen. Wer aber den Frieden Jesu Christi empfängt, der braucht sich nicht mehr verwirren und Furcht einjagen zu lassen, wenn die friedlose Welt in Aufruhr gerät. Das ist der Friede, den Jesus seiner Gemeinde gibt, und kein anderer als er kann ihn geben. – Die zweite Gabe ist die *Freude.* Indem Jesus zum Vater geht, der größer ist als er (man hüte sich hier vor arianischen Gedanken!), weil er in der Herrlichkeit und Verklärung ist, gibt er denen, die ihn liebhaben, Freude; denn nun wird ihr Herr selbst verklärt und verherrlicht. Ist das Herz der Jünger wirklich bei Christus, so nehmen sie in anbetendem Jubel an seiner Verherrlichung teil; denn sie wissen auch, daß der Verklärte wiederkommt und bei ihnen

bleiben wird (beachte, daß hier die Wiederkunft der Gemeinde gilt!). Das ist die Christusfreude der Gemeinde. – Die Verheißung Jesu schenkt den Seinen Kraft des *Glaubens.* Das ist die dritte Gabe. Es geschieht nichts, als was der Herr vorhergesagt hat. Es geht alles nach seinem Wort. Der Fürst dieser Welt wird kommen, aber er wird nichts gegen ihn vermögen, weil er an Jesus keine Sünde finden wird. Nicht aus Macht des Teufels, sondern zum Zeichen für die Welt, daß Jesus seinen Vater liebt und ihm allein bis in den Tod gehorsam ist, wird Jesus ans Kreuz gehen. In dem allem aber weiß die Gemeinde durch das Wort Jesu, daß ihr Herr zu seinem Vater geht und wiederkommt. Sie glaubt seinem Wort und wartet auf seine Verheißung. In diesem Christusglauben aber und in ihm allein hat die Gemeinde den Christusfrieden und die Chritusfreude. Im Glauben ist sie der Sendung des Heiligen Geistes gewiß und empfängt sie den Vater und den Sohn, der in denen Wohnung machen wird, die Jesus Christus lieben und sein Wort halten.

Zum Licht durch das Tun der Wahrheit

Zweiter Pfingsttag 1940

Johannes 3, 16–21: Also hat Gott die Welt geliebt, daß er seinen eingeborenen Sohn gab, auf daß alle, die an ihn glauben, nicht verloren werden, sondern das ewige Leben haben. Denn Gott hat seinen Sohn nicht gesandt in die Welt, daß er die Welt richte, sondern daß die Welt durch ihn selig werde. Wer an ihn glaubt, der wird nicht gerichtet; wer aber nicht glaubt, der ist schon gerichtet, denn er glaubt nicht an den Namen des eingeborenen Sohnes Gottes. Das ist aber das Gericht, daß das Licht in die Welt gekommen ist, und die Men-

schen liebten die Finsternis mehr als das Licht; denn ihre Werke waren böse. Wer Arges tut, der haßt das Licht und kommt nicht an das Licht, auf daß seine Werke nicht gestraft werden. Wer aber die Wahrheit tut, der kommt an das Licht, daß seine Werke offenbar werden; denn sie sind in Gott getan.

Ein Pfingstevangelium ohne ein einziges Wort über den Heiligen Geist ist etwas Überraschendes und scheinbar eine unglückliche Wahl. Es wäre auch in der Tat zu fragen, ob wir heute, da die Lehre vom Heiligen Geist weithin so verblaßt und in Vergessenheit geraten ist, nicht einen Text für die zweite Pfingstpredigt wählen sollten, der volle und klare Aussagen über den Heiligen Geist enthält. Dennoch ist auch das alte Evangelium nicht etwa ohne Zusammenhang mit dem Pfingstfest. Während das Evangelium des ersten Pfingsttages von der Pfingstgabe an die Gemeinde spricht, macht der zweite Pfingsttag deutlich, daß die Liebe Gottes in Jesus Christus, wie sie der Heilige Geist bezeugt, in der Welt eine Scheidung hervorruft zwischen Glauben und Unglauben. Pfingsten und die Gemeinde, davon hören wir am ersten Pfingsttag; Pfingsten in der Welt, davon ist am zweiten Pfingsttag die Rede. Dabei hat es für uns einen guten Sinn, daß wir gerade am zweiten Feiertag, also bevor das Fest vorübergeht, von dem letzten Ernst, der über der Pfingstpredigt liegt, sprechen. So verankert sich das Evangelium fester in den Herzen und kann nicht so leichthin wieder vergessen werden. Daß man es wagte, für den zweiten Pfingsttag einen Text zu wählen, in dem zwar viel von Jesus Christus, aber nichts vom Heiligen Geist gesagt ist, zeigt an, wie sehr man sich dessen bewußt war, daß das einzige Amt des Heiligen Geistes *im Zeugnis von Jesus Christus* besteht. »Du wertes Licht, gib uns deinen Schein, lehr uns Jesum Christ kennen allein.«[1]

1. Luthers Pfingstlied: »Nun bitten wir den heiligen Geist« V. 2.

1. V. 16–18 a. a) Von der Liebe Gottes zur Welt zu reden, bereitet dem, der nicht in Formeln stecken bleiben will, heute nicht geringe Schwierigkeiten. Es ist ja deutlich genug, daß Gottes Liebe zur Welt nicht darin besteht, daß er den Kriegen ein Ende macht, daß er Armut, Not, Verfolgungen, Katastrophen aller Art von uns nimmt. Gerade darin aber sind wir gewohnt, Gottes Liebe zu suchen, und wir finden sie nicht. Jedoch so schwer es uns wird und so tief es uns erschüttert, daß Gottes Liebe sich so vor der Welt verbirgt, so dürfen wir gerade in solchen Zeiten dafür besonders dankbar werden, daß wir Gottes Liebe nicht mehr dort zu suchen brauchen, wo sie für uns nicht da ist, sondern daß sie uns um so klarer dort leuchtet, wo wir sie allein finden sollen: in Jesus Christus. *»Also«* – das schließt alle unsere eigenen Wünsche und Gedanken über Gottes Liebe aus, es weist allein auf Jesus Christus. Gottes Liebe zu uns soll allein in ihm gefunden werden.
b) Wenn Gott die Welt, die ganze abgefallene Kreatur geliebt hat, dann hat er uns keinen Vorzug vor anderen gegeben. Er hat meinen schlimmsten Feind nicht weniger geliebt als mich. Jesus Christus ist für seine und unsere Feinde gestorben. Wir wären die ärgsten Pharisäer und Feinde Gottes und des Kreuzes, wollten wir uns für besondere Lieblingskinder Gottes halten. Indem Gott die Welt liebte, liebte er auch uns. Wollen wir nicht durch dieselbe Liebe selig werden, die auch unsern Feinden gilt, dann haben wir uns schon von der Seligkeit ausgeschlossen.
c) Gottes Liebe zur Welt konnte nicht derart sein, daß Gott über die Verlorenheit und Sünde der abgefallenen Schöpfung hinwegsah, als sei sie nicht vorhanden; daß er in göttlicher Allmacht – oder besser Willkür – für ungeschehen und gleichgültig erklärte, was er in seinem geoffenbarten Wort Sünde genannt hatte. Warum Gott nicht einfach durch ein Machtwort Sünde vergab und vertilgte? Weil Gott Gott ist und die Sünde haßt und den Sünder in heiligem Zorn straft,

weil vor ihm der Sünder verloren und verdammt ist. Darum gab Gott seinen Sohn für uns in den Tod des Sünders. Aus Liebe litt er mit uns und für uns. Gott, der Vater, trennt sich von Gott, dem Sohn und läßt ihn zu unserm Heil leiden und sterben. Gottes Liebe zum Sünder kostet ihn den ewigen, göttlichen, eingeborenen Sohn. Jesus Christus, den Gekreuzigten, als den Sohn Gottes, als die alleinige Offenbarung der Liebe Gottes zur Welt lehrt uns der Heilige Geist erkennen.

d) Weil Gott keinen Menschen ausgeschlossen hat von seiner Liebe, darum dürfen auch wir uns selbst nicht ausschließen. Als Gott den Sohn sandte, dachte er auch an mich. Darum haben *»alle«* – hier ist keine Lücke gelassen! –, die in Jesus Christus die Liebe Gottes finden, *die »an ihn glauben«*, ewiges Leben. Nur *sie* haben es, aber sie *haben es,* weil sie durch Jesus Christus aus dem Verderben errettet worden sind. Es gibt nur eins oder das andere: Verderben oder ewiges Leben, Glauben oder Verlorengehen. Beides entscheidet sich an Jesus Christus.

e) Das Ziel der Sendung Jesu ist einzig und allein die Errettung der Welt, nicht ihre Verurteilung. Meinen wir, es sei das Amt Jesu, uns, den Fommen, Recht zu schaffen vor der Welt und die Gottlosen zu verdammen und zu vernichten, dann stellen wir uns abermals aus der Liebe Gottes zum Sünder, durch die wir selbst allein selig werden können, heraus, dann rufen wir das gerechte Gericht Gottes über uns herbei. Nur wenn Jesus Christus kam, die *Welt* selig zu machen, können auch wir selig werden. Das Heil in Christus muß aller Welt verkündigt werden, weil es aller Welt gilt und darum zuletzt auch mir. Das ist ein wesentlicher Pfingstgedanke. Wer sich aber durch Jesus erretten läßt vom ewigen Verderben, wer in ihm die Liebe Gottes zum Sünder gefunden hat, der steht nicht mehr unter dem Gericht (κρίνεται – beachte das Präsens!). Sünde, Gesetz, Gewissen und Gottes Zorn können nicht mehr verklagen, sie haben keine Macht und kein Recht mehr an ihm; denn er steht im Schutze der Liebe Gottes in Jesus Christus (vgl. Röm. 8, 1). Der Glaube macht dem Gericht ein Ende, er rühmt sich des Erretters aus allem Gericht. Die vergebene Sünde kann mir nicht mehr schaden, mich nicht mehr verklagen. Sie wird nicht mehr gegen mich ins Feld geführt, auch am Jüngsten Tag nicht. Dessen macht mich der Heilige Geist gewiß.

2. V. 18 b–20. a) Kam auch Jesus nicht in die Welt, um zu richten, sondern selig zu machen, so vollzieht sich doch notwendig durch sein Kommen eine Scheidung und damit auch das Gericht. Das Ziel der Sendung Jesu ist von ihrer Wirkung zu unterscheiden. Wer Jesus nicht glaubt, wer in ihm nicht die Liebe Gottes findet, der schließt sich selbst von dieser Liebe aus und überliefert sich dem Gericht. Er verurteilt sich selbst. Nicht erst Jesus braucht das Urteil zu sprechen. »Wer nicht glaubt«, der hat es schon gesprochen und vollzogen, der nämlich, »der an den Namen des eingeborenen Sohnes Gottes nicht geglaubt hat«. Aus dieser auffallenden Wiederholung (dem »ὅτι«-Satz) geht hervor, daß eine Begegnung zwischen dem Menschen und dem Namen Jesu stattgefunden haben muß und daß es die bewußte Verwerfung (ob aus Stolz oder aus Verzweiflung) dieses Namens ist, die das Selbstgericht bedeutet. So wird die Predigt des Namens Jesu Christi zur Entscheidung über ewiges Leben und Gericht.

b) Obwohl Christus zum Retten, nicht zum Richten kam, kam mit ihm das Gericht in die Welt. Daß Christus als der Retter kam, eben dies war das Gericht. Daß das Licht in die Welt kam, eben dies war das Urteil über die Finsternis. Nicht ein Ideal, nicht eine neue Norm oder ein Gesetz ist das Gericht, sondern Jesus Christus. Daß ein Mensch geboren wurde allen Menschen zum Heil, daß das Licht in die finstere Welt eintrat und daß die Menschen dem Licht auswichen und lieber in der Finsternis blieben, das ist das Gericht für alle Zeiten. Also, nicht Jesus kam zum Gericht. Er war ja das Licht, das selig machen wollte, aber durch dieses Licht wurde die Finsternis der Menschen offenbar. Sie hatten ihre Finsternis liebgewonnen und wollten darin bleiben (das ‚μᾶλλον« – »mehr« ist hier, wie häufig, nicht komparativisch, sondern exklusiv zu verstehen!). Wie kann es sein, daß Menschen die Finsternis mehr lieben als das Licht? Weil das, was in Jesu Urteil Finsternis ist, für unsere Augen strahlendes Licht ist, während das Licht Jesu unsern Augen dunkel erscheint. Auf der einen Seite: die glänzenden Werke der Menschen, ihre Güter, Erkenntnisse, ihre ethischen Leistungen, ihre Religionen; auf der anderen Seite: das arme Kind im Futtertrog, der Sünderfreund, der Verbrecher am Galgen: Wo ist das Licht und wo die Finsternis? Weil aber Jesus sich das Licht und alles andere die Finsternis nannte, darum haßten die Menschen dieses Licht und liebten ihre strahlende Finsternis. Sie verwarfen, sie töteten Jesus. So verdammten sie sich selbst. Das aber konnte nicht anders sein, weil ja »die Werke der Menschen böse waren«. Ob nun diese bösen Werke in groben sinnlichen Übertretungen oder in heimlichsten geistlichen Sünden bestanden, sie mußten vielleicht gerade in der feinen Gestalt mehr noch als in der groben das Licht Jesu scheuen und die Finsternis lieben. Aber nicht nur vergangene böse Werke, sondern erst recht gegenwärtiges oder geplantes Tun des Bösen, Beharrenwollen in ihm (beachte das part. praes. πράσσων), machen das Licht verhaßt und hindern den Zugang zu ihm, weil auch in seiner glänzendsten Gestalt das Böse hier seine Enthüllung fühlt. Im Lichte Jesu werden die Werke der Menschen als böse erkannt und überführt; das ahnt auch die Finsternis. Jesus, das bedeutet Aufdeckung und Bekenntnis der Sünde, auf sich nehmen der Schmach des Bösen. Weil aber das Böse nur solange Bestand hat, als es seine Bosheit unter dem Schein des eigenen Lichtes (das vor dem Lichte Jesu doch Finsternis ist) rechtfertigen kann, darum kämpft es mit äußerster Kraft gegen dieses Licht. Dieser Kampf aber ist das Selbstgericht des Menschen, der Jesus ausweicht.

3. V. 21. Wer kommt zum Licht? Der die Wahrheit tut! Was heißt das? Wahrheit soll geschehen, sie soll nicht nur gedacht oder gewollt, sondern getan werden. Wahrheit entsteht durch das Tun, das im Gegensatz zum Schein, zur Finsternis steht, in der das Böse geschieht. Wie aber soll, wer im Finstern lebt, die Wahrheit tun? Wird hier nicht der Satz des Katechismus aufgehoben: »Ich glaube, daß ich nicht aus eigener Vernunft noch Kraft an Jesum Christum, meinen Herrn glauben oder ***zu ihm kommen kann,*** sondern der Heilige Geist ...«? Wir müssen uns vergegenwärtigen, daß dieses seltsame Wort an Nikodemus gerichtet ist, dem das Wort der Schrift nicht unbekannt ist und der doch zum Licht noch nicht gekommen ist. Für ihn gilt es nun wie für uns, sich nicht mit ungelösten und schwer verständlichen Gedanken abzuquälen, sich nicht mit Fragen und Problemen zu begnügen, sondern alsbald und unverzüglich zum Tun des göttlichen Wortes, soweit es uns offenbar geworden ist, überzugehen. In der Problematik verstecken wir uns vor dem Ernst der Tat. Nicht durch Denken wirst du zum Licht kommen, sagt Jesus, sondern durch das, was du tust; freilich nicht durch irgendein Tun, sondern durch das Tun der *Wahrheit.* Die Wahrheit selbst wird dich durch dein Tun zum Licht bringen. Zu betonen ist in dem Worte Jesu also zuerst das Wort Wahrheit und erst dann das Wort Tun. Bei alledem liegt der Gedanke an eine Werkgerechtigkeit ebenso fern wie an eine Denkgerechtigkeit. Gesagt aber wird, daß für uns, wollen wir zum Licht kommen, wollen wir, daß es auch für uns Pfingsten werde, keine Zeit zu verlieren ist, sondern daß der Augenblick zum Handeln, zum Gehorchen, soweit wir es dem Worte Gottes gegenüber vermögen, gekommen ist. Dadurch sind wir festgehalten auf der Flucht in die endlosen Fragen und auf der Stelle zum ernsthaften Handeln, zum Leben unter dem Wort, genötigt. Willst du zum Licht und du hast es noch nicht gefunden, so »tue die Wahrheit«, und es wird sich zeigen, daß du so zum Licht geführt wirst. Denn

die Wahrheit in deinem Tun wird ganz von selbst nach dem Licht verlangen, in dem sie offenbar werden will. Ja, so wird es offenbar werden, daß deine Werke, die du auf dem Wege zum Licht getan hast, »in Gott getan sind«; denn sie geschahen im Gehorsam gegen sein Wort unter der Leitung der Wahrheit. So ruft uns der Text, der uns anfangs in der offenen Frage zu lassen drohte, wie wir denn des Lichtes teilhaftig werden können, mit aller Klarheit zum Tun. Das Kommen zum Licht ist nur möglich, weil das Licht, weil die Wahrheit zu uns gekommen ist. Aber wiederum werden wir nicht anders als handelnd, gehorchend, die Wahrheit tuend zum Licht kommen.
In drei Abschnitten läßt sich dieser – wirklich nicht einfache – Text in der Pfingstpredigt behandeln. V. 16–18a. Der Heilige Geist offenbart uns Jesus Christus als die Liebe Gottes zu aller Welt und wirkt in uns den Glauben an ihn. V. 18 b–20. Der Heilige Geist, die Predigt vom Heil in Christus, wird der nicht glaubenden Welt zum Gericht. V. 21. Der Heilige Geist weist uns den Weg der Wahrheit zum Licht.

Alle Herrschaft auf den Schultern des Kindes

Weihnachten 1940

Jesaja 9, 5–6: Uns ist ein Kind geboren, ein Sohn ist uns gegeben, und die Herrschaft ist auf seiner Schulter; und er heißt Wunderbar, Rat, Kraft, Held, Ewig-Vater, Friedefürst; auf daß seine Herrschaft groß werde und des Friedens kein Ende auf dem Stuhl Davids und in seinem Königreich, daß er's zurichte und stärke mit Gericht und Gerechtigkeit von nun an bis in Ewigkeit. Solches wird tun der Eifer des Herrn Zebaoth.

Mitten unter unheilvollen Worten und Zeichen, die dem abgefallenen Volk den nahenden Untergang, den göttlichen Zorn und schreckliche Strafen ankündigen, mitten in tiefster Schuld und Not des Volkes Gottes spricht eine Stimme leise und geheimnisvoll, aber voll seliger Gewißheit von der Erlösung durch die Geburt eines göttlichen Kindes. Noch sind es 700 Jahre bis zur Zeit der Erfüllung. Aber so tief ist [der] Prophet in Gottes Gedanken und Ratschlüsse versenkt, daß er von dem Künftigen spricht, als sähe er es schon, daß er von der rettenden Stunde spricht, als stehe er schon anbetend an der Krippe Jesu. »*Uns ist* ein Kind geboren.« Was dereinst geschehen wird, das ist in Gottes Augen schon wirklich und gewiß und das wird nicht nur den künftigen Geschlechtern zum Heil, sondern schon dem Propheten, der es kommen sieht, und seinem Geschlechte, ja allen Geschlechtern auf Erden. »*Uns ist* ein Kind geboren.« So kann kein menschlicher Geist aus sich heraus sprechen.
Die wir nicht wissen, was im nächsten Jahr geschehen wird, wie sollten wir es begreifen, daß einer über Jahrhunderte hinaussieht? Und die Zeiten waren damals nicht durchsichtiger als heute. Nur der Geist Gottes, der Anfang und Ende der Welt umfaßt, kann einem erwählten Menschen das Geheimnis der Zukunft so offenbaren, daß er weissagen muß, zur Stärkung der Gläubigen, zur Warnung der Ungläubigen. Diese Stimme eines Einzelnen, die leise durch die Jahrhunderte hindurchklingt und zu der sich hier und dort eine andere vereinzelte Stimme eines Propheten gesellt, geht zuletzt ein in die nächtliche Anbetung der Hirten und in den vollen Jubel der christusgläubigen Gemeinde: »Uns ist ein Kind geboren, ein Sohn ist uns gegeben.«
Von der Geburt eines Kindes ist die Rede, nicht von der umwälzenden Tat eines starken Mannes, nicht von der kühnen Entdeckung eines Weisen, nicht von dem frommen Werk eines Heiligen. Es geht wirklich über alles Begreifen: Die Geburt eines Kindes soll die große Wendung aller Dinge her-

beiführen, soll der ganzen Menschheit Heil und Erlösung bringen. Worum sich Könige und Staatsmänner, Philosophen und Künstler, Religionsstifter und Sittenlehrer vergeblich bemühen, das geschieht nun durch ein neugeborenes Kind. Wie zur Beschämung der gewaltigsten menschlichen Anstrengungen und Leistungen wird hier ein Kind in den Mittelpunkt der Weltgeschichte gestellt. Ein Kind, von Menschen geboren; ein Sohn, von Gott gegeben. Das ist das Geheimnis der Erlösung der Welt. Alles Vergangene und alles Zukünftige ist hier umschlossen. Die unendliche Barmherzigkeit des allmächtigen Gottes kommt zu uns, läßt sich zu uns herab in der Gestalt eines Kindes, seines Sohnes. Daß *uns* dieses Kind geboren, dieser Sohn gegeben ist, daß *mir* dieses Menschenkind, dieser Gottessohn gehört, daß ich ihn kenne, ihn habe, ihn liebe, daß ich sein bin und er mein ist, daran allein hängt nun mein Leben. Ein Kind hat unser Leben in der Hand.
Wie wollen wir diesem Kinde begegnen? Sind unsere Hände durch die tägliche Arbeit, die sie vollbrachten, zu hart und zu stolz geworden, um sich beim Anblick dieses Kindes anbetend zu falten? Tragen wir unseren Kopf, der so viele schwere Gedanken hat denken, Probleme hat lösen müssen, zu hoch, als daß wir ihn vor dem Wunder dieses Kindes noch demütig beugen könnten? Können wir alle unsere Anstrengungen, Leistungen, Wichtigkeiten noch einmal ganz vergessen, um mit den Schafhirten und mit den Weisen aus dem Morgenland vor dem göttlichen Kind in der Krippe kindlich anzubeten? Um mit dem alten Simeon dies Kind in die Arme zu nehmen und in diesem Augenblick die Erfüllung unseres ganzen Lebens dankbar [zu] erkennen? Es ist wahrhaftig ein seltsamer Anblick, wenn ein starker, stolzer Mann seine Kniee vor diesem Kinde beugt, wenn er einfältigen Herzens in ihm seinen Heiland findet und verehrt. Und es muß wohl ein Kopfschütteln, ja vielleicht sogar ein böses Lachen durch unsere alte, kluge, erfahrene, selbstgewisse Welt gehen,

wenn sie den Heilsruf der gläubigen Christen vernimmt: »Uns ist ein Kind geboren, ein Sohn ist uns gegeben.« »Und die Herrschaft ist auf seiner Schulter.« Auf den schwachen Schultern dieses neugeborenen Kindes soll die Herrschaft über die Welt liegen! Eines wissen wir: Diese Schultern werden jedenfalls die Last der ganzen Welt zu tragen bekommen. Mit dem Kreuz wird alle Sünde und Not dieser Welt auf diese Schultern geladen werden. Die Herrschaft aber wird darin bestehen, daß der Träger unter der Last nicht zusammenbricht, sondern sie ans Ziel bringt. Die Herrschaft, die auf den Schultern des Kindes in der Krippe liegt, besteht im geduldigen Tragen der Menschen und ihrer Schuld. Dieses Tragen aber fängt in der Krippe an, fängt dort an, wo das ewige Wort Gottes das menschliche Fleisch annahm und trug. Gerade in der Niedrigkeit und Schwachheit des Kindes nimmt die Herrschaft über alle Welt ihren Anfang. Als Zeichen der Herrschaft über das Haus pflegte man dem Hausherrn die Schlüssel über die Schulter zu hängen. Das bedeutet, daß er die Macht hat, auf- und zuzuschließen, einzulassen und abzuweisen, wen er will. Das ist auch die Weise der Herrschaft dessen, der das Kreuz auf seinen Schultern trug. Er schließt auf, indem er Sünde vergibt und er schließt zu, indem er den Stolzen verstößt. Das ist die Herrschaft dieses Kindes, daß es die Demütigen, Geringen und Sünder annimmt und trägt, daß es aber die Stolzen, Hoffärtigen, die Gerechten zunichte macht und verwirft.

Wer ist dieses Kind, von dem Propheten weissagen und über dessen Geburt Himmel und Erde jauchzen? Nur stammelnd kann man seinen Namen aussprechen, kann man zu umschreiben versuchen, was in diesem Namen umschlossen ist. Worte häufen und überstürzen sich, wenn sie sagen sollen, wer dieses Kind sei. Ja, seltsame Wortgebilde, die wir sonst nicht kennen, entstehen, wo der Name dieses Kindes über menschliche Lippen gebracht werden soll: »Wunder-Rat«,

»Gott-Kraft«, »Ewig-Vater«, »Friede-Fürst«. Jedes einzelne dieser Worte ist von einer unendlichen Tiefe und alle zusammen versuchen nur einen einzigen Namen auszusprechen: Jesus.

»Wunder-Rat« – heißt dieses Kind. In ihm ist das Wunder aller Wunder geschehen. Aus Gottes ewigem Rat ging die Geburt des Heilandkindes hervor. In der Gestalt eines Menschenkindes gab Gott uns seinen Sohn. Gott ward Mensch, das Wort ward Fleisch. Das ist das Wunder der Liebe Gottes zu uns und es ist der unergründlich weise Rat, daß diese Liebe uns gewinnt und rettet. Weil aber dieses Kind Gottes eigener Wunder-Rat ist, darum ist es auch selbst eine Quelle aller Wunder und alles Rates. Wer in Jesus das Wunder des Sohnes Gottes erkennt, dem wird jedes seiner Worte und jede Tat zum Wunder, der findet bei ihm in allen Nöten und Fragen letzten, tiefsten, hilfreichsten Rat. Ja, bevor das Kind seine Lippen auftun kann, ist es voller Wunder und voller Rat. Geh zum Kind in der Krippe, glaube in ihm den Sohn Gottes und du findest in ihm Wunder über Wunder, Rat über Rat.

»Gott-Kraft« – heißt dieses Kind. Das Kind in der Krippe ist kein anderer als Gott selbst. Größeres kann nicht gesagt werden: Gott wurde ein Kind. In dem Jesuskind der Maria wohnt der allmächtige Gott. Halt einen Augenblick inne! Sprich nicht, denk nicht weiter! Bleib stehen vor diesem Wort! Gott ist ein Kind geworden! Hier ist er, arm wie wir, elend und hilflos wie wir, ein Mensch von Fleisch und Blut wie wir, unser Bruder. Und doch ist er Gott, doch ist er Kraft. Wo ist die Gottheit, wo ist die Kraft dieses Kindes? In der göttlichen Liebe, in der es uns gleich wurde. Sein Elend in der Krippe ist seine Kraft. In der Kraft der Liebe überwindet es die Kluft zwischen Gott und den Menschen, Widerstände, überwindet es Sünde und Tod, vergibt es Sünde und erweckt vom Tode. Knie nieder vor dieser armseligen Krippe, vor diesem Kind armer Leute und sprich im Glauben die

stammelnden Worte des Propheten nach: »Gott-Kraft«! – und es wird dein Gott und deine Kraft sein.
»Ewig-Vater« – Wie kann dies der Name des Kindes sein? Nur so, daß sich in diesem Kind die ewige väterliche Liebe Gottes offenbart und daß dies Kind nichts anderes will, als die Liebe des Vaters auf die Erde bringen. So ist der Sohn mit dem Vater eins, und wer den Sohn sieht, der sieht den Vater. Dieses Kind will nichts für sich sein, kein Wunderkind in menschlichem Sinne, sondern ein gehorsames Kind seines himmlischen Vaters. In der Zeit geboren, bringt es die Ewigkeit mit sich auf Erden. Als Sohn Gottes bringt er uns allen die Liebe des Vaters im Himmel. Geh hin, suche und finde an der Krippe den ewigen Vater, der hier auch dein lieber Vater geworden ist.
»Friede-Fürst« – Wo Gott in Liebe zu Menschen kommt, sich mit ihnen vereint, dort ist Friede geschlossen zwischen Gott und Mensch und zwischen Mensch und Mensch. Fürchtest du dich vor Gottes Zorn, so geh zum Kind in der Krippe und laß dir hier den Frieden Gottes schenken. Bist du in Streit und Haß mit deinem Bruder zerfallen, komm und sieh, wie Gott aus lauter Liebe unser Bruder geworden ist und uns miteinander versöhnen will. In der Welt herrscht die Gewalt. Dieses Kind ist der Fürst des Friedens. Wo es ist, dort herrscht Friede.
»Wunder-Rat, Gott-Kraft, Ewig-Vater, Friede-Fürst«, so sprechen wir an der Krippe von Bethlehem, so überstürzen sich unsere Worte beim Anblick des göttlichen Kindes, so versuchen wir in Begriffe zu fassen, was für uns in dem einen Namen beschlossen liegt: Jesus. Diese Worte aber sind ja im Grunde nichts anderes als ein wortloses Schweigen der Anbetung vor dem Unaussprechlichen, vor [der] Gegenwart Gottes in der Gestalt eines Menschenkindes[1].
Von der Geburt und von den Namen des göttlichen Kindes

1. σιωπῇ προσκυνείσθω τὸ ἄρρητόν (Cyrill von Alexandrien)

haben wir gehört. Nun hören wir zuletzt noch von seinem Reich (Vers 6). Groß wird die Herrschaft dieses armen Kindes sein. Die ganze Erde wird sie umfassen, und alle Menschengeschlechter bis ans Ende der Zeiten werden ihr, wissentlich oder unwissentlich, dienen müssen. Es wird eine Herrschaft über die Herzen der Menschen sein. Aber auch Throne und große Reiche werden an dieser Macht sich stärken oder zerbrechen. Die heimliche, unsichtbare Herrschaft des göttlichen Kindes über die Menschenherzen ist fester gegründet als die sichtbare und glänzende Macht irdischer Herren. Zuletzt muß alle Herrschaft auf Erden allein der Herrschaft Jesu Christi über die Menschen dienen. Durch alle Feindschaft hindurch wird diese Herrschaft nur immer größer und gefestigter werden.

Mit der Geburt Jesu ist das große Friedensreich angebrochen. Ist es nicht ein Wunder, daß dort, wo Jesus wirklich Herr über die Menschen geworden ist, auch Friede herrscht? Daß es eine Christenheit gibt auf der ganzen Erde, in der es mitten in der Welt Frieden gibt?[2] Nur wo man Jesus nicht herrschen läßt, wo menschlicher Eigensinn, Trotz, Haß und Begehrlichkeit sich ungebrochen ausleben dürfen, dort kann kein Friede sein. Nicht durch Gewalt will Jesus sein Friedensreich aufrichten, sondern wo Menschen sich willig ihm unterwerfen, ihn über sich herrschen lassen, dort schenkt er ihnen seinen wunderbaren Frieden. Wenn heute wieder christliche Völker zerrissen sind in Krieg und Haß, ja, wenn selbst die christlichen Kirchen nicht zueinander finden, dann ist das nicht die Schuld Jesu Christi, sondern die Schuld der Menschen, die Jesus Christus nicht herrschen lassen wollen. Dadurch fällt aber die Verheißung nicht hin, daß des Friedens kein Ende sein wird, wo das göttliche Kind über uns herrscht.

»Auf dem Thron Davids und in seinem Königreich« herrscht

2. Hier klingen offenbar Bonhoeffers Eindrücke von seinen ökumenischen Initiativen während des Krieges an.

Jesus Christus. Es ist kein weltlicher Thron und kein weltliches Reich mehr, wie es einst war, sondern ein geistlicher Thron und ein geistliches Reich. Wo ist Thron und Reich Jesu? Dort, wo er mit seinem Wort und seinem Sakrament gegenwärtig ist, herrscht und regiert, in der Kirche, in der Gemeinde.

»Mit Gericht und Gerechtigkeit« regiert Jesus in seinem Reich. An der Gemeinde der Gläubigen geht sein Gericht nicht vorüber. Nein, an ihr gerade übt er sein strengstes Gericht und sie erweist sich als seine Gemeinde, indem sie sich diesem Gericht nicht entzieht, sondern beugt. Nur wo Jesus die Sünde richtet, kann er neue Gerechtigkeit schenken. Ein Reich der Gerechtigkeit soll sein Reich sein, aber nicht der Selbstgerechtigkeit, sondern der göttlichen Gerechtigkeit, die nur durch das Gericht über die Sünde aufgerichtet werden kann. Es wird die Stärke dieses Reiches sein, daß es auf Gericht und Gerechtigkeit beruht. Es wird die Dauer dieses Reiches sein, daß Unrecht in ihm nicht ungestraft bleibt.

Ein Reich des Friedens und der Gerechtigkeit, unerfüllte Sehnsucht der Menschen, ist mit der Geburt des göttlichen Kindes angebrochen. Wir sind zu diesem Reich berufen. Wir können es finden, wenn wir in der Kirche, in der Gemeinde der Gläubigen Wort und Sakrament des Herrn Jesus Christus annehmen und uns seiner Herrschaft unterwerfen; wenn wir in dem Kind in der Krippe unseren Heiland und Erretter erkennen und uns ein neues Leben in der Liebe von ihm schenken lassen. »Von nun an«, das heißt von der Geburt Jesu an, »bis in Ewigkeit« wird dieses Reich dauern. Wer bürgt dafür, daß es nicht unter den Stürmen der Weltgeschichte zerschmettert wird und zugrunde geht, wie alle anderen Reiche auch?

»Solches wird tun der Eifer des Herrn Zebaoth.« Der heilige Eifer Gottes um seine Sache bürgt dafür, daß dieses Reich in Ewigkeit bleibt und zu seiner letzten Vollendung kommt, aller menschlichen Schuld, allem Widerstand zum Trotz. Ob wir dabei sind oder nicht, darauf wird es nicht ankommen. Gott selbst führt seinen Plan zum Ziel, mit uns oder gegen uns. Aber er will, daß wir mit ihm seien. Nicht um seinetwillen, sondern um unsertwillen. »Gott mit uns«, »Immanuel«, »Jesus«, – das ist das Geheimnis dieser heiligen Nacht. Wir aber jubeln: »Uns ist ein Kind geboren, ein Sohn ist uns gegeben.« Ich glaube, daß Jesus Christus, wahrhaftiger Mensch, von der Jungfrau Maria geboren und auch wahrhaftiger Gott, vom Vater in Ewigkeit geboren, sei mein Herr.

3. Theologische Briefe im Auftrag des pommerschen Bruderrates

Weihnachten: Auf dem verwitterten Antlitz der altkirchlichen Christologie liegt weihnachtlicher Glanz

Dezember 1939

Kein Priester, kein Theologe stand an der Krippe von Bethlehem. Und doch hat alle christliche Theologie ihren Ursprung in dem Wunder aller Wunder, daß Gott Mensch wurde. »Neben dem Glanz der heiligen Nacht brennen die unergründlichen Geheimnisse der Theologie« (Hello). Theologia sacra – sie entsteht im anbetenden Knieen vor dem Geheimnis des göttlichen Kindes im Stall. Israel hatte keine Theologie. Es kannte Gott nicht im Fleisch. Ohne die heilige Nacht gibt es keine Theologie. »Gott geoffenbart im Fleisch«, der Gottmensch Jesus Christus, das ist das heilige Geheimnis, das zu behüten und zu wahren die Theologie eingesetzt ist. Welcher Unverstand, als sei es die Aufgabe der Theologie, Gottes Geheimnis zu enträtseln, es auf die platten, geheimnislosen menschlichen Erfahrungs- und Vernunftweisheiten herabzuziehen! Während doch allein dies ihr Amt ist, Gottes Wunder als Wunder zu bewahren, Gottes Geheimnis gerade als Geheimnis zu begreifen, zu verteidigen, zu verherrlichen. So und niemals anders hat die alte Kirche es gemeint, wenn sie sich in nicht ermüdendem Eifer um das Mysterium der Trinität und der Person Jesu Christi bemühte. Welche Oberflächlichkeit und Leichtfertigkeit gerade unter Theologen, die Theologie auf den Schindanger zu werfen, sich aufzuspielen, daß man kein Theologe sei und sein wolle, damit des eigenen Amtes und der Ordination zu spotten und zu guter Letzt nun doch statt einer rechten Theologie eine schlechte Theologie zu haben und zu vertreten! Aber freilich, wo würde uns auf den theologischen Lehrstühlen das Geheimnis Gottes im Fleisch, der Geburt Jesu Christi, des Gottmenschen und Heilandes, als das unergründliche Geheimnis Gottes gezeigt und gelehrt? Wo hören wir es gepredigt?

Wenn es die Weihnachtszeit nicht vermag, in uns wieder so etwas wie eine Liebe zur heiligen Theologie zu entzünden, daß wir, gefangen und bezwungen von dem Wunder der Krippe des Gottessohnes, den Geheimnissen Gottes andächtig nachdenken müssen, – dann wird es wohl so sein, daß die Glut der göttlichen Geheimnisse auch für unser Herz schon erloschen und erstorben ist.

Die alte Kirche hat durch mehrere Jahrhunderte hindurch über die Christusfrage nachgedacht. Sie hat dabei die Vernunft gefangen genommen in den Gehorsam Jesu Christi und hat in harten, widerspruchsvollen Sätzen das Geheimnis der Person Jesu Christi lebendig bezeugt. Sie hat sich nicht der modernen Täuschung hingegeben, dieses Geheimnis könne nur erfühlt oder erlebt werden; denn sie wußte um die Verderbtheit und Selbstbezogenheit alles menschlichen

Fühlens und Erlebens. Sie hat freilich auch nicht gemeint, daß dieses Geheimnis logisch erdacht werden könne; aber sie hat, indem sie sich nicht scheute, die letzten begrifflichen Paradoxien auszusprechen, gerade so das Geheimnis als Geheimnis für alles natürliche Denken bezeugt und verherrlicht. Die altkirchliche Christologie ist wirklich an der Krippe von Bethlehem entstanden, und es liegt auf ihrem verwitterten Antlitz weihnachtlicher Glanz. Wer sie kennen lernt, dem gewinnt sie noch heute das Herz ab. So wollen wir in der Weihnachtszeit wieder bei der alten Kirche in die Schule gehen und andächtig zu verstehen versuchen, was sie zur Verherrlichung und Verteidigung des Christusglaubens gedacht und gelehrt hat. Die harten Begriffe jener Zeit sind wie die Steine, aus denen man Feuer schlägt.

Drei altbekannte Lehrstücke der Christologie, die in unseren lutherischen Bekenntnissen fortleben, wollen wir in Kürze betrachten, nicht etwa um sie in den Gemeinden zu predigen, sondern um als Prediger des Wortes auch unser Denken und Erkennen in das Licht der heiligen Nacht zu stellen.

Erstens. Es hat den Vätern alles daran gelegen auszusprechen, daß Gott, der Sohn, die *menschliche Natur,* nicht aber einen Menschen angenommen habe.. Was bedeutet das? Gott wurde Mensch, indem er die menschliche Natur, nicht aber einen einzelnen Menschen annahm. Diese Unterscheidung war notwendig, um die Universalität des Weihnachtswunders zu wahren. »Menschliche Natur«, das ist Natur, Wesen, Fleisch aller Menschen, also auch meine Natur, mein Fleisch. Menschliche Natur, das ist der Inbegriff aller menschlichen Möglichkeiten überhaupt. Vielleicht würden wir Heutigen am verständlichsten sagen: Gott nahm in der Geburt Jesu Christi die Menschheit an, nicht nur einen einzelnen Menschen. Diese Annahme aber geschah - und das ist das einmalige Wunder der Inkarnation - leiblich. Der Leib Jesu Christi - das ist unser Fleisch. Er trägt unser Fleisch. Darum: Wo Jesus Christus ist, dort sind wir, ob wir

es wissen oder nicht. Es ist so kraft der Menschwerdung. Was Jesus Christus widerfährt, widerfährt uns. Es ist wirklich unser aller »armes Fleisch und Blut«, das dort in der Krippe liegt. Es ist unser Fleisch, das er im Gehorsam und Leiden heiligt und reinigt. Es ist unser Fleisch, das mit ihm am Kreuz stirbt und mit ihm begraben wird. Er nahm menschliche Natur an, damit wir ewig bei ihm seien. Wo der Leib Jesu Christi ist, dort sind wir, ja, wir sind sein Leib. Darum lautet das Weihnachtszeugnis für alle Menschen: Ihr seid angenommen, Gott hat euch nicht verachtet, sondern er trägt leibhaftig euer aller Fleisch und Blut. Seht auf die Krippe! In dem Leibe des Kindleins, in dem fleischgewordenen Sohn Gottes ist euer Fleisch, ist alle eure Not, Angst, Anfechtung, ja, alle eure Sünde getragen, vergeben, geheiligt. Klagst du: Meine Natur, mein ganzes Wesen ist heillos und ich muß ewig verloren sein, so antwortet die Weihnachtsbotschaft: Deine Natur, dein ganzes Wesen ist angenommen, Jesus trägt es. So ist er dein Heiland geworden. Weil Weihnachten die leibhaftige Annahme alles menschlichen Fleisches durch den gnädigen Gott ist, darum muß es heißen: Gottes Sohn nahm menschliche Natur an.
Zweitens: »Zwei Naturen und eine Person« – in dieser paradoxen dogmatischen Formel hat die alte Kirche ihre Weihnachtserkenntnis auszusprechen gewagt. Gewagt, – denn auch sie wußte, daß hier etwas Unaussprechliches ausgesprochen wurde, ausgesprochen, einfach weil man nicht darüber schweigen konnte (Augustin). Beides fand man in der Krippe und bezeugte es: Die angenommene Menschheit im Fleisch und die ewige Gottheit, beides verbunden in dem einen Namen Jesus Christus, menschliche und göttliche Natur verbunden in der Person des Sohnes Gottes. Göttliche Natur, das ist die Gottheit, die Vater, Sohn und Heiligen Geist in Ewigkeit vereinigt. Es ist die ewige Macht, Herrlichkeit, Majestät des dreieinigen Gottes. Wo der Sohn ist, dort bringt er diese göttliche Natur mit sich, denn er bleibt wahrer Gott

von Ewigkeit zu Ewigkeit. Ist der Sohn Gottes wahrhaftig Mensch geworden, so ist gewiß auch die göttliche Natur in aller Majestät gegenwärtig; sonst wäre Christus nicht wahrer Gott. Es ist ja so: Ist Jesus Christus nicht wahrer Gott, wie könnte er uns *helfen?* Ist Christus nicht wahrer Mensch, wie könnte er *uns* helfen? Freilich ist die göttliche Natur in der Krippe verborgen. Nur hier und da leuchtet sie im Leben Jesu durch das Bettlergewand der menschlichen Natur hindurch. Aber wiewohl geheimnisvoll verborgen, so ist sie doch gegenwärtig, uns zugute verborgen, uns zugute gegenwärtig. Göttliche und menschliche Natur, in Christus vereinigt und doch nicht eins geworden; denn sonst wäre der weite Unterschied von Gottheit und Menschheit aufgehoben. Darum darf es niemals heißen: Die göttliche Natur nahm die menschliche Natur an. Das würde einschließen, daß auch der Vater und der Heilige Geist Fleisch annahmen und somit die endgültige (modalistisch-idealistisch-pantheistisch-Schleiermacher'sche) Vermischung von Gott und Mensch bedeuten. Vielmehr heißt es: Der Sohn Gottes, die göttliche Person des Logos nahm die menschliche Natur an. Aber Gottheit und Menschheit, göttliche und menschliche Natur begegnen und vereinigen sich allein in der *Person* des Sohnes Gottes, in Jesus Christus. Nirgends sonst als in der Person Jesu Christi und durch sie sind Gottheit und Menschheit miteinander vereinigt, »ungeteilt, doch unvermischt, ungetrennt, doch unverwandelt« – wie es das Chalcedonense[1] in höchster Paradoxie und zugleich in ehrfürchtigster Wahrung des Geheimnisses der Person des Mittlers ausgesprochen hat. Selten ist später die Vernunft so bereit gewesen, sich vor dem Wunder Gottes zu demütigen und aufzugeben, wie in diesen Worten. Selten ist aber darum auch die Vernunft zu einem besseren Werkzeug der Verherrlichung der göttlichen

1. Bekenntnis des Konzils von Chalcedon im Jahr 451, das die christologische Lehrbildung (Zweinaturenlehre) zum Abschluß brachte. Chalcedon lag in der Nähe Konstantinopels.

Offenbarung gemacht worden als [im Manuskript: wie] damals. Die christologische Formel »zwei Naturen, eine Person« enthält somit zugleich höchste soteriologische Bedeutung: Gottheit und Menschheit von einander getrennt, ehe Christus kam, miteinander vereinigt allein in der Menschwerdung des Sohnes Gottes. Nur durch die Person haben die Naturen Gemeinschaft miteinander, das heißt, nur durch Jesus Christus ist Gottheit und Menschheit vereinigt.

Drittens. Der Beitrag der lutherischen Kirche zu der altkirchlichen Christologie bestand in der (von den Reformierten auf's heftigste bestrittenen) Lehre vom *genus majestaticum,* das heißt von der in der Inkarnation geschehenen Mitteilung der Eigenschaften der göttlichen Natur an die menschliche Natur. »Denn Lebendigmachen, alles Gericht und alle Gewalt haben im Himmel und auf Erden, alles in seinen Händen haben, alles unter seinen Füßen unterworfen haben, von Sünden reinigen etc. sind nicht erschaffene Gaben, sondern göttliche unendliche Eigenschaften, welche doch nach Aussage der Schrift dem *Menschen* Christo gegeben und mitgeteilt sind« (Condordienformel[2] S. D. VIII 55). Zwar bleibt es unbegreiflich, wie die menschliche Natur, die unsere Natur ist, der Eigenschaften der göttlichen Majestät teilhaftig werden soll. Aber die Schrift lehrt es so und es ist damit tiefste und letzte Vereinigung Gottes mit dem Menschen ausgesprochen, so daß es nun mit Luther heißen kann: »Wo du kannst sagen: Hier ist Gott, da mußt du auch sagen: So ist Christus der Mensch auch da. Und wo du einen Ort zeigen würdest, da Gott wäre und nicht der Mensch, so wäre die Person schon zerstreut ... Nein Geselle, wo du mir Gott hinsetzest, da mußt du mir die Menschheit mithinsetzen.« »Das ist unsers Herren Gotts Ehre, daß er sich so tief herunterläßt ins Fleisch.« Den reformierten Widerspruch, hier

2. Mit der Concordienformel wurden die Auseinandersetzungen über die rechte Auslegung einiger Artikel der Confessio Augustana im Jahre 1580 beendet.

werde die menschliche Natur nicht mehr ernst genommen, ertrug die lutherische Lehre mit dem Hinweis auf das einmalige Wunder und auf die Schrift. Ja, von hier aus erschließt sich ihr erst das rechte Verständnis des Heiligen Abendmahls und der Worte des Herrn: »Das ist mein Leib«! Wenn Christus so spricht, dann muß er besser wissen als irgendein Mensch, was sein Leib sei und vermöge. So hängen Inkarnation und Abendmahl auf's innigste zusammen. Die Lehre vom genus majestaticum bringt diesen Zusammenhang ans Licht. Derselbe Gott, der uns zugute ins Fleisch kam, schenkt sich uns mit seinem Leib und Blut im Sakrament. »Das Ende der Wege Gottes ist die Leiblichkeit« (Oetinger)[3].

Es sind alte Gedanken, die wir hier ausgesprochen haben. Es sind kleinste Bruchstücke vom Gebäude der kirchlichen Christologie. Aber nicht darauf kommt's ja an, daß wir dieses Gebäude bewundern, sondern daß wir durch den einen oder anderen Gedanken dazu geführt werden, ehrfürchtiger und andächtiger das biblische Zeugnis von dem Geheimnis der Menschwerdung Gottes zu lesen und zu betrachten und vielleicht auch die Weihnachtslieder Luthers nachdenklicher und fröhlicher zu singen.

Epiphanias: Eine theologische Besinnung

Januar 1940

Die seltsame Unbestimmtheit, die über dem Epiphaniasfest liegt, ist so alt wie das Fest selbst. Es steht fest, daß, längst bevor Weihnachten gefeiert wurde, Epiphanias in den Kirchen des Morgen- und Abendlandes als höchster Festtag der

3. Siehe hierzu Biographie, 174.

winterlichen Jahreshälfte galt. Die Ursprünge sind dunkel. Gewiß ist, daß von jeher vier verschiedene Ereignisse an diesem Tag Gegenstand des Gedenkens waren: Die Geburt Christi, die Taufe Christi, die Hochzeit zu Kana und die Ankunft der Magier aus dem Morgenland. Karl Holl hat in seinem Aufsatz über den »Ursprung des Epiphaniasfestes« (Ges. Aufsätze II S. 123 ff) dieses eigenartige Festgebilde auf das ägyptische Aionfest zurückzuführen versucht, das in der Nacht vom 5. zum 6. Januar gefeiert wurde und mit dem Wasserschöpfen im Nil und einem Weinwunder zusammenfiel. Wie dem auch sei, die Kirche hat seit dem 4. Jahrhundert die Geburt Christi festlich am 25. Dezember gefeiert und sie aus dem Epiphaniasfest herausgelöst. Rom hat ferner die Wasserweihe, die mit der Taufe im Zusammenhang stand, auf den Sonnabend vor Ostern verschoben. Die Hochzeit zu Kana wurde in die spätere Festzeit verlegt, so daß allein die Anbetung Christi durch die Weisen aus dem Morgenland, die »Erscheinung« des Sternes vor den Heiden in den Mittelpunkt des Epiphaniasfestes trat. Dennoch zeigen die Liturgien der abendländischen Kirchen, daß auch hier der ursprüngliche Festgehalt nicht ganz verloren ging. So ist eine gewisse Unbestimmtheit über dem Epiphaniasfest geblieben. Es bedeutet angesichts des kirchengeschichtlichen Befundes eine dogmatische und pädagogische Vereinfachung, wenn wir heute sagen, Epiphanias sei das Fest der Erscheinung der Gottheit Jesu Christi vor der Welt. Doch läßt sich in der Tat der Festgehalt auf diese oder eine ähnliche Formel bringen.

Die Ablösung der Feier der Geburt Christi vom Tauftag Christi war von großer Bedeutung. Es hatte sich in gnostischen und häretischen Kreisen des Ostens der Gedanke gebildet, daß der Tauftag eigentlich erst der Geburtstag Christi als des Sohnes Gottes sei. Dazu hatte man nachträglich eine gekünstelte Berechnung angestellt, dergemäß Jesus gerade an seinem Tauftag 30 Jahre alt geworden sei. Das gibt uns

Anlaß, einen Augenblick über das Verhältnis von Geburt und Taufe Jesu Christi nachzudenken. Es war in der alten Christenheit üblich geworden, so bezeugt es noch Augustin, statt des eigenen Geburtstages den Tag der Wiedergeburt, der Taufe, festlich zu begehen. Es lag nun nahe, dementsprechend mit dem Tauftag Jesu zu verfahren und ihn als das Hauptfest auszugeben. Darin aber lag die Möglichkeit eines gefährlichen Irrtums beschlossen, nämlich einer Mißachtung der Fleischwerdung Gottes. Die Geburt Jesu ist ja nicht der natürliche Anfang eines menschlichen Lebens, dem die geistliche Wiedergeburt erst hätte folgen müssen, sondern die Geburt Jesu ist die Fleischwerdung des Sohnes Gottes zum Heil alles Fleisches. Wir haben schon in unserer Weihnachtsbetrachtung gesehen, daß es Gott gefiel, das menschliche Fleisch, die menschliche Natur anzunehmen, nicht aber den Menschen Jesus als Sohn zu »adoptieren«, wie die Irrlehrer es gegen die alte Kirche lehrten. Hätte Gott nur den Menschen Jesus in der Taufe als seinen Sohn angenommen, so blieben wir unerlöst. Dann wäre Jesus zwar der unerreichbar Einzige, der Übermensch, der für sich die Seligkeit errang, aber er hätte uns andern nicht helfen können. Ist aber Jesus der Sohn Gottes, der von seiner Empfängnis und Geburt an unser eigenes Fleisch und Blut angenommen hat und trägt, dann allein ist er wahrer Mensch und wahrer Gott; dann allein kann er uns helfen. Dann aber hat uns in seiner Geburt wirklich »die rettende Stunde geschlagen«. Dann ist die Geburt Christi das Heil aller Menschen. Dann ist gerade die Fleischwerdung des Sohnes Gottes der Tag, der unsere Wiedergeburt ermöglicht. Christi Geburt und unsere Wiedergeburt, das gehört zueinander, aber nicht Christi Taufe und unsere Taufe. Das wirft nun ein Licht auf die Bedeutung der Taufe Jesu. Ist sie nicht der Tag der Adoption des Gottessohnes, was ist sie dann? Wenn Jesus die Taufe begehrt, dann tut er es im Unterschied zu allen anderen Menschen als der allein Gute, Sündlose, der Vergebung nicht Bedürftige. Als der Gute aber begehrt er die Taufe, obwohl er ihrer für sich selbst nicht bedarf, um derer willen, die ihrer bedürfen, um der Sünder willen. Gerade als der allein Gute läßt er sich nicht von den Sündern trennen, wird er nicht zum Pharisäer, der das Gute für sich selbst haben will. Die Sündlosigkeit, das Gutsein Jesu bezeugt sich gerade in seiner unbedingten Liebe zu den Sündern. Nicht aus Reue, sondern aus Liebe geht Jesus zur Taufe und tritt so an die Seite der Sünder. Wenn Johannes ihm die Taufe verweigern will, so darum, weil er hier nicht begreift, was Jesus tut. Die Taufe ist Jesu Selbsterniedrigung um der Sünden willen. Er wird als der Sündlose zum Sünder um seiner Brüder willen. Nirgends in der ganzen Schrift findet sich eine Andeutung dafür, daß Jesus die Taufe um seiner selbst willen gebraucht habe, vielmehr ist überall gerade das Gegenteil nachdrücklich bezeugt. Jesus begehrt die Taufe allein als der, dessen Güte in der Gemeinschaft mit den Sündern besteht. So unterzieht er sich der Taufe: »Denn es gebührt uns, daß wir die ganze Gerechtigkeit erfüllen« (Matth. 3, 15). Diese »ganze« Gerechtigkeit aber ist nicht eine selbstsüchtige Heiligkeit, sondern die vollkommene Liebe zu den Menschen, zu den Sündern. Es ist dieser Augenblick der Verbindung des Sohnes Gottes mit den Sündern in der Taufe, in dem ihm (und den Umstehenden, vgl. Joh. 1, 31 ff und Matth. 3, 17 und Apparat!) von seinem himmlischen Vater bestätigt wird, daß er sein lieber Sohn *ist.* Als der Sündenheiland wird Jesus als der, der er von Anfang an war, nämlich als der Sohn Gottes, proklamiert. Die Taufe ist eine Bestätigung dessen, was Jesus von Gott her ist. Sie bringt nichts Neues zu seinem Sein hinzu, aber sie bringt etwas entscheidend Neues in sein Tun, indem Jesus von nun an vor aller Welt als der handelt, der er von Ewigkeit her ist. Die Erscheinung Jesu als Gottessohn, wie sie am Epiphanistag zum Gedächtnis der Taufe Jesu gefeiert wird, ist die Erscheinung in der Niedrigkeit, in der Gleichheit der Sünder. Der Zöllner und Sünder Geselle, das ist der

Sohn Gottes, dessen Erscheinung wir liebhaben sollen.
Nicht anders steht es mit den beiden anderen Inhalten des Epiphaniasfestes, der Erscheinung des Sternes bei den Weisen und der Hochzeit zu Kana. Der Stern ist kein Zeichen, das aller Welt sichtbar die Geburt des Königs der Juden angezeigt hätte. Er muß erkannt und geglaubt werden. Herodes hat ihn nicht gesehen. Er ging unter den Heiden auf und rief sie nach Jerusalem. Darum ist Epiphanias in besonderer Weise das Fest der Heidenchristenheit, »unser Fest«. Aber auch die heidnischen Weisen hätten den Weg nicht gefunden ohne die Weisung der Heiligen Schrift. Dem wunderbaren Ruf durch den Stern folgt der Ruf zum Glauben an die Verheißung Gottes in der Schrift. Sonst hätten sie im Kinde in Bethlehem den König nicht erkannt und geehrt. Erscheinung der Gottheit Jesu Christi gibt es auch hier nur als Ruf zum Glauben an das arme Kind in der Krippe.
Die Hochzeit zu Kana berichtet von dem »ersten Zeichen, das Jesus tat« zur Offenbarung seiner Herrlichkeit, einem höchst wunderbaren und für unsere Begriffe fast unnötigen Zeichen seiner göttlichen Herrlichkeit angesichts eines so geringen Anlasses. Aber das Entscheidende ist, daß auch dieses Zeichen der göttlichen Macht Jesu verborgen bleibt vor den Gästen, dem Speisemeister, dem Bräutigam der Hochzeit, daß es vielmehr allein dem Glauben der Jünger dient. Jesus will sich nicht durch magische Wunder die Anerkennung als Sohn Gottes erzwingen, sondern er will als solcher geglaubt sein. »Seine Jünger glaubten an ihn.« Die Herrlichkeit Jesu ist verborgen in seiner Niedrigkeit und wird allein im Glauben geschaut. Hier schließt sich der Inhalt des Epiphaniasfestes doch wieder eng mit der Weihnachtsgeschichte zusammen, sodaß es verständlich wird, daß der Epiphaniastag einst zugleich die Erscheinung dessen war, der »keine Gestalt noch Schöne hatte« (Jes. 53). Damit weist Epiphanias auf die Zeit hin, die nun im Kirchenjahr folgt, auf die Passion. Mit gutem Sinn ist die letzte Perikope

der Epiphanienzeit die Verklärung Jesu auf dem Wege nach Jerusalem.

Ostern: Auferstehung Christi als Gottes Ja zu aller Kreatur

März 1940

Die Auferstehung Jesu Christi ist Gottes Ja zu Christus und seinem genugtuenden Werk.

Das Kreuz war das Ende, der Tod des Sohnes Gottes, Fluch und Gericht über das Fleisch. Wäre das Kreuz das letzte Wort über Jesus, dann wäre die Welt in Tod und Verdammnis ohne Hoffnung verloren, dann hätte die Welt über Gott den Sieg davongetragen. Aber Gott, der allein für uns das Heil vollbrachte, – »aber das alles von Gott« (2. Kor. 5, 18) – erweckte Christus von den Toten. Das war der neue Anfang, der dem Ende als Wunder von oben folgte, nicht wie der Frühling dem Winter nach festem Gesetz, sondern aus unvergleichlicher Freiheit und Macht Gottes, die den Tod zerbricht. »Die Schrift hat verkündet das, wie ein Tod den andern fraß« (Luther). So hat Gott sich zu Jesus Christus bekannt, ja wie der Apostel geradezu sagen kann: Die Auferstehung ist der Tag der Erzeugung des Gottessohnes (Apg. 13, 33, Röm. 1, 4). Der Sohn empfängt seine ewige göttliche Herrlichkeit zurück, der Vater hat den Sohn wieder. So ist Jesus als der Christus Gottes, der er von Anbeginn an war, bestätigt und verherrlicht. So ist aber auch das stellvertretende genugtuende Werk Jesu Christi von Gott anerkannt und angenommen. Am Kreuz hatte Jesus den Schrei der Verzweiflung geschrieen und sich dann in die Hände seines Vaters befohlen, der aus ihm und seinem Werk machen sollte, was ihm gefiel. In der Auferstehung Christi ist es gewiß geworden, daß Gott zu seinem Sohn und dessen Werk ja gesagt hat. So rufen wir den Auferstandenen als den Sohn Gottes, den Herrn und Heiland an.

Die Auferstehung Jesu Christi ist Gottes Ja zu uns.

Christus starb um unserer Sünde willen, er wurde auferweckt um unserer Gerechtigkeit willen (Röm. 4, 25). Christi Tod war das Todesurteil über uns und unsre Sünden. Wäre Christus im Tode geblieben, so wäre dieses Todesurteil noch in Kraft; »wir wären noch in unseren Sünden« (1. Kor. 15, 17). Weil aber Christus auferweckt ist vom Tode, darum ist das Urteil über uns aufgehoben und wir sind mit Christus auferstanden (1. Kor. 15, 13). Das ist so, weil wir ja kraft der Annahme unserer menschlichen Natur in der Fleischwerdung in Jesus Christus sind. Was ihm widerfährt, widerfährt uns; denn wir sind von ihm angenommen. Das ist kein Erfahrungsurteil, sondern ein Urteil Gottes, das im Glauben an Gottes Wort anerkannt werden will.

Die Auferstehung Jesu Christi ist Gottes Ja zur Kreatur.

Nicht Zerstörung, sondern Neuschöpfung der Leiblichkeit geschieht hier. Der Leib Jesu geht aus dem Grab hervor und das Grab ist leer. Wie es möglich, wie es zu denken ist, daß der sterbliche und verwesliche Leib nun als der unsterbliche, unverwesliche, verklärte Leib da ist, bleibt uns verschlossen. Nichts vielleicht wird durch die Verschiedenartigkeit der Berichte über die Begegnung des Auferstandenen mit den Jüngern so deutlich wie dies, daß wir uns über die neue Leiblichkeit des Auferstandenen keine Vorstellung zu machen vermögen. Wir wissen, es ist derselbe Leib – denn das Grab ist leer; und es ist ein neuer Leib – denn das Grab ist leer. Wir wissen, Gott hat die erste Schöpfung gerichtet und er hat eine neue Schöpfung in der Gleichheit der ersten geschaffen. Nicht eine Christusidee lebt fort, sondern der leibliche Christus. Das ist Gottes Ja zur neuen Kreatur mitten in der alten. In der Auferstehung erkennen wir, daß Gott die Erde nicht preisgegeben, sondern sich zurückerobert hat. Er hat ihr eine neue Zukunft, eine neue Verheißung gegeben. Dieselbe Erde, die Gott schuf, trug den Sohn Gottes und sein Kreuz. Und auf dieser Erde erschien der Auferstandene den Seinen und zu dieser Erde wird Christus am letzten Tage wiederkommen. Wer die Auferstehung Christi gläubig bejaht, der kann nicht mehr weltflüchtig werden, er kann aber auch nicht mehr der Welt verfallen, denn er hat mitten in der alten Schöpfung die neue Schöpfung Gottes erkannt.

Die Auferstehung Jesu Christi fordert den Glauben. Es ist das einmütige Zeugnis aller Berichte, so uneinheitlich sie sonst das hier Geschehene und Erlebte wiedergeben, daß der Auferstandene sich nicht der Welt, sondern nur den Seinen zeigt (Apg. 10, 40 ff). Jesus stellt sich nicht einer unparteiischen Instanz, um sich so vor der Welt das Wunder seiner Auferstehung beglaubigen zu lassen und sie damit zur Anerkennung zu zwingen. Er will geglaubt, gepredigt und wieder geglaubt sein. Die Welt sieht sozusagen nur das Negativ, den irdischen Abdruck des göttlichen Wunders. Sie sieht das leere Grab und erklärt es sich (obwohl in wissentlichem Selbstbetrug!) als den frommen Betrug der Jünger (Matth. 28, 11 ff). Sie sieht die Freude und die Botschaft der Jünger und nennt sie Vision, Autosuggestion. Die Welt sieht die »Zeichen«, aber sie glaubt das Wunder nicht. Nur dort aber, wo das Wunder geglaubt wird, werden die Zeichen zu göttlichen Zeichen und Hilfen für den Glauben. Das leere Grab ist für die Welt ein vieldeutiges historisches Faktum, für die Gläubigen ist es das aus dem Wunder der Auferstehung notwendig folgende und es bestätigende geschichtliche Zeichen des Gottes, der in der Geschichte mit den Menschen handelt. Es gibt keinen historischen Beweis für die Auferstehung, sondern nur eine Anzahl auch für den Historiker höchst eigenartiger, schwer deutbarer Tatsachen, z.B. das leere Grab. Denn wäre das Grab nicht leer gewesen, so wäre dieses stärkste Gegenargument gegen die leibliche Auferstehung ja gewiß zur Grundlage der christenfeindlichen Polemik gemacht worden; hingegen begegnet uns dieser Einwand nirgends. Vielmehr wird das leere Grab gerade von der Gegenseite bestätigt (Matth. 28, 11). Die plötzliche Wendung der Dinge zwei Tage nach der Kreuzigung. Der bewußte Betrug wird psychologisch durch das gesamte frühere und weitere Verhalten der Jünger, ebenso aber gerade durch die Uneinheitlichkeit der Auferstehungsberichte ausgeschlossen! Der Selbstbetrug durch visionäre Zustände ist durch die anfänglich durchweg ungläubig-skeptische Ablehnung der Botschaft durch die Jünger (Luk. 23, 11 u. ö.) wie auch durch die große Anzahl und durch die Art der Erscheinungen für den unbefangenen Historiker so gut wie unmöglich gemacht. So wird die Entscheidung des Historikers in dieser Sache, die wissenschaftlich so rätselhaft bleibt, von weltanschaulichen Voraussetzungen diktiert sein. Damit verliert sie aber für den Glauben, der sich auf Gottes Handeln in der Geschichte gründet, an Interesse und Gewicht. So bleibt für die Welt ein zwar unlösbares Rätsel zurück, das aber an sich keineswegs den Glauben an die Auferstehung Jesu erzwingen kann. Dem Glauben aber ist dieses Rätsel ein Zeichen für die Wirklichkeit, von der er schon weiß, ein Abdruck göttlichen Wirkens in der Geschichte. Die Forschung kann die Auferstehung Jesu weder beweisen noch entkräften; denn sie ist ein Wunder Gottes. Der Glaube aber, dem sich der Auferstandene als der Lebendige bezeugt, erkennt gerade in dem Zeugnis der Schrift die Geschichtlichkeit der Auferstehung als ein Handeln Gottes, das sich in seiner

Wunderbarkeit der Wissenschaft nur als Rätsel darstellen kann. Die Gewißheit der Auferstehung empfängt der Glaube allein aus dem gegenwärtigen Christuszeugnis. Seine Bestätigung findet er in den geschichtlichen Abdrücken des Wunders, wie sie die Schrift berichtet.
Es ist die Gnade Jesu Christi, daß er sich der Welt noch nicht sichtbar offenbart. Denn in demselben Augenblick, in dem das geschähe, wäre das Ende und damit das Gericht über den Unglauben da. So entzieht sich der Auferstandene jeder sichtbaren Ehrenrettung vor der Welt; denn sie wäre das Gericht über die Welt. In seiner verborgenen Herrlichkeit ist er bei seiner Gemeinde und läßt sich aller Welt durch das Wort bezeugen, bis er am Jüngsten Tag sichtbar für alle Menschen zum Gericht wiederkommen wird.

Himmelfahrt: ihr christologischer, soteriologischer und paränetischer Sinn

April 1940

A. Christologisch

1. Die Himmelfahrt Jesu ist die Rückkehr des Sohnes Gottes zu seinem Ursprung.

Jesus geht in die Herrlichkeit des unsichtbaren Gottes ein. Er bleibt Mensch in Ewigkeit. Die in der Zeit angenommene menschliche Natur ist in die Ewigkeit aufgenommen. Sie ist aus dem Stande der Erniedrigung in den Stand der vollendeten Erhöhung übergegangen. Die lutherischen Väter haben mit Nachdruck zwischen Menschwerdung und Erniedrigung unterschieden. Sie sagten: Nicht der λόγος ἄσαρκος, sondern der λόγος ἔνσαρκος, das heißt der menschgewordene Sohn Gottes ist das »Subjekt der Erniedrigung«. Sie gaben damit der von Gott geschaffenen und in Christus angenommenen Menschheit Ehre und Hoffnung bei Gott. Der menschgewordene Sohn Gottes erniedrigt sich und wird in Höllenfahrt, Auferstehung und Himmelfahrt erhöht. Die menschliche Natur Jesu Christi, wenn sie aus dem Stande der Erniedrigung befreit ist, nimmt unverhüllt an den Eigenschaften der göttlichen Natur teil. Was vom ersten Augenblick des Menschseins Christi an wirklich war und doch im Stande der Erniedrigung verborgen blieb, nämlich die Durchdringung der menschlichen Natur mit den Eigenschaften der göttlichen, wird im Stande der Erhöhung offenbar. Die angenommene Menschheit, der Mensch Jesus Christus geht in die Ewigkeit des Vaters. Um aber hier vor philosophischer Spekulation bewahrt zu bleiben, die Menschheit und Gottheit schließlich ineinander übergehen läßt, also um jeder Identitätsmystik klar entgegenzutreten, lehren die lutherischen Väter, daß zwar die Menschheit in Ewigkeit zum Sohne Gottes gehöre, daß auch der Sohn Gottes in der vollen Gemeinschaft des dreieinigen Gottes bleibe, daß aber die angenommene Menschheit, d.h. die menschliche Natur Jesu Christi nicht in die Dreieinigkeit selbst aufgenommen werde, sondern ihr in Ewigkeit unterworfen bleibe. Denn Menschheit kann niemals Gottheit werden; sonst hörte Gott auf, der Schöpfer, Versöhner und Erlöser der Menschheit zu sein.

2. Die Himmelfahrt ist die letzte der Ostererscheinungen des Herrn.

Durch die Auferstehung ist Jesus leiblich in die verklärte Welt Gottes eingegangen. Zwischen dem Auferstandenen und dem Aufgefahrenen besteht kein Unterschied der Seinsweise, sondern allein der Erscheinungsweise. In den vierzig

Tagen erweist sich Jesus als der, der er nun in Ewigkeit bleibt, als der lebendige, leibliche Herr, der in die Welt Gottes zurückgekehrt ist. Weder läßt sich aus Joh. 20, 17 auf einen Unterschied der Leiblichkeit des Auferstandenen von der des Aufgefahrenen schließen (denn Jesus weist hier nur den Irrtum der Maria zurück, sie könnte ihn jetzt ebenso wieder haben, wie sie ihn vor der Kreuzigung gehabt hat; er würde also jetzt nicht bei ihr bleiben, sondern erst nach seiner Auffahrt für immer wiederkommen und bei den Seinen bleiben), noch darf gesagt werden, Jesus sei zwar nach seiner Auferstehung leiblich zu finden (Thomas!), aber nach seiner Himmelfahrt nicht mehr. Damit wäre seine Erscheinung vor Saulus außer acht gelassen. Daß Jesus sich der Berührung durch Maria versagt, daß er von Thomas seine Wundmale betasten läßt, daß er dem Saulus im Lichtglanz der Herrlichkeit erscheint, bedeutet allein dies, daß Maria von dem Irrtum einer falschen Jesusliebe, Thomas von dem Zweifel, es handele sich um eine Halluzination, Saulus von seinem Unglauben an den lebendigen Christus geheilt werden soll. Jesus aber ist derselbe hier wie dort. Paulus stellt die ihn berufende Erscheinung Jesu in eine Reihe mit den Ostererscheinungen (1. Kor. 15, 1 ff). Es ist derselbe auferstandene Christus, der ihn unter die Zeugen seiner Auferstehung beruft (vergl. auch Apg. 7, 56; 18, 9; 22, 17). Dennoch sind die 40 Tage zwischen Ostern und Himmelfahrt von entscheidender Bedeutung. Sie bringen die neue Berufung und Sendung der Zeugen im Dienst des Auferstandenen. Das Amt der Evangeliumsverkündigung beruht auf den 40 Tagen. So bezeugt es die Schrift einmütig (Matth. 16, 15 ff; Matth. 28, 18 ff; Joh. 20, 22 f; Apg. 1, 8; 10, 42). Aber nicht um seinetwillen, sondern um unsertwillen bleibt Jesus die 40 Tage bei den Seinen. Weil für ihn selbst die Himmelfahrt keine Veränderung der Seinsweise bedeutet, darum kann die Schrift oft die Auferstehung Jesu als die entscheidende Heilstat nennen, ohne die Himmelfahrt zu erwähnen (Röm. 1, 3 ff; Apg. 10, 40 f;

13, 30 f u. ä., dagegen Apg. 2, 33; 3, 21; u. ä.). Von hier aus gesehen bedeutet die Himmelfahrt Jesu allein den Abschluß seiner Erscheinungen auf Erden, obwohl auch hier Christus frei bleibt in seinem Wirken (Apg. 9, 5).

3. Die Himmelfahrt ist die Erhöhung Jesu zur Rechten Gottes.

Das Zeichen des Aufgehobenwerdens in die Wolken besagt lediglich, daß Jesus von nun an ganz in der Welt Gottes sein wird. Das läßt aber keinerlei Spekulation über den Ort zu, an dem er jetzt wohnt. Will die Schrift sagen, daß Jesus nicht mehr in der Welt der Menschen, sondern in der Welt Gottes ist, so drückt sie dies mit der einfachen Aussage aus, daß Jesus »in den Himmel« gefahren sei (Hebr. 9, 24; Eph. 1, 20). Will die Schrift aber jede denkbare Vorstellung ausschließen, die Jesus noch in der geschaffenen Welt festhalten will, so sagt sie schärfer: Er ist über alle Himmel hinausgefahren, er hat den Himmel durchschritten, er ist höher geworden als die Himmel (Eph. 4, 10; Hebr. 4, 14; 7, 26). Zur Rechten Gottes sitzend nimmt Jesus teil an dem Weltregiment Gottes. Er ist der Welt fern und nahe zugleich wie Gott selbst. Jeder Gedanke, der Jesus um seiner Leiblichkeit willen an einen bestimmten Ort gebunden denken will, geht an diesen biblischen Aussagen vorbei. Auch Apg. 3, 21 ist nichts anderes gesagt, als daß Christus jetzt im Himmel und noch nicht wiedergekommen sei, was aber die göttliche Allgegenwart Jesu Christi, der zur Rechten Gottes sitzt, nicht ausschließt. Wer fragt, wie Jesus trotz seiner Leiblichkeit an der göttlichen Allgegenwart teilnehmen könne, muß ebenso fragen, wie der geistliche Leib Jesu in den Ostertagen habe essen und trinken, sich berühren lassen können. Nichts anders ist uns offenbart, als daß Jesus Christus in verklärter Leiblichkeit zur Herrlichkeit des Vaters erhoben ist und an seiner Macht, seiner Ferne und Gegenwart teilnimmt.

B. Soteriologisch

1. Die Himmelfahrt ist die Proklamation Jesu zum Herrn der Welt und zum Haupt der Gemeinde.

Sie ist der Erweis der »mächtigen Stärke« Gottes, »da er Jesus gesetzt hat zu seiner Rechten im Himmel über alle Fürstentümer, Gewalt, Macht, Herrschaft und über jeden Namen, der nicht nur in dieser, sondern auch in der zukünftigen Welt genannt wird« (Eph. 1, 20). Christus hat die Weltherrschaft angetreten. Schicksal, Gewalten, Mächte sind in seiner Hand. Bei Matthäus fehlt ein Himmelfahrtsbericht. An seine Stelle treten die letzten Worte Jesu in Matth. 28, 18. »Mir ist gegeben alle Gewalt im Himmel und auf Erden ... Siehe, ich bin bei euch alle Tage bis an der Welt Ende«. Das ist die Himmelfahrtsbotschaft selbst. Das Wunder ist bezeugt, nur das Zeichen bleibt unerwähnt. Nun übt Christus sein königliches Amt – so nannten es die Väter – in vollem Umfang aus. Der König aller Welt ist zugleich das Haupt der Gemeinde. Das Haupt ist im Himmel, der Leib auf Erden. Das unsichtbare Haupt regiert den sichtbaren Leib. So ist der himmlische Christus doch der Erde ganz gegenwärtig. Er erfüllt seine Gemeinde und mit ihr und durch sie alles in allem (Eph. 1, 23). Denn durch die Gemeinde durchdringt er allmählich die ganze Welt, die ihm gehört, und erfüllt sie mit seiner wirkenden Gegenwart. Als der in die Tiefe der Hölle und in die Höhe des Himmels Gefahrene, als der, der alles durchschritten hat in göttlicher Kraft und alles erfüllt, vermag er nun auch der Gemeinde die göttlichen Gaben zu geben, die sie braucht (Eph. 4, 8 ff). Er gibt ihr die Ämter, die in Vollmacht die Welt zu Gott rufen und die Gläubigen bei Christus erhalten. Der in die Ferne der verklärten Welt Gottes entrückte Herr ist so der Welt und der Gemeinde erst recht nahe geworden.

2. Christus ist in den Himmel eingegangen, um für uns vor dem Angesicht Gottes zu erscheinen (Hebr. 9, 24).

Das ist die Vollendung seines priesterlichen Amtes. Weil er alle unsere Sünde am Kreuz getragen hat, darum kann er jetzt unser Fürsprecher sein (1. Joh. 2, 1). Darum können unsere Gebete, die sonst im Leeren verhallten, durch ihn vor den Vater gebracht werden und Erhörung finden. Allein im Namen Jesu können wir beten. Denn Christus als der Hohepriester hat uns mit Gott versöhnt und stellt vor Gott in Ewigkeit sein Opfer fürbittend für uns dar. Die Väter nannten das die intercessio Christi (Röm. 8, 34; Joh. 14, 16; Hebr. 4, 14) und wollten dieses priesterliche Tun des erhöhten Herrn nicht nur auf die Gläubigen bezogen wissen, sondern auch auf die Ungläubigen, »damit auch ihnen die Frucht heilsamen Todes zugewendet werde« (Hollaz).
3. Wie Christus zum Himmel fuhr, so wird er einst vom Himmel zum Gericht wiederkommen. So erkennen wir in dem erhöhten Herrn den zukünftigen Richter, auf den wir warten müssen. Noch ist er verborgen. Das ist seine Geduld; denn noch kann der Glaube Gnade bei ihm finden. Wenn er aber in Sichtbarkeit wiederkommt, dann ist der Gerichtstag da.

C. Paränetisch

1. Himmelfahrt Jesu ruft uns zum Glauben, zum Bekenntnis, zur Anbetung.

Weil Gott Jesus auferweckt und ihm himmlische Herrlichkeit gegeben hat, darum haben wir Glauben und Hoffnung zu Gott (1. Petr. 1, 21). Weil unser Hoherpriester nicht ein irdischer Mensch ist, sondern der Sohn Gottes, der gen Himmel gefahren ist, darum halten wir fest an dem Bekenntnis zu ihm als unserm Heil (Hebr. 4, 14). Weil Jesus in unermeßlicher Weise über uns erhöht wird, darum beten wir ihn an (Luk. 24, 52 Apparat).

2. *Die Himmelfahrt Jesu hat uns ins himmlische Wesen versetzt* (Eph. 2, 6) *und richtet damit unsern Blick zum Himmel* (Kol. 3, 1).

Wie wir mit Christus in seinem Leibe starben und wieder auferstanden (Kol. 2, 12), so sind wir auch mit ihm schon in die Himmelswelt versetzt. Diese hohe, freilich einzigartige Aussage des Epheserbriefes lehrt uns, uns in und bei dem zum Himmel gefahrenen Herrn zu finden als die, die in Kraft seiner angenommenen Menschheit immer bei ihm sind. Wo er ist, dort sind wir auch. Wir sind schon im Himmel mit Christus. Aber eben darum suchen und trachten wir nach dem, was oben ist. »Sie wandeln auf Erden und leben im Himmel«, singt das Kirchenlied[1]. Das Zukünftige ist gegenwärtig und das Gegenwärtige schon vergangen. So leben wir in der Kraft der Himmelfahrt Christi.

3. *Die Himmelfahrt Jesu stellt uns zwischen Haben und Warten.*

Wir haben den Himmel; darum warten wir auf ihn. Wir sind ins himmlische Wesen versetzt, unser Bürgertum ist im Himmel (Phil. 3, 20); darum erbitten wir die Wiederkunft des Herrn vom Himmel. Wer wartet, der wacht und macht sich bereit für den Freudentag (Matth. 24, 43 ff u. a.). Die endliche Erscheinung Jesu aber wird der gläubigen Gemein-

1. C. F. Richter, »Es glänzet der Christen inwendiges Leben«, Vers 5.

de die Verklärung in die Herrlichkeit des Herrn bringen und sie auf ewig in das Himmelreich aufnehmen.

Von der Dankbarkeit des Christen

Juli 1940

Dankbarkeit entspringt nicht aus dem eigenen Vermögen des menschlichen Herzens, sondern aus dem Worte Gottes. Dankbarkeit muß darum gelernt und geübt werden.
Jesus Chrisus und alles, was in ihm beschlossen ist, ist der erste und letzte Grund aller Dankbarkeit. Er ist das Geschenk vom Himmel, das kein Mensch sich nehmen konnte, in welchem uns die Liebe Gottes leibhaftig begegnet. Allein durch Jesus Christus können wir Gott danken (Röm. 7, 25). In Jesus Christus gibt Gott uns alles.
Dankbarkeit sucht über der Gabe den Geber. Sie entsteht an der Liebe, die sie empfängt. Erst wenn sie zur Liebe Gottes durchgestoßen ist, ist sie am Ziel. Dann aber wird sie selbst zur Quelle der Liebe zu Gott und zu den Menschen.
Dankbarkeit ist demütig genug, sich etwas schenken zu lassen. Der Stolze nimmt nur, was ihm zukommt. Er weigert sich, ein Geschenk zu empfangen. Lieber will er verdiente Strafe als unverdiente Güte, lieber aus eigener Kraft zugrunde gehen als aus Gnade leben. Er weist Gottes Liebe, die über Gute und Böse die Sonne aufgehen läßt, zurück. Der Dankbare weiß, daß ihm von Rechts wegen nichts Gutes zukommt, er läßt aber die Freundlichkeit Gottes über sich walten und er wird durch unverdiente Güte noch tiefer gedemütigt.
Dem Dankbaren wird alles zum Geschenk, weil er weiß, daß es für ihn überhaupt kein verdientes Gut gibt. Er unterschei-

det darum nicht zwischen Erworbenem und Empfangenem, Verdientem und Unverdientem, weil auch das Erworbene Empfangenes, das Verdiente Unverdientes ist.
In der Dankbarkeit kehrt jede Gabe verwandelt in ein Dankopfer zu Gott zurück, von dem sie kam.
Wofür ich Gott danken kann, das ist gut. Wofür ich Gott nicht danken kann, das ist böse. Ob ich aber Gott danken kann oder nicht, das entscheidet sich an Jesus Christus und seinem Wort. Jesus Christus ist die Grenze der Dankbarkeit. Jesus Christus ist auch die Fülle der Dankbarkeit, darum ist in ihm die Dankbarkeit ohne Grenze. Sie umschließt alle Gaben der geschaffenen Welt. Sie umfaßt auch den Schmerz und das Leid. Sie durchdringt die tiefste Dunkelheit, bis sie in ihr die Liebe Gottes in Jesus Christus gefunden hat. Danken heißt »allezeit und für alles« (Eph. 5, 20) Ja sagen zu dem, was Gott gibt. Dankbarkeit vermag sogar die vergangene Sünde mit zu umschließen und zu ihr Ja zu sagen, weil an ihr Gottes Gnade offenbar wurde, – o felix culpa! (Röm. 6, 17).
In der Dankbarkeit gewinne ich das rechte Verhältnis zu meiner Vergangenheit. In ihr wird das Vergangene fruchtbar für die Gegenwart. Ohne die Dankbarkeit versinkt meine Vergangenheit ins Dunkle, Rätselhafte, ins Nichts. Um meine Vergangenheit nicht zu verlieren, sondern sie ganz wiederzugewinnen, muß allerdings zur Dankbarkeit die Reue treten. In Dankbarkeit und Reue schließt sich mein Leben zur Einheit zusammen[1].
Dankbarkeit kann nur zusammen bestehen mit aufrichtiger Buße und mit brüderlicher Liebe zu dem, der die unverdiente Gabe, die ich empfing, nicht empfangen hat. Ohne Buße und ohne Liebe wird meine Dankbarkeit zum verfluchten Pharisäerdank.

1. Vgl. das Gedicht »Vergangenheit« vom Juni 1944, besonders die letzte Strophe: WEN 351 ff.

Es ist verfluchter Pharisäerdank, wenn ich die unverdient empfangene Gabe zum Selbstruhm vor Gott und Menschen mißbrauche (Luk. 18, 9 ff); denn es ist Raub an Gottes Gnade und Verachtung meines Nächsten, wenn ich nur darum eiligst Gott meinen Dank abstatte, um mich von ihm loszukaufen und alsbald wieder in aller Selbstherrlichkeit dazustehen. Pharisäerdank ist das religiöse Zeremonial des Undanks.

Es ist verfluchter Pharisäerdank, wenn der Reiche den Tisch des Armen leer sieht und leer läßt und für das Seine als Gottes Segen dankt.

Es ist verfluchter Pharisäerdank, wenn ich die Liebe Gottes, die ich erfuhr und für die ich danke, den Benachteiligten schuldig bleibe. Es ist Lästerung des Schöpfers des Armen (Spr. 14, 31).

Gottes Wort verklagt mich so lange, bis sich mein Dank für die empfangenen Gaben in aufrichtige Umkehr und in tätige Liebe verwandelt. Dann aber schenkt Gottes Wort mir das freie Gewissen, zu danken mitten in einer argen und elenden Welt.

Zehn rufen in ihrer Angst und Not: Jesu, lieber Meister! Aber nur einer von zehn kehrt nach erfahrener Rettung um und dankt Jesus, und dieser eine ist ein Samariter (Luk. 17, 11 ff). In Gefahr und Schmerzen schreien viele zum »lieben« Gott, mehr als wir denken, aber nach der Genesung ist den Neunen unter Zehn dieser Gott gar nicht mehr so lieb. Die Heilung ist ihnen alles, der Heiland nichts. Jesus fragt: Wo sind die Neun? Jesus sucht den Dank, nicht um seinetwillen, sondern um ihretwillen.

Undank erstickt den Glauben, verstopft den Zugang zu Gott. Nur zu dem einen dankbaren Samariter sagt Jesus: Dein Glaube hat dir geholfen. Den Undankbaren ist trotz der Genesung in Wahrheit nicht geholfen.

Es ist die Ursünde der Heiden, daß sie Gott, von dessen Dasein sie wissen, nicht »als Gott gedankt haben« (Röm. 1, 21).

Wo Gott als Gott erkannt wird, dort will er als erstes den Dank seiner Geschöpfe.
Undankbarkeit beginnt mit dem Vergessen. Aus Vergessen folgt Gleichgültigkeit, aus der Gleichgültigkeit Unzufriedenheit, aus der Unzufriedenheit Verzweiflung, aus der Verzweiflung der Fluch.
Den Dankbaren zeigt Gott den Weg zu seinem Heil. Laß dich fragen, ob dein Herz durch Undank so mürrisch, so träge, so müde, so verzagt geworden ist. Opfere Gott Dank, und »da ist der Weg, daß ich ihm zeige das Heil Gottes« (Ps. 50, 23).

4. Einzelarbeiten

»Ich bin der Herr, dein Arzt«

Aufsatz für die Bädermission

Januar 1941[1]

Mitten in der herrlichen, frohen Natur sehen wir, wie ein gelähmtes Kind im Rollstuhl gefahren wird. Wer noch ein Herz hat, das nicht völlig stumpf geworden ist für den Nächsten, dem wird es im Augenblick klar, daß hier etwas in unserer Welt nicht in Ordnung ist, daß die Welt, in der dieses Bild der Qual und der Trauer möglich ist, nicht die ursprüngliche Schöpfung Gottes ist. Hier ist etwas Widergöttliches in die Welt eingebrochen. Die Welt ist von ihrem Ursprung abgefallen. Zerstörende Mächte haben in ihr Gewalt gewonnen.

1. Vgl. Brief vom 20. 1. 1941, G S II, 395.

Nur in einer gott-los gewordenen Welt gibt es Krankheit. Weil die Welt an Gott selbst krankt, darum gibt es kranke Menschen. Nur eine Welt, die wieder ganz in Gott geborgen wäre, eine erlöste Welt, würde ohne Krankheit sein.

In der Bibel begegnet uns ein seltsames Wort. »Und er suchte auch in seiner Krankheit den Herrn nicht, sondern die Ärzte« (2. Chron. 16, 12). Es handelt sich dort um einen frommen Mann, dem die Bibel sonst hohes Lob zollt für seinen Eifer um die Sache Gottes. Aber dieser Mann dachte bei aller Frömmigkeit darin sehr modern, daß er streng unterschied zwischen den Dingen der Religion, in denen man sich an Gott wendet, und den irdischen Dingen, in denen man sich bei irdischen Stellen Hilft holt. Krankheiten, besonders leibliche Krankheiten sind irdische Angelegenheiten mit irdischen Ursachen und irdischen Heilmitteln. Krankheiten gehören also vor den Arzt, aber nicht vor Gott. Wie dürfte man auch Gott, den Herrn der Welt, mit seinen kleinen leiblichen Übeln belästigen? Gott hat andere Sorgen.

Das ist ganz vernünftig und vielleicht auch ganz religiös gedacht. Aber es ist falsch. Gewiß haben Krankheiten ihre irdischen Ursachen und irdischen Heilmittel. Aber damit ist eben bei weitem nicht alles und nicht das Entscheidende über das Wesen der Krankheit gesagt. Gewiß soll der Kranke zum Arzt gehen und dort Hilfe suchen. Aber das Wichtigste ist damit allein nicht getan und nicht erkannt. Hinter den irdischen Ursachen und Heilmitteln stehen die überirdischen Ursachen und die überirdischen Heilmittel der Krankheit. Solange man daran vorbeigeht, lebt man in Wahrheit an seiner eigenen Krankheit vorbei, bekommt man ihr Wesen gar nicht zu Gesicht. Ihr Fluch und ihr Segen bleiben unerkannt.

Die Krankheit gehört in besonderer Weise zu Gott. Nicht daraus macht die Bibel dem Menschen einen Vorwurf, daß er mit seiner Krankheit zum Arzt geht, sondern daraus, daß er mit ihr nicht auch zu Gott geht. Es ist kein Zufall, daß

Christus in auffallender Nähe zu den Kranken gelebt hat, daß Blinde, Gelähmte, Taubstumme, Aussätzige, Geisteskranke sich unwiderstehlich zu ihm hingezogen fühlten und seine Gemeinschaft suchten. Warum hat Christus diese Leute nicht zum Arzt geschickt? Gewiß nicht, um dem Ansehen der Ärzte zu schaden oder um seine eigene besondere Kunst oder suggestive Kraft zur Schau zu stellen, sondern um es deutlich werden zu lassen, daß Gott und Krankheit, daß Christus und die Kranken ganz eng zusammen gehören. Christus will der wahre Arzt der Kranken sein. »Ich bin der Herr, dein Arzt« (2. Mose 15, 26). Das sagt Gott, das sagt Christus. Der Schöpfer und Erlöser der Welt bietet sich dem Kranken zum Arzt an. Wollen wir dieses Angebot unversucht lassen, nachdem wir auf so viele, geringere Angebote mit mehr oder weniger Erfolg eingegangen sind?
Wer den Zusammenhang von Gott und Krankheit nur ahnt, wer das unerwartete Angebot ernst nimmt, dem kann die Krankheit zum Hinweis werden auf die Sünde der Menschen, auf die Zerstörung der Gemeinschaft der Geschöpfe mit dem Schöpfer. Hier liegen die überirdischen Gründe und Abgründe der Krankheit. Es ist die Sünde der Welt und es ist meine eigene Sünde, an die ich erinnert werde. Meine Krankheit braucht nicht einfach eine Folge oder Strafe einer bestimmten Sünde zu sein, deren ich mich anzuklagen hätte, – auch dies mag der Fall sein, ist es [im Manuskript: es ist] aber nicht notwendig so. Doch will mich jede Krankheit in die Tiefe der Weltsünde und meiner persönlichen Gott-losigkeit hineinblicken lassen. Dieser Blick aber treibt mich zu Gott. Wenn ich in den Abgrund geschaut habe, erbitte ich nicht zuerst die Befreiung von diesem oder jenem Leiden, sondern ich komme mit dem Bekenntnis meiner lange verborgenen Schuld vor Gottes Angesicht. Die leibliche Krankheit will mich erkennen lehren, daß meine eigentliche Krankheit viel tiefer steckt, so tief, daß kein irdischer Arzt sie heilen kann, weil meine eigentliche Krankheit meine Sünde ist. Nicht nur

mein Leib, meine Nerven, mein Gemüt ist krank, sondern mein ganzes Wesen, mein Herz ist krank, krank am Unglauben, an der Angst, an der Gottlosigkeit meines Lebens. Und welcher Gesunde litte nicht auch an dieser heimlichsten und zugleich unheimlichsten Krankheit?
Nun weiß ich, daß mir nur geholfen werden kann, wenn mein ganzes Wesen heil, gesund, neu wird. Wie kann das geschehen? Die Antwort ist ganz einfach und geht doch in die letzte Tiefe unseres Lebens: durch echte Beichte und durch göttliche Vergebung aller meiner Sünden. Das mag manchem als eine seltsame Wendung und Lösung dieser Frage erscheinen, aber doch nur dem, der das Heilwerden des ganzen Menschen durch Beichte und Vergebung noch nicht erfahren hat. Was heißt Beichte? Sich Jesus Christus mit allen seinen Sünden, Schwächen, Lastern, Leiden öffnen und ihm auf sein Wort hin das ganze Herz geben ohne den geringsten Vorbehalt. Das ist keine leichte Sache und es mag uns schwerer vorkommen als eine gefährliche Operation. Es wird wohl so sein, daß die meisten von uns hierzu einen brüderlichen Helfer brauchen, der uns in solcher Lebensbeichte beisteht, sei es nun der im geistlichen Amt dienende Pfarrer, sei es irgendein Glied der Gemeinde, das von Christus mehr weiß als ich. Was heißt Vergebung? Auslöschung meiner ganzen heillosen, verfahrenen, gescheiterten Vergangenheit (von der vielleicht nur ich selbst weiß) durch Gottes Machtwort und durch das Geschenk eines neuen, fröhlichen Anfangs meines Lebens.
Wer kann mir einen solchen neuen Anfang schenken? Niemand anders als allein der gekreuzigte und lebendige Jesus Christus, der selbst die Heillosigkeit des Lebens an sich erfuhr und sie überwunden hat in der Gemeinschaft Gottes. Er ist der einzige Arzt, der meine tiefste Krankheit kennt, der sie selbst getragen hat. Er ist der »Heiland«, der Herz, Seele und Leib heilen kann.
Was aber hat Vergebung der Sünden mit leiblicher Gesun-

dung zu tun? Mehr als die meisten Menschen ahnen. Freilich, es ist ein geheimnisvoller Zusammenhang. Aber ist nicht wenigstens so viel begreiflich, daß von einem Menschen, der in seinem Herzen wieder frei und fröhlich geworden ist, so manche körperliche Beschwerde einfach abfällt? Der Leib wird vielfach allein darum krank, weil er sich selbst überlassen ist, weil er sein eigener Herr geworden ist. Nun aber hat der Leib seinen rechten Herrn wiederbekommen, der ihn regiert. Der Leib ist nicht mehr der Herr. Er ist nur noch Werkzeug, ja mehr als dies, »Tempel des Heiligen Geistes« geworden. Es gibt viele Leiden, die von dem empfangenen Zuspruch der Vergebung nicht sichtbar gelindert und beseitigt werden. Aber der verborgene Zusammenhang von Vergebung und leiblicher Gesundung kann auch so sichtbar zu Tage treten, daß alle medizinischen Begriffe gesprengt werden und die Ärzte vor einem Rätsel stehen. Eines ist gewiß: Wie der Unglaube eine Quelle der Zerstörung und der Krankheit des Leibes und der Seele ist, so ist der Glaube eine Quelle aller Heilung und Gesundung.

Wenn Christus sich den Arzt der Kranken nennt, dann fällt auf jeden Kranken, wie elend er auch sei, der Glanz der göttlichen Barmherzigkeit. Der Kranke gehört Gott. An ihm will Gott sein Heil verwirklichen. So begegnen wir in dem kranken Bruder der Barmherzigkeit Gottes selbst, der in Jesus Christus der Arzt des Kranken ist. Der Kranke will Heilung. Christus schenkt ihm mehr: sein Heil.

Das Gebetbuch der Bibel

Eine Einführung in die Psalmen[1]

1940

»Herr, lehre uns beten!« So sprachen die Jünger zu Jesus. Sie bekannten damit, daß sie von sich aus nicht zu beten vermochten. Sie müssen es lernen. Beten-lernen, das klingt uns widerspruchsvoll. Entweder ist das Herz so übervoll, daß es von selbst zu beten anfängt, sagen wir, oder es wird nie beten lernen. Das ist aber ein gefährlicher Irrtum, der heute freilich weit in der Christenheit verbreitet ist, als könne das Herz von Natur aus beten. Wir verwechseln dann Wünschen, Hoffen, Seufzen, Klagen, Jubeln – das alles kann das Herz ja von sich aus – mit Beten. Damit aber verwechseln wir Erde und Himmel, Mensch und Gott. Beten heißt ja nicht einfach das Herz ausschütten, sondern es heißt, mit seinem erfüllten oder auch leeren Herzen den Weg zu Gott finden und mit ihm reden. Das kann kein Mensch von sich aus, dazu braucht er Jesus Christus.

Die Jünger wollen beten, aber sie wissen nicht, wie sie es tun sollen. Das kann eine große Qual werden, mit Gott reden wollen und es nicht können, vor Gott stumm sein müssen, spüren, daß alles Rufen im eigenen Ich verhallt, daß Herz und Mund eine verkehrte Sprache sprechen, die Gott nicht hören will. In solcher Not suchen wir Menschen, die uns helfen können, die etwas vom Beten wissen. Wenn uns einer, der beten kann, in sein Gebet mit hineinnähme, wenn wir sein Gebet mitbeten dürften, dann wäre uns geholfen! Ge-

1. Vgl. »Christus in den Psalmen«, 1935, GS III, 294 ff. »Das Gebetbuch der Bibel« war Bonhoeffers letzte Arbeit, die gedruckt wurde; vgl. GS II, 367 f, 372.

wiß können uns erfahrene Christen hier viel helfen, aber sie können es auch nur durch den, der ihnen selbst helfen muß und zu dem sie uns weisen, wenn sie rechte Lehrer im Beten sind, durch Jesus Christus. Wenn er uns mit in sein Gebet hineinnimmt, wenn wir sein Gebet mitbeten dürfen, wenn er uns auf seinem Wege zu Gott mit hinaufführt und uns beten lehrt, dann sind wir von der Qual der Gebetslosigkeit befreit. Das aber will Jesus Christus. Er will mit uns beten, wir beten sein Gebet mit und dürfen darum gewiß und froh sein, daß Gott uns hört. Wenn unser Wille, unser ganzes Herz eingeht in das Gebet Christi, dann beten wir recht. Nur in Jesus Christus können wir beten, mit ihm werden auch wir erhört.

So müssen wir also beten lernen. Das Kind lernt sprechen, weil der Vater zu ihm spricht. Es lernt die Sprache des Vaters. So lernen wir zu Gott sprechen, weil Gott zu uns gesprochen hat und spricht. An der Sprache des Vaters im Himmel lernen seine Kinder mit ihm reden. Gottes eigene Worte nachsprechend, fangen wir an, zu ihm zu beten. Nicht in der falschen und verworrenen Sprache unseres Herzens, sondern in der klaren und reinen Sprache, die Gott in Jesus Christus zu uns gesprochen hat, sollen wir zu Gott reden und will er uns hören.

Gottes Sprache in Jesus Christus begegnet uns in der Heiligen Schrift. Wollen wir mit Gewißtheit und Freude beten, so wird das Wort der Heiligen Schrift der feste Grund unseres Gebetes sein müssen. Hier wissen wir, daß Jesus Christus, das Wort Gottes, uns beten lehrt. Die Worte, die von Gott kommen, werden die Stufen sein, auf denen wir zu Gott finden.

Nun gibt es in der Heiligen Schrift ein Buch, das sich von allen anderen Büchern der Bibel dadurch unterscheidet, daß es nur Gebete enthält. Das sind die Psalmen. Es ist zunächst etwas sehr Verwunderliches, daß es in der Bibel ein Gebetbuch gibt. Die Heilige Schrift ist doch Gottes Wort an uns.

Gebete aber sind Menschenworte. Wie kommen sie daher in die Bibel? Wir dürfen uns nicht irremachen lassen: die Bibel ist Gottes Wort, auch in den Psalmen. So sind also die Gebete zu Gott – Gottes eigenes Wort? Das scheint uns schwer verständlich. Wir begreifen es nur, wenn wir daran denken, daß wir das rechte Beten allein von Jesus Christus lernen können, daß es also das Wort des Sohnes Gottes, der mit uns Menschen lebt, an Gott den Vater ist, der in der Ewigkeit lebt. Jesus Christus hat alle Not, alle Freude, allen Dank und alle Hoffnung der Menschen vor Gott gebracht. In seinem Munde wird das Menschenwort zum Gotteswort, und wenn wir sein Gebet mitbeten, wird wiederum das Gotteswort zum Menschenwort. So sind alle Gebete der Bibel solche Gebete, die wir mit Jesus Christus zusammen beten, in die er uns hineinnimmt und durch die er uns vor Gottes Angesicht trägt, oder es werden keine rechten Gebete; denn nur in und mit Jesus Christus können wir recht beten.

Wenn wir daher die Gebete der Bibel und besonders die Psalmen lesen und beten wollen, so müssen wir nicht zuerst danach fragen, was sie mit uns, sondern was sie mit Jesus Christus zu tun haben. Wir müssen fragen, wie wir die Psalmen als Gottes Wort verstehen können, und dann erst können wir sie mitbeten. Es kommt also nicht darauf an, ob die Psalmen gerade das ausdrücken, was wir gegenwärtig in unserem Herzen fühlen. Vielleicht ist es gerade nötig, daß wir gegen unser eigenes Herz beten, um recht zu beten. Nicht was wir gerade beten wollen, ist wichtig, sondern worum Gott von uns gebeten sein will. Wenn wir auf uns allein gestellt wären, so würden wir wohl auch vom Vaterunser oft nur die vierte Bitte beten. Aber Gott will es anders. Nicht die Armut unseres Herzens, sondern der Reichtum des Wortes Gottes soll unser Gebet bestimmen.

Wenn also die Bibel auch ein Gebetbuch enthält, so lernen wir daraus, daß zum Worte Gottes nicht nur das Wort gehört, das er uns zu sagen hat, sondern auch das Wort, das er von uns hören will, weil es das Wort seines lieben Sohnes ist. Das ist eine große Gnade, daß Gott uns sagt, wie wir mit ihm sprechen und Gemeinschaft haben können. Wir können es, indem wir im Namen Jesu Christi beten. Dazu sind uns die Psalmen gegeben, daß wir sie im Namen Jesu Christi beten lernen.

Auf die Bitte der Jünger hat Jesus ihnen das Vaterunser gegeben. In ihm ist alles Beten enthalten. Was in die Bitten des Vaterunsers eingeht, ist recht gebetet, was in ihnen keinen Raum hat, ist kein Gebet. Alle Gebete der Heiligen Schrift sind im Vaterunser zusammengefaßt. Sie werden in seine unermeßliche Weite aufgenommen. Sie werden also durch das Vaterunser nicht überflüssig gemacht, sondern sie sind der unerschöpfliche Reichtum des Vaterunsers, wie das Vaterunser ihre Krönung und Einheit ist. Vom Psalter sagt Luther: »Er ist durchs Vaterunser und das Vaterunser durch ihn also gezogen, daß man eins aus dem andern sehr fein verstehen kann und lustig zusammenstimmen.« So wird das Vaterunser zum Prüfstein dafür, ob wir im Namen Jesu Christi beten oder im eigenen Namen. Es hat darum guten Sinn, wenn der Psalter in unser Neues Testament meist mit hineingebunden wird. Er ist das Gebet der Gemeinde Jesu Christi, er gehört zum Vaterunser.

Die Beter der Psalmen

Von den 150 Psalmen werden 73 dem König David zugeschrieben, 12 dem von David angestellten Sangmeister Asaph, 12 der unter David wirkenden levitischen Sängerfamilie der Kinder Korah, 2 dem König Salomo, je einer den vermutlich unter David und Salomo tätigen Musikmeistern Heman und Ethan. So ist es verständlich, daß sich der Name Davids in besonderer Weise mit dem Psalter verbunden hat.

Von David wird berichtet, daß er nach seiner heimlichen Salbung zum König zu dem von Gott verworfenen und mit einem bösen Geist geplagten König Saul gerufen worden sei, um ihm auf der Harfe vorzuspielen. »Wenn nun der Geist Gottes über Saul kam, so nahm David die Harfe und spielte mit seiner Hand, so erquickte sich Saul und es ward besser mit ihm und der böse Geist wich von ihm (1. Sam. 16, 23). Das mag der Anfang der Psalmendichtung Davids gewesen sein. In der Kraft des Geistes Gottes, der mit der Salbung zum König über ihn gekommen war, vertreibt er den bösen Geist durch sein Lied. Kein Psalm aus der Zeit vor der Salbung ist uns überliefert. Erst der zum messianischen König Berufene, aus dem der verheißene König Jesus Christus entstammen sollte, betete die Lieder, die später in den Kanon der Heiligen Schrift aufgenommen werden.
David ist nach dem Zeugnis der Bibel als der gesalbte König des erwählten Volkes Gottes ein Vorbild auf Jesus Christus. Was ihm widerfährt, geschieht ihm um dessentwillen, der in ihm ist und aus ihm hervorgehen soll, Jesus Christus; und das blieb ihm nicht unbewußt, sondern »da er nun ein Prophet war und wußte, daß ihm Gott verheißen hatte mit einem Eide, daß die Frucht seiner Lenden sollte auf seinem Stuhle sitzen, hat er's zurvor gesehen und geredet von der Auferstehung Jesu Christi« (Apg. 2, 30 f). David war ein Zeuge Christi in seinem Amt, seinem Leben, seinen Worten. Ja, mehr noch sagt das Neue Testament. In den Psalmen Davids spricht schon der verheißene Christus selbst (Hebr. 2, 12; 10, 5) oder, wie es auch heißen kann, der Heilige Geist (Hebr. 3, 7). Dieselben Worte also, die David sprach, sprach in ihm der zukünftige Messias. Die Gebete Davids wurden von Christus mitgebetet oder vielmehr Christus selbst betete sie in seinem Vorläufer David.
Diese kurze Bemerkung des Neuen Testaments wirft ein bedeutsames Licht auf den ganzen Psalter. Sie bezieht ihn auf Christus. Wie das im einzelnen zu verstehen ist, werden wir

noch zu überlegen haben. Wichtig ist für uns, daß auch David nicht nur aus dem persönlichen Überschwang seines Herzens, sondern aus dem in ihm wohnenden Christus heraus betete. Der Beter seiner Psalmen bleibt zwar er selbst, aber in ihm und mit ihm Christus. Die letzten Worte des alten David sprechen das in geheimnisvoller Weise selber aus: »Es spricht David, der Sohn Isais, es spricht der Mann, der hoch erhoben ist, der Gesalbte des Gottes Jakobs, der liebliche Psalmensänger Israels: der Geist des Herrn hat durch mich geredet und seine Rede ist auf meiner Zunge«, und nun folgt eine letzte Weissagung auf den künftigen König der Gerechtigkeit, Jesus Christus (2. Sam. 23, 2 ff).
Damit sind wir wiederum zu der Erkenntnis geführt, die wir früher gewonnen hatten. Gewiß sind nicht alle Psalmen von David, und es gibt kein Wort des Neuen Testamentes, das den ganzen Psalter Christus in den Mund legt. Immerhin müssen uns die genannten Andeutungen wichtig genug für den ganzen Psalter werden, der ja entscheidend mit dem Namen Davids verbunden ist, und von den Psalmen insgesamt sagt Jesus selbst, daß sie seinen Tod und seine Auferstehung und die Predigt des Evangeliums verkündigt haben (Luk. 24, 44 ff).
Wie ist es möglich, daß zugleich ein Mensch und Jesus Christus den Psalter beten? Es ist der menschgewordene Sohn Gottes, der alle menschliche Schwachheit an seinem eigenen Fleisch getragen hat, der hier das Herz der ganzen Menschheit vor Gott ausschüttet, der an unserer Stelle steht und für uns betet. Er hat Qual und Schmerz, Schuld und Tod tiefer gekannt als wir. Darum ist es das Gebet der von ihm angenommenen menschlichen Natur, das hier vor Gott kommt. Es ist wirklich unser Gebet, aber da er uns besser kennt als wir selbst, da er selbst wahrer Mensch war uns zugute, ist es auch wirklich sein Gebet, und es kann unser Gebet nur werden, weil es sein Gebet war.
Wer betet den Psalter? David (Salomo, Asaph usw.) betet,

Christus betet, wir beten. Wir – das ist zunächst die ganze Gemeinde, in der allein der ganze Reichtum des Psalters gebetet werden kann. Es ist schließlich aber auch jeder einzelne, sofern er an Christus und seiner Gemeinde teilhat und ihr Gebet mitbetet. David, Christus, die Gemeinde, ich selber – und wo wir dies alles miteinander bedenken, erkennen wir den wunderbaren Weg, den Gott geht, um uns beten zu lehren.

Namen, Musik, Versgestalt

Die hebräische Überschrift des Psalters heißt soviel wie »Hymnen«. Ps. 72, 20 werden alle vorangegangenen Psalmen »Gebete Davids« genannt. Beides ist überraschend und doch verständlich. Zwar enthält der Psalter auf den ersten Blick weder ausschließlich Hymnen noch ausschließlich Gebete. Trotzdem sind auch die Lehrgedichte oder die Klagelieder im Grunde Hymnen, denn sie dienen dem Lobpreis der Herrlichkeit Gottes. Und selbst diejenigen Psalmen, die nicht einmal eine Anrede an Gott enthalten (z. B. 1. 2. 78), dürfen Gebete genannt werden, denn sie dienen der Versenkung in Gottes Gedanken und Willen. »Psalter« ist ursprünglich ein Musikinstrument und erst in übertragener Weise von der Sammlung der Gebete gebraucht, die Gott als Lieder dargebracht werden.

Die Psalmen, wie sie uns heute überliefert sind, sind großenteils für den gottesdienstlichen Gebrauch in Musik gesetzt. Singstimmen und Instrumente aller Art wirken zusammen. Wiederum ist es David, auf den die eigentliche liturgische Musik zurückgeführt wird. Wie einst sein Harfenspiel den bösen Geist vertrieb, so ist die heilige, gottesdienstliche Musik eine wirksame Kraft, so daß gelegentlich für sie dasselbe Wort gebraucht werden kann wie für die prophetische Verkündigung (1. Chron. 25, 2). Viele der schwer verständlichen

Überschriften der Psalmen sind Anweisungen für den Musikmeister. Ebenso das häufige »Sela« mitten in einem Psalm, das vermutlich ein hier einsetzendes Zwischenspiel bezeichnet. »Das Sela zeigt an, daß man muß stille halten und dem Worte des Psalmes fleißig nachdenken; denn sie fordern eine ruhige und stillstehende Seele, die da begreifen und fassen könne, was ihr der Heilige Geist allda vorhält und einbildet« (Luther).
Die Psalmen wurden wohl meist im Wechselchor gesungen. Dafür waren sie auch durch ihre Versform besonders geeignet, dergemäß je zwei Versglieder so miteinander verbunden sind, daß sie mit anderen Worten im wesentlichen denselben Gedanken aussprechen. Das ist der sogenannte Parallelismus der Glieder. Diese Form ist nicht zufällig, sondern sie ruft uns dazu auf, das Gebet nicht abbrechen zu lassen, und sie lädt dazu ein, miteinander zu beten. Was uns, die wir hastig zu beten gewöhnt sind, als unnötige Wiederholung erscheint, ist in Wahrheit die rechte Versenkung und Sammlung im Gebet, ist zugleich das Zeichen dafür, daß viele, ja daß alle Gläubigen mit verschiedenen Worten doch ein und dasselbe beten. So fordert uns die Versform noch besonders dazu auf, die Psalmen gemeinsam zu beten.

Der Gottesdienst und die Psalmen

In vielen Kirchen werden sonntäglich oder sogar täglich Psalmen im Wechsel gelesen oder gesungen. Diese Kirchen haben sich einen unermeßlichen Reichtum bewahrt, denn nur im täglichen Gebrauch wächst man in jenes göttliche Gebetbuch hinein. Bei nur gelegentlichem Lesen sind uns diese Gebete zu übermächtig in Gedanken und Kraft, als daß wir uns nicht immer wieder zu leichterer Kost wendeten. Wer aber den Psalter ernstlich und regelmäßig zu beten angefangen hat, der wird den anderen, leichten, eigenen »andächtigen Gebetlein bald Urlaub geben und sagen: ach, es ist nicht der Saft, Kraft, Brunst und Feuer, die ich im Psalter finde, es schmeckt mir zu kalt und zu hart« (Luther).

Wo wir also in unseren Kirchen die Psalmen nicht mehr beten, da müssen wir den Psalter um so mehr in unsere täglichen Morgen- und Abendandachten aufnehmen, jeden Tag mehrere Psalmen möglichst gemeinsam lesen und beten, damit wir mehrmals im Jahr durch dieses Buch hindurchkommen und immer tiefer eindringen. Wir dürfen dann auch keine Auswahl nach eigenem Gutdünken vornehmen. Damit tun wir dem Gebetbuch der Bibel Unehre und meinen besser zu wissen, was wir beten sollen, als Gott selbst. In der alten Kirche war es nichts Ungewöhnliches, »den ganzen David« auswendig zu können. In einer orientalischen Kirche war dies Voraussetzung für das kirchliche Amt. Der Kirchenvater Hieronymus erzählt, daß man zu seiner Zeit in Feldern und Gärten Psalmen singen hörte. Der Psalter erfüllte das Leben der jungen Christenheit. Wichtiger als dies alles aber ist, daß Jesus mit Worten der Psalmen auf den Lippen am Kreuz gestorben ist.

Mit dem Psalter geht einer christlichen Gemeinde ein unvergleichlicher Schatz verloren, und mit seiner Wiedergewinnung werden ungeahnte Kräfte in sie eingehen.

Einteilung

Die Gegenstände, um die es im Psalmengebet geht, wollen wir folgendermaßen einteilen: Die Schöpfung; das Gesetz; die Heilsgeschichte; der Messias, die Kirche; das Leben; das Leiden; die Schuld; die Feinde; das Ende. Es wäre nicht schwer, alle diese Stücke dem Vaterunser einzuordnen und so zu zeigen, wie der Psalter ganz in das Gebet Jesu aufgenommen ist. Um aber nicht dieses Ergebnis unserer Betrachtungen vorwegzunehmen, wollen wir bei der den Psalmen selbst entnommenen Einteilung bleiben.

Die Schöpfung

Die Schrift verkündigt Gott als den Schöpfer Himmels und der Erde. Ihm Ehre, Lob und Dank zu bringen, rufen uns viele Psalmen auf. Es gibt jedoch keinen einzigen Psalm, der nur von der Schöpfung spricht. Immer ist es der Gott, der sich seinem Volk in seinem Wort schon offenbart hat, der als der Schöpfer der Welt erkannt werden soll. Weil Gott zu uns gesprochen hat, weil uns Gottes Name offenbar geworden ist, können wir ihn als den Schöpfer glauben. Sonst könnten wir ihn nicht kennen. Die Schöpfung ist ein Bild der Macht und Treue Gottes, die er uns in seiner Offenbarung in Jesus Christus erwiesen hat. Den Schöpfer, der sich uns als Erlöser offenbart hat, beten wir an.
Ps. 8 preist den Namen Gottes und sein gnädiges Tun am Menschen als – von der Schöpfung her unbegreifliche – Krönung seiner Werke. Ps. 19 kann von der Herrlichkeit des Laufes der Gestirne nicht sprechen, ohne sogleich in jähem, unvermitteltem neuem Einsatz der viel größeren Herrlichkeit der Offenbarung seines Gesetzes zu gedenken und zur Buße zu rufen. Ps. 29 läßt uns die furchtbare Gewalt Gottes im Gewitter bewundern, und doch liegt ihr Ziel in der Kraft, dem Segen und dem Frieden, den Gott seinem Volk schenkt. Ps. 104 faßt die Fülle der Werke Gottes ins Auge und sieht sie zugleich als ein Nichts vor ihm, dessen Ehre allein ewig bleibt und der zuletzt die Sünder vertilgen muß.
Die Schöpfungspsalmen sind nicht lyrische Gedichte, sondern die Anleitung für das Volk Gottes, in der erfahrenen Heilsgnade den Weltschöpfer zu finden und zu ehren. Die Schöpfung dient den Gläubigen, und alle Kreatur Gottes ist gut, wenn wir sie mit Danksagung empfangen (1. Tim. 4, 3 f). Danken aber können wir nur für das, was mit der Offenbarung Gottes in Jesus Christus in Einklang steht. Um Jesu Christi willen ist die Schöpfung mit all ihren Gaben da. So

danken wir Gott mit, in und durch Jesus Christus, dem wir gehören, für die Herrlichkeit seiner Schöpfung.

Das Gesetz

Die drei Psalmen (1. 19. 119), die in besonderer Weise das Gesetz Gottes zum Gegenstand des Dankens, Lobens und Bittens machen, wollen uns vor allem die Wohltat des Gesetzes vor Augen führen. Unter »Gesetz« ist dann meist die ganze Erlösungstat Gottes und die Weisung für ein neues Leben im Gehorsam zu verstehen. Die Freude am Gesetz, an den Geboten Gottes erfüllt uns, wenn Gott unserem Leben durch Jesus Christus die große Wendung gegeben hat. Daß Gott mir sein Gebot einmal verbergen könnte (Ps. 119, 17), daß er mich eines Tages seinen Willen nicht erkennen lassen könnte, ist die tiefste Angst des neuen Lebens.

Es ist Gnade, Gottes Befehle zu kennen. Sie befreien uns von den selbstgemachten Plänen und Konflikten. Sie machen unsere Schritte gewiß und unseren Weg fröhlich. Gott gibt seine Gebote, damit wir sie erfüllen, und »seine Gebote sind nicht schwer« (1. Joh. 5, 3) für den, der in Jesus Christus alles Heil gefunden hat. Jesus ist selbst unter dem Gesetz gewesen und hat es in völligem Gehorsam gegen den Vater erfüllt. Gottes Wille wird seine Freude, seine Speise. So dankt er in uns für die Gnade des Gesetzes und schenkt uns die Freude in seiner Erfüllung. Nun bekennen wir unsere Liebe zum Gesetz. Wir bekräftigen, daß wir es gern halten, und bitten, daß wir in ihm unsträflich bewahrt bleiben. Nicht in eigener Kraft tun wir das, sondern wir beten es im Namen Jesu Christi, der für uns und in uns ist.

Besonders schwer wird uns vielleicht der 119. Psalm um seiner Länge und Gleichmäßigkeit willen. Hier hilft uns ein ganz langsames, stilles, geduldiges Fortschreiten von Wort zu Wort, von Satz zu Satz. Dann erkennen wir, daß die scheinbaren Wiederholungen doch immer neue Wendungen der einen Sache sind, der Liebe zu Gottes Wort. Wie diese Liebe kein Ende nehmen kann, so auch die Worte nicht, die sie bekennen. Sie wollen uns durch ein ganzes Leben begleiten und in ihrer Einfachheit werden sie zum Gebet des Kindes, des Mannes und des Greises.

Die Heilsgeschichte

Die Psalmen 78, 105, 106 erzählen uns von der Geschichte des Volkes Gottes auf Erden, von der erwählenden Gnade und Treue Gottes und von der Untreue und dem Undank seines Volkes. Ps. 78 hat überhaupt keine Gebetsanrede. Wie sollen wir diese Psalmen beten? Ps. 106 fordert uns zu Dank, Anbetung, Gelöbnis, Bitte, Sündenbekenntnis und Hilferuf angesichts der vergangenen Heilsgeschichte auf. Dank für die Güte Gottes, die über seinem Volk in Ewigkeit währt, die auch wir Heutigen erfahren wie unsere Väter; Anbetung für die Wunder, die Gott uns zugute tat, von der Erlösung seiner Gemeinde aus Ägypten bis zu Golgatha; Gelöbnis, das Gebot Gottes treuer zu halten als bisher; Bitte um die Gnade Gottes hierzu nach seiner Verheißung; Bekenntnis der eigenen Sünde, Untreue und Unwürdigkeit angesichts so großer Barmherzigkeit; Hilferuf um endliche Sammlung und Erlösung des Volkes Gottes.
Wir beten diese Psalmen, indem wir all das, was Gott einst an seinem Volk tat, als uns getan ansehen, indem wir unsere Schuld und Gottes Gnade bekennen, indem wir Gott auf Grund seiner vormaligen Wohltaten seine Verheißungen vorhalten und um ihre Erfüllung bitten, indem wir schließlich die ganze Geschichte Gottes mit seiner Gemeinde erfüllt sehen in Jesus Christus, durch den uns geholfen wurde und wird. Um Jesu Christi willen bringen wir Gott Dank, Bitte und Bekenntnis.

Der Messias

Gottes Heilsgeschichte kommt zur Vollendung in der Sendung des Messias. Von diesem Messias hat nach Jesu eigener Auslegung der Psalter geweissagt (Luk. 24, 44). Die Psalmen 22 und 69 sind der Gemeinde als die Leidenspsalmen Christi bekannt.
Den Anfang des 22. Psalmes hat Jesus selbst am Kreuz gebetet und so ganz deutlich zu seinem Gebet gemacht. Den 23. Vers legt Hebr. 2, 12 Christus in den Mund. Die Verse 9 und 19 sind unmittelbare Weissagungen auf die Kreuzigung Jesu. Mag David selber einst diesen Psalm in seinem eigenen Leiden gebetet haben, so tat er es doch als der von Gott gesalbte und darum von den Menschen verfolgte König, aus dem Christus kommen sollte. Er tat es als der, der Christus in sich trug. Christus aber nahm sich dieses Gebetes an, und erst für ihn galt es in vollem Sinne. Wir aber können diesen Psalm nur beten in der Gemeinschaft Jesu Chrisi, als die, die an Christi Leiden teilbekommen haben. Nicht aus unserem zufälligen, persönlichen Leiden, sondern aus dem Christusleiden, das auch über uns gekommen ist, beten wir diesen Psalm. Immer aber hören wir Jesus Christus mit uns beten und durch ihn hindurch jenen alttestamentlichen König, und dieses Gebet nachsprechend, ohne es je in seiner ganzen Tiefe ermessen oder erfahren zu können, treten wir mit Christus betend vor den Thron Gottes.
Im Psalm 69 pflegt der 6. Vers Schwierigkeiten zu bereiten, weil hier Christus Gott seine Torheit und Schulden klagt. Gewiß hat David hier von seiner persönlichen Schuld gesprochen. Christus aber spricht von der Schuld aller Menschen, auch der des David und meiner eigenen, die er auf sich genommen und getragen hat, und für die er nun den Zorn des Vaters erleidet. Der wahre Mensch Jesus Christus betet in diesem Psalm und nimmt uns in sein Gebet hinein.
Die Psalmen 2 und 110 bezeugen den Sieg Christi über seine

Feinde, die Aufrichtung seines Reiches, die Anbetung durch das Volk Gottes. Auch hier knüpft die Weissagung an David und sein Königtum an. Wir aber erkennen in David schon den künftigen Christus. Luther nennt den 110. Psalm »den rechten hohen Hauptpsalm von unserem lieben Herrn Jesu Christo«.

Die Psalmen 20, 21 und 72 beziehen sich ursprünglich zweifellos auf das irdische Königtum Davids und Salomos. Ps. 20 bittet um den Sieg des messianischen Königs über seine Feinde, um die Annahme seines Opfers durch Gott; Ps. 21 dankt für Sieg und Krönung des Königs; Ps. 72 bittet für Recht und Hilfe der Armen, um Frieden, beständige Herrschaft, ewigen Ruhm im Reiche des Königs. Wir beten in diesen Psalmen um den Sieg Jesu Christi in der Welt, wir danken für den gewonnenen Sieg und bitten um die Aufrichtung des Reiches der Gerechtigkeit und des Friedens unter dem König Jesus Christus. Dahin gehört auch Ps. 61, 7 ff; 63, 12.

Von der Liebe zu dem messianischen König spricht der vielumstrittene 45. Psalm, von seiner Schönheit, seinem Reichtum, seiner Macht. Bei der Hochzeit mit diesem König soll die Braut ihres Volkes und ihres Vaterhauses vergessen (V. 11) und dem König huldigen. Ihm allein soll sie sich schmükken und mit Freude bei ihm einziehen. Das ist das Lied und das Gebet von der Liebe zwischen Jesus, dem König, und seiner Gemeinde, die ihm zugehört.

Die Kirche

Von Jerusalem, der Stadt Gottes, von den großen Festen des Gottesvolkes, vom Tempel und den schönen Gottesdiensten singen die Psalmen 27, 42, 46, 48, 63, 81, 84, 87 u.a. Es ist die Gegenwart des Gottes des Heils in seiner Gemeinde, für die wir hier danken, über die wir uns freuen, nach der wir uns sehnen. Was für den Israeliten der Berg Zion und der Tempel, das ist für uns die Kirche Gottes in aller Welt, wo immer Gott in seinem Wort und Sakrament bei seiner Gemeinde Wohnung macht. Diese Kirche wird allen Feinden zum Trotz bleiben (Ps. 46), ihre Gefangenschaft unter die Mächte der gottlosen Welt wird ein Ende nehmen (126, 137). Der in Christus seiner Gemeinde gegenwärtige, gnädige Gott ist die Erfüllung alles Dankens, aller Freude und Sehnsucht der Psalmen. Wie Jesus, in dem doch Gott selbst wohnt, nach der Gemeinschaft Gottes Verlangen hatte, weil er ein Mensch wie wir gewesen war (Luk. 2, 49), so betet er mit uns um die völlige Nähe und Gegenwart Gottes bei den Seinigen.

Gott hat verheißen, im Gottesdienst seiner Gemeinde gegenwärtig zu sein. So hält die Gemeinde nach Gottes Ordnung ihren Gottesdienst. Den vollkommenen Gottesdienst aber hat Jesus Christus selbst dargebracht, indem er alle verordneten Opfer in seinem freiwilligen, sündlosen Opfer vollendete. Christus brachte das Opfer Gottes für uns und unser Opfer für Gott in sich selbst dar. Uns bleibt nur noch das Lob- und Dankopfer in Gebeten, Liedern und in einem Leben nach Gottes Geboten (Ps. 15, Ps. 50). So wird unser ganzes Leben zum Gottesdienst, zum Dankopfer. Zu solchem Dankopfer will sich Gott bekennen und dem Dankbaren sein Heil zeigen (Ps. 50, 23). Gott um Christi willen dankbar zu werden und ihn in der Gemeinde mit Herzen, Mund und Händen zu loben, das wollen uns diese Psalmen lehren.

Das Leben

Es fällt vielen ernsten Christen beim Beten der Psalmen auf, wie häufig die Bitte um Leben und Glück begegnet. Aus dem Blick auf das Kreuz Christi erwächst manchem der ungesunde Gedanke, als seien das Leben und sichtbare irdische Segnungen Gottes an sich schon ein zweifelhaftes und jedenfalls nicht zu begehrendes Gut. Sie nennen dann die entsprechenden Gebete des Psalters eine unvollkommene Vorstufe alttestamentlicher Frömmigkeit, die im Neuen Testament überwunden sei. Damit aber wollen sie geistlicher sein als Gott selbst.

Wie die Bitte um das tägliche Brot das ganze Gebiet der Notdurft des leiblichen Lebens umfaßt, so gehört die Bitte um Leben, Gesundheit und sichtbare Erweise der Freundlichkeit Gottes notwendig zu dem Gebet, das sich an Gott, den Schöpfer und Erhalter dieses Lebens richtet. Das leibliche Leben ist nicht verächtlich, sondern dazu hat Gott uns seine Gemeinschaft in Jesus Christus geschenkt, daß wir in diesem – und dann freilich auch in jenem Leben von ihm leben können. Dazu gibt er uns die irdischen Güter [im Manuskript: Gebete], damit wir ihn desto besser erkennen, loben und lieben können. Gott will, daß es den Frommen auf Erden wohlergeht (Ps. 37). Dieser Wille wird auch durch das Kreuz Jesu Christi nicht außer Kraft gesetzt, sondern vielmehr bestätigt, und gerade dort, wo Menschen in der Nachfolge Jesu viele Entbehrungen auf sich nehmen müssen, wie die Jünger, werden sie auf die Frage Jesu: »Habt ihr auch je Mangel gehabt?« antworten: »Niemals!« (Luk. 22, 35). Voraussetzung dafür ist die Erkenntnis des Psalmes: »Das Wenige, das ein Gerechter hat, ist besser als das große Gut vieler Gottloser« (Ps. 37, 16).

Wir dürfen wirklich kein schlechtes Gewissen dabei haben, mit dem Psalter um Leben, Gesundheit, Friede, irdisches Gut zu beten, wenn wir nur wie der Psalm selbst dies alles als Erweise der gnädigen Gemeinschaft Gottes mit uns erkennen und dabei festhalten, daß Gottes Güte besser ist denn Leben (Ps. 63, 4 f; 73, 25 f).

Der 103. Psalm lehrt uns die ganze Fülle der Gaben Gottes von der Erhaltung des Lebens bis zur Vergebung der Sünden als eine große Einheit zu verstehen und für sie dankend und lobend vor Gott zu treten (vgl. auch Ps. 65). Um Jesu Christi willen gibt und erhält uns der Schöpfer das Leben. So will er uns bereit machen, zuletzt durch den Verlust aller irdischen Güter im Tode das ewige Leben zu gewinnen. Allein um Jesu Christi willen und auf sein Geheiß dürfen wir um die Lebensgüter beten und um seinetwillen sollen wir es auch mit Zuversicht tun. Wenn wir aber empfangen, was wir bedürfen, so sollen wir nicht aufhören, Gott von Herzen zu danken, daß er um Jesu Christi willen so freundlich ist.

Das Leiden

»Wo findest du kläglichere, jämmerlichere Worte an Traurigkeit, denn die Klagepsalmen haben? Da siehst du allen Heiligen ins Herz, wie in den Tod, ja wie in die Hölle. Wie finster und dunkel ist's da an allerlei betrübtem Anblick des Zornes Gottes« (Luther).

In rechter Weise in den vielfachen Leiden, die die Welt über uns bringt, vor Gott zu kommen, lehrt uns der Psalter reichlich. Schwere Krankheit und tiefe Verlassenheit von Gott und Menschen, Bedrohung, Verfolgung, Gefangenschaft und was es an erdenklicher Not auf Erden gibt, die Psalmen kennen es (13, 31, 35, 41, 44, 54, 55, 56, 61, 74, 79, 86, 88, 102, 105 u.a.). Sie leugnen es nicht ab, sie täuschen sich nicht mit frommen Worten darüber hinweg, sie lassen es als harte Anfechtung des Glaubens stehen, ja sie sehen manchmal nicht mehr über das Leiden hinaus (Ps. 88), aber sie alle klagen es Gott. Kein einzelner Mensch kann aus eigener Erfahrung die Klagepsalmen nachbeten. Es ist die Not der ganzen Gemeinde zu allen Zeiten, wie sie Jesus Christus nur allein ganz erfahren hat, die hier ausgebreitet ist. Weil sie mit Gottes Willen geschieht, ja weil Gott allein sie ganz weiß und besser weiß als wir selbst, darum kann auch nur Gott selbst helfen,

aber darum müssen auch alle Fragen immer wieder gegen Gott selbst anstürmen.
Es gibt in den Psalmen keine allzu geschwinde Ergebung in das Leiden. Immer geht es durch Kampf, Angst, Zweifel hindurch. An Gottes Gerechtigkeit, die den Frommen vom Unglück getroffen werden, den Gottlosen aber frei ausgehen läßt, ja an Gottes gutem, gnädigem Willen wird gerüttelt (Ps. 44, 25). Zu unbegreiflich ist sein Handeln. Aber selbst in der tiefsten Hoffnungslosigkeit bleibt Gott allein der Angeredete. Weder wird von Menschen Hilfe erwartet nocht verliert der Geplagte in Selbstbemitleidung den Ursprung und das Ziel aller Not, Gott, aus den Augen. Er tritt zum Kampf gegen Gott für Gott an. Dem zornigen Gott wird seine Verheißung ungezählte Male vorgehalten, seine frühere Wohltat, die Ehre seines Namens unter den Menschen.
Bin ich schuldig, warum vergibt Gott nicht? Bin ich unschuldig, warum macht er der Qual kein Ende und erweist meine Unschuld vor meinen Feinden? (Ps. 38, 79, 44). Eine theoretische Antwort auf alle diese Fragen gibt es nicht, so wenig wie im Neuen Testament. Die einzige wirkliche Antwort heißt: Jesus Christus. Diese Antwort aber wird in den Psalmen schon erbeten. Es ist ihnen ja allen gemeinsam, daß sie alle Not und Anfechtung auf Gott werfen: Wir können sie nicht mehr tragen, nimm du sie uns ab und trage sie selbst, du allein kannst mit dem Leiden fertig werden. Das ist das Ziel aller Klagepsalmen. Sie beten um den, der die Krankheit auf sich lud und alle unsere Gebrechen trug, Jesus Christus. Sie predigen Jesus Christus als die einzige Hilfe in den Leiden; denn in ihm ist Gott bei uns.
Um die volle Gemeinschaft mit Gott, der die Gerechtigkeit und die Liebe ist, geht es in den Klagepsalmen. Aber nicht nur ist Jesus Christus das Ziel unseres Betens, sondern er ist auch in unserem Beten selbst mit dabei. Er, der alle Not getragen hat, hat sie vor Gott gebracht, um unsertwillen hat er in Gottes Namen gebetet: »Nicht wie ich will, sondern wie

du willst.« Um unsertwillen hat er am Kreuz geschrien: »Mein Gott, mein Gott, warum hast du mich verlassen?« Nun wissen wir, daß es kein Leiden auf Erden mehr gibt, in dem nicht Christus bei uns wäre, mit uns leidend, betend, der einzige Helfer.

Auf diesem Grunde wachsen die großen Vertrauenspsalmen. Ein Gottvertrauen ohne Christus ist leer und ohne Gewißheit, ja es kann nur eine andere Form des Selbstvertrauens sein. Wer aber weiß, daß Gott in Jesus Christus selbst in unser Leiden eingegangen ist, der darf mit großem Vertrauen sagen: »Du bist bei mir, dein Stecken und Stab trösten mich« (Ps. 23, 37, 63, 73, 91, 121).

Die Schuld

Seltener als wir erwarten, begegnet uns im Psalter das Gebet um Vergebung der Sünden. Die meisten Psalmen setzen die volle Gewißheit der Vergebung der Sünden voraus. Das mag uns überraschen. Aber auch im Neuen Testament verhält es sich nicht anders. Es ist eine Verkürzung und Gefährdung des christlichen Gebetes, wenn es ausschließlich um die Vergebung der Sünden kreist. Es gibt ein getrostes Hinter-sich-Lassen der Sünde um Jesu Christi willen.

Dennoch fehlt im Psalter keineswegs das Bußgebet. Die sogenannten 7 Bußpsalmen (6, 32, 38, 51, 102, 130, 143), aber nicht nur sie (Ps. 14, 15, 25, 31, 39, 40, 41 u.a.), führen uns in die ganze Tiefe der Sündenerkenntnis vor Gott, sie helfen uns zum Bekenntnis der Schuld, sie lenken unser ganzes Vertrauen auf die vergebende Gnade Gottes, so daß Luther sie mit Recht »paulinische Psalmen« genannt hat. Meist führt ein besonderer Anlaß zu solchem Gebet, sei es eine schwere Schuld (Ps. 32, 51), sei es ein unerwartetes Leiden, das in die Buße treibt (Ps. 38, 102). Jedesmal wird alle Hoffnung auf die freie Vergebung gesetzt, wie sie uns Gott in sei-

nem Wort von Jesus Christus für alle Zeiten angeboten und zugesagt hat.
Der Christ wird beim Beten dieser Psalmen kaum Schwierigkeiten finden. Jedoch könnte die Frage entstehen, wie es zu denken sei, daß Christus auch diese Psalmen mit uns betet. Wie kann der Sündlose um Vergebung bitten? Nicht anders als wie der Sündlose die Sünde aller Welt tragen und für uns zur Sünde gemacht werden kann (2. Kor. 5, 21). Nicht um seiner, aber um unserer Sünde willen, die er selbst auf sich genommen hat und für die er leidet, betet Jesus um Vergebung der Sünde. Er stellt sich ganz zu uns, er will vor Gott ein Mensch sein wie wir. So betet er auch das menschlichste aller Gebete mit uns und erweist sich gerade dabei als wahrer Sohn Gottes.
Besonders auffallend und anstößig ist dem evangelischen Christen vielfach die Tatsache, daß im Psalter mindestens ebenso oft von der Unschuld wie von der Schuld der Frommen gesprochen wird (vgl. Ps. 5, 7, 9, 16, 17, 26, 35, 41, 44, 59, 66, 68, 69, 73, 86 u.a.) Hier scheint ein Rest sogenannter alttestamentlicher Werkgerechtigkeit sichtbar zu werden, mit dem der Christ nichts mehr anfangen kann. Doch bleibt diese Betrachtung ganz an der Oberfläche und weiß nichts von der Tiefe des Wortes Gottes. Es ist gewiß, daß man von der eigenen Unschuld in selbstgerechter Weise sprechen kann. Aber wissen wir denn nicht, daß man auch die demütigsten Sündenbekenntnisse sehr selbstgerecht beten kann? Von der eigenen Schuld kann ebenso fern von Gottes Wort geredet werden wie von der eigenen Unschuld.
Aber nicht das ist ja die Frage, welche möglichen Motive hinter einem Gebet stehen, sondern ob der Inhalt des Gebetes selbst recht oder unrecht ist. Hier aber ist es deutlich, daß der gläubige Christ durchaus nicht nur etwas von seiner Schuld, sondern auch etwas jedenfalls ebenso Wichtiges über seine Unschuld und Gerechtigkeit zu sagen hat. Es gehört zum Glauben des Christen, daß er durch Gottes Gnade

und das Verdienst Jesu Christi ganz gerecht und unschuldig vor Gottes Augen geworden ist, daß »nichts Verdammliches an denen ist, die in Christus Jesus sind« (Röm. 8, 1). Und es gehört zum Gebete des Christen, daß er an dieser ihm zuteil gewordenen Unschuld und Gerechtigkeit festhält, sich auf Gottes Wort beruft und für sie dankt. So dürfen wir nicht nur, sondern so müssen wir geradezu, wenn anders wir Gottes Handeln an uns überhaupt ernst nehmen, in aller Demut und Gewißheit beten: »Ich bin ohne Tadel vor ihm und hüte mich vor Sünden« (Ps. 18, 24), »du prüfst mein Herz und findest nichts« (Ps. 17, 3). Mit solchem Gebet stehen wir mitten im Neuen Testament, in der Kreuzesgemeinschaft Jesu Christi.

Besonders stark tritt die Beteuerung der Unschuld in den Psalmen hervor, die von der Bedrängnis durch gottlose Feinde handeln. Hier ist mehr an das Recht der Sache Gottes gedacht, die freilich dem, der ihr anhängt, auch recht gibt. Daß wir um der Sache Gottes willen verfolgt werden, setzt uns wirklich ins Recht gegenüber dem Feind Gottes. Neben der sachlichen Unschuld, die freilich niemals nur eine sachliche sein kann, weil die Sache der Gnade Gottes uns ja immer auch persönlich betrifft, kann dann in einem solchen Psalm das persönliche Schuldbekenntnis stehen (Ps. 41, 5; 69, 6), das ja wiederum nur ein Anzeichen dafür ist, daß ich wirklich an der Sache Gottes hänge. Ich kann dann sogar im selben Atem bitten: »Richte mich und führe meine Sache wider das unheilige Volk« (Ps. 43, 1).

Es ist ein durchaus unbiblischer und zersetzender Gedanke, daß wir niemals unschuldig leiden können, solange in uns selbst noch irgendein Fehler steckt. So urteilt weder das Alte noch das Neue Testament. Werden wir um der Sache Gottes willen verfolgt, so leiden wir unschuldig, das heißt ja, dann leiden wir mit Gott selbst; und daß wir wirklich mit Gott und darum unschuldig sind, wird sich gerade darin erweisen, daß wir um Vergebung unserer Sünden bitten.

Aber auch nicht nur gegenüber den Feinden Gottes sind wir unschuldig, sondern auch vor Gott selbst; denn er sieht uns nun mit seiner Sache verbunden, in die er uns selbst hineingezogen hat, und vergibt uns unsere Sünden. So münden alle Unschuldspsalmen ein in das Lied: »Christi Blut und Gerechtigkeit, das ist mein Schmuck und Ehrenkleid, damit will ich vor Gott bestehn, wenn ich zum Himmel werd eingehn.«

Die Feinde

Kein Stück des Psalters bereitet uns heute größere Not als die sogenannten Rachepsalmen. In erschreckender Häufigkeit durchdringen ihre Gedanken den ganzen Psalter. (5, 7, 9, 10, 13, 16, 21, 23, 28, 31, 35, 36, 40, 41, 44, 52, 54, 55, 58, 59, 68, 69, 70, 71, 137 u.a.). Hier scheinen alle Versuche mitzubeten zum Scheitern verurteilt, hier scheint nun wirklich die sogenannte religiöse Vorstufe gegenüber dem Neuen Testament vorzuliegen. Christus betet am Kreuz für seine Feinde und lehrte uns ebenso beten. Wie können wir noch mit den Psalmen Gottes Rache über die Feinde herbeirufen? Die Frage ist also: Lassen sich die Rachepsalmen als Gottes Wort für uns und als Gebet Jesu Christi verstehen? Können wir als Christen diese Psalmen beten? Wohlgemerkt, wiederum fragen wir nicht nach möglichen Motiven, die wir doch nicht ergründen können, sondern nach dem *Inhalt* des Gebetes.

Die Feinde, von denen hier gesprochen wird, sind Feinde der Sache Gottes, die uns um Gottes willen angreifen. Es handelt sich also nirgends um persönlichen Streit. Nirgends will der Psalmbeter die Rache in eigene Hand nehmen, er befiehlt die Rache Gott allein (vgl. Röm. 12, 19). Damit muß er sich selbst aller persönlichen Rachegedanken entschlagen, er muß frei sein von eigenem Rachedurst, sonst wäre die Rache nicht ernstlich Gott befohlen. Ja, nur wer selbst unschuldig ist gegenüber dem Feind, kann Gott die Rache anheimgeben. Das Gebet um die Rache Gottes ist das Gebet um die Vollstreckung seiner Gerechtigkeit im Gericht über die Sünde. Dieses Gericht muß ergehen, wenn Gott zu seinem Wort steht, es muß ergehen, wen es auch trifft; ich selbst gehöre mit meiner Sünde mit unter dieses Gericht. Ich habe kein Recht, dieses Gericht hindern zu wollen. Es muß erfüllt werden um Gottes willen, und es ist erfüllt worden, freilich in wunderbarer Weise.

Gottes Rache traf nicht die Sünder, sondern den einzig Sündlosen, der an der Sünder Stelle getreten ist, den Sohn Gottes. Jesus Christus trug die Rache Gottes, um deren Vollstreckung der Psalm betet. Er stillte Gottes Zorn über die Sünde und betete in der Stunde der Vollstreckung des göttlichen Gerichtes: »Vater, vergib ihnen, denn sie wissen nicht, was sie tun!« Kein anderer als er, der den Zorn Gottes selbst trug, konnte so beten. Das war das Ende aller falschen Gedanken über die Liebe Gottes, der die Sünde nicht so ernst nimmt. Gott haßt und richtet seine Feinde an dem einzigen Gerechten. Und dieser bittet für die Feinde Gottes um Vergebung. Nur im Kreuz Jesu Christi ist die Liebe Gottes zu finden.

So führt der Rachepsalm zum Kreuz Jesu und zur vergebenden Feindesliebe Gottes. Nicht ich kann von mir aus den Feinden Gottes vergeben, sondern allein der gekreuzigte Christus kann es, und ich darf es durch ihn. So wird die Vollstreckung der Rache zur Gnade für alle Menschen in Jesus Christus.

Gewiß ist es ein bedeutsamer Unterschied, ob ich mit dem Psalm in der Zeit der Verheißung oder ob ich in der Zeit der Erfüllung stehe; aber dieser Unterschied gilt für alle Psalmen. Ich bete den Rachepsalm in der Gewißheit seiner wunderbaren Erfüllung, ich stelle Gott die Rache anheim und bitte ihn um die Vollstreckung seiner Gerechtigkeit an allen seinen Feinden und weiß, daß Gott sich treu geblieben ist und sich Recht verschafft hat in seinem zornigen Gericht am Kreuz, und daß uns dieser Zorn zur Gnade und Freude geworden ist. Jesus Christus selbst bittet um die Vollstreckung der Rache Gottes an seinem Leibe und er führt mich so täglich zu dem Ernst und der Gnade seines Kreuzes für mich und alle Feinde Gottes zurück.

Auch heute kann ich nur durch das Kreuz Christi, durch die Vollstreckung der Rache Gottes hindurch Gottes Liebe glauben und den Feinden vergeben. Das Kreuz Jesu gilt allen. Wer sich ihm widersetzt, wer das Wort vom Kreuz Jesu verdirbt, an dem muß sich Gottes Rache selbst vollstrecken, er muß den Fluch Gottes tragen in dieser oder in jener Zeit. Von diesem Fluch aber, der denen gilt, die Christus hassen, spricht das Neue Testament in aller Klarheit und unterscheidet sich darin in nichts vom Alten, aber auch von der Freude der Gemeinde an dem Tage, an dem Gott sein letztes Gericht vollstrecken wird (Gal. 1, 8 f; 1. Kor. 16, 22; Offb. 18; 19; 20, 11). So lehrt uns der gekreuzigte Jesus, die Rachepsalmen recht zu beten.

Das Ende

Die Hoffnung der Christen richtet sich auf die Wiederkunft Jesu und die Auferstehung der Toten. Im Psalter findet sich diese Hoffnung nicht wörtlich ausgesprochen. Was sich seit der Auferstehung Jesu für die Kirche in eine lange Reihe heilsgeschichtlicher Ereignisse am Ende aller Dinge aufgegliedert hat, ist für den Blick des Alten Testaments noch ein einziges unteilbares Ganzes. Das Leben in der Gemeinschaft mit dem Gott der Offenbarung, der endliche Sieg Gottes in

der Welt und die Aufrichtung des messianischen Königtums sind Gegenstand des Gebetes in den Psalmen.
Der Sache nach liegt hier kein Unterschied zum Neuen Testament. Zwar bitten die Psalmen um Gemeinschaft mit Gott im irdischen Leben, aber sie wissen, daß diese Gemeinschaft nicht im irdischen Leben aufgeht, sondern weit darüber hinausreicht, ja im Gegensatz zu ihm steht (Ps. 17, 14 f; 6; 34). So ist das Leben in der Gemeinschaft mit Gott immer schon jenseits des Todes. Der Tod ist zwar das unwiderrufliche bittere Ende für Leib und Seele. Er ist der Sünde Sold, und die Erinnerung an ihn tut not (Ps. 39. 90). Jenseits des Todes aber ist der ewige Gott (Ps. 90. 102). Darum wird nicht der Tod, sondern das Leben in der Kraft Gottes triumphieren (Ps. 16, 9 ff; 56, 14; 49, 16; 73, 24; 118, 15 ff). Dieses Leben finden wir in der Auferstehung Jesu Christi und wir erbitten es für diese und jene Zeit.
Die Psalmen vom Endsieg Gottes und seines Messias (2. 96. 97. 98. 110. 148–150) führen uns in Lob, Dank und Bitte an das Ende aller Dinge, wenn alle Welt Gott die Ehre geben wird, wenn die erlöste Gemeinde mit Gott in Ewigkeit herrschen wird, wenn die Mächte des Bösen fallen und Gott allein die Macht behält.

Wir haben diesen kurzen Gang durch den Psalter unternommen, um einige Psalmen vielleicht besser beten zu lernen. Es wäre nicht schwer, alle die genannten Psalmen dem Vaterunser einzuordnen. Wir bauchten an der Reihenfolge der Abschnitte, die wir besprachen, nur wenig zu ändern. Wichtig aber ist allein dies, daß wir von neuem und mit Treue und Liebe die Psalmen im Namen unseres Herrn Jesu Christi zu beten beginnen.
»Unser lieber Herr, der uns den Psalter und das Vaterunser zu beten gelehrt und gegeben hat, verleihe uns auch den Geist des Gebets und der Gnade, daß wir mit Lust und ernstem Glauben recht und ohne Aufhören beten; denn es tut

uns not; so hat er's geboten und will's also von uns haben. Dem sei Lob, Ehre und Dank. Amen« (Luther).

Meditationen über Psalm 119
[Fragment]

1939/1940

Vorbemerkung des Erstherausgebers Eberhard Bethge

Zu diesen schriftlichen Meditationen des 119. Psalms liegen Zettel Bonhoeffers vor, auf denen er 1. die wiederkehrenden hebräischen Grundworte lexikalisch und konkordanzmäßig untersucht; 2. Kommentarnotizen vornehmlich von Sellin und Gunkel zusammenstellt; 3. biographische und Hauptaussagen, die innerhalb des Psalms immer wiederkehren, notiert; 4. die Aufteilung der Strophen für die römischen Antiphonen zur Prim, Terz, Sext und None; 5. die Einteilungsversuche mit jeweiligen Überschriften festhält, die er die Mitglieder des Sammelvikariates im Winter 1939/40 machen ließ; und 6. zwei eigene Versuche, die 22 je achtversigen Strophen unter Stichworte zu bringen:

a)

1. Vers	1–8	Lobpreis des Wandels im Gesetz
2. Vers	9–16	Der unsträfliche Weg
3. Vers	17–24	Erleuchtung, Wunder des Gesetzes, geöffnete Augen
4. Vers	25–32	Die Kraft des Gesetzes, Erquickung
5. Vers	33–40	(Beständigkeit), Festigkeit
6. Vers	41–48	Bekenntnis (-freudigkeit)
7. Vers	49–56	Spötter?
8. Vers	57–64	Die Gemeinde der Frommen, Gemeinschaft
9. Vers	65–72	(Dank für) Demütigung
10. Vers	73–80	(Bitte um) Trost – Tröstung
11. Vers	81–88	Wie lange?
12. Vers	89–96	Vergänglichkeit der Welt, Ewigkeit (des Gesetzes)
13. Vers	97–104	Klugheit (durchs Gesetz)
14. Vers	105–112	Der Schwur (der Gesetzestreue)
15. Vers	113–120	Schauder vor Gottes Gericht – Entsetzen
16. Vers	121–128	Liebe zu dem verachteten Gesetz – Gesetzesliebe

17. Vers 129–136 Hunger (nach dem Gesetz) – Gesetzeshunger
18. Vers 137–144 (Vergeblicher) Eifer (um das Gesetz)
19. Vers 145–152 Tag und Nacht (im Dienste des Gesetzes)
20. Vers 153–160 Gottes Sache
21. Vers 161–168 Der Friede durchs Gesetz
22. Vers 169–176 (Gott sucht, die ihn suchen), Gott auf der Suche

b)
1. Lobpreis
2. Unsträflich
3. Geöffnete Augen
4. Erquickung
5. Festigkeit
6. Bekenntnis
7. Erfahrung
8. Gemeinschaft
9. Demütigung – Bekehrung? –
10. Tröstung, durch Gericht, Trost, Feindvernichtung, Gemeindebildung
11. Wie lange? Sehnsucht – Passion?
12. Ewigkeit – was bleibt? »Ich bin Dein«
13. Klugheit
14. Schwur
15. Entsetzen – Einfalt? Furcht vor Gott
16. Gesetzesliebe
17. Gesetzeshunger
18. Eifer. Heiligkeit, verbindlich
19. Tag und Nacht. Feind ist nahe, näher ist Gott
20. Gottes Sache – Belebe mich
21. Friede – Warten – Freude – Große Leute
22. Gott auf der Suche

I. Lobpreis

Vers 1: Wohl denen, die ohne Tadel leben, die im Gesetz des Herrn wandeln!

Wer so spricht, setzt den geschehenen Anfang voraus. Er gibt zu verstehen, daß das Leben mit Gott nicht nur und nicht wesentlich aus immer neuen Anfängen besteht. Er nennt es darum einen Wandel, ein Gehen im Gesetz Gottes. Damit bestätigt er den geschehenen Anfang, er läßt ihn gelten, er will nicht mehr hinter ihn zurück. Aufgrund des geschehenen Anfangs Gottes mit uns ist unser Leben mit Gott ein Weg, der im Gesetz Gottes gegangen wird. Ist das Knechtung des Menschen unter das Gesetz? Nein, es ist Befreiung von dem mörderischen Gesetz der unaufhörlichen Anfänge. Einen Tag um den anderen auf den neuen Anfang zu warten, ihn unzählige Male gefunden zu haben meinen, um ihn am Abend wieder verloren zu geben, das ist die vollkommene Zerstörung des Glaubens an den Gott, der den Anfang einmal gesetzt hat in seinem vergebenden und erneuernden Wort, in Jesus Christus, das heißt in meiner Taufe, in meiner Wiedergeburt, in meiner Bekehrung. Gott hat mich ein- für allemal zu sich bekehrt; nicht ich habe mich ein- für allemal zu Gott bekehrt. Gott hat den Anfang gesetzt. Das ist die freudige Gewißheit des Glaubens. Darum soll ich nicht neben den *einen* Anfang Gottes noch zahllose eigene Anfänge zu setzen versuchen. Gerade davon bin ich befreit. Der Anfang liegt ein- für allemal hinter mir, Gottes Anfang nämlich. Nun haben die Glieder der Gemeinde einander nicht mehr auf einen neu zu setzenden Anfang anzureden. Vielmehr sprechen sie zueinander als solche, denen der neue Anfang bereits geschenkt *ist* und die miteinander auf dem Wege sind, dessen Anfang darin bestand, daß Gott die Seinen gefunden hat und dessen Ende immer nur darin bestehen kann, daß Gott sie wieder sucht (Vers 176).

Der Weg zwischen diesem Anfang und diesem Ende ist der Wandel im Gesetz Gottes. Es ist ein Leben unter dem Wort Gottes in seiner ganzen Vielgestaltigkeit, in seinem Reichtum, in seiner unerschöpflichen Fülle der Erkenntnisse und Erfahrungen. Nur eine Gefahr gibt es in Wahrheit auf diesem Wege, nämlich hinter den Anfang zurück zu wollen oder, was dasselbe ist, das Ziel aus den Augen zu verlieren.

In diesem Augenblick hört der Weg auf, ein Weg der Gnade und des Glaubens zu sein. Er hört auf, Gottes eigener Weg zu sein.
So werden wir angeredet als solche, die mit dem Psalmisten auf dem Weg sind. Die Frage, ob es denn auch wahr sei, ob sich denn der rechte Anfang bei uns auch ereignet habe, wird grundsätzlich nicht mehr gestellt; denn sie triebe uns in fruchtlose Furcht. Wir sollen uns nun einmal als solche verstehen lernen, die auf den Weg gestellt sind und nun nicht mehr anders können, als ihn auch zu gehen. Es hat darum seinen guten Grund, einmal von dem Anfang ausdrücklich nicht mehr zu reden, sondern ihn als geschehen schlechthin vorauszusetzen, ihn undiskutabel zu machen und gerade damit den Menschen von diesem Anfang her in entscheidender Weise in Anspruch zu nehmen. Wer aus dem Suchen nach dem neuen Anfang nicht herauskommt, der ist *unter* dem Gesetz, wird von ihm aufgerieben und getötet. Wer von dem gefundenen Anfang herkommt, der ist *im* Gesetz Gottes, wird von ihm gehalten und bewahrt werden zum Leben. Es ist nun wohl begreiflich, daß unser Psalm mit einer Seligpreisung derer beginnt, die das von Gott her Geschehene für sich geschehen sein lassen, die nicht mehr in der Auflehnung gegen das Tun Gottes leben, sondern von diesem Tun getragen, in ihm geborgen sind, die »im Gesetz« wandeln. Das Lob aber gebührt nicht den Menschen, sondern allein dem Gesetz Gottes, in dem Menschen zu solcher Seligkeit kommen können.
Was ist dieses »Gesetz«? »Wenn dich nun dein Sohn heute oder morgen fragen wird und sagen: Was sind das für Zeugnisse, Gebote und Rechte, die euch der Herr, unser Gott, geboten hat?, so sollst du deinem Sohn sagen: Wir waren Knechte des Pharao in Ägypten, und der Herr führte uns aus Ägypten mit mächtiger Hand und der Herr tat große und böse Zeichen und Wunder an Ägypten und Pharao und allem seinem Hause vor unseren Augen und führte uns von

dannen, auf daß er uns einführte und gäbe uns das Land, das er unseren Vätern geschworen hatte; und der Herr hat uns geboten, zu tun nach allen diesen Rechten, daß wir den Herrn, unseren Gott, fürchten, auf daß es uns wohl gehe alle unsere Lebtage, wie es geht heutigestages; und es wird unsere Gerechtigkeit sein vor dem Herrn, unserem Gott, so wir tun und halten alle diese Gebote, wie er uns geboten hat« (5. Mose 6, 20 ff). Das also ist die Antwort auf die Frage nach dem Gesetz: Gottes Erlösungstat, Gottes Gebot und Gottes Verheißung. Keiner versteht das Gesetz Gottes, der nicht von der geschehenen Erlösung und der zukünftigen Verheißung weiß. Wer nach dem Gesetz fragt, wird an Jesus Christus und die in ihm für alle Menschen vollbrachte Erlösung aus der Knechtschaft der Sünde und des Todes, an den in Jesus Christus für alle Menschen von Gott neu gesetzten Anfang erinnert. Auf die Frage nach dem Gesetz Gottes antwortet nicht eine Sittenlehre, eine Norm, sondern ein geschichtliches Ereignis, nicht ein unerfülltes Ideal, sondern eine vollendete Tat Gottes. Fragen wir, wie wir ein Leben mit Gott anfangen könnten, so antwortet die Schrift, daß Gott schon längst das Leben mit uns angefangen hat. Fragen wir, wie wir ohne Sünde vor Gott leben können, so wird uns die Vergebung aller Sünde in Jesus Christus verkündigt. Fragen wir, was wir für Gott tun können, so hören wir, was Gott für uns getan hat. Richtet sich unser Blick auf unser zukünftiges Tun, so ruft uns Gottes Wort zurück zur Vergangenheit und sagt: *Gedenke!* (5. Mose 7, 18; 8, 2; 32, 7 ff). Erst wenn wir erkannt haben, daß die Entscheidung schon gefallen, der Anfang schon gemacht, die Tat schon getan ist und zwar von Gott, erst wenn wir uns von Entscheidung, Anfang, Tat Gottes mitgetroffen, in sie hineingezogen wissen, können wir das Gebot Gottes hören als das Lebensgesetz derer, für die Gott schon längst alles getan hat und die nun »im Gesetz« sind.

Gottes Gesetz läßt sich von seiner Erlösungstat nicht trennen. Der Gott der Zehn Gebote ist der Gott, der dich aus Ägyptenland geführt hat (2. Mose 20, 2). Gott gibt sein Gesetz denen, die er liebt, die er erwählt und angenommen hat (5. Mose 7, 7–11). Gottes Gesetz zu wissen ist Gnade und Freude (5. Mose 4, 6–10). Es ist der Weg des Lebens für die, die Gottes Gnade annehmen (3. Mose 18, 5). »Wie hat er die Leute so lieb! Alle Heiligen sind in seiner Hand; sie werden sich setzen zu deinen Füßen und werden lernen von deinen Worten« (5. Mose 33, 3).

Thora, das Gesetz, heißt ursprünglich »das durch das Los Geworfene«. Es ist der Spruch Gottes, der dort gesucht wird und ergeht, wo menschliches Vermögen am Ende ist, wo Gott allein handeln und entscheiden muß. Die Thora ist Gottes Wurf über die Menschen. Er geht über alles menschliche Erwarten und Denken hinaus. »Das Los ist mir gefallen aufs Liebliche; mir ist ein schön' Erbteil geworden« (Ps. 16, 6). Gottes Spruch hieß Gnade und Leben für die Menschen, Leben vor Gott und mit Gott durch Vergebung der Sünden.

Darum: »Wohl denen, die im Gesetz des Herrn wandeln«. Sie sind es ja, die es gewagt haben, die Tat Gottes für sich geschehen sein zu lassen, die herkommen aus dem vollbrachten Anfang Gottes. Sie sind wie die Sieger nach einer gewonnenen Schlacht. Sie sind wie die Lebenden, die durch das Todestal gegangen sind. Sie sind wie die Wanderer, denen nach finsterer Nacht die Sonne aufgegangen ist und die ihren Weg gefunden haben. Nun strecken sie sich aus nach einer neuen Zukunft. Nun gehen sie von Sieg zu Sieg. Nun sind sie auf dem Wege im Licht.

Wohl ihnen, denn sie sind befreit von der Qual der eigenen Anfänge. Wohl ihnen, denn sie haben alle innere Entzweiung überwunden, die aus dem Widerspruch der eigenen Anfänge gegen den Anfang Gottes kommt. Sie sind »vollkommen«, »ganz«, ungeteilt, unsträflich. Luther sagt in seiner ersten Übersetzung der Psalmen 1521 die »ganz Gesunden« und

erinnert mit Recht an den Gebrauch dieses Wortes bei Paulus in den Pastoralbriefen: »Das ist, die kein Fehl haben, sich nicht flicken mit anderen Lehren der Menschen.« Wohl ihnen, denn das Gesetz der eigenen Entscheidung ist von ihnen genommen. Sie leben im Gesetz Gottes.
»Wohl ihnen!« Von Glück und Seligkeit des Lebens im Gesetz Gottes wird hier geredet. Es ist Gottes Wille, daß es denen, die in seinen Geboten wandeln, wohl gehe. Es ist kein Zeichen eines starken und reifen Glaubens, wenn uns dieser Satz Verlegenheit bereitet, wenn wir sagen, Gott habe größere Dinge mit uns vor, als für unser Wohlergehen zu sorgen [Randnotiz: 5. Mose 27, 9; *heute* – mein Volk]. Es gibt Christen, die geistlicher sein wollen als Gott selbst. Sie reden gern von Kampf, Entsagung, Leiden und Kreuz, aber es ist ihnen fast peinlich, daß die Heilige Schrift eben nicht nur davon, sondern gar nicht oft genug von dem Glück der Frommen, von dem Wohlergehen der Gerechten sprechen kann. Sie sagen dann wohl, das sei alttestamentlich und überholt. Der wahre Grund ihrer Verlegenheit aber liegt darin, daß ihr Herz zu eng ist, um die ganze Freundlichkeit Gottes zu fassen, zu eng, um Gott auch in der Fülle der irdischen Gaben zu ehren, die er denen zuteil werden läßt, die in seinem Gesetz leben. Sie wollen Schulmeister der Heiligen Schrift sein und bringen sich damit um die volle Freude ihres Christenstandes und versagen Gott den schuldigen Dank für seine große Freundlichkeit.
Wenn unser Psalm denen, die in Gottes Gesetz leben, Wohlergehen, Glück und Seligkeit zusagt, so will das so genommen werden, wie es gesagt ist. Es ist hier durchaus auch an das irdische Leben zu denken. Oder ist es denn nicht wahr, wollten die Frommen es leugnen, daß es ihnen schon auf dieser Erde wohlergeht (Ps. 37, 37)? Daß sie ein Leben voll tiefsten Glückes und Seligkeit führen (Ps. 37, 25)? Daß sie keinen Mangel haben an irgendeinem Gut (Ps. 34, 11)? Daß sie »gute Tage« haben (Ps. 34, 13), ja, daß der Herr ihnen gibt,

was ihr Herz wünscht (Ps. 37, 4)? »Habt ihr auch je Mangel gehabt? Herr, nie, keinen!« [Luk. 22, 35]. So zu sprechen vermag freilich nur der, der sich mit Gottes Gaben zufrieden gibt, wie sie kommen, so lange sie ihm nur das Leben fristen. Nur den zufriedenen Herzen wird es immer wohlergehen. »Wenn wir aber Nahrung und Kleider haben, so lasset uns genügen« (1. Tim. 6, 8).
Es ist eine überraschende Beobachtung, daß gerade in den Psalmen, die über Bedrückung und Leiden der Gerechten klagen, das Lob der Freundlichkeit Gottes, der es den Seinen wohlergehen läßt, besonders stark hervorbricht. Auch der Beter unseres Psalmes ist in Elend und Anfechtung gewesen. Aber sollte nicht gerade der Fromme, der in Not geraten ist, besonderen Grund haben zu danken für alle bisherige Bewahrung und für jede Gabe, die ihm noch bis zur Stunde erhalten blieb? Denn »das wenige, das ein Gerechter hat, ist besser denn das große Gut vieler Gottloser« (Ps. 37, 16). Muß denn nicht gerade er es wissen, daß er nichts als Zorn und Strafe verdient hätte, wenn Gott nach Verdienst und Würdigkeit mit ihm hätte handeln wollen?
»Wohl denen« – »Selig«, sagt Jesus. Auch Luther hat in seiner ersten Übersetzung dieses Psalms 1521 das Wort mit »selig« übersetzt. Es ist im Hebräischen dasselbe Wort. Selig – nicht weil sie keinen Mangel haben, sondern weil sie alles aus Gottes Hand empfangen. »Sei stille dem Herrn und warte auf ihn« (Ps. 37, 7). Mit Danksagung essen sie das tägliche Brot, das Gott geschaffen hat für die »Gläubigen und die, die die Wahrheit erkennen« (1. Tim. 4, 3). Sie wissen, daß um ihretwillen die guten Gaben der Schöpfung da sind, damit sie lobend und dankbar Christus bekennen und verkündigen als den Herrn der Welt. Sie erfahren es auch täglich, daß Jesu Wort wahr ist, daß jeder, der Haus oder Bruder oder Schwester oder Vater oder Mutter oder Kinder oder Ämter um des Evangeliums willen verläßt, es hundertfältig wiederempfängt »in dieser Zeit«, nämlich in der Gemeinschaft der Ge-

meinde der Gläubigen. Und sie glauben, daß sie dazu in der »zukünftigen Welt das ewige Leben« empfangen werden (Mark. 10, 29 ff). So wissen und bekennen sie auch, daß »Gottes Güte besser ist denn Leben« (Ps. 63, 4). Sie danken von Herzen für alle gute Gabe, aber ihr Herz gehört allein dem Geber.
Sollte aber Gott einem der Seinen wirklich den Kelch des Leidens um Christi willen bis zum bitteren Ende in Kreuz und Tod zu trinken geben (»daß das Gericht anfange am Hause Gottes«, 1. Petr. 4, 17) – wessen er doch zu allen Zeiten immer nur wenige gewürdigt hat –, so hat er gewiß ihr Herz vorher so bereitet, daß gerade sie es sind, die es mit starkem Glauben in ganz neuer und vollmächtiger Weise bezeugen: »Wohl denen, die im Gesetz des Herrn wandeln.«
Was dem Einzelnen gilt, das gilt auch der Gemeinschaft, dem Hause, dem Volke. Wohlergehen wird es dem Haus, dem Volk, das in Gottes Gesetz wandelt (Lies Ps. 112!). Weil es derselbe Gott ist, der das Gesetz gegeben hat und der die Welt regiert (lies Ps. 19!), darum wird auch die Erde denen gehören, die im Gesetz Gottes leben (Matth. 5, 5; Ps. 37, 9. 11). Stolz, Übermut und Unrecht gehen an sich selbst zugrunde, aber Demut und Gottesfurcht, Zucht und Ordnung, Recht und Wahrheit haben Bestand. Denn Gott ist ein »Gott oben im Himmel und unten auf Erden« (Jos. 2, 11).

Vers 2: Wohl denen, die seine Zeugnisse halten, die ihn von ganzem Herzen suchen!

Eine zweite Seligpreisung folgt der ersten. Die Zeugnisse sind die Mahnzeichen, die Gott aufgerichtet hat auf dem Wege der Seinen, damit sie sich nicht verirren. Erst in der babylonischen Gefangenschaft kommt dieses Wort in häufigen Gebrauch. Dort erkennt man in der Zeit der Strafe und Bu-

ße, daß der Weg des Volkes Gottes Prüfung und Bewährung bringen sollte und daß das Gesetz gegeben war zur Mahnung an Gott, den Herrn (Neh. 9, 34). Nun nennt man die Bundeslade »Lade der Mahnung« (2. Mose 25, 22), die Zehn Gebote »die Tafeln der Mahnung« (2. Mose 31, 18), das Heiligtum das »Zelt der Mahnung« (4. Mose 9, 15) oder die »Wohnung der Mahnung« (2. Mose 38, 21). Man brachte damit zum Ausdruck, daß alle diese Dinge nicht in sich selbst den letzten Sinn haben, sondern Mahnung, Zeugnis sind für Gott selbst. Nur wer Gott selbst und allein im Zehngebot, in der Lade, im Stiftszelt fand und ehrte, der verstand ihr Wesen. Solche Mahnzeichen aber gibt Gott seinem Volk auf seinem Weg, damit es sich in Prüfungen bewähre, »daß er dir hernach wohltäte« (5. Mose 8, 16). Weil Gott der Herr ist, an den uns seine Gebote täglich erinnern sollen, von dem sie uns Zeugnis geben sollen, darum kann eine äußerliche Erfüllung der Gebote nicht genügen. Nicht nur Lippen und Hände, sondern das ganze ungeteilte Herz muß dabei sein. Es muß immerfort auf der Suche nach dem sein, von dem die Zeugnisse reden.
In Geboten, Gottesdiensten, Gebeten sucht das Herz den, der das alles gegeben hat. So ist es nicht untätig und satt, sondern es sucht unaufhörlich Gott in seiner Offenbarung, das Wort in den Worten, das Evangelium im Gesetz. Selig, wer so die Zeugnisse Gottes hält, wer Gott von ganzem Herzen sucht. Denn er kann ja nur suchen, weil es ihm gezeigt ist, wo er suchen muß und wen er findet, weil es ihm verheißen ist, daß dem Suchen ein Finden folgt.

Vers 3: Denn welche auf seinen Wegen wandeln, die tun kein Übles.

Gottes Wege sind die Wege, die er selbst gegangen ist und die wir nun mit ihm gehen sollen. Keinen Weg läßt er uns gehen, den er nicht selbst gegangen wäre und auf dem er uns nicht voranginge. Es ist der von Gott gebahnte und von Gott geschützte Weg, auf den er uns ruft. So ist es wirklich sein Weg.« »Und der Herr zog vor ihnen her, des Tages in einer Wolkensäule, daß er sie den rechten Weg führe, und des Nachts in einer Feuersäule, daß er ihnen leuchtete, zu reisen Tag und Nacht. Die Wolkensäule wich nimmer von dem Volk des Tages noch die Feuersäule des Nachts« (2. Mose 13, 21 f). »Gott, dein Weg ist heilig. Wo ist so ein mächtiger Gott, als du, Gott, bist? Dein Weg war im Meer und dein Pfad in großen Wassern, und man spürte doch deinen Fuß nicht. Du führst dein Volk« (Ps. 77, 14. 20 ff).

Mit Gott tritt man nicht auf der Stelle, sondern man beschreitet einen Weg. Es geht voran oder man ist nicht mit Gott. Gott kennt den ganzen Weg. Wir wissen nur den nächsten Schritt und das letzte Ziel. Es gibt kein Stehenbleiben, jeden Tag, jede Stunde geht es weiter. Wer seinen Fuß auf diesen Weg gesetzt hat, dessen Leben ist eine Wanderschaft geworden. Es geht durch grüne Auen und durch das finstere Tal. Aber der Herr wird immer auf der rechten Straße führen (Ps. 23) und »er wird deinen Fuß nicht gleiten lassen« (Ps. 121, 3).

Die ganze Heilsbotschaft des Evangeliums kann als »der Weg« schlechthin (Apg. 19, 9; 22, 4; 24, 14) oder als »Weg Gottes« (Apg. 18, 25 f) bezeichnet werden. So wird es deutlich, daß das Evangelium und der Glaube nicht eine zeitlose Idee, sondern ein Handeln Gottes und des Menschen in der Geschichte sind. Als Weg kann er auch nicht verborgen bleiben vor den Augen anderer Menschen. Es wird offenbar, ob auf diesem Weg Gutes oder Übles geschieht. Es ist auch nicht gleichgültig, ob gelegentlich auf diesem Weg Übles getan wird, so etwa, daß man sich dann von der mangelhaften Wirklichkeit auf das vollkommene Ideal zurückziehen könnte, oder daß man sich damit zufrieden gibt, den rechten Weg doch zu wissen, den rechten Glauben zu besitzen, auch

wenn man nicht immer danach handeln kann. »Welche auf seinen Wegen wandeln, die tun *kein Übles.*« Den Weg zu wissen, auf dem rechten Wege zu sein erleichtert niemals Verantwortung und Schuld, sondern erschwert sie. Gottes Kinder stehen nicht unter Sonderrecht, außer dem einen, von Gottes Gnade und Weg zu wissen und kein Übles zu tun. Oder sagt Gottes Wort zu viel: Sie tun *kein* Übles? Gibt es denn einen Chrisen, von dem dies gesagt werden könnte? Indem wir so fragen, haben wir den Blick schon von Gottes Wort auf uns selbst gewandt, von der starken Verheißung Gottes auf unser Unvermögen. Damit aber sind wir alsbald im Banne der Sünde, die uns Gottes Wort nicht trauen lassen will. Ist es wirklich *sein* Weg, auf dem wir gehen, so tun wir gewiß »kein Übles«. Meinen wir aber auch nur einen Augenblick, Gottes Weg sei nun zu unserem eigenen Weg geworden, dann sind wir schon gefallen und tun viel Übles. Denn »wer Sünde tut, der tut auch Unrecht, und die Sünde ist das Unrecht« (1. Joh. 3, 4). Sündigen wir Christen denn nicht mehr? Doch, wir haben gesündigt und leugnen es nicht (1. Joh. 1, 8 f). Aber nachdem wir das bekannt haben, gehört unser Blick nicht mehr unserer Sünde und unserer schwachen Natur, sondern allein Christus und dem Wort Gottes, das über unsere Zukunft bestimmt und sagt: »Wer aus Gott geboren ist, der tut nicht Sünde, denn sein Same ist in ihm; und kann nicht sündigen, denn er ist von Gott geboren« (1. Joh. 3, 9).
Der Weg Gottes ist der Weg von Gott zu den Menschen und nur so der Weg der Menschen zu Gott. Er heißt Jesus Christus (Joh. 14, 6). Wer auf diesem Weg ist, wer in Jesus Christus ist, der tut kein Übles.

Vers 4: Du hast geboten, fleißig zu halten deine Befehle.

Wörtlich: »Du hast deine Gebote befohlen, damit sie ernstlich gehalten werden.« Daß in diesem ganzen Psalm nicht der Mensch, sondern Gott angeredet sein soll, ergibt sich aus dem »Du«, mit dem sich der Betende jetzt zu Gott wendet. Aber auch nicht die Gebote, sondern der Gebieter steht im Mittelpunkt. Nicht ein Es, eine Idee, sondern ein Du begegnet uns in den Geboten. Davon zeugt auch das mit einem einzigen deutschen Wort nicht übersetzbare hebräische Wort für »Gebote« an dieser Stelle: Es leitet sich her aus dem Verbum für suchen, heimsuchen, achthaben. Es ist also das, worauf Gott achthat, worauf er sieht, womit er den Menschen besucht und heimsucht. In den Geboten liegt also die Richtung auf den Menschen eingeschlossen. Sie haben einen bestimmten Zweck, ein Ziel für mich. Sie sind nicht gegeben um ihrer selbst willen, sondern um unsertwillen, nämlich damit wir sie »ernstlich halten«. Festhalten sollen wir die Gebote, wenn sie von Gott zu uns kommen, und zwar fleißig, ernstlich, mit aller Kraft, daß sie uns nicht mehr verloren gehen oder entrissen werden können. Das Gebot Gottes ist nicht nur für den Augenblick da, sondern für die Dauer. Es will tief in uns eingehen und in allen Lebenslagen festgehalten werden.

Vers 5: Ach, daß mein Leben deine Satzungen mit ganzem Ernst hielte!

Wörtlich: »Ach, daß mein Weg gerichtet wäre, zu halten deine Satzungen.« »Der Seufzer ›ach!‹ kann einen kleinen Verdruß, aber auch ein namenloses Weh zum Ausdruck bringen, ja zuweilen eine ganze Lebensgeschichte, die sonst in keiner anderen Weise laut werden darf. Wenn der Arme und Elende seinen Schmerz in sich verbeißen muß, dann steigt

dies Ach aus der geängsteten Seele empor, und wenn das Auge dabei nach oben schaut zu dem großen Helfer, dann hat es für sich allein die Kraft eines mächtigen Gebetes« (J. Geyser: Pia desideria 1878). Das Ach unserer Wünsche und das Ach des Gebetes ist zweierlei; jenes kommt aus unserer Not, wie wir sie selbst verstehen, dieses aus unserer Not, wie sie uns Gott zu sehen gelehrt hat; jenes ist anspruchsvoll oder verzweifelt, dieses ist demütig und zuversichtlich. Selbst das rechte Ach können wir nicht aus unserem eigenen Herzen hervorbringen. Gott muß es uns durch den Heiligen Geist rufen lehren. Im rechten Ach ist das Unaussprechliche unserer tiefen Not vor Gott zusammengefaßt. Es ist das »unaussprechliche Seufzen« des Heiligen Geistes, der uns vor Gott vertritt (Röm. 8, 26). Dieses rechte Seufzen aber bleibt Gott nicht verborgen (Ps. 38, 10).
Unsere Wünsche richten sich auf eine Besserung der Welt, unser Gebet fängt bei uns selbst an. Wie sehnlich verlangen wir oft danach, daß die Menschen anders würden, daß das Böse in der Welt ein Ende hätte und neue Gerechtigkeit einzöge. Aber mit alledem richten wir nichts aus. Alle Umkehr und Erneuerung muß bei mir selbst anfangen. »Ach, daß *mein* Weg gerichtet wäre auf das Halten deiner Satzungen.« Das ist ein Gebet, das Verheißung hat. »Der Faule stirbt über seinem Wünschen, denn seine Hände wollen nichts tun« (Spr. 21,25). Hier aber gibt es alle Hände voll zu tun. Dieses Gebet führt unverzüglich zur Tat, und zwar dort, wo sie am nötigsten ist, bei mir selbst. Aber freilich, diese Tat kann nur aus dem Gebet kommen, sonst ist sie auch verloren. »Ach, daß *mein* Leben ...« Ebenso wenig wie der Blick auf die Schlechtigkeit der anderen hilft mir aber die bloße Bewunderung ihrer Frömmigkeit, wenn nicht *mein* eigenes Leben zurechtkommt, wenn nicht auch ich fromm sein kann. Aus den vielen Zielen, die mein Lebensweg hat, muß ein einziges Ziel werden, aus den verschiedenen Richtungen, in denen ich laufe, eine einzige Richtung: Gottes Satzungen. Aus dem

krummen und verschlungenen soll ein gerader Weg werden, der »nit verhindert und krumm werde durch Menschenlehr« (Luther). Gottes »Satzungen«, das ist das Festehende, von Gott für alle Zeiten Aufgezeichnete. Himmel, Erde und Menschen ist ihr Lauf durch diese Satzungen unabänderlich vorgeschrieben. Unwandelbar wie der Wechsel von Tag und Nacht ist Gottes Bund mit seinem Volk. »Halte ich meinen Bund nicht mit Tag und Nacht noch die Ordnungen (Satzungen) des Himmels und der Erde, so will ich auch verwerfen den Samen Jakobs und Davids, meines Knechtes« (Jer. 33, 25 f; 31,35 f). Die Schöpfung und das Gesetz sind die beiden großen, unverbrüchlichen Satzungen Gottes, die doch unauflöslich zusammengehören, weil derselbe Gott sie gegeben hat (Ps. 19). Gott hält seine Satzungen, er ist treu. Ach, daß doch mein Leben ganz in diese Festigkeit und Treue einginge.

Vers 6: Wenn ich schaue auf alle deine Gebote, so werde ich nicht zuschanden.

Zuschanden werden ist das Gegenteil von Seligkeit. Zuschanden wird mein Leben, wenn das, worauf ich mich verließ, zerbricht. Denn nun habe ich nichts mehr, was meinem Leben Sinn und Recht gibt, nichts, worauf ich mich berufen könnte. Mein Leben wird zum Spott und mir selbst zur Beschämung. Ich verließ mich auf meine Kraft und ich wurde schwach und krank. Ich baute auf meinen Besitz, er wurde mir über Nacht genommen. Ich vertraute auf Ansehen und Macht, da kam ich tief zu Fall. Ich gefiel mir in meiner Rechtschaffenheit, da übermochte mich die Sünde. So wird eines jeden Leben zuschanden, der »Fleisch für seinen Arm« hielt (Jer. 17, 5). Die Welt spottet über einen der ihren, wenn sie nun mit Fingern auf ihn weist. Wer mit der Welt zu Ehren kommen will, wird auch mit ihr zuschanden. Aber wenn mein Blick in der Welt nicht Menschen, Ehren und Güter, sondern allein Gottes Gebote sieht, dann werde ich nicht zuschanden. Denn Gottes Gebote können nicht zerbrechen, weil Gott selbst sie festhält und mit ihnen jeden, der auf sie schaut. Niemals werde ich mich schämen müssen, auf Gottes Gebote geachtet zu haben. Niemals wird mein Leben mehr ohne einen Fürsprecher sein. Ob das Urteil der Welt gegen mich steht, Gottes Urteil spricht für mich.

Auf Gottes Gebote schaue ich, wenn ich meine Entscheidungen nicht von anderen Menschen, aber auch nicht von meinen eigenen Gedanken oder Erfahrungen bestimmen lasse, sondern wenn ich immer neu, auch gegen meine frommen Gedanken und Erfahrungen, danach frage, was Gott mir befiehlt. Auch mit meinen frömmsten Entscheidungen und Wegen kann ich zuschanden werden, niemals aber mit Gottes Gebot. Nicht meine Frömmigkeit, sondern Gott allein bewahrt mich vor Beschämung und Schande.

»*Alle* deine Gebote« – So bunt ist unser Leben, so mannigfach die Versuchungen und Gefahren, so neu jeder Augenblick, daß kein Gebot Gottes vergeblich gegeben ist, sondern daß nur der ganze Reichtum der Gebote Gottes mich sicher durch mein Leben führen kann. So darf ich gewiß sein, daß es keine Lebenslage gibt, für die mir Gottes Wort nicht die nötige Weisung sagen will. Aber es bedarf ernstlicher Aufmerksamkeit, unermüdlichen Fragens und Lernens, um das rechte Gebot zu vernehmen und nun so die unerschöpfliche Güte Gottes in allen seinen Geboten zu erkennen. Je schärfer die Welt mir entgegentritt und mich verurteilt, je bedrängter und notvoller meine Lage wird, desto fester muß mein Blick auf alle Gebote Gottes gerichtet bleiben, damit ich nicht zuschanden werde, sondern zu denen gehöre, von denen ich sagen muß: Selig sind, die im Gesetz des Herrn wandeln.

Vers 7: Ich will dir danken von aufrichtigem Herzen, wenn ich lerne die Forderungen deiner Gerechtigkeit.

Nun erst kann das Danken anheben, wenn die Gabe des göttlichen Wortes erkannt ist, ja, mehr als dies, wenn ich im Lernen des göttlichen Wortes mitten darin stehe. Wie könnte auch einer Gott danken, der sich sein Wort nicht angelegen sein läßt? Was wäre es für ein Dank, der die Gaben empfängt, aber dem Geber den schuldigen Gehorsam verweigert? Es wäre heidnisches Danken, wie es weithin Brauch ist. Das ist aber kein Dank an Gott, den Herrn, sondern an ein freundliches, unpersönliches Schicksal oder an mein Glück, dem ich nicht verpflichtet bin. Ein Dank an Gott, der nicht aus gehorsamem Herzen kommt, ist Heuchelei und Vermessenheit. Nur wo Gottes offenbares Wort das Herz bezwungen hat, daß es ihm gehorchen will, kann es Gott für irdische und himmlische Gaben danken. Die Heiden aber, obwohl sie die Gaben der Schöpfung empfingen, obwohl »sie wußten, daß ein Gott ist, haben ihn nicht gepriesen als einen Gott noch gedankt« (Röm. 1, 21). Das Danken der Welt meint zuletzt immer sich selbst. Man sucht durch den Dank nur noch die höhere Bestätigung und Weihe des eigenen Glückes (Nietzsche). Der abgestattete Dank vermittelt die Befriedigung, nunmehr die empfangene Gabe als rechtmäßigen Besitz zu empfinden.
Es gibt aber auch unter den Frommen ein unerlaubtes Danken. Auch der Pharisäer dankte Gott und sündigte (Luk. 18, 9 ff). Denn er sah ja in seinem Danken nur sich selbst und empfing die Gabe nicht in Demut, sondern mißbrauchte sie gegen seinen Nächsten. So konnte er nicht »von aufrichtigem Herzen« danken. Sonst hätte er im Danken sich selbst vergessen. Sonst hätte er sich nicht als einen hingestellt, der vor Gott schon etwas aufzuweisen hat, sondern wie unser Psalmbeter als einen, der erst »im Lernen der Forderungen der Gerechtigkeit« begriffen ist.

Was Gott gab und was ich nicht zu geben vermag, Gottes Reichtum an mir und meine Armut vor Gott, das verbindet sich im Danken »von aufrichtigem Herzen« notwendig. So tritt denn auch hier dem Dankenden das Gesetz nicht so sehr in Gestalt der Gabe als der gerechten Forderung Gottes gegenüber. Ich danke Gott, weil ich seine Forderungen kenne und sie lernen will. Aber ich danke ihm als einer, der eben noch ganz im Lernen steht, dem es gemessen an den Forderungen der Gerechtigkeit Gottes noch an allem fehlt. So führt mich das Danken zurück zu dem schenkenden Gott und dann wieder vorwärts zu dem fordernden Gott, um schließlich in ihm seine Gerechtigkeit, die wiederum mir geschenkte Gerechtigkeit ist, zu finden (Ps. 50. Danken!)

Vers 8: Deine Satzungen will ich halten, verlaß mich nicht ganz und gar.

Wir müssen erst einmal ganz verlernen, »ich will« zu sagen, ehe Gott durch den Heiligen Geist uns lehrt, es neu und richtig zu sagen. Das »ich will« kann gerade in Sachen der Frömmigkeit das größte Unheil anrichten. »Ich will fromm sein, ich will heilig sein, ich will die Gebote halten« - wir müssen erst einmal von Grund auf verstanden haben, daß auch in diesen Dingen nicht unser Wille, sondern allein Gottes Wille gilt. Wir müssen auch unserem frommen Ich absagen, damit Gott sein Werk an uns tun kann. Sonst folgt unserem »ich will« ganz gewiß der Bankrott. Wenn wir aber durch Gottes Gnade aufgehört haben, »ich will« zu sagen, wenn wir durch Gottes neuen Anfang mit uns in Jesus Christus auf seinen Weg gebracht worden sind, allem unserem »ich will« und »ich will nicht« zum Trotz, dann fängt der Heilige Geist selbst an, in uns zu sprechen, und wir sagen ganz neu und ganz anders als bisher »ich will«. »Sobald der Heilige Geist durch Wort und Sakrament solch sein Werk der Wiedergeburt und Erneuerung in uns angefangen hat, so ist es gewiß, daß wir durch die Kraft des Heiligen Geistes mitwirken können und sollen, wiewohl noch in großer Schwachheit« (Conkordienformel, Solida declaratio II, 65). So dürfen wir als die Seliggepriesenen, als die, die Gottes Hilfe herbeirufen, die Gott loben und danken, nun auch sagen: »ich will«. Ja, ich will deine Satzungen halten. Ich tue es nicht gezwungen, sondern du hast mich freigemacht, daß ich wollen kann, was ich haßte; du hast meinen Willen an deine Satzungen gebunden. Es ist Gott, der Heilige Geist selbst, der das an mir wahr macht, was allein für Jesus Christus galt: »Mein Wirken [im Manuskript: mein Wille] ist dein Sagen« (aus Paul Gerhardt's Passionslied: Ein Lämmlein geht und trägt die Schuld).

Weil aber ich nicht der Heilige Geist oder der Herr Jesus Christus selbst bin, darum muß ich meinem »ich will« schnell die Bitte hinzufügen: »Verlaß mich nicht allzu sehr« (Luther 1521). Dann wäre es mit meinem schwachen Willen bald zu Ende. Nicht daran darf hier gedacht werden, daß Gott uns seinen Heiligen Geist entzieht. Dann müßte ja gebetet werden: Verlaß mich *keinen Augenblick*. Denn ohne den Heiligen Geist kann unser guter Wille nicht einen Augenblick lang bestehen. Es heißt aber: »Verlaß mich nicht allzu sehr«, »nicht ganz und gar«. Und so ist an das Verlassen zu denken, durch das Gott den Glauben der Seinen prüft, wie es von Hiskia heißt: »Gott verließ ihn, um ihn auf die Probe zu stellen, damit er erführe, was in seinem Herzen ist« (2. Chron. 32, 31). So ist an Unglück, Elend, Not aller Art zu denken, in denen Gott uns einen kleinen Augenblick verläßt. Nicht dies sollen wir Gott im Gebet vorhalten, daß er uns vor allem Unglück verschone, aber daß er sich doch bald wieder zu uns kehre und der Prüfung ein Ende mache und uns nicht ganz und gar verlasse; denn wir sind schwach und versagen schnell. So werden wir Gottes Satzungen nur halten können, werden wir nur fest bleiben können durch die

Gnade und Hilfe der Gegenwart Gottes. Wir beten um ein festes Herz, das sich in Gottes Geboten bewährt, und wir wissen, daß das Herz nicht anders fest wird als durch Gnade (Hebr. 13, 9).
So schließt sich der Ring. Gottes Gnade stand am Anfang. Sie machte den Anfang für uns, damit wir von eigenen Anfängen befreit würden. Sie stellte uns auf den Weg und sie ist es, die wir von Schritt zu Schritt anrufen.
Beachte, wie es in diesen Versen und nun in allen folgenden immer wiederkehrt: *Dein* Gesetz, *dein* Gebot, *deine* Zeugnisse usf. Nicht Menschen werden hier gerühmt, sondern Gott und seine Offenbarung.

II. Unsträflich

Vers 9: Wie wird ein Jüngling seinen Weg unsträflich gehen? Wenn er sich hält nach deinem Wort.

Ein junger Mann hat diesen Psalm und diesen Vers gebetet (vgl. V. 99 f). Es ist also nicht die Frage eines Alten im Blick auf die schlimme Jugend, sondern diese Frage erwächst hier aus selbst erfahrenen Anfechtungen und eigenen Begegnungen mit dem Worte Gottes. Ein junger Mann stößt hier auf seine Lebensfrage, nicht aus Begeisterung am Guten und Edlen im allgemeinen, nicht aus schwärmerischem Idealismus, sondern aus der Erfahrung, die er mit der Macht des Wortes Gottes und mit der Ohnmacht seines eigenen Lebens gemacht hat. Klingt uns diese Frage nach dem unsträflichen, reinen Weg unjugendlich, unfrei, lebensverneinend? So doch nur darum, weil wir uns schon an einen sehr gottlosen Begriff von Jugend gewöhnt haben und die Kraft und Lebensfülle, die in der Unschuld liegt, nicht mehr zu verstehen vermögen. Es ist ein sehr vermessener und verkehrter Gedanke, daß der Mensch erst einmal tief in die Schuld des Lebens verstrickt werden müsse, um so erst das Leben und dann schließlich auch Gott zu erkennen. Das Leben und seine Schuld erkennen wir niemals am Leben selbst, sondern allein [an] Gottes Gericht über die Menschen und an seiner Gnade im Kreuze Jesu Christi. Die Sünde als ein pädagogisches Moment in die Erziehung einbeziehen zu wollen, ist ein leichtfertiges Gedankenspiel, das sich furchtbar rächt. »Gedenke an deinen Schöpfer in der Jugend, ehe denn die bösen Tage kommen und die Jahre herzutreten, da du sagen wirst: Sie gefallen mir nicht« (Pred. 12, 1). »Spare deine Buße nicht, bis du krank wirst, sondern bessere dich, solange du noch sündigen kannst« (Jes. Sir. 18, 22). »Fliehe die Lüste der Jugend« (2. Tim. 2, 22). Rein sein dort, wo Unreinheit noch eine Gefahr ist, unsträflich sein nicht nur aus bürgerlicher Sättigung, sondern aus Liebe zu Gott, das ist kein Verzicht auf das Leben, sondern seine Erfüllung. Es ist keine Mißachtung der Schöpfung Gottes, sondern ihre Heiligung durch den Gehorsam gegen den Schöpfer. »So freue dich, Jüngling, in deiner Jugend und laß dein Herz guter Dinge sein in deiner Jugend. Tue, was dein Herz gelüstet und deinen Augen gefällt. Doch wisse, daß dich Gott um dies alles wird vor Gericht führen« (Pred. 11, 9). Wer mit seinen groben Sünden erst zum reifen Mann geworden ist, der wird oft zu spät versuchen, ihrer Herr zu werden. Gott ist der Herr des Menschen von seinem ersten Atemzuge an und er will keinen Augenblick lang seine Herrschaft abtreten. Gott fragt nicht nach unseren mehr oder weniger modernen Idealen von Jugendlichkeit, sondern er fragt allein danach, ob ein Leben sich seiner Herrschaft ausliefert oder nicht.

Indem der junge Mann die Frage nach dem unsträflichen Weg stellt, erkennt er die Sünde, die in ihm wohnt. Sonst brauchte er nicht zu fragen. Und nur weil er die Sünde in ihrer ganzen Gewalt über sein Herz und seine Natur erkannt hat, darum hält er nicht mehr nach menschlichen Heilmitteln Ausschau. Nicht gute Vorsätze, zündende Ideale, auch nicht Arbeit und Pflichterfüllung, sondern Gottes Wort allein kann den Weg rein bewahren. Denn mit der Sünde kann es nur Gott selbst aufnehmen. Er hat es getan, indem er uns in Jesus Christus alle Sünde vergab (vgl. Joh. 15, 3), er tut es, indem er uns sein Wort der Gnade und des Gerichtes zu wissen gibt und uns täglich neu richtet und begnadigt. Woran soll ich mich halten in der Stunde der Anfechtung und Versuchung? An Gottes Wort allein. So wird mein Weg rein bleiben.

Vers 10: Ich suche dich von ganzem Herzen; laß mich nicht abirren von deinen Geboten.

Wer Gottes Wort empfangen hat, der muß anfangen, Gott zu suchen; er kann nicht anders. Je klarer und tiefer Gottes Wort sich uns zeigt, desto lebendiger wird in uns das Verlangen nach der vollkommenen Klarheit und der unerschöpflichen Tiefe Gottes selbst. Gott treibt uns durch die Gabe seines Wortes dazu, nach immer reicherer Erkenntnis und herrlicherer Gabe zu suchen. Er will keine falsche Genügsamkeit. Je mehr wir empfangen, desto mehr müssen wir ihn suchen, und je mehr wir suchen, desto mehr werden wir von ihm empfangen. »Wer da hat, dem wird gegeben« [Matth. 13, 12]. Gott will sich ganz an uns verherrlichen und in seinem ganzen Reichtum offenbar werden.
Freilich können wir Gott nirgends anders suchen als in seinem Wort. Aber dieses Wort ist lebendig und unerschöpflich, denn Gott selbst lebt darin. Hat uns Gottes Wort getroffen, so dürfen wir es sagen: Ich suche dich *von ganzem Herzen.* Denn mit halbem Herzen würden wir einen Götzen, aber niemals Gott selbst suchen. Gott braucht das ganze Herz. Er will nichts (nicht etwas) von uns, sondern er will uns selbst und ganz. Das hat uns sein Wort gesagt. Darum suchen wir ihn mit ganzem Herzen.

Nur eine Sorge gibt es noch für uns, daß wir von dem angefangenen Wege, von den vernommenen Geboten abirren. Abirren sagt der Beter. Er denkt nicht mehr an ein vorsätzliches, mutwilliges Übertreten der erkannten göttlichen Gebote. Aber wie leicht irren wir, wenn das Böse unseren Blick vernebelt. Wir geraten auf Abwege und wissen nicht mehr aus und ein und finden nicht mehr zu den Geboten Gottes zurück. Vor der Sünde des Abirrens, vor der unwissentlichen Sünde uns zu bewahren, müssen wir Gott täglich bitten (4. Mose 15, 22 ff). Denn sind wir erst einmal unwissentlich auf böse Wege geraten, dann gewinnen wir oft schnell Gefallen an diesem Weg und aus dem Irrtum wird böser Vorsatz. Wer aber Gott von ganzem Herzen sucht, der wird nicht in die Irre gehen.

Vers 11: Ich berge deinen Spruch in meinem Herzen, damit ich mich nicht gegen dich verfehle.

Wenn Gottes Wort zu uns kommt, so will es in fruchtbarem Acker geborgen sein. Es will nicht am Wege liegen bleiben, daß »der Teufel kommt und das Wort von ihrem Herzen nimmt, damit sie nicht glauben und selig werden«. Es will nicht auf Felsen fallen, wo es keine Wurzeln schlagen kann, wo sie zwar »das Wort mit Freuden annehmen, wenn sie es hören; eine Zeitlang glauben sie und zu der Zeit der Anfechtung fallen sie ab«. Es will nicht unter die Dornen fallen, wo es »unter Sorgen, Reichtum und Wollust dieses Lebens« erstickt wird und keine Frucht bringt (Luk. 8, 11 ff).
Es ist ein großes Wunder, daß das ewige Wort des allmächtigen Gottes in mir Wohnung sucht, in mir geborgen sein will wie das Samenkorn im Acker. Geborgen ist Gottes Spruch nicht in meinem Verstand, sondern in meinem Herzen. Nicht zerdacht sein, sondern im Herzen bewegt werden, wie das Wort eines geliebten Menschen in unserem Herzen

wohnt, auch wenn wir gar nicht bewußt daran denken, das ist das Ziel des Spruches, der aus Gottes Mund kommt. Habe ich Gottes Wort nur in meinem Verstand, dann wird mein Verstand oft mit anderen Dingen beschäftigt sein und ich werde mich gegen Gott verfehlen. Darum ist es niemals damit getan, Gottes Wort gelesen zu haben. Es muß tief in uns eingegangen sein, in uns wohnen, wie das Allerheiligste im Heiligtum, damit wir nicht fehlgehen in Gedanken, Worten und Werken. Es ist oft besser, wenig und langsam in der Schrift zu lesen und zu warten, bis es in uns eingedrungen ist, als von Gottes Wort zwar viel zu wissen, aber es nicht in sich zu »bergen«.

Vers 12: Gelobt seist du, Herr! Lehre mich deine Satzungen.

Reden wir dem Menschen das Lob? Seiner Heiligkeit und Frömmigkeit? Beschäftigen wir uns mit uns selbst und unserer Untadeligkeit? Ist das so auffällig wiederholte Ich in dieser Psalmstrophe Selbstbespiegelung, Selbstkritik, Selbstgerechtigkeit? Gelobt seist du, Herr! Kein anderes Lob kann hier gelten. Der Herr allein sei gelobt, der mit uns den neuen Anfang gemacht hat, der uns sein Wort offenbart hat, der sich von uns suchen und dienen läßt, der sein Wort in uns wohnen läßt und uns vor Sünde bewahrt. Auf dem Wege der Gläubigen gibt es nur das Lob Gottes. In diesem Lob Gottes liegt all ihre Kraft und Zuversicht. Gott sei gelobt!
Wir aber müssen immer wieder bitten wie die Bettler: »Lehre mich deine Satzungen!« Indem wir Gott alles Lob bringen, bekennen wir, was wir empfangen haben. Indem wir Gott bitten, bekennen wir unsere Armut. Niemals, solange wir leben, wird die Bitte um Erleuchtung, Erkenntnis, um Wachstum im Lernen des Wortes nun aufhören. Aber das Lob dessen, der uns genug und übergenug geschenkt hat aus seiner Gnade, wird weder in dieser noch in jener Welt verstummen.

Vers 13: Ich erzähle mit meinen Lippen alle Forderungen deines Mundes.

Aus Gottes Mund gehen seine Forderungen und wollen auf meine Lippen kommen. Leicht ist es oft, Gottes Wort im Herzen zu tragen. Aber wie schwer geht es manchmal über die Lippen! Es ist ja hier nicht an leeren Lippendienst gedacht, sondern an das Lautwerden dessen, von dem das Herz voll ist. Ist uns nicht angesichts großen Leides oftmals der Mund wie zugeschlossen, weil wir fürchten, eine fromme Formel an die Stelle des göttlichen Wortes zu setzen? Gibt es nicht eine Atmosphäre der Leichtfertigkeit und Gottlosigkeit, in der wir das rechte Wort einfach nicht mehr finden und schweigen? Verschließt uns [nicht] oft genug falsche Scheu und Menschenfurcht den Mund? Warnung und Ermahnung bleiben unausgesprochen, Tröstung und Zuspruch bleiben versagt. Wie gequält und ängstlich ist hier und da der Name Jesus Christus über unsere Lippen gekommen! Es erfordert ein großes Maß von geistlicher Erfahrung und Übung und zugleich kindlicher Glaubenszuversicht, »alle Forderungen« Gottes mit seinen Lippen erzählen zu können, ohne zum geistlichen Routinier, zum Sittenapostel, zum aufdringlichen Schwätzer zu werden. Es muß schon das ganze Herz dem Worte Gottes gehören, ehe wir es lernen, auch unsere Lippen ganz in den Dienst Jesu Christi zu stellen.

Vers 14: Ich freue mich des Weges deiner Zeugnisse wie über allerlei Reichtum.

»Ich freue mich«. Hier fällt das große Wort, ohne das es kein Gehen auf dem Wege Gottes gibt. »Er ging hin vor Freuden«, heißt es von dem Menschen, der den Schatz im Acker gefunden hatte, »und verkaufte alles, was er hatte, und kauf-

te den Acker« (Matth. 13, 44). Aller Reichtum und Besitz war ihm gering gegen den göttlichen Schatz. Ja, in ihm fand er allen Reichtum, den er nur begehren konnte. Wer den Weg Gottes findet, der muß erst einmal allen eigenen Reichtum verloren haben, um dann den ganzen Reichtum Gottes und in ihm »allerlei Reichtum« schlechthin zu gewinnen. Gottes Wort schafft Freude in dem, der es aufnimmt. Es ist die Freude über die wiedergeschenkte Gemeinschaft mit Gott. Es ist die Freude über die Erlösung aus Furcht und Sünde. Es ist die Freude des Verirrten, der nach langer Nacht den rechten Weg wiedergefunden [hat]. Gott bereitet dem Menschen festliche Freude. Er ist selbst der Ursprung aller Freude, ja, Gott selbst kennt die Freude. »Wie sich ein Bräutigam freut über die Braut, so wird sich dein Gott über dich freuen« (Jes. 62, 5). »Er wird sich über dich freuen und dir freundlich sein und vergeben und wird über dir mit Schall fröhlich sein« (Zeph. 3, 17).
An dieser Freude Gottes an der Erlösung und dem Glauben seines Volkes festlich teilzunehmen sind wir geladen. Gottes Wort selbst ist voll dieser Freude Gottes, die bei uns anbrechen soll. Über der Fleischwerdung des Wortes Gottes in Jesus Christus steht die große Freudenverkündigung (Luk. 2, 10). Die Erdentage des Herrn sind wie ein einziger angebrochener Hochzeitstag (Mark. 2, 19; vgl. Luk. 19, 6). Über Bekehrung und Heil jedes bußfertigen Sünders durch Jesus Christus bricht Freude aus im Himmel [Luk. 15, 7. 10]. Auferstehung und Himmelfahrt des Herrn erfüllen die Jüngerschaft mit Freude (Matth. 28, 8; Luk. 24, 41. 52; Joh. 20, 20) und jauchzend empfängt die junge Gemeinde das Abendmahl Jesu (Apg. 2, 46 f). Wo das Wort Gottes ist, dort ist Freude. Als Jesus die Jünger verläßt, um zu seinem Vater zu gehen, läßt er ihnen doch sein Wort und in ihm seine Freude. »Solches rede ich zu euch, auf daß meine Freude in euch bleibe und eure Freude vollkommen werde« [Joh. 15, 11]. Vollkommene Freude ist das Geschenk des Wortes Gottes an

seine Hörer. Gott will Freude. Es ist freilich eine »Freude mit Zittern« (Ps. 2, 11), eben weil es Freude vor dem heiligen Gott ist.
Gottes Wort ist der Ursprung aller Freude, und die Wege seiner Zeugnisse sind solcher Freude voll. Denn es sind die Wege, die Gott selbst gegangen ist und mit uns geht. Wo aber Gott mit uns ist, dort ist Freude und diese Freude wird niemand von uns nehmen (Joh. 16, 22). In Tagen der Drangsal und Verfolgung aber ergreift diese Freude die Verheißung dessen, der uns vorangeht: »Seid fröhlich und getrost; es wird euch im Himmel wohl belohnt werden« [Matth. 5, 12]. Das ist der Reichtum derer, die Jesus nachfolgen.
Wer aber den Weg Gottes nicht gehen will oder kann, der wird traurig (Matth. 19, 22; 17, 23). »Aber ich besorge, daß wir weder die Freude noch das Kreuz haben, dieweil wir uns des Evangelii so wenig annehmen. Wir bleiben immerdar in unserem alten Wesen, verachten also den köstlichen Schatz des Evangelii« (Luther).

Vers 15: Ich will sinnen über deine Befehle und schauen auf deine Pfade.

Es gibt kein Stillstehen. Jede Gabe, jede Erkenntnis, die ich empfange, treibt mich nur tiefer in das Wort Gottes hinein. Für Gottes Wort brauche ich Zeit. Um die Befehle Gottes recht zu verstehen, muß ich oft lange über dem Worte nachsinnen. Nichts wäre verkehrter als jene Aktivität oder jene Gefühlsseligkeit, die dem Nachdenken und Nachsinnen den Wert abspricht. Es ist auch nicht nur Sache der hierzu besonders Berufenen, sondern Sache eines jeden, der in Gottes Wegen gehen will. Zwar fordert Gott oft rasche, unverzügliche Tat. Aber er fordert auch Stille und Besinnung. So darf und muß ich oft Stunden und Tage lang über ein und demselben Wort bleiben, bis ich mit der rechten Erkenntnis er-

leuchtet werde. Keiner ist so weit fortgeschritten, daß er dessen nicht mehr bedürfte. Keiner darf sich wegen zu starker tätiger Beanspruchung davon dispensiert glauben. Gottes Wort beansprucht meine Zeit. Gott selbst ging ein in die Zeit und will nun auch, daß ich ihm meine Zeit gebe. Christsein ist nicht die Sache eines Augenblicks, sondern es will Zeit.
Gott gab uns die Schrift, aus der wir seinen Willen erkennen sollen. Die Schrift will gelesen und bedacht sein, täglich neu. Gottes Wort ist nicht die Summe ewiger allgemeiner Sätze, die ich jederzeit gegenwärtig haben könnte, sondern es ist das täglich neue Wort Gottes an mich in dem unendlichen Reichtum der Auslegung. Meditation, das heißt betende Schriftbetrachtung und Auslegung sind dem unentbehrlich, der aufrichtig Gottes Befehle und nicht seine eigene Gedanken sucht. Ein Theologe, der beides nicht übt, verleugnet sein Amt. Es wird aber auch jedem Christen die Zeit geschenkt werden, die er dazu braucht, wenn er sie wirklich sucht. Meditation heißt, Gottes Wort betend für mich zu Herzen nehmen. Auslegen heißt, Gottes Wort in der Schrift als Gottes Wort erkennen und verstehen. Eins ist nicht ohne das andere. Beides aber ist Besinnung, die täglich geübt sein will.
Will ich Gottes Befehle erkennen, so darf ich nicht auf mich und meine Wege, sondern ich muß allein auf Gottes Pfade schauen. Was Gott für mich tat, als er an seinem Volk, als er in Jesus Christus handelte, was Menschwerdung, Kreuz und Auferstehung Jesu Christi als Gottes Taten für mich bedeuten, das allein soll meinen Weg bestimmen. »Ihr seid teuer erkauft, darum so preiset Gott an eurem Leibe« (1. Kor. 6, 20). »Ihr seid teuer erkauft; werdet nicht der Menschen Knechte« (1. Kor. 7, 23).

Vers 16: Ich habe meine Lust an deinen Satzungen und will deiner Worte nicht vergessen.

Woran liegt es, daß meine Gedanken so schnell von Gottes Wort abweichen und daß mir zur nötigen Stunde das nötige Wort oft nicht gegenwärtig ist? Vergesse ich denn zu essen und zu trinken und zu schlafen? Warum vergesse ich Gottes Wort? Weil ich noch nicht zu sagen vermag, wie es der Psalm sagt: Ich habe meine Lust an deinen Satzungen. Woran ich meine Lust habe, das vergesse ich nicht. Vergessen oder nicht, das ist nicht Sache des Verstandes, sondern des ganzen Menschen, des Herzens. Woran Leib und Seele hängt, das kann ich nie vergessen. Je mehr ich die Ordnungen Gottes in Schöpfung und Wort zu lieben beginne, desto gegenwärtiger werden sie mir zu jeder Stunde sein. Gegen das Vergessen schützt nur die Liebe.
Weil Gottes Wort in der Geschichte und das heißt in der Vergangenheit zu uns gesprochen hat, darum ist die Erinnerung, die Wiederholung des Gelernten täglich nötige Übung. Wir müssen jeden Tag aufs neue zurück zu den Heilstaten Gottes, um vorwärts gehen zu können. Darum warnt die Schrift immer wieder aufs ernsteste vor dem Vergessen! »Vergiß nicht, was er dir Gutes getan hat« (Ps. 103, 2). »Hüte dich, daß du nicht des Herrn vergissest, der dich aus Ägyptenland, aus dem Diensthaus, geführt hat« (5. Mose 6, 12 – lies das Kapitel!). »Halt im Gedächtnis Jesum Christum« (2. Tim. 2, 8). Aus der Erinnerung und Wiederholung lebt Glaube und Gehorsam. Erinnerung wird zur Kraft der Gegenwart, weil es der lebendige Gott ist, der einst für mich gehandelt hat und mich heute dessen vergewissert. Das Vergangene an und für sich ist gleichgültig. Weil aber in der Vergangenheit etwas Entscheidendes »für mich« geschah, darum wird aus Vergangenem Gegenwart für den, der das »für mich« im Glauben ergreift. »Denn das Wort ›für mich‹ fordert eitel gläubige Herzen« (Luther).

Weil mein Heil nicht in mir selbst, sondern außerhalb meiner selbst liegt, weil meine Gerechtigkeit allein die Gerechtigkeit Jesu Christi ist, weil mir das nur im Wort verkündigt werden kann, darum ist Erinnerung und Wiederholung nötig um der Seligkeit willen. Darum bedeutet Vergessen soviel wie aus dem Glauben fallen.
In der täglichen Erinnerung an Jesus Christus aber wird mir zugesagt, daß Gott mich von Ewigkeit her geliebt und mich nicht vergessen hat (Jes. 49, 14 ff). Weiß ich aber, daß Gott mich nicht vergißt, weil er mich liebt, so freue ich mich, und meine Liebe zu Gottes Treue in seinem Wort erfüllt mich und ich lerne zu sagen: Ich will deiner Worte nicht vergessen.

III. Geöffnete Augen

Vers 17: Tue wohl deinem Knecht, daß ich lebe und dein Wort halte.

Ich bitte um Leben wie der Knecht seinen Herrn. Leben ist Wohltat Gottes. Leben ist nicht Mittel zum Zweck, sondern es ist in sich selbst Erfüllung. Gott schuf uns, damit wir leben. Er versöhnte und erlöste uns, damit wir leben. Er will nicht Ideen triumphieren sehen über einem Trümmerfeld von Leichnamen. Die Ideen sind um des Lebens willen da, nicht das Leben um der Ideen willen. Wo das Leben selbst zur Idee gemacht wird, dort wird das wirkliche geschaffene und erlöste Leben tiefer zerstört als durch irgendeine andere Idee. Das Leben ist Gottes Ziel mit uns. Wird es Mittel zum Zweck, dann tritt in das Leben ein Widerspruch, der es zur Qual werden läßt. Dann wird das Ziel, das Gute, jenseits des Lebens gesucht, das nur mit der Lebensverneinung erkauft werden kann. Das ist der Zustand, in dem wir uns vorfinden, bevor wir das Leben in Gott empfangen, und wir sind gelehrt worden, diesen Zustand gut zu nennen. Wir wurden zu Hassern und Verächtern des Lebens und zu Liebhabern und Anbetern der Ideen.

Ich bitte Gott um die Wohltat des Lebens. Nur das Leben, das er gibt, ist Wohltat. Alles andere Leben ist Qual. Nur das Leben aus Gott ist Ziel und Erfüllung, ist Überwindung des Widerspruchs zwischen Sein und Sollen. Leben ist Zeit der Gnade, Tod ist Gericht. Darum ist Leben göttliche Wohltat, weil mir Zeit gegeben ist für die Gnade Gottes. Solche Zeit ist so lange vorhanden, als das Wort Gottes bei mir ist. Dieses Wort festzuhalten ist bejahtes Leben aus Gott. Gottes Wort ist nicht jenseits des Lebens, es erniedrigt das Leben nicht zum Mittel zum Zweck, sondern es schützt das Leben vor dem Verfall an den Widerspruch, an die Herrschaft der Ideen. Gottes Wort ist Erfüllung des Lebens, über die hinaus es kein Ziel gibt. Darum bitte ich Gott um die Wohltat des Lebens, das ihm verfallen ist wie das Leben des Knechtes dem Herrn und das erfüllt wird durch das Halten des Wortes Gottes.

Vers 18: Öffne mir die Augen, daß ich sehe die Wunder in deinem Gesetz.

Ich muß die Augen meiner Sinne schließen, wenn ich sehen will, was Gott mir zeigt. Gott macht mich blind, wenn er mich sein Wort sehen lassen will. Dem Blinden tut er die Augen auf. Nun sehe ich, was ich sonst nie erkannt hätte, daß Gottes Gesetz voller Wunder ist. Wie könnte ich den langen Weg durch diesen Psalm mitgehen und ihn immer wieder neu beginnen, wie sollte ich dieser unablässigen Wiederholungen nicht müde werden, wenn Gott mir nicht zu erkennen gäbe, daß jedes seiner Worte voll unentdeckter und unergründlicher Wunder ist? Wie sollte ich Tag für Tag Gottes Wort bewahren ohne die geöffneten Augen, die sich an der

Herrlichkeit und Tiefe dieses Wortes satt sehen wollen? Den Augen meiner Vernunft muß Gottes Gesetz als eine vielleicht notwendige, aber bald gelernte und begriffene Lebensregel erscheinen, über die es nicht mehr viel zu denken, zu reden oder zu staunen gibt. Solange ich mit diesen Augen zu sehen meine, habe ich kein Verlangen nach den geöffneten Augen. Bin ich aber blind geworden, hat Gott mich in tiefe Nacht geführt, stecke ich in finsterer Not und Schuld, so daß meine natürlichen Augen nichts mehr zu erkennen und zu begreifen vermögen, so schreie ich nach besserem Augenlicht. Nur der Blinde schreit nach geöffneten Augen. Aber ist denn der Beter unseres Psalmes, der Gottes Wort so zu preisen vermag, ein Blinder? Gerade wer einen Blick getan hat in die Wunderwelt des Gesetzes Gottes, weiß, wie blind er noch ist und wie sehr er der geöffneten Augen bedarf, um nicht wieder in völlige Nacht zu versinken. Es ist ein täglich neues Gebet, wenn wir morgens unsere Augen auftun und wenn wir sie des Nachts schließen, daß Gott erleuchtete Augen des Herzens geben wolle, die offen stehen, wenn der Tag unsere natürlichen Augen betrügen will und wenn die Nacht uns böse Träume vorspiegelt, geöffnete, erleuchtete Augen, die von den Wundern des Gesetzes Gottes allezeit erfüllt sind.

Wir müssen es dem blinden Bartimäus gleichtun. Als der hört, daß Jesus auf der Straße in Jericho an ihm vorbeizieht, läßt er sich durch nichts zum Schweigen bringen, sondern schreit so lange um Hilfe, bis Jesus ihn hört. Auf die Frage Jesu: Was willst du, das ich dir tun soll? antwortet er: Rabbuni, daß ich sehend werde! So empfängt er die Heilung (Mark. 10, 46 ff). Wie es aber bei dem Blinden von Bethsaida (Mark. 8, 22 ff) nur ein allmähliches, stufenweises Erkennen und Sehen ist, so werden auch unsere Augen nur langsam geöffnet werden und von Erkenntnis zu Erkenntnis fortschreiten.

Wer aber meint zu sehen, obgleich er blind ist, dem kann

nicht mehr geholfen werden, sondern er wird in seiner Blindheit umkommen (Joh. 9, 40 f). Es ist ein Geschenk der Gnade, die eigene Blindheit gegen Gottes Wort zu erkennen und um geöffnete Augen beten zu können.
Wem Gott die Augen für sein Wort geöffnet hat, der sieht in eine Wunderwelt hinein. Was mir bisher tot erschien, ist voller Leben, das Widerspruchsvolle löst sich in höherer Einheit auf, die harte Forderung wird zum gnädigen Gebot. Mitten im Menschenwort höre ich Gottes ewiges Wort, in vergangener Geschichte erkenne ich den gegenwärtigen Gott und sein Wirken mir zum Heil. Der barmherzige Zuspruch wird mir zum neuen Anspruch Gottes, die unerträgliche Last zum sanften Joch. Das große Wunder im Gesetz Gottes ist die Offenbarung des Herrn Jesus Christus. Durch ihn empfängt das Wort Leben, das Widerspruchsvolle Einheit, das Offenbare unergründliche Tiefe. Herr, öffne mir die Augen.

Vers 19: Ich bin ein Gast auf Erden, verbirg deine Gebote nicht vor mir.

Als Gottes Wort mich zum ersten Mal traf, da hat es mich zum Fremdling auf dieser Erde gemacht. Es hat mich in die lange Reihe der Väter des Glaubens gestellt, die als Fremdlinge im verheißenen Land wohnten (Hebr. 11,9). Abraham glaubt dem Ruf, der ihn aus dem Vaterland ins Land der Verheißung gehen heißt, und erwirbt in hohem Alter nach dem Tode Saras »als Fremdling und Beisasse« in diesem Land ein Erbbegräbnis als einzigen Grundbesitz im gelobten Land (1. Mose 23, 4). Jakob bekennt vor Pharao, daß sein ganzes Leben eine Pilgerschaft gewesen ist, kürzer und böser noch als die Pilgerschaft seiner Väter Isaak und Abraham (1. Mose 47, 9). Als das Land Kanaan in den festen Besitz der Kinder Israel gekommen ist, dürfen sie doch nie vergessen, daß auch sie Fremdlinge waren und noch sind. Sie waren Fremdlinge in

Ägypten (2. Mose 22, 20 u.ö.) und sie sind bis zur Stunde »Fremdlinge und Gäste« in dem Land, das ja nicht ihnen, sondern Gott gehört (3. Mose 25, 23). David schließt sich in einer großen und festlichen Stunde seines Lebens mit den Vätern zusammen: »Wir sind Fremdlinge und Gäste vor dir wie unsere Väter alle. Unser Leben auf Erden ist wie ein Schatten und ist kein Aufhalten« (1. Chron. 29, 15).
Ich bin ein Gast auf Erden. Damit bekenne ich, daß ich hier nicht bleiben kann, daß meine Zeit kurz bemessen ist. Auch habe ich hier kein Anrecht auf Besitz und Haus. Alles Gute, das mir widerfährt, muß ich dankbar empfangen. Unrecht und Gewalttat aber muß ich leiden, ohne daß einer für mich eintritt. Einen festen Halt habe ich weder an Menschen noch an Dingen. Als Gast bin ich den Gesetzen meiner Herberge unterworfen. Die Erde, die mich ernährt, hat ein Recht auf meine Arbeit und meine Kraft. Es kommt mir nicht zu, die Erde, auf der ich mein Leben habe, zu verachten. Treue und Dank bin ich ihr schuldig. Ich darf meinem Los, ein Gast und Fremdling sein zu müssen und damit dem Ruf Gottes in diese Fremdlingschaft nicht dadurch ausweichen, daß ich mein irdisches Leben im Gedanken an den Himmel verträume. Es gibt ein sehr gottloses Heimweh nach der anderen Welt, dem gewiß keine Heimkehr beschieden ist. Ich soll ein Gast sein mit allem, was das einschließt. Ich soll mein Herz den Aufgaben, Schmerzen und Freuden der Erde nicht teilnahmslos verschließen und ich soll auf die Einlösung der göttlichen Verheißung geduldig warten, aber wirklich warten und sie mir nicht im voraus in Wünschen und Träumen rauben. Über die Heimat selbst ist hier kein Wort gesagt. Ich weiß, daß diese Erde sie nicht sein kann und weiß doch auch, daß die Erde Gottes ist und daß ich nicht, auch schon auf dieser Erde nicht, nur ein Gast der Erde, sondern Gottes Pilgrim und Beisaß bin (Ps. 39, 13). Weil ich aber auf Erden nichts bin als ein Gast, ohne Recht, ohne Halt, ohne Sicherheit, weil Gott selbst mich so schwach und gering gemacht hat, darum

hat er mir ein einziges festes Unterpfand für mein Ziel gegeben, sein Wort. Dieses einzig Gewisse wird er mir nicht entziehen. Dieses Wort wird er mir halten und an ihm wird er mich seine Kraft spüren lassen. Wo das Wort von zu Hause bei mir ist, finde ich in der Fremde meinen Weg, im Unrecht mein Recht, in der Ungewißheit meinen Halt, in der Arbeit meine Kraft, im Leiden die Geduld.

»Verbirg deine Gebote nicht vor mir.« Das ist das Gebet des Pilgers im fremden Land. Es gibt für den, der nach Gottes Willen und Ruf ein Fremdling auf Erden geworden ist, in Wahrheit nur *einen* Gedanken, der ihn mit tiefer Angst erfüllen kann, nämlich einmal Gottes Willen nicht mehr zu erkennen, nicht mehr zu wissen, was Gott von ihm fordert. Zwar ist Gott uns in unserer persönlichen Lebensführung oder in seinem geschichtlichen Handeln oft verborgen. Nicht das ist beängstigend. Aber daß sich uns das offenbare Gebot Gottes verdunkelt, so daß wir aus dem Wort Gottes nicht mehr erkennen, was wir tun sollen, das ist eine schwere Anfechtung. Mitten in der frohen Gewißheit der Gebote Gottes überfällt uns diese Furcht: Wie, wenn Gott mir seine Gebote eines Tages verbergen wollte? Ich müßte in das Nichts stürzen, ich müßte mit dem ersten Schritt zu Fall kommen, ich müßte in der Fremde zugrunde gehen. Oder – so muß ich mich nun wohl auch fragen – lebe ich etwa schon so sehr von dem Gerippe meiner eigenen Grundsätze, daß ich es vielleicht gar nicht mehr spüren würde, wenn Gott mir eines Tages sein lebendiges Gebot entzöge? Vielleicht würde ich dann wie bisher meinen Prinzipien getreu handeln, aber Gottes Gebot wäre nicht mehr bei mir. Gottes Gebot ist Gottes persönliches Wort an mich für den heutigen Tag, für mein heutiges Leben. Es ist zwar nicht heute dies und morgen jenes, was Gott von mir will. Gottes Gebot ist mit sich selbst eins. Aber es ist der entscheidende Unterschied, ob ich Gott oder ob ich meinen Prinzipien gehorche. Habe ich genug an meinen Prinzipien, dann kann ich das Gebet des Psalmisten nicht verstehen. Lasse ich mir aber von Gott selbst den Weg weisen, dann hänge ich ganz an der Gnade, die sich mir offenbart oder versagt. Dann zittere ich bei jedem Wort, das ich aus Gottes Mund empfange, schon um das nächste Wort und um die Bewahrung in der Gnade. So bleibe ich auf allen meinen Wegen und Entscheidungen ganz gebunden an die Gnade und keine falsche Sicherheit kann mich um die lebendige Gemeinschaft mit Gott betrügen.

Der Schrei, Gott möge mir sein Gebot nicht verbergen, kommt nur aus dem Herzen dessen, der Gottes Gebote kennt. Es ist kein Zweifel: Gott *hat* uns seine Gebote zu wissen gegeben, und wir haben keine Ausflucht, als wüßten wir Gottes Willen nicht. Gott läßt uns nicht in unlösbaren Konflikten leben. Er macht unser Leben nicht zu ethischen Tragödien, sondern er gibt uns seinen Willen zu wissen. Er fordert seine Erfüllung und straft den Ungehorsam. Die Dinge sind hier viel einfacher als uns lieb ist. Nicht daß wir Gottes Gebote nicht wissen, sondern daß wir sie nicht tun – und dann freilich als Folge solchen Ungehorsams allmählich auch nicht mehr erkennen –, das ist unsere Not. Nicht *daß* Gott uns seine Gebote verbirgt, ist hier gesagt, sondern Gott wird um die Gnade angerufen, seine Gebote nicht zu verbergen. Es steht in Gottes Freiheit und Weisheit, uns die Gnade seines Gebotes zu entziehen. Dann aber gibt es für uns nicht die Resignation, sondern vielmehr das dringende und anhaltende Gebet: Verbirg deine Gebote nicht vor mir.

Vers 20: Meine Seele ist zermalmt vor Verlangen nach deinen Forderungen allezeit.

Das Verlangen nach Gottes Forderungen ist mächtiger als unsere Seele. Die Seele geht überwältigt zugrunde, wenn von Gott her das große Verlangen nach seinem Wort über uns kommt. Dieses Verlangen, Gottes Forderung zu kennen,

koste es was es wolle, ist ja nicht eine Kraft der Seele, sondern es ist im Gegenteil ihr Tod. Nicht die Seele mit ihren mannigfachen Regungen und Wünschen, sondern das eine, alles andere zum Schweigen bringende Verlangen nach Gottes Wort lebt in mir. Meine Seele kann sich nicht erwehren, daß jeder Gedanke, jeder Augenblick davon erfüllt ist. Gottes Rechte gegenüber den Menschenrechten, Gottes Forderungen gegenüber den Ansprüchen der Menschen zu vernehmen, zu erkennen, zu sehen, darüber muß die Seele alles zum Opfer bringen. Wenn dieses Verlangen nach Gott über uns kommt, dann leidet die Seele Qualen, dann liegt sie am Boden. Das feine Gebilde ist zermalmt. Wer zum gelobten Land pilgert, fragt nicht nach Staub und Schweiß und Wunden, die ihn bedecken, er fragt nur nach dem Ziel.
Weil das Verlangen nach Gottes Wort nicht aus der Seele geboren ist, darum geht es auch nicht wie eine seelische Bewegung oder Erschütterung in einer Stunde oder einem Tag vorüber. Es ist dem Verlangen der Seele nach einem geliebten Menschen nicht zu vergleichen, denn dieses währt eine Zeitlang. Das Verlangen nach Gott, das die Seele zermalmt, währt »allezeit«. Das kann nicht anders sein, wenn es von Gott selbst über uns kommt. Es muß unvergänglich sein. Mit einer plötzlichen Aufwallung, mit einer einmaligen Hingabe des Herzens an Gottes Wort hat es darum so gut wie nichts zu tun. An dem »allezeit« entscheidet es sich. Nicht die Hitze der Frömmigkeit, sondern das Ausharren am Wort bis ans Ende kennzeichnet das Verlangen nach Gottes Wort.
Eben darum wäre es falsch, dieses Verlangen mit religiösen Hochgefühlen zu verwechseln. Es ist ja auch im Gegenteil gerade die Erfahrung der Zermalmung unter der Last dieses Verlangens, von der hier die Rede ist. Das angemaßte Recht der Menschen triumphieren sehen und trotzdem auf Gottes Rechte hoffen und sich verlassen, in der Fremde leben und doch die Heimat nicht vergessen können, in Elend, Not und

Schuld von Gott nicht mehr los können, ihn suchen müssen, wo Verstand und Erfahrung ihn verwerfen, zu ihm rufen müssen, wenn alle Kräfte im Tode versinken, Gottes Wort als eine Gewalt über unser Leben erfahren, die uns keinen Augenblick mehr freigibt, darin mag dieses Verlangen eher bestehen als in der Wonne religiöser Überschwänglichkeit. So jedenfalls wird das »allezeit« nicht zu einer Übertreibung, sondern als Wirklichkeit verständlich.

Vers 21: Du hast den Stolzen gedroht; verflucht sind, die von deinen Geboten abweichen.

Gott haßt die Stolzen, die an sich selbst genug haben, nach keinem göttlichen und menschlichen Recht fragen, bei denen Barmherzigkeit nichts gilt, die Verächter des Wortes Gottes und der Gläubigen. Stolz vor Gott ist die Wurzel alles Ungehorsams, aller Gewalttat, aller Leichtfertigkeit. Stolz ist der Ursprung aller Empörung, alles Aufruhrs, aller Zerstörung. Über allem Stolz aber steht eine furchtbare Bedrohung, von der die Stolzen selbst zwar nichts begreifen, aber die Gläubigen erkennen sie: das Evangelium. »Gott widersteht den Hoffärtigen, aber den Demütigen gibt er Gnade« (1. Petr. 5, 5). Daß Gott mit den Schwachen und Demütigen ist, in einem Wort, das Kreuz Jesu Christi ist die Drohung Gottes an die Stolzen. An Gott werden sie zuschanden werden, wenn sie auch über alle Menschen den Sieg davontragen.
Wer das Evangelium glaubt, der sieht das Schwert Gottes über den Stolzen dieser Erde. Die Predigt des Wortes Gottes ist die einzige ernsthafte Bedrohung einer stolz gewordenen Menschheit. Aber zu seinem Wort hat Gott auch die Zeichen seiner Kraft gegeben. Mitten in der Geschichte schon kommt hier und dort die Drohung Gottes zum Vollzug, und die Gemeinde sieht staunend und schaudernd schon in die-

ser Zeit Stolze fallen und zugrunde gehen. Vor pharisäischer Sicherheit aber wird sie bewahrt, weil sie erkennen muß, daß immer mit den Stolzen auch Unschuldige umkommen, und so bleiben die sichtbaren Gerichte Gottes auch den Glaubenden verborgen und dunkel. Unwidersprechlich klar bleibt allein das Wort, das die Ankündigung des Fluches über die Gottlosen enthält. »Verflucht sind, die von deinen Geboten abweichen.« Im Gesetz heißt es: »Verflucht, wer nicht alle Worte dieses Gesetzes erfüllt« (5. Mose 27, 26). Können wir dieses Wort aussprechen, ohne uns selbst von ihm getroffen zu wissen? Sollte es nur den anderen und nicht auch uns gelten? Der Fluch über die Übertreter des Gesetzes ist Gottes Recht und . . .
(Hier bricht das Manuskript ab)

VII. HAFTZEIT

April 1943–April 1945

Traupredigt für Renate und Eberhard Bethge aus der Zelle

Mai 1943

Epheser 1, 12 »... daß wir etwas seien zu Lob seiner Herrlichkeit«

Ein Brautpaar hat das Recht darauf, den Tag der Hochzeit mit dem Gefühl eines unvergleichlichen Triumphes zu begrüßen und zu begehen. Wenn alle Schwierigkeiten, Widerstände, Hindernisse, Zweifel und Bedenken nicht in den Wind geschlagen, aber ehrlich ausgestanden und überwunden sind – und es ist sicher gut, wenn nicht alles gar zu selbstverständlich geht –, dann haben die beiden in der Tat den entscheidenden Triumph ihres Lebens errungen. Mit dem Ja, das sie zueinander gesprochen haben, haben sie ihrem ganzen Leben in freier Entscheidung eine neue Wendung gegeben. Sie haben allen Fragen und Bedenklichkeiten, die das Leben jeder dauernden Verbindung zweier Menschen entgegenstellt, in froher Gewißheit Trotz geboten und sich in eigener Tat und Verantwortung ein Neuland für ihr Leben erobert. Etwas von dem Jubel darüber, daß Menschen so große Dinge tun können, daß ihnen eine so unermeßliche Freiheit und Gewalt gegeben ist, das Steuer ihres Lebens in die Hand zu nehmen, muß bei jeder Hochzeit durchklingen. Es muß etwas von dem berechtigten Stolz der Erdenkinder, ihres eigenen Glückes Schmied sein zu dürfen, in dem Glück eines Brautpaares liegen. Es ist nicht gut, hier allzu schnell und ergeben von Gottes Willen und Führung zu reden. Es ist zunächst einfach und nicht zu übersehen euer ganz und gar menschlicher Wille, der hier am Werk ist und der hier seinen Triumph feiert. Es ist zunächst durchaus euer selbstgewählter Weg, den ihr beschreitet. Es ist auch nicht in erster Linie ein frommes, sondern ein durch und durch weltliches Ding, das ihr getan habt und tut. Darum tragt auch ihr selbst und allein die Verantwortung dafür, die euch kein Mensch abnehmen kann. Genauer gesagt, dir, Eberhard, ist die ganze Verantwortung für das Gelingen eures Vorhabens mit all dem Glück, das eine solche Verantwortung in sich schließt, auferlegt, und du, Renate, wirst deinem Mann helfen und es ihm leicht machen, sie zu tragen und darin dein Glück finden. Es wäre eine Flucht in falsche Frömmigkeit, wenn ihr nicht heute zu sagen wagtet: Es ist *unser* Wille, es ist *unsere* Liebe, es ist *unser* Weg. »Eisen und Stahl, sie mögen vergehen, *unsere* Liebe bleibt ewig bestehen.« Dieses Verlangen nach der irdischen Glückseligkeit, die ihr ineinander finden wollt und die darin besteht, daß – mit den Worten des mittelalterlichen Liedes – einer des anderen Trost ist nach Seele und Leib, dieses Verlangen hat sein Recht vor Menschen und vor Gott.

Gewiß habt gerade ihr beide – wenn irgend jemand – allen Grund, mit einer Dankbarkeit sondergleichen auf euer bisheriges Leben zurückzublicken. Ihr seid mit den Freuden und Schönheiten des Lebens geradezu überschüttet worden. Es ist euch alles gelungen. Es ist euch die Liebe und die Freundschaft der Menschen um euch herum zugefallen. Eure Wege waren meist geebnet, ehe ihr sie betratet. In jeder Lebenslage konntet ihr euch durch eure Familien und Freunde geborgen wissen. Jeder hat euch nur Gutes gegönnt. Und schließlich habt ihr euch finden dürfen und seid heute ans Ziel eurer Wünsche geführt. – Ihr wißt es selbst, daß sich ein solches Leben kein Mensch aus eigener Kraft schaffen und nehmen kann, sondern daß es dem einen gegeben wird, dem anderen versagt bleibt, und das ist erst, was wir Gottes Führung nennen. So groß also heute euer Jubel darüber ist, daß euer Wille, euer Weg zum Ziel gekommen ist, so groß wird auch eure Dankbarkeit sein, daß Gottes Wille und Weg euch

hierher geführt hat. Und so zuversichtlich ihr heute die Verantwortung für euer Tun auf euch nehmt, so zuversichtlich dürft und werdet ihr sie heute in Gottes Hände legen.
Indem Gott heute zu eurem Ja sein Ja gibt, indem Gottes Wille in euren Triumph einwilligt, indem Gott euch euren Triumph und Jubel und Stolz läßt und gönnt, macht er euch doch zugleich zu Werkzeugen seines Willens und Planes mit euch und mit den Menschen. Gott sagt in der Tat in unbegreiflicher Herablassung sein Ja zu eurem Ja. Aber indem er das tut, schafft er zugleich etwas ganz Neues: Er schafft aus eurer Liebe den heiligen Ehestand.
Gott führt eure Ehe. Ehe ist mehr als eure Liebe zueinander. Sie hat höhere Würde und Gewalt; denn sie ist Gottes heilige Stiftung, durch die er die Menschen bis ans Ende der Tage erhalten will. In eurer Liebe seht ihr euch beide nur allein auf der Welt; in der Ehe seid ihr ein Glied in der Kette der Geschlechter, die Gott zu seiner Ehre kommen und vergehen läßt und zu seinem Reich ruft. In eurer Liebe seht ihr nur den Himmel eures eigenen Glückes; durch die Ehe seid ihr verantwortlich in die Welt und in die Gemeinschaft der Menschen hineingestellt. Eure Liebe gehört euch allein und persönlich; die Ehe ist etwas Überpersönliches, sie ist ein Stand, ein Amt. Wie die Krone den König macht und nicht schon der Wille zu herrschen, so macht die Ehe und nicht schon eure Liebe zueinander euch zu einem Paar vor Gott und vor den Menschen. Wir ihr den Ring erst euch selbst gegeben habt und ihn nun noch einmal aus der Hand des Pfarrers empfangt, so kommt die Liebe aus euch, die Ehe von oben, von Gott. So viel höher Gott ist als der Mensch, so viel höher ist die Heiligkeit, das Recht und die Verheißung der Ehe als die Heiligkeit, das Recht und die Verheißung der Liebe. Nicht eure Liebe trägt die Ehe, sondern von nun an trägt die Ehe eure Liebe.
Gott macht eure Ehe unauflöslich. »Was Gott zusammengefügt hat, das soll der Mensch nicht scheiden« [Matth. 19, 6].

Gott fügt euch in der Ehe zusammen. Das tut nicht ihr, sondern das tut Gott. Verwechselt eure Liebe zueinander nicht mit Gott. Gott macht eure Ehe unauflöslich. Er schützt sie vor jeder Gefahr, die ihr von außen oder innen droht. Gott will der Garant ihrer Unauflöslichkeit sein. Es ist eine beglückende Gewißheit für den, der das weiß, daß keine Macht der Welt, keine Versuchung, keine menschliche Schwachheit auflösen kann, was Gott zusammenhält. Ja, wer das weiß, darf getrost sagen: Was Gott zusammengefügt hat, das *kann* der Mensch nicht scheiden. Frei von aller Bangigkeit, die der Liebe immer innewohnt, dürft ihr in Gewißheit und voller Zuversicht nun zueinander sagen: Wir können einander nie mehr verloren gehen, wir gehören einander durch Gottes Willen bis zum Tod.

Gott gründet eine Ordnung, in der ihr in der Ehe miteinander leben könnt. »Ihr Weiber, seid untertan euren Männern in dem Herrn, wie sich's gebührt. Ihr Männer, liebet eure Weiber« (Kol. 3, 18 f). Mit eurer Ehe gründet ihr ein Haus. Dazu bedarf es einer Ordnung. Und diese Ordnung ist so wichtig, daß Gott selbst sie setzt, weil ohne sie alles aus den Fugen ginge. In allem seid ihr frei bei der Gestaltung eures Hauses, nur in einem seid ihr gebunden: Die Frau sei dem Manne untertan und der Mann liebe seine Frau. Damit gibt Gott Mann und Frau die ihnen eigene Ehre. Es ist die Ehre der Frau, dem Manne zu dienen, ihm eine Gehilfin zu sein – wie es in der Schöpfungsgeschichte heißt [1. Mose 2, 20] –, und es ist die Ehre des Mannes, seine Frau von Herzen zu lieben. Er »wird Vater und Mutter verlassen und an seinem Weibe hangen« [Matth. 19, 5], er wird sie »lieben wie sein eigenes Fleisch«. Eine Frau, die über ihren Mann herrschen will, tut sich selbst und ihrem Manne Unehre, ebenso wie ein Mann durch mangelnde Liebe zu seiner Frau sich selbst und seiner Frau Unehre zufügt, und beide verachten die Ehre Gottes, die auf dem Ehestand ruhen soll. Es sind ungesunde Zeiten und Verhältnisse, in denen die Frau ihren Ehrgeiz darin sieht, zu sein wie der Mann, und der Mann in der Frau nur das Spielzeug seiner Herrschsucht und Freiheit erblickt. Es ist der Beginn der Auflösung und des Zerfalls aller menschlichen Lebensordnungen, wenn das Dienen der Frau als Zurücksetzung, ja als Kränkung ihrer Ehre und die ausschließliche Liebe des Mannes zu seiner Frau als Schwäche oder gar als Dummheit angesehen wird.

Der Ort, an den die Frau von Gott gestellt ist, ist das Haus des Mannes. Was ein Haus bedeuten kann, ist heute bei den meisten in Vergessenheit geraten, uns anderen aber ist es gerade in unseren Zeiten besonders klar geworden. Es ist mitten in der Welt ein Reich für sich, eine Burg im Sturm der Zeit, eine Zuflucht, ja ein Heiligtum. Es steht nicht auf dem schwankenden Boden der wechselnden Ereignisse des äußeren und öffentlichen Lebens, sondern es hat seine Ruhe in Gott, das heißt, es hat von Gott seinen eigenen Sinn und Wert, sein eigenes Wesen und Recht, seine eigene Bestimmung und Würde. Es ist eine Gründung Gottes in der Welt, der Ort, an dem, was auch in der Welt vorgehen mag, Friede, Stille, Freude, Liebe, Reinheit, Zucht, Ehrfurcht, Gehorsam, Überlieferung und in dem allem – Glück wohnen soll. Es ist die Berufung und das Glück der Frau, diese Welt in der Welt dem Manne aufzubauen und in ihr zu wirken. Wohl ihr, wenn sie erkennt, wie groß und reich diese ihre Bestimmung und Aufgabe ist. Nicht das Neue, sondern das Bleibende, nicht das Wechselnde, sondern das Beständige, nicht das Laute, sondern das Stille, nicht die Worte, sondern das Wirken, nicht das Befehlen, sondern das Gewinnen, nicht das Begehren, sondern das Haben – und dies alles beseelt und getragen von der Liebe zum Manne –, das ist das Reich der Frau. In den Sprüchen Salomos heißt es: »Ihres Mannes Herz darf sich auf sie verlassen und Nahrung wird ihm nicht mangeln. Sie tut ihm Liebes und kein Leides ihr Leben lang. Sie geht mit Wolle und Flachs um und arbeitet gern mit ihren Händen. Sie steht vor Tage auf und gibt Speise ihrem Hause und Essen ihren Mägden ... Sie breitet ihre Hände aus zu den Armen und reicht ihre Hand den Dürftigen ... Kraft und Schöne sind ihr Gewand und sie lacht des kommenden Tages ... Ihre Söhne stehen auf und preisen sie selig; ihr Mann lobt sie: »Viele Töchter halten sich tugendsam, aber du übertriffst sie alle« [aus Spr. 30]. Das Glück, das der Mann in einer rechten oder, wie es in der Bibel heißt, »tugendsamen«, »klugen« Frau findet, wird in der Bibel immer wieder als das höchste irdische Glück überhaupt gepriesen. »Die ist viel köstlicher als die köstlichsten Perlen« [Spr. 31, 10]. »Eine tugendsame Frau ist die Krone ihres Mannes« [Spr. 12, 4]. Ebenso offen aber spricht die Bibel von dem Unheil, das durch eine verkehrte, »törichte« Frau über den Mann und das ganze Haus kommt.

Wenn nun der Mann als das Haupt der Frau bezeichnet wird und sogar unter dem Zusatz, »gleichwie Christus ist das Haupt der Gemeinde« [Eph. 5, 23], so fällt damit auf unsere irdischen Verhältnisse ein göttlicher Abglanz, den wir erkennen und ehren sollen. Die Würde, die dem Mann hier zugesprochen wird, liegt nicht in seinen persönlichen Fähigkeiten und Anlagen, sondern in seinem Amt, das er mit seiner Ehe empfängt. Mit dieser Würde umkleidet soll ihn die Frau sehen. Ihm selbst aber ist diese Würde höchste Verantwortung. Als das Haupt trägt er die Verantwortung für die Frau, für die Ehe und für das Haus. Ihm fällt die Sorge und der Schutz für die Seinen zu, er vertritt sein Haus gegenüber der Welt. Er ist der Halt und Trost der Seinen. Er ist der Hausmeister, der ermahnt, straft, hilft, tröstet und der für sein Haus vor Gott steht. Es ist gut, weil göttliche Ordnung, wenn die Frau den Mann in seinem Amt ehrt und wenn der Mann seines Amtes wirklich waltet. »Klug« ist der Mann und die Frau, die die Ordnung Gottes erkennen und halten. »Töricht« ist, wer meint, an ihre Stelle eine andere, dem eigenen Willen und Verstand entsprungene Ordnung setzen zu können.

Gott hat auf die Ehe einen Segen und eine Last gelegt. Der Segen ist die Verheißung der Nachkommenschaft. Gott läßt die Menschen teilnehmen an seinem immerwährenden Schaffen. Aber es ist doch immer Gott selbst, der eine Ehe mit Kindern segnet. »Kinder sind eine Gabe des Herrn« (Ps. 127, 3) und als solche sollen wir sie erkennen. Von Gott empfangen die Eltern ihre Kinder und zu Gott sollen sie sie wieder führen. Darum haben die Eltern göttliche Autorität gegenüber ihren Kindern. Luther spricht von der »güldenen Kette«, die Gott den Eltern umlegt, und das Halten des 4. Gebotes hat nach der Schrift die besondere Verheißung eines langen Lebens auf Erden. Weil und solange aber die Menschen auf Erden leben, hat Gott ihnen eine Erinnerung daran gegeben, daß diese Erde unter dem Fluch der Sünde steht und nicht das Letzte ist. Über der Bestimmung der Frau und des Mannes liegt der dunkle Schatten eines göttlichen Zorneswortes, liegt eine göttliche Last, die sie tragen müssen. Die Frau soll ihre Kinder mit Schmerzen gebären und der Mann soll in seiner Sorge für die Seinen viele Dornen und Disteln ernten und seine Arbeit im Schweiße des Angesichts tun. Diese Last soll Mann und Frau dazu führen, zu Gott zu rufen und sie an ihre ewige Bestimmung in seinem Reich erinnern. Die irdische Gemeinschaft ist nur ein Anfang der ewigen Gemeinschaft, das irdische Haus ein Abbild des himmlischen Hauses, die irdische Familie ein Abglanz der Vaterschaft Gottes über alle Menschen, die vor ihm Kinder sind.

Gott schenkt euch Christus als den Grund eurer Ehe. »Nehmet euch untereinander auf, gleichwie euch Christus aufgenommen hat zu Gottes Lobe« (Röm. 15, 7). Mit einem Wort: Lebt miteinander in der Vergebung eurer Sünden, ohne die keine menschliche Gemeinschaft, erst recht keine Ehe bestehen kann. Seid nicht rechthaberisch gegeneinander, urteilt und richtet nicht übereinander, erhebt euch nicht übereinander, schiebt nie einander die Schuld zu, sondern nehmt euch

auf, wir ihr seid und vergebt einander täglich und von Herzen.
Ihr gründet ein Pfarrhaus. Von eurem Haus soll ein Glanz und eine Kraft ausgehen in viele andere Häuser. Es ist ein Leben besonderen Verzichtes, das eine Pfarrfrau auf sich nimmt. Vieles, was zu seinem Amt gehört, muß der Mann allein tragen, denn er führt das Amt und das Amt ist um Gottes willen verschwiegen. Umso größer muß seine Liebe zu seiner Frau sein, umso mehr muß er sie teilnehmen lassen an allem, woran er sie teilnehmen lassen darf. Umso mehr aber wird auch die Pfarrfrau wieder dem Manne das Tragen seines Amtes erleichtern, ihm zur Seite stehen, ihm eine Gehilfin sein. Wie aber wollen sie beide als fehlbare Menschen in der Gemeinde Christi leben und das Ihre tun, wenn sie nicht selbst im beständigen Gebet und in der Vergebung bleiben, wenn nicht einer dem anderen hilft, als ein Christ zu leben? Es liegt da sehr viel am rechten Anfang und an der täglichen Übung.
Vom ersten Tag eurer Ehe an bis zum letzten muß es gelten: »Nehmet euch untereinander auf zu Gottes Lobe.«
So habt ihr Gottes Wort über eure Ehe gehört. Dankt ihm dafür. Dankt ihm, daß er euch bis hierher geführt hat. Bittet ihn, daß er eure Ehe gründe, festige, heilige und bewahre. So werdet ihr in eurer Ehe »etwas sein zum Lobe seiner Herrlichkeit«. Amen.

Gebete für Mitgefangene

Weihnachten 1943

Morgengebet

Gott, zu dir rufe ich am frühen Morgen.
Hilf mir beten und meine Gedanken sammeln; ich kann es nicht allein.
In mir ist es finster, aber bei dir ist Licht.
Ich bin einsam, aber du verläßt mich nicht.
Ich bin kleinmütig, aber bei dir ist die Hilfe.
Ich bin unruhig, aber bei dir ist Frieden.
In mir ist Bitterkeit, aber bei dir ist die Geduld.
Ich verstehe deine Wege nicht, aber du weißt den rechten Weg für mich.

Vater im Himmel, Lob und Dank sei dir für die Ruhe der Nacht.
Lob und Dank sei dir für den neuen Tag.
Lob und Dank sei dir für alle deine Güte und Treue in meinem vergangenen Leben.
Du hast mir viel Gutes erwiesen,
Laß mich auch das Schwere aus deiner Hand hinnehmen.
Du wirst mir nicht mehr auferlegen, als ich tragen kann.
Du läßt deinen Kindern alle Dinge zum Besten dienen.

Herr Jesus Christus, du warst arm und elend, gefangen und verlassen wie ich.
Du kennst alle Not der Menschen.
Du bleibst bei mir, wenn kein Mensch mir beisteht.
Du vergißt mich nicht und suchst mich.
Du willst, daß ich dich erkenne und mich zu dir kehre.
Herr, ich höre deinen Ruf und folge. Hilf mir!

Heiliger Geist, gib mir den Glauben, der mich vor Verzweiflung und Laster rettet.
Gib mir die Liebe zu Gott und den Menschen, die allen Haß und alle Bitterkeit vertilgt.
Gib mir die Hoffnung, die mich befreit von Furcht und Verzagtheit.
Lehre mich Jesus Christus erkennen und seinen Willen tun.

Dreieiniger Gott, dir gehört dieser Tag. Meine Zeit steht in deinen Händen.
Heiliger, barmherziger Gott, mein Schöpfer und mein Heiland, mein Richter und mein Erretter,
Du kennst mich und all mein Wesen und Tun.
Du haßt und strafst das Böse in dieser und in jener Welt ohne Ansehen der Person.
Du vergibst Sünden dem, der dich aufrichtig darum bittet.
Und du liebst das Gute und lohnst es auf dieser Erde mit einem getrosten Gewissen
Und in der künftigen Welt mit der Krone der Gerechtigkeit.

Vor dir denke ich an all die Meinen,
An die Mitgefangenen
und an alle, die in diesem Haus ihren schweren Dienst tun.
Herr, erbarme dich!
Schenke mir die Freiheit wieder und laß mich allezeit so leben,
Wie ich es vor dir und vor den Menschen verantworten kann.
Herr, was dieser Tag auch bringt – dein Name sei gelobt.
Amen.

[Wenn ich schlafe, wacht sein Sorgen
Und ermuntert mein Gemüt,
Da ich alle liebe Morgen
Schaue seine Lieb und Güt'.
Wäre mein Gott nicht gewesen,

Hätte mich sein Angesicht
Nicht geleitet, wär' ich nicht
aus so mancher Angst genesen.
Alles Ding währt seine Zeit,
Gottes Lieb in Ewigkeit.
Paul Gerhardt]

Anmerkungen zum Morgengebet:
1. Der mit »Dreieiniger Gott« beginnende Abschnitt hat in Bonhoeffers Manuskript einen unterschiedlichen Anfang.
a) Dreieiniger Gott (darüber geschrieben: »mein Schöpfer und mein Heiland«), dir gehört dieser Tag. Meine Zeit steht in deinen Händen.
b) (2. Zeile am Rand:) Heiliger, barmherziger Gott (dann in der Zeile:), mein Schöpfer und mein Heiland, mein Richter und mein Erretter, du kennst mich . . .
»Mein Schöpfer und mein Heiland« kommt also zweimal vor. Die angemessenste Lösung dieser Schwierigkeit scheint mir zu sein, es in der ersten Zeile auszulassen.
2. Der Paul-Gerhardt-Vers als Abschluß fehlt bei Bonhoeffer. Eberhard Bethge hat ihn analog zu den beiden anderen Gebeten, für die Bonhoeffer den Liedvers angegeben hatte, ausgewählt.
3. Das »Amen« fehlt in diesem Gebet. Da es in den beiden folgenden steht, ist es hier offensichtlich vergessen worden.

Abendgebet

Herr, mein Gott, ich danke dir, daß du diesen Tag zu Ende gebracht hast.
Ich danke dir, daß du Leib und Seele zur Ruhe kommen läßt.
Deine Hand war über mir und hat mich behütet und bewahrt.
Vergib allen Kleinglauben und alles Unrecht dieses Tages
Und hilf, daß ich allen vergebe, die mir Unrecht getan haben.

Laß mich in Frieden unter deinem Schutz schlafen
Und bewahre mich vor den Anfechtungen der Finsternis.

Ich befehle dir die Meinen, ich befehle dir dieses Haus,
Ich befehle dir meinen Leib und meine Seele.
Gott, dein heiliger Name sei gelobt. Amen.

Ein Tag der sagt dem andern,
Mein Leben sei ein Wandern
Zur großen Ewigkeit.
O Ewigkeit, so schöne,
Mein Herz an dich gewöhne.
Mein Heim ist nicht in dieser Zeit.

Tersteegen

Gebet in besonderer Not

Herr Gott, großes Elend ist über mich gekommen.
Meine Sorgen wollen mich erdrücken.
Ich weiß nicht ein noch aus.
Gott, sei gnädig und hilf.
Gib Kraft zu tragen, was du schickst.
Laß die Furcht nicht über mich herrschen.
Sorge du väterlich für die Meinen, besonders für Frau und Kinder.
Schütze sie mit deiner starken Hand vor allem Übel und in aller Gefahr.

Barmherziger Gott, vergib mir alles, was [ich] an dir und an Menschen gesündigt habe.
Ich traue deiner Gnade und gebe mein Leben ganz in deine Hand.
Mach du mit mir, wie es dir gefällt und wie es gut für mich ist.
Ob ich lebe oder sterbe, ich bin bei dir und du bist bei mir, mein Gott.
Herr, ich warte auf dein Heil und auf dein Reich. Amen.

Unverzagt und ohne Grauen
Soll ein Christ, wo er ist,
Stets sich lassen schauen.
Wollt' ihn auch der Tod aufreiben,
Soll der Mut dennoch gut
Und fein stille bleiben.

Kann uns doch kein Tod nicht töten
Sondern reißt unseren Geist
Aus viel tausend Nöten.
Schließt das Tor der bitter'n Leiden
Und macht Bahn, da man kann
Gehn zu Himmelsfreuden.

Paul Gerhardt

Gedanken zum Tauftag

von Dietrich Wilhelm Rüdiger Bethge

Mai 1944

Mit Dir beginnt eine neue Generation in unserer Familie. Du wirst als ältester der Reihe einer neuen Generation vorangehen, und es wird der unvergleichliche Gewinn Deines Lebens sein, daß Du noch ein gutes Stück Deines Lebens mit der dritten und vierten Generation, die Dir voranging, zusammenleben darfst. Dein Urgroßvater wird Dir noch aus persönlicher Begegnung von Menschen erzählen können, die im 18. Jahrhundert geboren sind, und Du wirst einstmals weit nach dem Jahre 2000 Deinen Nachkommen die lebendige Brücke mündlicher Überlieferung von mehr als 250 Jahren sein – dies alles sub conditione Jacobea, das heißt, »so Gott will und wir leben«. So gibt uns Deine Geburt beson-

deren Anlaß, über den Wechsel der Zeiten nachzudenken und den Versuch zu unternehmen, die Umrisse des Zukünftigen zu erkennen.
Die drei Namen, die Du trägst, weisen auf die drei Häuser, mit denen Dein Leben unlösbar verbunden ist und bleiben soll. Das Haus Deines Großvaters väterlicherseits war ein Dorfpfarrhaus. Einfachheit und Gesundheit, gesammeltes und vielseitiges geistiges Leben, Freude an den unscheinbaren Gütern des Lebens, natürliche und unbefangene Lebensgemeinschaft mit dem Volk und seiner Arbeit, die Fähigkeit, sich in den praktischen Dingen des Lebens selbst zu helfen, und die Bescheidenheit, die in innerer Zufriedenheit ihre Grundlage hat, sind die bleibenden irdischen Werte, die im Dorfpfarrhaus beheimatet waren und die Dir in deinem Vater begegnen werden. Sie werden Dir in allen Lebenslagen ein festes Fundament für das Zusammenleben mit den Menschen, für echte Leistung und für inneres Glück sein.
Die im Elternhaus Deiner Mutter verkörperte städtische Kultur alter bürgerlicher Tradition, die in ihren Trägern das stolze Bewußtsein der Berufung zu hoher allgemeiner Verantwortung, zu geistiger Höchstleistung und Führerschaft und die tiefverwurzelte Verpflichtung. Hüter eines großen geschichtlichen Erbes und geistiger Überlieferung zu sein, geschaffen hat, wird Dir, noch bevor Du es begreifst, eine Art zu denken und zu handeln geben, die Du nie mehr verlieren kannst, ohne Dir untreu zu werden.
Du sollst – nach einem freundlichen Gedanken Deiner Eltern – mit dem Namen eines Großonkels gerufen werden, der Pfarrer und ein guter Freund Deines Vaters ist und der zur Zeit das Geschick vieler anderer guter Deutscher und evangelischer Christen teilt und darum nur aus der Ferne die Hochzeit Deiner Eltern, Deine Geburt und Taufe miterleben kann, der aber mit großer Zuversicht und frohen Hoffnungen in Deine Zukunft blickt. Er ist bemüht, sich überall in dem Geist zu bewähren – so wie er ihn versteht –, den er

im Hause seiner Eltern, Deiner Urgroßeltern, verkörpert sieht. Er nimmt es für ein gutes Zeichen Deiner Zukunft, daß deine Eltern sich in diesem Hause kennen lernten und er wünscht Dir, daß Du einmal später mit Bewußtsein und Dankbarkeit die Kraft, die im Geiste dieses Hauses liegt, in Dich aufnimmst.
Bis Du groß bist, wird das alte Dorfpfarrhaus ebenso wie das alte Bürgerhaus eine versunkene Welt sein. Aber der alte Geist wird sich nach den Zeiten seiner Verkennung und seiner tatsächlichen Schwäche und nach einer Zeit der Zurückgezogenheit und inneren Neubesinnung, der Bewährung und Gesundung neue Formen schaffen. Die tiefe Verwurzelung in dem Boden der Vergangenheit macht das Leben schwerer, aber auch reicher und kraftvoller. Es gibt menschliche Grundwahrheiten, zu denen das Leben früher oder später immer wieder zurückkehrt. Darum dürfen wir keine Eile haben, wir müssen warten können. »Gott sucht wieder auf, was vergangen ist«, heißt es in der Bibel (Pred. 3, 15).
Es wird in den kommenden Jahren der Umwälzungen das größte Geschenk sein, sich in einem guten Elternhaus geborgen zu wissen. Es wird der feste Schutzwall sein gegen alle äußeren und inneren Gefahren. Die Zeiten, in denen sich Kinder im Übermut von ihren Eltern lösten, werden vorüber sein. Es wird die Kinder in die Obhut ihrer Eltern ziehen. In ihrem Elternhaus werden sie Zuflucht, Rat, Stille und Klärung suchen. Du bist glücklich, Eltern zu haben, die aus eigener Erfahrung wissen, was ein Elternhaus in stürmischen Zeiten bedeutet. In der allgemeinen Verarmung des geistigen Lebens wirst Du in Deinem Elternhaus einen Hort geistiger Werte und eine Quelle geistiger Anregungen finden. Die Musik, wie Deine Eltern sie auffassen und pflegen, wird Dir in der Verwirrung zur Klarheit und Reinheit Deines Wesens und der Empfindungen verhelfen und in Sorgen und Traurigkeit den Grundton der Freude in Dir wach halten. Deine Eltern werden Dich früh dazu anleiten, Dir mit eigenen

Händen selbst zu helfen und keinen Handgriff gering zu achten. Die Gabe Deiner Eltern, sich unbeabsichtigt [unsichere Lesart] das Wohlwollen der Menschen zu erwerben, wird Dir viele Freunde und Helfer eintragen. Die Frömmigkeit Deines Elternhauses wird keine laute und wortreiche sein. Aber sie werden Dich lehren, zu beten und Gott über alles zu fürchten und zu lieben und den Willen Jesu Christi gern zu tun. »Mein Kind, bewahre die Gebote deines Vaters und laß nicht fahren das Wort deiner Mutter. Binde sie zusammen auf deinem Herzen allewege: Wenn du gehst, daß sie dich geleiten; wenn du dich legst, daß sie dich bewahren; wenn du wachst, daß sie zu dir sprechen« (Spr. 6, 20 f). »Heute ist diesem Haus Heil widerfahren« (Luk. 19, 9).
Ich würde Dir wünschen, auf dem Lande aufwachsen zu können. Aber es wird nicht mehr das Land sein, auf dem Dein Vater groß geworden ist. Die Großstädte, von denen die Menschen sich alle Fülle des Lebens und des Genusses erwarteten und in denen sie wie zu einem Fest zusammenströmten, haben den Tod und das Sterben mit allen erdenklichen Schrecken auf sich gezogen und wie auf der Flucht haben Frauen und Kinder diese Orte des Grauens verlassen. Die Zeit der Großstädte auf unserem Kontinent scheint nun abgelaufen zu sein. Nach biblischer Aussage ist Kain der Gründer der Großstädte gewesen. Es mag sein, daß es noch einige Weltmetropolen geben wird, aber ihr Glanz, so verführerisch er sein mag, wird jedenfalls für den europäischen Menschen etwas Unheimliches behalten. Der große Auszug aus den Städten bedeutet andererseits eine völlige Veränderung für das Land. Die Stille und Abgeschiedenheit des ländlichen Lebens war schon durch Radio, Auto und Telephon und durch die Organisierung fast aller Lebensbereiche stark beeinträchtigt. Wenn nun Millionen von Menschen, die von der Rastlosigkeit und den Ansprüchen des großstädtischen Lebens nicht mehr lassen können, auf das Land ziehen, wenn ganze Industrien in ländliche Bezirke verlegt werden,

dann wird die Verstädterung des Landes rasch fortschreiten und die Struktur des ländlichen Lebens grundlegend verändern. Das Dorf, das es noch vor 30 Jahren gab, gibt es ebenso wenig mehr wie die idyllische Südsee-Insel. Trotz des Verlangens der Menschen nach Einsamkeit und Stille wird es schwer sein, diese zu finden. Dennoch wird es ein Gewinn sein, in diesem Zeitenwandel ein Stück Erdboden unter den Füßen zu haben und aus ihm die Kräfte zu einem neuen, natürlichen, anspruchslosen und zufriedenen Tagewerk und Feierabend zu ziehen. »Es ist ein großer Gewinn, wer fromm ist und lässet sich genügen; wenn wir aber Kleidung und Nahrung haben, so lasset uns genügen« (1. Tim. 6, 6; 8) »Armut und Reichtum gib mir nicht, laß mich aber mein beschieden Teil Speise dahinnehmen. Ich möchte sonst, so ich zu satt würde, verleugnen und sagen: Wer ist der Herr? Oder wo ich zu arm würde, möchte ich stehlen und mich an dem Namen meines Gottes vergreifen« (Spr. 30, 8 f). »Fliehet aus Babel, sie will nicht heil werden. Laßt sie fahren und laßt uns ein jeglicher in sein Land ziehen« (Jer. 51, 6 ff).
Wir sind aufgewachsen in der Erfahrung unserer Eltern und Großeltern, der Mensch könne und müsse sein Leben selbst planen, aufbauen und gestalten, es gebe ein Lebenswerk, zu dem der Mensch sich zu entschließen und das er dann mit ganzer Kraft auszuführen habe und auch vermöge. Es ist aber unsere Erfahrung geworden, daß wir nicht einmal für den kommenden Tag zu planen vermögen, daß das Aufgebaute über Nacht zerstört wird und unser Leben im Unterschied zu dem unserer Eltern gestaltlos oder doch fragmentarisch geworden ist. Ich kann trotzdem nur sagen, daß ich nicht in einer anderen Zeit leben wollte als in der unseren, auch wenn sie über unser äußeres Glück hinwegschreitet. Deutlicher als in anderen Zeiten erkennen wir, daß die Welt in den zornigen und gnädigen Händen Gottes ist. Bei Jeremia heißt es: »So spricht der Herr: Siehe, was ich gebaut habe, das breche ich ab und was ich gepflanzt habe, das reute

ich aus. Und du begehrst dir große Dinge? Begehre es nicht! Denn siehe, ich will Unglück kommen lassen über alles Fleisch. Aber deine Seele will ich dir zur Beute geben, wohin du ziehst« (c. 45). Wenn wir aus dem Zusammenbruch der Lebensgüter unsere lebendige Seele unversehrt davontragen, dann wollen wir uns damit zufriedengeben. Wenn der Schöpfer selbst sein Werk zerstört, dürfen wir dann über die Zerstörung unserer Werke murren? Es wird nicht die Aufgabe unserer Generation sein, noch einmal »große Dinge zu begehren«, sondern unsere Seele aus dem Chaos zu retten und zu bewahren und in ihr das einzige zu erkennen, das wir wie eine »Beute« aus dem brennenden Hause tragen. »Behüte dein Herz mit allem Fleiß, denn daraus geht das Leben« (Spr. 4, 23). Wir werden unser Leben mehr zu tragen als zu gestalten haben; wir werden mehr hoffen als planen, mehr ausharren als voranschreiten. Aber wir wollen Euch Jüngeren, der neu geborenen Generation die Seele bewahren, aus deren Kraft Ihr ein neues und besseres Leben planen, aufbauen und gestalten sollt.

Wir haben zu stark in Gedanken gelebt und gemeint, es sei möglich, jede Tat vorher durch das Bedenken aller Möglichkeiten so zu sichern, daß sie dann ganz von selbst geschieht. Erst zu spät haben wir gerlernt, daß nicht der Gedanke, sondern die Verantwortungsbereitschaft der Ursprung der Tat ist. Denken und Handeln wird für Euch in ein neues Verhältnis treten. Ihr werdet nur denken, was ihr handelnd zu verantworten habt. Bei uns war das Denken vielfach der Luxus des Zuschauers, bei Euch wird es ganz im Dienste des Tuns stehen. »Es werden nicht alle, die zu mir *sagen:* Herr, Herr! in das Himmelreich kommen, sondern die den Willen *tun* meines Vaters im Himmel«, sagte Jesus (Matth. 7, 21).

Der Schmerz ist dem größten Teil unseres Lebens fremd gewesen. Möglichste Schmerzlosigkeit war einer der unbewußten Leitsätze unseres Leben. Differenziertes Empfinden und intensives Erleben des eigenen und des fremden

Schmerzes sind die Stärke und zugleich die Schwäche unserer Lebensform. Eure Generation wird von früh auf durch das Ertragen von Entbehrungen und Schmerzen und schwerer Geduldsproben härter und lebensnäher sein! »Es ist ein köstlich Ding einem Manne, daß er das Joch in seiner Jugend trage« (Klgl. 3, 27).
Wir glaubten, daß wir uns durch Vernunft und Recht im Leben durchsetzen, und wo beides versagte, sahen wir uns am Ende unserer Möglichkeiten. Wir haben die Bedeutung des Vernünftigen und Gerechten auch im Geschichtsablauf immer wieder überschätzt. Ihr, die Ihr in einem Weltkrieg aufwachst, den 90 Prozent aller Menschen nicht wollen und für den sie doch Gut und Leben lassen, erfahrt von Kind auf, daß Mächte die Welt bestimmen, gegen die die Vernunft nichts ausrichtet. Ihr werdet Euch daher mit diesen Mächten nüchterner und erfolgreicher auseinandersetzen. In unserem Leben war der »Feind« eigentlich keine Realität. Ihr wißt, daß Ihr Feinde und Freunde habt und was ein Feind und was ein Freund im Leben bedeutet. Ihr lernt von klein auf die uns fremden Formen des Kampfes gegen den Feind ebenso wie das bedingungslose Vertrauen zum Freund. »Muß nicht der Mensch immer im Streit sein auf Erden?« (Hiob 7, 1). »Gelobt sei der Herr, mein Hort, der meine Hände lehrt streiten und meine Fäuste kriegen, meine Güte und meine Burg, mein Schutz und mein Erretter, mein Schild, auf den ich traue« (Ps. 144, 1). »Ein treuer Freund liebt mehr und steht fester bei als ein Bruder« (Spr. 18, 24).
Gehen wir einer Zeit der kolossalen Organisationen und Kollektivgebilde entgegen oder wird [sich] das Verlangen unzähliger Menschen nach kleinen, übersehbaren, persönlichen Verhältnissen erfüllen? Muß sich beides ausschließen? Wäre es nicht denkbar, daß gerade die Weltorganisationen in ihrer Weitmaschigkeit mehr Raum für das persönliche Leben hergeben? Ähnlich steht es mit der Frage, ob wir einer Zeit der Auslese der Besten, also einer aristokratischen Ordnung

entgegengehen oder einer Gleichförmigkeit aller äußeren und inneren Lebensbedingungen der Menschen. Mitten in einer sehr weit gehenden Angleichung der materiellen und ideellen Lebensbedingungen unter den Menschen könnte das heute quer durch alle sozialen Schichten hindurch gehende Qualitätsgefühl für die menschlichen Werte der Gerechtigkeit, der Leistung und der Tapferkeit eine neue Auslese von solchen schaffen, denen auch das Recht auf starke Führung zugebilligt wird. Auf unsere Privilegien werden wir gelassen und in der Erkenntnis einer geschichtlichen Gerechtigkeit verzichten können. Es mögen Ereignisse und Verhältnisse eintreten, die über unsere Wünsche und Rechte hinweggehen. Dann werden wir uns nicht in verbittertem und unfruchtbarem Stolz, sondern in bewußter Beugung unter ein göttliches Gericht und in weitherziger und selbstloser Teilnahme am ganzen und an den Leiden unserer Mitmenschen als lebensstark erweisen. »Denn welches Volk seinen Hals ergibt unter das Joch des Königs zu Babel, das will ich in seinem Lande lassen, daß es dasselbe baue und bewohne, spricht der Herr« (Jer. 27, 11). »Suchet der Stadt Bestes und betet für sie zum Herrn« (Jer. 29, 7). »Gehe hin, mein Volk, in deine Kammer und schließe die Tür nach dir zu; verbirg dich einen kleinen Augenblick, bis der Zorn vorübergeht« (Jes. 26, 20) »Denn sein Zorn währt einen Augenblick und lebenslang seine Gnade; den Abend lang währt das Weinen, aber des Morgens ist Freude« (Ps. 30, 6).
Du wirst heute zum Christen getauft. Alle die alten großen Worte der christlichen Verkündigung werden über Dir ausgesprochen und der Taufbefehl Jesu Christi wird an Dir vollzogen, ohne daß Du etwas davon begreifst. Aber auch wir selbst sind wieder ganz auf die Anfänge des Verstehens zurückgeworfen. Was Versöhnung und Erlösung, was Wiedergeburt und Heiliger Geist, was Feindesliebe, Kreuz und Auferstehung, was Leben in Christus und Nachfolge Christi heißt, das alles ist so schwer und so fern, daß wir es kaum

mehr wagen, davon zu sprechen. In den überlieferten Worten und Handlungen ahnen wir etwas ganz Neues und Umwälzendes, ohne es noch fassen und aussprechen zu können. Das ist unsere eigene Schuld. Unsere Kirche, die in diesen Jahren nur um ihre Selbsterhaltung gekämpft hat, als wäre sie ein Selbstzweck, ist unfähig, Träger des versöhnenden und erlösenden Wortes für die Menschen und für die Welt zu sein. Darum müssen die früheren Worte kraftlos werden und verstummen und unser Christsein wird heute nur in zweierlei bestehen: Im Beten und im Tun des Gerechten unter den Menschen. Alles Denken, Reden und Organisieren in den Dingen des Christentums muß neu geboren werden aus diesem Beten und aus diesem Tun.

Bis Du groß bist, wird sich die Gestalt der Kirche sehr verändert haben. Die Umschmelzung ist noch nicht zu Ende und jeder Versuch, ihr vorzeitig zu neuer organisatorischer Machtentfaltung zu verhelfen, wird nur eine Verzögerung ihrer Umkehr und Läuterung sein. Es ist nicht unsere Sache, den Tag vorauszusagen – aber der Tag wird kommen –, an dem wieder Menschen berufen werden, das Wort Gottes so auszusprechen, daß sich die Welt darunter verändert und erneuert. Es wird eine neue Sprache sein, vielleicht ganz unreligiös, aber befreiend und erlösend wie die Sprache Jesu, daß sich die Menschen über sie entsetzen und doch von ihrer Gewalt überwunden werden, die Sprache einer neuen Gerechtigkeit und Wahrheit, die Sprache, die den Frieden Gottes mit den Menschen und das Nahen seines Reiches verkündigt. »Und sie werden sich verwundern und entsetzen über all dem Guten und über all den Frieden, den ich ihnen geben will« (Jer. 33, 9). Bis dahin wird die Sache der Christen eine stille und verborgene sein; aber es wird Menschen geben, die beten und das Gerechte tun und auf Gottes Zeit warten. Möchtest Du zu ihnen gehören und möchte es einmal von Dir heißen: »Des Gerechten Pfad glänzt wie das Licht, das immer heller leuchtet bis auf den vollen Tag« (Spr. 4, 18).

Andachten zu den Herrnhuter Losungen für die Pfingsttage 1944[1]

1. Pfingsttag, 28. Mai 1944

Heilen - leiten - trösten

Jesaja 57, 18: Da ich ihre Wege ansah, heilte ich sie und leitete sie und gab ihnen wieder Trost.
Galater 4, 6: Weil ihr denn Kinder seid, hat Gott gesandt den Geist seines Sohnes in eure Herzen, der schreit: Abba, lieber Vater!

Heilen, leiten, trösten - das ist Gottes Tun an Pfingsten. Gott sieht unsere Wege an. Es ist Gnade, wenn er das tut. Er kann uns auch unserer Wege gehen lassen, ohne sie anzusehen. Aber er hat sie angesehen - und er sah uns verwundet, verirrt, verängstigt.
Nun ist er dabei, uns zu *heilen.* Er berührt die Wunden, die uns die Vergangenheit geschlagen hat, und sie vernarben. Sie tun nicht mehr weh; sie können unserer Seele nicht mehr schaden. Erinnerungen quälen uns nicht mehr. Alle Schmerzen versinken ins Nichts, in Vergessenheit, wie in der Nähe eines geliebten Menschen. Gott ist uns näher als das Vergangene.
Gott will uns *leiten.* Nicht alle Wege der Menschen sind Gottes Führung. Wir können oft lange auf eigenen Wegen gehen. Auf ihnen sind wir ein Spielball des Zufalls, ob er uns Glück oder Unglück bringt. Die eigenen Wege führen im Kreise immer zu uns selbst zurück. Aber wenn Gott unsere Wege leitet, dann führen sie zu ihm. Gottes Wege führen zu Gott. Gott leitet uns durch Glück und Unglück - immer nur zu Gott. Daran erkennen wir Gottes Wege.

1. Vgl. hierzu die Ausführungen in Band I, S. 81.

Gott will uns *trösten.* Gott tröstet nur, wenn Grund genug dafür vorhanden ist; wenn Menschen nicht aus noch ein wissen; wenn die Sinnlosigkeit des Lebens sie ängstigt. Die Welt, wie sie in Wirklichkeit ist, macht uns immer Angst. Aber wer getröstet wird, sieht und hat mehr als die Welt, er hat das Leben mit Gott. Nichts ist zerstört, verloren, sinnlos, wenn Gott tröstet.
Ich heilte, ich leitete, ich tröstete, »da ich ihre Wege ansah.« Hat Gott es nicht unzählige Male in unserem Leben getan? Hat er nicht die Seinen oftmals durch große Not und Gefahr geführt?
Wie heilt, wie leitet, wie tröstet Gott? Allein dadurch, daß es eine Stimme in uns gibt, die sagt, betet, ruft, schreit: »lieber Vater!« Das ist der Heilige Geist. Das ist Pfingsten.

2. Pfingsttag, 29. Mai 1944

Der ganzen Fülle des Geistes Raum

Psalm 94, 12–13: Wohl dem, den du, Herr, züchtigst und lehrst ihn durch dein Gesetz, daß er Geduld habe, wenn's übel geht.
Galater 5, 22: Die Frucht des Geistes ist Liebe, Freude, Friede, Geduld, Freundlichkeit, Gütigkeit, Glaube, Sanftmut, Keuschheit.

»Geduld zu haben, wenn's übel geht« – darauf konzentriert sich in letzter Zeit fast unser ganzes inneres Bemühen. Wie erreichen wir es? Indem wir uns Gottes Schläge und Gottes Gesetz gefallen lassen und sagen: Wohl dem, dem das widerfährt! So muß sprechen, wer zu Gott »lieber Vater« sagt. Wen Gott durch schwere Lebenserfahrung, durch Krieg und Entbehrung züchtigt, der lernt, daß er von Gott nichts zu verlangen hat und so wartet er geduldig und demütig, bis

Gott sich wieder freundlich zu ihm kehrt, und er weiß, daß diese Stunde kommt. Wem Gott sein Gesetz in seiner ganzen Härte auferlegt, der erkennt an seinem Versagen, daß er mitschuldig ist an dem Versagen aller Menschen und er übt sich in Geduld im Gehorsam und fordert nichts, sondern wartet und bittet. Im Ertragen der Züchtigung und im Gehorsam gegen Gottes Gesetz wissen wir uns in der Erziehung Gottes und erkennen die Hand des lieben Vaters und sagen: Wohl dem, dem das widerfährt.

Es besteht für uns die Gefahr, daß uns heute die Geduld als die einzige und wichtigste christliche Haltung erscheint und daß wir damit den Reichtum Gottes sehr verkürzen. Mitten in den Zeiten der Züchtigung will die ganze Fülle des Heiligen Geistes zur Entfaltung und zur Reife kommen, und wir sollen ihr in uns vollen Raum geben, um Gottes willen, um der Menschen willen und um unsertwillen. Die ganze Welt Gottes, des lieben Vaters, will in uns geboren werden, wachsen und reifen. Liebe - wo nur Mißtrauen und Feindschaft herrscht; Freude - statt Verbitterung und Schmerz; Friede - mitten in innerem und äußerem Streit; Geduld - wo Ungeduld uns zu überwältigen droht; Freundlichkeit - wo nur rohe und harte Worte sich Geltung zu verschaffen scheinen; Gütigkeit - wo Vertehen und Mitgefühl als Schwäche gelten; Glaube, das heißt hier Treue - wo lange Trennungen und große Veränderungen aller Verhältnisse auch das Beständigste ins Wanken bringen wollen; Sanftmut - wo Rücksichtslosigkeit und Eigensucht allein zum Ziel zu führen scheinen; Keuschheit - wo kurzer Lebensgenuß das einzig Sinnvolle zu sein scheint und alle Bindungen sich lösen wollen. Ist dies alles phantastische Illusion? Ist es unmöglich? Es wäre dies, wenn es nicht ganz von selbst wachsende Frucht des Geistes wäre, dem wir uns anvertraut haben und der dies alles in uns vollbringen will, während wir ihn staunend und anbetend wirken lassen.

Dienstag nach Pfingsten, 30. Mai 1944

Verbündet mit Glück und Unglück

1. Mose 39, 23: Der Herr war mit Joseph, und was er tat, dazu gab der Herr Glück.
1. Johannes 3, 24: Wer seine Gebote hält, der bleibt in ihm und er in ihm. Und daran erkennen wir, daß er in uns bleibt, an dem Geist, den er uns gegeben hat.

Einige seiner Kinder segnet Gott mit Glück. Er läßt ihnen alles gelingen, was sie angreifen. Er ist mit ihnen, schenkt ihnen das Wohlwollen der Menschen, Erfolg und Anerkennung in ihrem Tun. Ja, er gibt ihnen große Macht über andere Menschen und läßt durch sie sein Werk vollbringen. Zwar müssen auch sie meist durch Zeiten des Leidens und der Prüfung hindurch. Aber was Menschen ihnen auch Böses zu tun versuchen, immer läßt es ihnen Gott zum Guten ausgehen.
Andere seiner Kinder segnet Gott mit Leiden bis zum Martyrium. Gott verbündet sich mit Glück und Unglück, um Menschen auf seinen Weg und zu seinem Ziel zu führen. Der Weg heißt: Halten der Gebote Gottes. Und das Ziel heißt: Wir bleiben in Gott und Gott bleibt in uns. Glück und Unglück kommen zu ihrer Erfüllung in der Seligkeit dieses Zieles: Wir in Gott, Gott in uns. Und der Weg zu diesem Ziel, das Gehen in den Geboten Gottes, ist schon der Beginn dieser Seligkeit.
Woran erkennen wir, daß wir – durch Glück oder Unglück – dieser Seligkeit entgegengehen? Daran, daß in uns eine unwiderstehliche Liebe zu diesem Weg und zu diesem Ziel wach geworden ist, auch wenn wir oftmals auf dem Weg zu Fall kommen und das Ziel zu verfehlen drohen. Diese Liebe stammt von Gott. Sie ist der Heilige Geist, den Gott uns gegeben hat.

Der Heilige Geist auch ob uns halt
Mit seinen Gaben mannigfalt,
Er tröst' und stärk' uns in der Not
Und führ' uns wieder heim zu Gott [im Manuskript: mit Gott].
Kyrieleis[2].

Mittwoch, 7. Juni 1944

Beistand

Psalm 54, 6: Siehe, Gott steht mir bei, der Herr erhält meine Seele.
1. Thessalonicher 5, 23: Euer Geist ganz samt Seele und Leib müsse bewahrt werden unsträflich auf die Zukunft unsers Herrn Jesu Christi.

Vom Beistehen ist in der Bibel zum ersten Mal die Rede bei der Erschaffung der Eva: »Ich will dir einen Beistand schaffen«, sagt Gott zu Adam [1. Mose 2, 18]. Vielleicht erscheint uns dieses Wort in glücklichen Zeiten als zu gering, um damit zu umschreiben, was die Ehe ist. Wenn wir viel später in der Bibel, nämlich in den Abschiedsreden Jesu, dieses Wort vom »Beistand«, den Jesus den auf Erden zurückbleibenden Menschen nach seiner Himmelfahrt senden will, lesen: »Ich will den Vater bitten und er soll euch einen anderen Tröster – wörtlich: ›Beistand‹ – geben, daß er bei euch bleibe ewiglich« [Joh. 14, 16], dann erfüllt sich auch jenes erste Wort aus der Schöpfungsgeschichte in unermeßlich hoher Weise. Du bist mein Beistand für Leib, Seele und Geist, du tröstest meinen Leib, meine Seele, meinen Geist, so sagen die Menschen

2. Aus dem Wallfahrtslied »In Gottes Namen fahren wir« (Ein neues Lied, 585).

zueinander, die Gott als Mann und Frau füreinander geschaffen hat. Sie tun aneinander ein göttliches Werk, obwohl sie nur irdische Geschöpfe sind. Es ist Gott selbst, der dieses Werk in seine Hände nimmt und vollendet durch den Heiligen Geist.
Daß dieses Beistehen wirklich das Wesen der Ehe ist, erkennen wir am deutlichsten, wenn es einmal scheint, als müßten wir darauf verzichten. Auf alles andere, auf Freude, Genuß, Glück verzichten wir gern, wenn wir nur einander beistehen können. Nichts fällt uns so schwer als den anderen in Gefahren, Aufgaben, Entscheidungen und schwierigen Lagen allein lassen zu müssen. Ihm darin nicht beistehen zu können, das ist es, was jede Trennung in der Ehe so schwer macht. In solcher Lage trifft euch das Psalmwort: »Siehe, Gott, der Herr steht mir bei.« So spricht ein Mensch zum anderen; so tröstet er den anderen und sich selbst. Er weist auf alles das hin, was Gott in vergangener Zeit an ihm getan hat. Er weist auf den Gott hin, der treu war und treu bleibt, der ihn in Gefahren und Schwierigkeiten nie ohne Beistand gelassen hat und lassen wird. Können wir einander besser trösten, können wir einander besser beistehen, als indem wir zuversichtlich und gewiß so zueinander sprechen: Sorge dich nicht um mich, es ist für mich gesorgt! Fürchte dich nicht, ich bin nicht allein gelassen! Sieh doch, Gott steht mir bei! Sei getrost, dann bin ich auch getröstet! Wo ich auch sein werde, Gott steht mir bei und hilft mir. Und er tut das, um meine Seele – »mein Leben« heißt das eigentlich – zu erhalten. »Der Herr erhält meine Seele.« Mit unseren Sorgen, Gedanken und Bemühungen erhalten wir unser Leben nicht einen einzigen Tag. Aber der Herr, der aller Welt gebietet und den Dingen ihren Lauf gibt, der alle Gefahren wenden kann, der »viel tausend Weisen hat, aus dem Tode zu erretten«[3], er allein erhält mein Leben. »Er hat seinen Engeln befohlen über

3. Aus Paul Gerhardts Lied: »Du meine Seele singe ...«.

dir, daß sie dich behüten auf allen deinen Wegen« [Ps. 91, 11]. Sieh doch das an, so wollen wir zueinander sagen, und nicht all das andere, was uns beunruhigt und bedrückt. Siehe, Gott steht mir bei und erhält meine Seele.

Hören wir damit nun am Ende auf, auch einander beizustehen? Ganz gewiß nicht. Wir können einander ja in Wahrheit gar kein Beistand sein, wenn nicht Gott uns beisteht. Indem wir einander unablässig daran erinnern, stehen wir uns bei. Ist das etwas Unwirkliches? Nein, wenn wir einander mit vollem Vertrauen und großer Zuversicht des Glaubens dem Gott befehlen, der uns beisteht und einander damit trösten, dann ist das auch für die Zeit der Trennung ein Beistand, ein Trost für den Leib, für die Seele und für den Geist. Wir bleiben mit Leib, Seele und Geist fest beieinander und erfüllen auch so das Wort der Schöpfung: Ich will dir einen Beistand schaffen.

Was ist das Ziel von dem allem? Der Tag Jesu Christi, der Tag seiner Zukunft. Um seinetwillen hat Gott uns unsere Ehe gegeben. Um seinetwillen stehen wir uns bei. Um seinetwillen steht Gott uns bei und erhält uns. Um seinetwillen bewahrt er unseren Leib, unsere Seele, unseren Geist »unsträflich«, das heißt so, daß wir mit Leib, Seele und Geist in Ewigkeit vor Gott bestehen können. Gemeinsam, ob beieinander oder getrennt, gehen wir diesem letzten Ziel entgegen. Auf dem Wege dorthin stehen wir einander bei und befehlen einander dem, der uns allein bewahren kann und der in alle Ewigkeit unseren Leib, unsere Seele und unseren Geist verklären wird zu einem neuen, ewigen Leben. Dann werden wir beschämt und dankbar sagen: Siehe, Gott steht mir bei. Amen.

Donnerstag, 8. Juni 1944

Sei gesegnet, du von Gott geschaffene Welt

Psalm 34, 20: Der Gerechte muß viel leiden; aber der Herr hilft ihm aus dem allem.
1. Petrus 3, 9: Vergeltet nicht Böses mit Bösem oder Scheltwort mit Scheltwort, sondern dagegen segnet und wisset, daß ihr dazu berufen seid, daß ihr den Segen erbet.

Der Gerechte leidet unter der Welt, der Ungerechte nicht. Der Gerechte leidet unter den Dingen, die für andere selbstverständlich und notwendig sind. Der Gerechte leidet unter der Ungerechtigkeit, unter der Sinnlosigkeit und Verkehrtheit des Weltgeschehens. Er leidet unter der Zerstörung der göttlichen Ordnungen der Ehe und Familie. Er leidet darunter nicht nur, weil es für ihn eine Entbehrung bedeutet, sondern weil er etwas Ungöttliches darin erkennt. Die Welt sagt: Das ist nun einmal so, wird immer so sein und muß so sein. Der Gerechte sagt: Es sollte nicht so sein, es ist gegen Gott. Daran vor allem wird man den Gerechten erkennen, daß er in dieser Weise leidet. Er bringt gewissermaßen das Sensorium Gottes in die Welt. Darum leidet er so, wie Gott unter der Welt leidet. »Aber der Herr hilft ihm.« Nicht in jedem Leiden der Menschen ist Gottes Hilfe. Aber in dem Leiden des Gerechten ist immer Gottes Hilfe, weil er ja mit Gott leidet. Gott ist immer dabei. Der Gerechte weiß, daß Gott ihn so leiden läßt, damit er Gott um seiner selbst willen lieben lernt. Im Leiden findet der Gerechte Gott. Das ist seine Hilfe. Findet in eurer Trennung Gott und ihr findet Hilfe!
Die Antwort des Gerechten auf die Leiden, die ihm die Welt zufügt, heißt: segnen. Das war die Antwort Gottes auf die Welt, die Christus ans Kreuz schlug: Segen. Gott vergilt nicht Gleiches mit Gleichem, und so soll es auch der Gerech-

te nicht tun. Nicht verurteilen, nicht schelten, sondern segnen. Die Welt hätte keine Hoffnung, wenn dies nicht wäre. Vom Segen Gottes und der Gerechten lebt die Welt und hat sie eine Zukunft. Segnen, das heißt die Hand auf etwas legen und sagen: Du gehörst trotz allem Gott. So tun wir es mit der Welt, die uns solches Leiden zufügt. Wir verlassen sie nicht, wir verwerfen, verachten, verdammen sie nicht, sondern wir rufen sie zu Gott, wir geben ihr Hoffnung, wir legen die Hand auf sie und sagen: Gottes Segen komme über dich, er erneuere dich. Sei gesegnet, du von Gott geschaffene Welt, die du deinem Schöpfer und Erlöser gehörst. Wir haben Gottes Segen empfangen in Glück und in Leiden. Wer aber selbst gesegnet wurde, der kann nicht mehr anders als diesen Segen weitergeben. Ja, er muß dort, wo er ist, ein Segen sein. Nur aus dem Unmöglichen kann die Welt erneuert werden und leben. Dieses Unmögliche ist der Segen Gottes.

Als Jesus zum Himmel fuhr, »hob er die Hände auf und segnete« die Seinen. Wir hören ihn in dieser Stunde zu uns sprechen: »Der Herr segne dich und behüte dich; der Herr lasse sein Angesicht über dir leuchten und sei dir gnädig; der Herr erhebe sein Angesicht über dich und gebe dir Frieden.« Amen.

Die erste Tafel der zehn Worte[1]

Juni/Juli 1944

2. Mose 20, 1–11: Und Gott redete alle diese Worte: Ich bin der Herr, dein Gott, der ich dich aus Ägyptenland, aus dem Diensthause, geführt habe. Du sollst keine anderen Götter

1. Vgl. WEN, 368.

neben mir haben. Du sollst dir kein Bildnis noch irgend ein Gleichnis machen, weder des, das oben im Himmel, noch des, das unten auf Erden, oder des, das im Wasser unter der Erde ist. Bete sie nicht an und diene ihnen nicht. Denn ich, der Herr, dein Gott, bin ein eifriger Gott, der da heimsucht der Väter Missetat an den Kindern bis in das dritte und vierte Glied, die mich hassen; und tue Barmherzigkeit an vielen Tausenden, die mich liebhaben und meine Gebote halten. Du sollst den Namen des Herrn, deines Gottes, nicht mißbrauchen; denn der Herr wird den nicht ungestraft lassen, der seinen Namen mißbraucht. Gedenke des Sabbattags, daß du ihn heiligest. Sechs Tage sollst du arbeiten und alle deine Dinge beschicken; aber am siebenten Tage ist der Sabbat des Herrn, deines Gottes; da sollst du kein Werk tun noch dein Sohn noch deine Tochter noch dein Knecht noch deine Magd noch dein Vieh noch dein Fremdling, der in deinen Toren ist. Denn in sechs Tagen hat der Herr Himmel und Erde gemacht und das Meer und alles, was darinnen ist, und ruhte am siebenten Tage. Darum segnete der Herr den Sabbattag und heiligte ihn.

Unter Donnerschlägen, Blitzen, dickem Gewölk, Bergbeben und starken Posaunenstößen tut Gott auf dem Berge Sinai seinem Knechte Mose die zehn Gebote kund. Sie sind nicht das Ergebnis langen Nachdenkens kluger und erfahrener Männer über das menschliche Leben und seine Ordnungen, sondern sie sind Gottes Offenbarungswort, unter dem die Erde erbebt und die Elemente in Aufruhr geraten. Nicht als allgemeine Weltweisheit, die jedem denkenden Menschen angeboten wird, sondern als ein heiliges Ereignis, dem selbst das Volk Gottes unter Androhung des Todes nicht nahen darf, als Gottes Offenbarung in der Einsamkeit eines rauchenden Vulkangipfels treten die zehn Gebote in die Welt. Nicht Mose gibt sie, sondern Gott gibt sie; nicht Mose schreibt sie, sondern Gott schreibt sie mit seinem Finger auf steinerne Tafeln, wie die Bibel mit Nachdruck immer wieder hervorhebt. »Er tat nichts hinzu« (5. Mose 5, 19), das heißt, nur diese Worte schrieb Gott selbst, in ihnen ist der ganze Wille Gottes enthalten. Die Auszeichnung der zehn Gebote vor allen anderen Worten Gottes wird am deutlichsten durch die Aufbewahrung der zwei Tafeln in der Bundeslade im Allerheiligsten. Die zehn Gebote gehören ins Heiligtum. Hier, an dem Ort der gnädigen Gegenwart Gottes in der Welt, muß man sie suchen und von hier gehen sie immer wieder aus in die Welt (Jes. 2, 3).

Zu allen Zeiten haben sich Menschen Gedanken über die Grundordnungen ihres Lebens gemacht, und es ist eine überaus merkwürdige Tatsache, daß die Ergebnisse fast aller solcher Gedanken untereinander und mit den zehn Geboten weitgehend übereinstimmen. Immer, wenn die Lebensverhältnisse der Menschen durch starke äußere oder innere Erschütterungen und Umwälzungen in Unordnung geraten, erkennen diejenigen Menschen, die sich die Klarheit und Besonnenheit des Denkens und Urteilens zu bewahren vermögen, daß ohne Gottesfurcht, ohne Ehrerbietung gegen die Eltern, ohne den Schutz des Lebens, der Ehe, des Eigentums und der Ehre - wie immer auch diese Güter gestaltet sein mögen - kein menschliches Zusammenleben möglich ist. Um diese Lebensgesetze zu erkennen, braucht der Mensch nicht Christ zu sein, sondern nur seiner Erfahrung und seiner gesunden Vernunft zu folgen. Der Christ freut sich aller Gemeinsamkeiten, die er in so wichtigen Dingen mit anderen Menschen hat. Er ist bereit, mit diesen zusammen zu arbeiten und zu kämpfen, wo es um die Verwirklichung gemeinsamer Ziele geht. Es wundert ihn nicht, daß Menschen zu allen Zeiten zu Lebenserkenntnissen kamen, die mit den zehn Geboten weithin übereinstimmen; denn der Geber der Gebote ist ja der Schöpfer und Erhalter des Lebens. Aber darüber vergißt der Christ doch nie den entscheidenden Unterschied, der zwischen diesen Lebensgesetzen und den Geboten Gottes besteht. Dort spricht die Vernunft, hier spricht

Gott. Die menschliche Vernunft sagt dem Übertreter der Lebensgesetze voraus, daß sich das Leben selbst an ihm rächen wird, indem es ihn nach anfänglichen Scheinerfolgen zum Scheitern und in Unglück bringt. Gott aber spricht nicht vom Leben, seinen Erfolgen und Mißerfolgen, sondern er spricht von sich selbst. Gottes erstes Wort in den zehn Geboten heißt: »Ich«. Mit diesem Ich hat es der Mensch zu tun, nicht mit irgendeinem allgemeinen Gesetz; nicht mit einem »Man soll dies und jenes tun«, sondern mit dem lebendigen Gott. In jedem Wort der zehn Gebote spricht Gott im Grunde von sich selbst, und das ist die Hauptsache in ihnen. Darum sind sie Gottes Offenbarung. Nicht einem Gesetz, sondern Gott gehorchen wir in den zehn Geboten, und nicht an einem Gesetz, sondern an Gott selbst scheitern wir, wenn wir sie übertreten. Nicht nur Unordnung und Mißerfolg, sondern Gottes Zorn kommt über den Übertreter. Es ist nicht nur unweise, sondern es ist Sünde, das Gebot Gottes zu mißachten, und der Lohn der Sünde ist der Tod. »Lebendige Worte« nennt daher das Neue Testament die zehn Gebote (Apg. 7, 38).
Vielleicht täten wir besser, mit der Bibel statt »zehn Gebote« »die zehn Worte« Gottes (5. Mose 4, 13) zu sagen. Dann würden wir sie nicht so leicht mit menschlichen Gesetzen verwechseln, dann würden wir auch die ersten Worte: »Ich bin der Herr, dein Gott« nicht so leicht als einen bloßen Vorspruch beiseite schieben, der zu den Geboten eigentlich gar nicht dazugehört und paßt. In Wahrheit aber sind gerade diese ersten Worte das Allerwichtigste, der Schlüssel zu den zehn Geboten; sie zeigen uns, worin sich Gottes Gebot von menschlichen Gesetzen in Ewigkeit unterscheidet. In den »zehn Worten« spricht Gott ebenso von seiner Gnade wie von seinem Gebot. Sie sind nicht ein Stück, das wir gewissermaßen abgetrennt von Gott als Gottes Willen bezeichnen könnten, sondern in ihnen offenbart sich der ganze, lebendige Gott als der, der er ist. Das ist die Hauptsache.

Die zehn Gebote, wie wir sie kennen, sind eine Kürzung ihres biblischen Wortlautes. Worin liegt die Berechtigung zu einer solchen Abweichung von der Bibel an so entscheidender Stelle? Die allgemeine christliche Kirche hört die zehn Gebote anders als das Volk Israel. Was der Lage Israels als politischem Volk angehört, ist für die christliche Kirche, die ein geistliches Volk in allen Völkern ist, nicht verbindlich. So hat die Kirche es in der Freiheit des Glaubens an den Gott der Gebote gewagt, an die Stelle einer buchstäblichen Übersetzung des biblischen Wortlautes eine geistlich auslegende Übersetzung treten zu lassen.
»Ich bin der Herr, dein Gott.« Wenn Gott »Ich« sagt, dann ist Offenbarung da. Gott könnte die Welt auch ihren Lauf nehmen lassen und dazu schweigen. Warum sollte Gott es nötig haben, von sich selbst zu reden? Wenn Gott »Ich« sagt, so ist dies Gnade. Wenn Gott »Ich« sagt, dann sagt er damit schlechthin alles, das Erste und das Letzte. Wenn Gott »Ich« sagt, dann heißt das: »Schicke dich und begegne deinem Gott!« (Amos 4, 12).
»Ich bin der Herr.« Nicht *ein* Herr, sondern *der* Herr! Damit nimmt Gott alle Herrschaft für sich allein in Anspruch. Alles Recht zu gebieten und aller Gehorsam gehören ihm und ihm allein. Indem Gott sich als Herrn bezeugt, befreit er uns von aller Menschenknechtschaft. Es gibt und wir haben nur *einen* Herren, und »niemand *kann* zweien Herren dienen« [Matth. 6, 24]. Wir dienen allein Gott und keinem Menschen. Auch wenn wir Befehle irdischer Herren ausführen, dienen wir in Wahrheit allein Gott. Es ist ein großer Irrtum vieler Christen, daß Gott uns für unser irdisches Leben vielen anderen Herren neben ihm unterworfen habe und daß unser Leben nun einmal in einem ständigen Konflikt zwischen den Befehlen dieser irdischen Herren und dem Gebot stehe. Wir haben nur einen Herren, dem wir gehorchen; seine Befehle sind klar und stürzen uns nicht in Konflikte. Zwar hat Gott den Eltern und den Obrigkeiten auf Erden Recht

und Macht gegeben, uns zu befehlen. Aber alle irdische Herrschaft ist allein begründet in der Herrschaft Gottes. In ihr hat sie Vollmacht und Ehre. Sonst ist sie Usurpation und hat keinen Anspruch auf Gehorsam. Weil wir allein dem Gebot Gottes gehorchen, darum gehorchen wir auch unseren Eltern und der Obrigkeit. Unser Gehorsam gegen Gott verpflichtet uns zum Gehorsam gegen Eltern und Obrigkeit. Nicht aber ist jeder Gehorsam gegen Eltern und Obrigkeit schon Gehorsam gegen Gott. Niemals gilt unser Gehorsam Menschen, sondern er gilt allein Gott. »Alles, was ihr tut, das tut von Herzen als dem Herrn und nicht den Menschen« (Kol. 3, 23). »Ihr seid teuer erkauft; werdet nicht der Menschen Knechte« (1. Kor. 7, 23). Der Gehorsam gegen Gott allein ist die Begründung unserer Freiheit.
Gott, der Herr, hat aber nicht nur das alleinige Recht, zu gebieten, sondern auch die alleinige Macht, seinem Gebote Geltung zu verschaffen. Alle Mittel stehen ihm zu Gebote. Wer sich neben ihm zum Herrn aufwirft, muß stürzen. Wer sein Gebot verachtet, muß sterben. Wer aber ihm allein dient und sich auf ihn verläßt, den schützt und erhält er, dem weiß er wohlzutun, zeitlich und in Ewigkeit.
»Dein Gott.« Gott spricht zu seinem erwählten Volk, zu der Gemeinde, die ihn im Glauben hört. Für sie ist der Herr, der unerreichbar Ferne und Mächtige, zugleich der Nahe, Gegenwärtige und Barmherzige. »Wo ist [so] ein [herrlich] Volk, zu dem Götter also nahe sich tun als der Herr, unser Gott, so oft wir ihn anrufen?« (5. Mose 4, 7). Nicht ein Fremder, ein Tyrann, nicht ein blindes Schicksal bürdet uns unerträgliche Lasten auf, unter denen wir zerbrechen müssen, sondern Gott, der Herr, der uns erwählt, geschaffen und geliebt hat, der uns kennt, will bei uns, für uns und mit uns sein. Er gibt uns die Gebote, damit wir bei ihm, für ihn und mit ihm sein und bleiben können. Er bekennt sich zu uns, indem er uns sein Gebot wissen läßt als Herr und als Helfer. »So tut er keinen Heiden« (Ps. 147, 20). Gott ist so

groß, daß ihm das Kleinste nicht zu kleine ist, er ist so sehr der Herr, daß er als Helfer an unsere Seite tritt. Wenn Gott bei uns ist, dann sind seine Gebote nicht schwer, dann ist sein Gesetz unser Trost (Ps. 119, 92), sein Joch sanft, seine Last leicht. »Wenn Du mein Herz tröstest, dann laufe ich den Weg Deiner Gebote« (Ps. 119, 32). In der Bundeslade, die der Thron der gnädigen Gegenwart Gottes ist, liegen die beiden Tafeln, eingeschlossen, umgeben, umhüllt von der Gnade Gottes. Wer von den zehn Geboten reden will, muß sie in der Bundeslade suchen, und so muß er zugleich von der Gnade Gottes reden. Wer die zehn Gebote verkündigen will, muß zugleich Gottes freie Gnade verkündigen.

Das erste Gebot

»Du sollst keine anderen Götter haben neben mir.« Das nun folgende zehnmalige: »Du sollst nicht«, ist nur die Auslegung der vorangegangenen Selbstbezeugung Gottes. Was es für unser Leben bedeutet, daß Gott der Herr und unser Gott ist, das wird uns in zehn kurzen Sätzen gesagt. Am deutlichsten wird der Zusammenhang, wenn wir vor jedem dieser Sätze ein »darum« einfügen. »Ich bin der Herr, dein Gott, *darum* sollst du nicht . . .« Es ist Gottes Güte, daß er uns durch solche Verbote vor Verirrungen und Übertretungen bewahren will und uns die Grenzen zeigt, innerhalb deren wir in seiner Gemeinschaft leben können.
»Du sollst nicht andere Götter haben neben mir.« Das ist durchaus nichts Selbstverständliches. Die hohen Kulturvölker kannten zu allen Zeiten einen Götterhimmel, und es gehörte zur Größe und Würde eines Gottes, dem anderen den Platz in den frommen Herzen der Menschen nicht eifersüchtig streitig zu machen. Die menschliche Tugend der Weitherzigkeit und Toleranz schrieb man auch den Göttern zu. Gott aber duldet keinen anderen Gott neben sich, er will allein

Gott sein. Er will alles für den Menschen tun und sein, darum will er auch allein von ihm angebetet werden. Neben ihm hat nichts Platz, unter ihm die ganze Schöpfung. Gott will allein Gott sein, weil er allein Gott ist.
Nicht davon ist hier die Rede, daß wir an Stelle Gottes andere Götter anbeten könnten, sondern davon, daß wir meinen könnten, irgend etwas *neben* Gott stellen zu können. Es gibt Christen, die sagen, es habe doch *neben* ihrem Glauben an Gott, von dem sie nie lassen würden, doch auch die Welt, der Staat, die Arbeit, die Familie, die Wissenschaft, die Kunst, die Natur ihr Recht. Gott sagt, neben ihm hat nichts, gar nichts irgendein Recht, nur unter ihm. Was wir neben Gott stellen, ist ein Abgott.
Man pflegt nun zu sagen, unsere Götzen seien das Geld, die Sinnenlust, die Ehre, andere Menschen, wir selbst. Treffender wäre es noch, wenn wir die Kraftentfaltung, die Macht, den Erfolg als unsere Götzen bezeichnen würden. Aber an all diese Dinge haben im Grunde die Menschen in ihrer Schwäche immer ihr Herz gehängt, und nichts von all dem Genannten ist es, was das erste Gebot eigentlich meint, wenn es von »anderen Göttern« spricht. Uns ist die Welt entgöttert, wir beten nichts mehr an. Wir haben die Hinfälligkeit und Nichtigkeit aller Dinge, aller Menschen und unserer selbst zu deutlich erlebt, als daß wir sie noch zu vergöttern vermöchten. Wir sind am ganzen Dasein zu irre geworden, als daß wir noch fähig wären, Götter zu haben und anzubeten. Wenn wir noch einen Götzen haben, so ist es vielleicht das Nichts, das Auslöschen, die Sinnlosigkeit. So ruft uns das erste Gebot zu dem einzigen, wahren Gott, dem Allmächtigen, Gerechten und Barmherzigen, der uns aus dem Verfallen an das Nichts errettet und uns in seiner Gemeinde erhält.
Es gab Zeiten, in denen die weltliche Obrigkeit die Leugnung Gottes und die Abgötterei unter schwerste Strafe stellte. Wenn es auch in der Absicht geschah, die Gemeinschaft

vor Verführung und Unordnung zu bewahren, so war doch damit Gott nicht gedient. Denn erstens will Gott in Freiheit angebetet werden; zweitens müssen die Mächte der Verführung nach Gottes Plan dazu dienen, um die Glaubenden zu bewähren und zu stärken; drittens ist die offene Leugnung Gottes in uns noch verheißungsvoller als ein durch Gewalt erpreßtes heuchlerisches Bekenntnis. Die weltliche Obrigkeit soll dem Glauben an den Gott der Zehn Gebote äußeren Schutz angedeihen lassen. Die Auseinandersetzung mit dem Unglauben aber soll allein der Macht des Wortes Gottes überlassen bleiben.

Es ist nicht immer leicht, die Grenzen zu bestimmen, an denen die Teilnahme an einer staatlich gebotenen Handlung zur Abgötterei wird. Die alten Christen verweigerten es, ein Weihrauchkorn zum Opfer, das dem römischen Kaiserkult diente, beizutragen. Sie erduldeten deswegen den Märtyrertod. Die drei Männer im Buch Daniel (Kap. 3) verweigerten es, den vom König befohlenen Kniefall vor dem goldenen Götzenbild, das die Macht des Königs und seines Reiches darstellen sollte, auszuführen. Andererseits erlaubt der Prophet Elia dem syrischen Feldhauptmann Naeman ausdrücklich, in Begleitung seines Königs im Götzentempel niederzufallen (2. Kön. 5, 18). Der größte Teil der Christen in Japan hat kürzlich die Beteiligung am staatlichen Kaiserkult für erlaubt erklärt. In allen derartigen Entscheidungen wird folgendes zu bedenken sein. Erstens: Handelt es sich bei der geforderten Beteiligung an derartigen staatlichen Akten eindeutig um die Anbetung anderer Götter? Dann ist die Weigerung klare Pflicht des Christen. Zweitens: Bestehen Zweifel darüber, ob es sich um einen religiösen oder einen politischen Akt handelt, so wird die Entscheidung davon abhängen, ob durch eine Beteiligung an demselben der Gemeinde Christi und der Welt ein Ärgernis gegeben, also mindestens der Anschein einer Verleugnung Jesu Christi erweckt wird. Ist das nach dem gemeinsamen Urteil der Christen nicht der

Fall, so steht der Beteiligung nichts im Wege. Ist es aber der Fall, dann wird auch hier die Beteiligung verweigert werden müssen.
Die lutherische Kirche hat das zweite biblische Gebot, das des Bilderverbotes, in das erste hineingezogen. Nicht die bildliche Darstellung Gottes ist der Kirche verboten. Gott selbst nahm in Jesus Christus menschliche Gestalt an und ließ sich von menschlichen Augen sehen. Verboten ist nur die Anbetung oder Verehrung von Bildern, als wohnte ihnen eine göttliche Kraft inne. Unter dasselbe Verbot fällt die abergläubische Verehrung von Amuletten, Schutzbildern und ähnlichem, als hätten sie eine besondere Macht, vor Unglück zu bewahren.
»Höre Israel, der Herr, unser Gott, ist ein einiger Herr. Und du sollst den Herrn, deinen Gott, liebhaben von ganzem Herzen, von ganzer Seele und von allem Vermögen« (5. Mose 6, 4 f). Zu diesem unserem Gott hat uns Jesus Christus gelehrt, voll Vertrauen zu beten: »Vater unser, der Du bist im Himmel!«

Das zweite Gebot

»Du sollst den Namen des Herrn, deines Gottes, nicht mißbrauchen, denn der Herr wird den nicht ungestraft lassen, der seinen Namen mißbraucht.«
»Gott« ist für uns nicht ein allgemeiner Begriff, mit dem wir das denkbar Höchste, Heiligste, Mächtigste bezeichnen, sondern »Gott« ist ein Name. Es ist etwas ganz anderes, wenn Heiden »Gott« sagen, als wenn wir, zu denen Gott selbst gesprochen hat, »Gott« sagen. Gott ist für uns unser Gott, der Herr, der Lebendige. »Gott« ist ein Name, und dieser Name ist das größte Heiligtum, das wir besitzen. Denn wir haben in ihm nicht irgend etwas Selbsterdachtes, sondern Gott selbst in seinem ganzen Wesen, in seiner Offenbarung. Wenn wir »Gott« sagen dürfen, so allein darum,

weil Gott sich in unbegreiflicher Gnade uns zu erkennen gegeben hat. Wenn wir »Gott« sagen, so hören wir ihn gleichsam immer selbst zu uns sprechen, uns rufen, trösten, uns gebieten; wir spüren ihn an uns handeln, schaffend, richtend, ermahnend. »Wir danken Dir, Gott, daß Dein Name so nahe ist« (Ps. 75, 2). »Der Name des Herrn ist ein festes Schloß. Der Gerechte läuft dahin und wird beschirmt« (Spr. 18, 10). Das Wort »Gott« ist gar nichts, der Name »Gott« ist alles.

Die Menschen haben heute vielfach ein Empfinden dafür, daß Gott nicht nur ein Wort, sondern ein Name ist. Darum vermeiden sie es gern, »Gott« zu sagen, und sagen statt dessen »Gottheit«, »Schicksal«, »Vorsehung«, »Natur«, »der Allmächtige«. »Gott« klingt für sie immer schon fast wie ein Bekenntnis. Das wollen sie nicht. Sie wollen das Wort, aber nicht den Namen; denn der Name verpflichtet.

Das zweite Gebot ruft uns zur Heiligung des Namens Gottes. Gegen das zweite Gebot können eigentlich nur diejenigen verstoßen, die den Namen Gottes kennen. Das Wort »Gott« ist nicht mehr und nicht weniger als andere menschliche Worte, und die es mißbrauchen, entehren nur sich selbst und ihre eigenen Gedanken. Wer aber den Namen Gottes kennt und ihn mißbraucht, der entehrt und entheiligt Gott.

Nicht von der Lästerung des Namens Gottes spricht das zweite Gebot, sondern von seinem Mißbrauch; ebenso wie das erste Gebot nicht von der Leugnung Gottes, sondern von anderen Göttern neben Gott sprach. Nicht die Lästerung, sondern der Mißbrauch ist die Gefahr für die Gläubigen.

Wir, die wir den Namen Gottes kennen, mißbrauchen ihn, wenn wir ihn aussprechen, als wäre er nur ein Wort, als spräche nicht in diesem Namen immer Gott selbst zu uns. Es gibt einen Mißbrauch des Namens Gottes im Bösen und im Guten. Der Mißbrauch im Bösen ist zwar unter Christen schwer vorzustellen, und doch geschieht er. Wenn wir den Namen Gottes nennen und anrufen, um wissentlich eine gottlose, schlechte Sache vor der Welt als fromm und gut erscheinen zu lassen, wenn wir Gott für eine böse Sache um seinen Segen bitten, wenn wir den Namen Gottes in einem Zusammenhang nennen, der Schande über ihn bringt, dann mißbrauchen wir ihn zum Bösen. Wir wissen dann wohl, daß Gott selbst immer nur gegen diese Sache sprechen würde, für die wir ihn in Anspruch nehmen; aber weil sein Name eine Macht ist, auch vor der Welt, darum berufen wir uns auf ihn.

Gefährlicher, weil schwerer zu erkennen aber ist der Mißbrauch des Namens Gottes im Guten. Er geschieht, wenn wir Christen den Namen Gottes so selbstverständlich, so oft, so glatt und so vertraulich im Munde führen, daß wir der Heiligkeit und dem Wunder seiner Offenbarung Abbruch tun. Es ist Mißbrauch, wenn wir für jede menschliche Frage und Not vorschnell mit dem Wort Gott oder mit einem Bibelspruch zur Hand sind, als wäre es das Selbstverständlichste von der Welt, daß Gott auf alle menschlichen Fragen antwortet und in jeder Schwierigkeit immer schon zur Hilfe bereit ist. Es ist Mißbrauch, wenn wir Gott zum Lückenbüßer unserer Verlegenheiten machen. Es ist Mißbrauch, wenn wir echte wissenschaftliche oder künstlerische Bemühungen einfach mit dem Worte Gott zum Verstummen bringen wollen. Es ist Mißbrauch, wenn wir das Heiligtum vor die Hunde werfen. Es ist Mißbrauch, über Gott zu sprechen, ohne sich seiner lebendigen Gegenwart in seinem Namen bewußt zu sein. Es ist Mißbrauch, wenn wir von Gott reden, als hätten wir ihn jederzeit zu unserer Verfügung und als hätten wir in seinem Rat gesessen. Wir mißbrauchen auf alle diese Weisen den Namen Gottes, indem wir ihn zu einem leeren menschlichen Wort und kraftlosen Geschwätz machen, und wir entheiligen ihn damit mehr, als alle Lästerer ihn entheiligen können.

Der Gefahr solchen Mißbrauches des Namens Gottes begegneten die Israeliten durch das Verbot, diesen Namen überhaupt auszusprechen. Wir können von der Ehrfurcht, die sich in dieser Regel bekundet, nur lernen. Es ist gewiß besser, den Namen Gottes nicht auszusprechen, als ihn zu einem menschlichen Wort herabzuwürdigen. Aber wir haben den heiligen Auftrag und das hohe Recht, Gott voreinander und vor der Welt zu bezeugen. Das geschieht, wenn wir den Namen Gottes nur so aussprechen, daß sich in ihm das Wort des lebendigen, gegenwärtigen, gerechten und gnädigen Gottes selbst bezeugt. Das kann nur geschehen, wenn wir täglich beten, wie uns Jesus Christus gelehrt hat: »Dein Name werde geheiligt!«

Die weltlichen Obrigkeiten des Abendlandes haben von jeher die öffentliche Gotteslästerung unter Strafe gestellt. Sie haben damit bekundet, daß sie den Gottesglauben und den Gottesdienst vor Verächtlichmachung und Schmähung zu schützen berufen sind. Niemals aber konnte es ihnen gelingen, die geistigen Bewegungen, als deren recht oder falsch verstandene Auswüchse solche Schmähungen entstehen, selbst zu unterdrücken, und es kann dies auch niemals ihre Aufgabe sein. Mit der gewaltsamen Unterdrückung geistiger Bewegungen ist der Kirche nicht geholfen. Sie beansprucht nur die Freiheit ihrer Verkündigung und ihres Lebens und sie traut es dem recht bezeugten Namen Gottes zu, sich selbst durchzusetzen und Ehrerbietung zu verschaffen.

Ist es Mißbrauch, den Namen Gottes beim Eid zu nennen? Es ist für den Inhalt der Aussage des Christen kein Unterschied, ob er unter Eid steht oder nicht und ob er die sogenannte religiöse oder die nichtreligiöse Eidesformel benutzt. Sein Ja ist Ja, sein Nein ist Nein, ganz gleichgültig, welche Beteuerung er hinzufügt. Unter Christen gibt es keinen Eid, sondern nur das Ja und Nein. Allein um der anderen Menschen und um der Lüge willen, die in der Welt herrscht, darf er sein Wort – zwar nicht wahrhaftiger, als es sonst wäre, aber doch – glaubwürdiger machen, indem er die vom Staat geforderte Eidesformel gebraucht, wobei es für ihn ohne Belang ist, ob diese Formel den Namen Gottes nennt oder nicht. Der Eid bedeutet für den Christen nur die äußere Bestätigung dessen, was für ihn ohnehin feststeht, nämlich daß sein Wort vor Gott gesprochen ist.

Das dritte Gebot

»Du sollst den Feiertag heiligen.«
Daß dieses Gebot in gleicher Würde neben dem Verbot des Götzendienstes oder auch dem Verbot des Tötens steht, daß der Übertreter dieses Gebotes sich nicht weniger schuldig macht als der Spötter seiner Eltern, der Dieb, der Ehebrecher, der Verleumder, will uns schwer in den Sinn. Unser Leben ist Werktag in der Arbeit und unter Menschen. Der Feiertag scheint uns eine schöne und erfreuliche Erlaubnis zu sein, aber daß der Ernst des Gebotes Gottes hinter ihm steht, ist uns fremd geworden.
Gott gebietet den Feiertag. Er gebietet Feiertagsruhe und Feiertagsheiligung.
Der Dekalog enthält kein Gebot zu arbeiten, aber ein Gebot, von der Arbeit zu ruhen. Das ist die Umkehrung von dem, was wir zu denken gewohnt sind. Die Arbeit wird im dritten Gebot als etwas Selbstverständliches vorausgesetzt. Aber Gott weiß, daß das Werk, das der Mensch tut, über ihn eine solche Gewalt gewinnt, daß er von ihm nicht mehr lassen kann, daß er sich von seinem Tun alles verspricht und darüber Gott vergißt. Darum gebietet Gott, von seinen Werken auszuruhen. Nicht die Arbeit erhält den Menschen, sondern allein Gott; nicht von der Arbeit lebt der Mensch, sondern allein von Gott. »Wo der Herr nicht das Haus baut, da arbeiten umsonst, die daran bauen; wo der Herr nicht die Stadt behütet, da wacht der Wächter umsonst ... Seinen

Freunden gibt es der Herr im Schlaf« (Ps. 127, 1. 2), sagt die Bibel gegen alle, die aus der Arbeit ihre Religion machen. Die Feiertagsruhe ist das sichtbare Zeichen dafür, daß der Mensch aus der Gnade Gottes und nicht aus Werken lebt. Äußere und innere Ruhe sollen am Feiertag herrschen. In unseren Häusern soll alle nicht unerläßlich zum Leben notwendige Arbeit unterbleiben, und ausdrücklich schließt der Dekalog Knechte und Fremdlinge, ja auch das Vieh in dieses Gebot ein. Nicht planlose Zerstreuung, sondern Ruhe und Sammlung sollen wir suchen. Weil das nicht leicht ist, weil uns vielmehr die Untätigkeit leicht zum öden Müßiggang, zu ermüdenden Ablenkungen und Vergnügungen verleitet, muß das Ruhehalten ausdrücklich geboten werden. Es erfordert Kraft, diesem Gebot zu gehorchen.

Die Feiertagsruhe ist die unerläßliche Voraussetzung der Feiertagsheiligung. Der zur Arbeitsmaschine herabgewürdigte übermüdete Mensch braucht Ruhe, damit sein Denken sich klären, sein Fühlen sich reinigen, sein Wollen sich neu ausrichten lassen kann.

Die Feiertagsheiligung ist der Inhalt der Feiertagsruhe. Die Heiligung des Feiertages geschieht durch die Verkündigung des Wortes Gottes im Gottesdienst und durch das bereitwillige und ehrfürchtige Hören dieses Wortes. Die Entheiligung des Feiertages beginnt mit dem Verfall der christlichen Verkündigung. Sie ist also in erster Linie Schuld der Kirche und insbesondere der Amtsträger. So geht die Erneuerung der Feiertagsheiligung von der Erneuerung der Predigt aus.

Jesus hat die jüdischen Gesetze über die Sabbatruhe durchbrochen. Er tat es um der wahren Heiligung des Sabbaths willen. Nicht durch das, was Menschen tun oder nicht tun, sondern durch das Handeln Jesu Christi zum Heil der Menschen wird der Sabbath geheiligt. Aus diesem Grunde haben die alten Christen den Sabbath durch den Auferstehungstag Jesu Christi ersetzt und diesen den Tag des Herrn genannt. Mit Recht gibt daher Luther nicht in wörtlicher, aber in

geistlich auslegender Übersetzung des dritten Gebotes das hebräische Wort Sabbath mit dem deutschen Wort Feiertag wieder. Unser Sonntag ist der Tag, an dem wir Jesus Christus an uns und an den Menschen handeln lassen. Zwar soll das alle Tage geschehen; aber am Sonntag ruhen wir von unserer Arbeit, damit es in besonderer Weise geschehe.
Die Sonntagsruhe ist das Ziel der Sonntagsheiligung. Gott will sein Volk zu seiner Ruhe führen, zum Ausruhen vom irdischen Werktag. »Herz, freu dich, du sollst werden vom Elend dieser Erden und von der Sünden Arbeit frei.«[2]
Vom menschlichen unvollkommenen Wirken befreit soll das Volk Gottes das vollendete reine Werk Gottes anschauen und an ihm teilhaben. Als Abglanz und Verheißung dieser ewigen Ruhe beim Schöpfer und Erlöser und Vollender der Welt darf der Christ, der den Sonntag heiligt, die Sonntagsruhe erfahren.
Vor den Augen der Welt ist der Sonntag der Hinweis auf das Leben der Kinder Gottes aus der Gnade Gottes und auf die Berufung der Menschen in Gottes Reich. So beten wir: »Dein Reich komme!«

2. Aus Paul Gerhardts Abendlied: »Nun ruhen alle Wälder …«

Der Tod des Mose[1]

September 1944

5. Mose 34, 1: Und der Herr zeigte ihm das ganze Land.

Auf dem Gipfel des Gebirges steht
Mose, der Mann Gottes und Prophet.

Seine Augen blicken unverwandt
in das heilige, gelobte Land.

Daß er auf das Sterben ihn bereite,
tritt der Herr dem alten Knecht zur Seite.

Will auf Höhen, wo die Menschen schweigen,
selber ihm verheiß'ne Zukunft zeigen,

breitet zu des Wandrers müden Füßen
seine Heimat aus, sie still zu grüßen,

sie im letzten Atemzug zu segnen
und dem Tod in Frieden zu begegnen.

»Aus der Ferne sollst das Heil du sehen,
doch dein Fuß soll nicht hinübergehen!«

Und die alten Augen schauen, schauen
ferne Dinge, wie im Morgengrauen,

Staub, von Gottes mächt'ger Hand geknetet
ihm zur Opferschale – Mose betet.

1. Vgl. hierzu Band I, S. 89 ff.

»So erfüllst Du, Herr, was Du versprochen,
niemals hast Du mir Dein Wort gebrochen.

Ob es Deine Gnaden oder Strafen
waren; immer kamen sie und trafen.

Aus dem Frondienst hast Du uns gerettet,
uns in Deinen Armen sanft gebettet,

bist durch Wüste und durch Meereswogen
wunderbar vor uns einhergezogen,

hast des Volkes Murren, Schreien, Klagen
überlange in Geduld getragen.

Nicht durch Güte ließen sie sich leiten
zu des Glaubensweges Herrlichkeiten,

ließen Gier und Götzendienst gewähren,
statt vom Brot der Gnade sich zu nähren,

bis Dein Zorn mit Pest und Schlangenbissen
tiefe Lücken in Dein Volk gerissen.

Des verheiß'nen Landes künft'ge Erben
fielen als Empörer ins Verderben.

In der Mitte ihrer Wanderschaft
hast Du sie im Grimm hinweggerafft.

Wolltest eins nur an den Deinen schauen:
Zuversicht und gläubiges Vertrauen.

Aber alle, die Dir Treue schwuren,
die am Schilfmeer Deine Macht erfuhren,

von Dir haben sie ihr Herz gewandt;
ihre Leiber deckt der Wüstensand.

Die zu ihrem Heile Du geführt,
haben Aufruhr gegen Dich geschürt.

Von dem einst begnadeten Geschlecht
blieb Dir auch nicht einer treu und recht.

Als die Väter Du hinweggenommen,
als ein neu Geschlecht heraufgekommen,

und als nun die Jungen wie die Alten
Deine Worte höhnten und Dich schalten,

Herr, Du weißt, da ist in hohen Jahren
mir ein Wort – jäh entfahren.

Ungeduld und zweifelnde Gedanken,
meinen Glauben brachten sie ins Wanken.

Du vergabst; doch ist's ein brennend Feuer,
vor der Treue steh'n als Ungetreuer.

Deine Nähe und Dein Angesicht
sind dem Reuigen ein schmerzend Licht.

Deine Trauer und Dein großer Zorn
gräbt sich in mein Fleisch, der Todesdorn.

Vor dem heil'gen Wort – von Dir entflammt,
daß ich's predige – bin ich verdammt.

Wer des Zweifels schale Frucht genossen,
bleibt vom Tische Gottes ausgeschlossen.

Von des heil'gen Landes voller Traube
trinkt allein der unversehrte Glaube.

Du läßt mich, Herr, der Strafe nicht entrinnen,
doch gönnst Du mir den Tod auf hohen Zinnen,

Du einst auf bebendem Vulkan Erschauter,
ich war ja Dein Erwählter, nah Vertrauter,

Dein Mund, die Quelle aller Heiligkeit,
Dein Auge für der Ärmsten Qual und Leid,

Dein Ohr für Deines Volkes Schrei'n und Schmach,
Dein Arm, an dem der Feinde Macht zerbrach,

der Rücken, der die schwach Geword'nen trug,
und den Zorn von Freund und Feinden schlug,

der Mittler Deines Volkes im Gebet,
Dein Werkzeug, Herr, Dein Freund und Dein Prophet.

Drum schenkst Du mir den Tod auf steilem Berge,
nicht in der Niederung der Menschenzwerge,

den Tod des freien Blickes in die Weite,
des Feldherrn, der sein Volk geführt im Streite.

das Sterben, über dessen ernsten Grenzen
schon die Fanale neuer Zeiten glänzen.

Wenn mich die Nacht des Todes nun umhüllt,
seh ich von ferne doch Dein Heil erfüllt.

Heil'ges Land, ich habe Dich geschaut,
schön und herrlich als geschmückte Braut,

jungfräulich im lichten Hochzeitskleide,
teure Gnade ist Dein Brautgeschmeide.

Laß die alten viel enttäuschten Augen
Deine Lieblichkeit und Süße saugen,

laß dies Leben, eh die Kräfte sinken,
ach, noch einmal Freudenströme trinken.

Gottes Land, vor Deinen weiten Toren
steh'n wir selig wie im Traum verloren.

Schon weht uns der frommen Väter Segen
kräftig und verheißungsvoll entgegen.

Gottes Weinberg, frisch vom Tau befeuchtet,
schwere Trauben, sonnenglanzumleuchtet,

Gottes Garten, Deine Früchte schwellen,
klares Wasser sprudeln Deine Quellen.

Gottes Gnade über freier Erde,
daß ein heilig neues Volk hier werde.

Gottes Recht bei Starken und bei Schwachen
wird vor Willkür und Gewalt bewachen.

Gottes Wahrheit wird von Menschenlehren
ein verirrtes Volk zum Glauben kehren.

Gottes Friede wird gleich starken Türmen
Herzen, Häuser, Städte, treu beschirmen.

Gottes Ruhe wird auf alle Frommen
als ein großer Feierabend kommen.

Und stilles Volk in einfachem Genügen
wird Reben pflanzen und den Acker pflügen,

und einer wird den ander'n Bruder nennen,
nicht Stolz noch Neid wird in den Herzen brennen,

und Väter werden ihre Knaben lehren,
das Alter achten und das Heil'ge ehren,

und Mädchen werden, schön und fromm und rein,
des Volkes Glück und Zier und Ehre sein.

Die selber einst das Brot der Fremde aßen,
den Fremdling werden sie nicht darben lassen.

Der Waisen und der Witwen und der Armen
wird der Gerechte willig sich erbarmen.

Gott, der Du wohntest unter unser'n Vätern,
laß unsr'e Söhne sein ein Volk von Betern.

In hohen Festen soll zu Deinem Ruhme
das Volk hinaufziehn zu dem Heiligtume.

Dir werden sie sich, Herr, zum Opfer bringen
und Dir die Lieder der Erlösten singen.

In Dank und Jauchzen tut mit einem Mund
Dein Volk den Völkern Deinen Namen kund.

Groß ist die Welt; es weitet sich der Himmel,
schaut auf der Menschen tätiges Getümmel.

In Deinen Worten, die Du uns gegeben,
zeigst allen Völkern Du den Weg zum Leben.

Stets wird die Welt in ihren schweren Tagen
nach Deinen heil'gen zehn Geboten fragen.

Stets wird ein Volk, wie schuldig es gewesen,
allein an Deinem Heiligtum genesen.

So zieh denn hin, mein Volk, es lockt und ruft
die freie Erde und die freie Luft.

Nehmt in Besitz die Berge und die Fluren,
gesegnet von der frommen Väter Spuren,

wischt von der Stirn den heißen Wüstensand
und atmet Freiheit im gelobten Land.

Wacht auf, greift zu, es ist nicht Traum noch Wahn,
Gott hat den müden Herzen wohlgetan.

Schaut des gelobten Landes Herrlichkeit,
alles ist Euer und Ihr seid befreit!

Auf dem Gipfel des Gebirges steht
Mose, der Mann Gottes und Prophet.

Seine Augen schauen unverwandt
in das heilige gelobte Land.

»So erfüllst Du, Herr, was Du versprochen,
niemals hast Du mir Dein Wort gebrochen.

Deine Gnade rettet und erlöst,
und Dein Zürnen züchtigt und verstößt.

Treuer Herr, Dein ungetreuer Knecht
weiß es wohl: Du bist allzeit gerecht.

So vollstrecke heute Deine Strafe,
nimm mich hin zum langen Todesschlafe.

Von des heil'gen Landes voller Traube
trinkt allein der unversehrte Glaube.

Reich dem Zweifler d'rum den bitter'n Trank,
und der Glaube sagt Dir Lob und Dank.

Wunderbar hast Du an mir gehandelt,
Bitterkeit in Süße mir verwandelt,

läßt mich durch den Todesschleier sehn,
dies mein Volk zu höchster Feier gehn.

Sinkend, Gott, in Deine Ewigkeiten
seh mein Volk ich in die Freiheit schreiten.

Der die Sünde straft und gern vergibt,
Gott, ich habe dieses Volk geliebt.

Daß ich seine Schmach und Lasten trug
und sein Heil geschaut – das ist genug.

Halte, fasse mich! mir sinkt der Stab,
treuer Gott, bereite mir mein Grab.«

Jona[1]

Oktober 1944

Sie schrieen vor dem Tod und ihre Leiber krallten
sich an den nassen sturmgepeitschten Tauen
und ihre Blicke schauten voller Grauen
das Meer im Aufruhr jäh entfesselter Gewalten.

»Ihr ewigen, ihr guten, ihr erzürnten Götter,
helft oder gebt ein Zeichen, das uns künde
den, der euch kränkte mit geheimer Sünde,
den Mörder oder Eidvergess'nen oder Spötter,

der uns zum Unheil seine Missetat verbirgt
um seines Stolzes ärmlichen Gewinnes!«
So flehten sie. Und Jona sprach: »Ich bin es!
Ich sündigte vor Gott. Mein Leben ist verwirkt.

Tut mich von euch! Mein ist die Schuld. Gott zürnt mir sehr.
Der Fromme soll nicht mit dem Sünder enden!«
Sie zitterten. Doch dann mit starken Händen
verstießen sie den Schuldigen. Da stand das Meer.

1. Am 22. 9. 1944 verschlechterte ein Aktenfund durch die Gestapo die Situation für die Familie. Anfang Oktober gab Dietrich Bonhoeffer einen Fluchtplan auf; um den 5. 10. entstand daraufhin dieses Gedicht. Am 8. 10. wurde er in das Kellergefängnis der Gestapo in der Prinz-Albrecht-Straße verbracht und einer neuen Verhörserie durch das Reichssicherheitshauptamt unterworfen. Klaus Bonhoeffer, Rüdiger Schleicher und Eberhard Bethge kamen im gleichen Monat in das RSHA-Gefängnis Lehrter Straße 3 (Anm. von E. Bethge). Vgl. auch Band I, S. 91 f.

REGISTER

Verzeichnis der Bibelstellen

Kursiv hervorgehobene Seitenzahlen zeigen an, wo die betreffende Bibelstelle einer Predigt oder Auslegung zu Grunde gelegt worden ist.

Apostelgeschichte

Römer

1. Korinther

2. Korinther

Galater

Lieder

Namen

Sachen

Nachweise

Für die bisher unveröffentlichten Texte werden nur die Ziffern der Mikrofilmaufnahmen (»Fiches«) des bei Eberhard und Renate Bethge befindlichen Bonhoeffer-Nachlasses angegeben. In allen übrigen Fällen ist die Erstveröffentlichung innerhalb der »Gesammelten Schriften« (GS) sowie in »Schöpfung und Fall/Versuchung« (SF) und »Widerstand und Ergebung« (WEN) nachgewiesen.

Band 1

Luk. 17,7-10	A 13, fiche Nr. 1-1, 1 (hs)
Psalm 127,1	A 13, fiche Nr. 1-1,2 (hs)
Jak. 1,21-25	A 13, fiche Nr. 1-1,3 (hs)
Luk. 9,51-56	A 13, fiche Nr. 1-1,4 (masch)
Gedanken über Verschiedenes	A 21, fiche Nr. 3-4,20 (hs)
Röm. 11,6	GS V, 417-423
1.Kor. 15,17	GS V, 423-428
Matth. 28,20ff	GS V, 428-434
Psalm 62,2	GS V, 434-439
1.Kor. 12,27 u. 26	GS V, 439-446
Matth. 5,8	GS V, 446-452
1. Joh. 2,17	GS V, 452-457
2. Kor. 12,9	GS V, 458-463
Röm. 12,11c	GS V, 463-468
Luk. 17,33	GS V, 468-472
Offb. 3,20	GS V, 473-478
Phil. 4,7	GS V, 478-484
5. Mose 32,48-52	GS V, 485-490
Psalm 63,4	GS IV, 17-25
Luk. 12,35-40	GS IV, 26-33
Luk. 4,3f	GS IV, 137-139
Luk. 4,5-8	GS IV, 139-141
Matth. 24,6-14	GS IV, 34-44
1. Mose 32,25-32; 33,10	GS IV, 44-50
Joh. 8,31f	GS IV, 79-87
2. Chron. 20,12	GS I, 133-139
1. Joh. 4,16	GS IV, 147-150
Luk. 16,19-31	GS IV, 50-59
Kol. 3,1-4	GS IV, 60-69

Kol. 3,1-4	GS IV, 69-79
Joh. 8,32	GS IV, 79-87
Eph. 5,14	GS IV, 150-153
Offb. 2,4; 7	GS IV, 93-101
Dan. 10,1f; 8f; 15-19	GS IV, 144-146
Matth. 8,23-27	GS IV, 101-109
Ri. 6,15f; 7,2; 8,23	GS IV, 109-117
1. Petr. 1,7c-9	GS IV, 118-122
2. Mose 32,1-7,15; 19; 30-34	GS IV, 123-129
Matth. 16,13-18	GS IV, 130-136
2. Kor. 5,20	GS V, 491-498
2. Kor. 5,10	GS IV, 154-159
Weisheit 3,3	GS IV, 160-165
Luk. 21,28	GS IV, 166-170
Luk. 1,46-55	GS IV, 498-504
Luk. 9,57-62	GS IV, 171-174
Spr. 16,9	GS IV, 174-179
Jer. 20,7	GS V, 505-509
Mark. 9,23f	GS IV, 88-92
2. Kor. 12,9	GS IV, 179-182
Psalm 98,1	GS V, 510-515
1. Kor. 2,7-10	GS V, 515-520
Luk. 13,1-5	GS V, 521-527
Psalm 85,9	GS I, 216-219
Matth. 11,28-30	GS V, 527-533
1. Kor. 13,1-3	GS V, 534-542
1. Kor. 13,4-7	GS V, 542-549
1. Kor. 13,8-12	GS V, 549-555
1. Kor. 13,13	GS V, 555-560

Band 2

Psalm 42	GS IV, 391-399
Sach. 3,1-5	GS V, 561-568
Matth. 18,21-35	GS IV, 399-406
Offb. 14,6-13	GS V, 568-576
Psalm 90	GS IV, 456-460
1. Thess. 5,16ff	GS IV, 460-463
Joh. 13,34	GS IV, 463ff

Das innere Leben der deutschen evangelischen Kirche	GS IV, 385-390
Matth. 26,45b-50	GS IV, 406-413
Psalm 58	GS IV, 413-422
Psalm 41,5	GS II, 525f
Mal. 3,1	GS II, 526
Psalm 104,13f	GS II, 526f
Hes. 16,6	GS II, 527
Sach. 2,12	GS II, 527f
Psalm 25,10	GS II, 528
Psalm 20,6	GS II, 528f
Psalm 71,18	GS II, 529
Röm. 12,16c-21	GS IV, 427-434
Röm. 5,1-5	GS IV, 434-441
Mark. 9,24	GS IV, 441-447
Micha 4,9	GS IV, 450-452
Spr. 28,13	GS IV, 448f
1. Kor. 15,55	GS IV, 453ff
Apg. 1,1-11	GS IV, 183
Jes. 60,1-6	GS IV, 187
Matth. 17,1-9	GS IV, 190
Offb. 2,1-7	GS IV, 193
Gedanken zum Volkstrauertag	GS IV, 197
Joh. 15,13f u. Röm. 5,6ff; 10	GS IV, 200
Spr. 3,27-33	A 53, fiche Nr. 1-1,11 (hs)
Röm. 3,23-26	GS IV, 202-204
1. Kor. 1,18	GS IV, 204ff
2. Mose 20,2f	GS IV, 206ff
Gal. 3,10-13	GS IV, 208ff
Jes. 53	GS IV, 210-213
Gal. 6,14	GS IV, 214ff
Hebr. 4,15f	GS IV, 216ff
Röm. 6,1-11	GS IV, 218f
Offb. 22,1-5	GS IV, 220-223
Mark. 4,26-29	GS V, 576f
1. Kor. 15,12-20	GS V, 577ff
1. Kor. 15,20-28	GS V, 579ff
Psalm 50,1-5	GS IV, 223f

Luk. 21,25-36	GS IV, 225ff
2. Mose 20,12	GS IV, 227ff
4. Mose 21,4-9	GS IV, 229ff
Luk. 18,1-8	GS IV, 231ff
Offb. 1,9-20	GS IV, 233-236
Der Morgen	GS IV, 290-293
König David	GS IV, 294-320I
Der Wiederaufbau Jerusalems	GS IV, 321-335
Der Diener am Hause Gottes	GS IV, 344-357
»Führe uns nicht in Versuchung«	SF 115-156
Matth. 2,13-23	GS IV, 473
Spr. 23,26	GS IV, 578-583
1. Kor. 3,23	GS IV, 466-472
Jer. 16,21 u. Eph. 1,22f	GS IV, 583f
Johannes der Evangelist	GS IV, 585ff
Joh. 20,19-31	GS IV, 480-486
Joh. 10,12-16	GS IV, 486-491
Joh. 14,23-31	GS IV, 491-497
Joh. 3,16-21	GS IV, 497-504
Weihnachten	GS III, 382-388
Epiphanias	GS III, 388-392
Ostern	GS III, 405-409
Himmelfahrt	GS III, 409-415
Von der Dankbarkeit des Christen	GS III, 418-421
»Ich bin der Herr dein Arzt«	GS III, 426-430
Das Gebetbuch der Bibel	GS IV, 544-569
Meditationen über Psalm 119	GS IV, 505-543
Traupredigt für Renate und Eberhard Bethge	WEN 53-59
Gebete für Mitgefangene	WEN 158-161
Gedanken zum Tauftag	WEN 321-328
Andachten zu den Herrnhuter Losungen	GS IV, 588-596
Die erste Tafel der zehn Worte	GS IV, 597-612
Der Tod des Mose	GS IV, 613-620
Jona	WEN 434